論語熙解

文武 ◎ 編著

崧燁文化

自　序

積極、樂觀、進取——復興先賢活思想

文化復興，到底該復興哪些東西？現在把傳統文化說得那麼好，到底有什麼好呢？
相信很多人心中都有幾個疑問：
1. 為什麼千百年來中國會出現那麼多禍國殃民的文官？
2. 是什麼造就了那麼多的腐儒和孔乙己式的書呆子？
3. 為什麼一百多年前儒家文化不能力挽狂瀾救中國，反而成為不斷被否定、被打倒的對象？

我們現在談文化復興，若不探究明白這幾個問題背後的癥結，知其然不知其所以然，難免會重蹈百年前的覆轍。

其實很多人都沒想明白這些問題。更多的人是根本不去想這些問題的，而只是隨大流。我很擔心，未來數年傳統文化領域可能會亂象頻出！

由此我們有必要全面梳理經典，並反思千百年來被誤讀、被扭曲的儒家文化。

所幸的是，經過近十年的研究和實踐，我們找到了答案，並研發出了激發經典「活思想」的教材。這本有關《論語》的書，經過熙華國學研究院公益班的教學檢驗，被證明具有實用性、非凡效果和超高的受歡迎程度。

我們在近十年的探索和傳承傳統文化的過程中，發現問題的關鍵不在《論語》等經典本身，而在於後世儒生，尤其是自詡為儒家代言人的「大儒」，對經典的解讀和推行出現了偏差。

孔子原本的思想是很活潑、很淳樸、很經得起歷史淬煉的。

但是在幾千年的傳播過程中，各種利益集團不斷往裡塞進私貨，妄圖借孔子之大同思想行私權之挾制……猶如金銀珠寶被蒙上灰塵。

數千年來，灰塵污垢一層又一層，導致後人已看不見真金的面目。

20世紀諸多先人，提出打倒孔家店，就是要燒掉那層層污垢。他們要打倒的不是孔子思想，而是掛羊頭賣狗肉的「孔家店」，因為這個店裡已經找不到真正屬於孔子的東西了。他們當然知道真金是不怕火煉的，而將污垢燒光後，真正的孔子思想才能重放光芒。

歷史長河，轉折不易，一代人只能做一代的事。20世紀的先人負責燒掉污垢，我們這一代人負責重現其光芒。這是符合自然規律和社會規律的。孔子的思想原是很鮮活

的，很講辯證法。我們現在要做的就是，堅決防止「僵屍」死而復生，防止「僵屍」高高在上，成為供人膜拜、框住活思想的「緊箍咒」。

　　復興傳統文化，不是重新供起「僵屍」，而是復興先賢的活思想。

　　為此，本書從這幾個原則著手，對經典進行了正本清源的重新解讀。

一、提倡道德，但不搞道德綁架

　　《論語》講的是人性，是為人處事之學。因此我們解讀《論語》應該從人之常情的角度來分析，而不能不顧人物和歷史背景，牽強附會，處處拔高，句句不離「道德宣教」。那樣就真成了「封建禮教」，給人以「道德綁架」的感覺，任誰都會煩。這也是很多人對儒家學說反感的原因。

　　需要警惕的是，後來有人喜歡把一些常人做不到的事當作道德標準，以此來要求人們，甚至假設出一個虛無縹緲的完美標準，作為人生奮鬥目標，這就有違人倫了。修這樣的「德」，是永遠沒有機會踐行的，這屬於「聞義不能徙」，只能用來為難自己、為難別人。

　　完美的東西，想像一下還可以，但若入戲太深、假戲真做，拿它當標準來約束人，其結果很可能是造成人生錯位或分裂，與生活脫節，後果很嚴重。比如，有的人總是看不慣身邊的一切，喜歡以「傳說中」的完美要求別人，以致孤芳自賞，沉浸在自己的假想世界中。世界上本來就無絕對完美的事物，不完美才是常態。事實上社會永遠處於一種自我糾偏的動態平衡過程中。矯枉過正，大矯大正。我們不能脫離生活，自絕於我們所處的當下；對於生活中的不完美，與其站在道德的制高點去一味鞭笞、報怨、指責，還不如從自己做起，從身邊做起，一步一個腳印去改變、踐行、完善。

　　大多數人做不到的「道德」，都是偽道德。符合人之天性的道德，是不會悖逆人性的，人倫必須符合天道。最好的道德就像空氣，既重要又平常，讓人不用刻意去感受它的存在。《道德經》曰「上德不德」，讓人感覺不到其存在的道德，就是最好的道德。莊子曰「中國之君子，明乎禮義而陋於知人心」，道德並不是要任何人去做損己利人的重大犧牲，而是樂於做無損於己而又有利於人的好事。

　　孔子其實是一個「超級暖男」！而這本《論語熙解》，處處體現出人性的關懷，還原了孔老夫子的溫暖的生活情懷！

　　最典型的例子就是「親親相隱」這個典故：

　　葉公語孔子曰：「吾黨有直躬者，其父攘羊，而子證之。」孔子曰：「吾黨之直者異於是，父為子隱，子為父隱。直在其中矣。」

　　此章原句用「孔子曰」，說明孔子只是在和楚國葉縣的葉公輕鬆聊天而已，他們在聊各自的風土人情。這是人之常情，直到現在，我們到異地旅遊，都會對比自己生活地與當地的風俗習慣。後人沒必要為此上綱上線，用「道德」標準生搬硬套。

　　據《法經》記載，當時在中原地區「攘羊」是死罪。各國的刑罰略有差異，但最低也是砍手砍足。這種重罰，在父子親情面前，當然要權衡了。誰都不想因一點不算大的

罪行就導致親人在眼前死去，而且在當時，死了父親說不定一家人都無法再生存下去。所以「親親相隱」，在當時孔子所在的中原地區是更大的「直」。何況還有老、幼、愚的赦免條款，不用擔心連坐。

而楚國對盜竊罪的處罰沒那麼嚴格，舉報就舉報了，使之進入「徵信檔案」黑名單，能讓親人改邪歸正，何樂而不為呢？所以我們對「直」的標準不能一刀切。「直」並非褒義或貶義，而是中性詞。此處無關道德價值判斷，而是闡明辯證法。

《楚國法律制度研究》一書提到，西漢劉向《孟子註》記載，「楚文王墨小盜而國不拾遺，不宵行」。這說明在楚國，凡盜竊者要處以墨刑。楚國還有一條法律，「盜所隱器，與盜同罪」。什麼意思呢？比如父親偷了羊回來，家人沒舉報反而一起把羊燉著吃了，那麼一旦被抓，則喝了羊湯的都有罪。史料顯示，這種刑罰效果很好，幾乎「國不拾遺」。

墨刑又稱黥刑、黥面，是中國古代的一種刑罰。墨刑是在犯人的臉上或額頭上刺字或圖案，再染上墨，作為受刑人的標誌。墨刑對犯人的身體狀況實際影響不大（不影響勞作），但臉上的刺青會令犯人失去尊嚴。墨刑是古代五刑中最輕的一種刑罰。《周禮·司刑》一節中有「墨罪五百」記載，意思是適用墨刑的罪行有五百種之多。

有人解讀這一章，總是在道德標準上繞來繞去，但總也不能自圓其說。我們後人讀《論語》，不能單純從「道德」上考慮，「道德」不是包治百病的萬能藥。我們要根據當時當地社會背景去分析，這也是孔子的辯證法的體現。

比如在現代，有人發現歐洲有些國家的人民很守規矩，闖紅燈的很少，而中國國內有很多闖紅燈的現象，由此得出中國人道德水準低、外國人道德水準高的結論。但後來人們發現，國外闖紅燈的人少，是因為當地對闖紅燈的懲罰很嚴厲，違規的代價很大，所以人們才那麼守規矩。而且人們還發現，「守規矩」的外國人到了中國，也變得不守規矩了——因為違規代價很低。這是現代版的「橘生淮南則為橘，生於淮北則為枳」。

這裡還有一個啟示：如果一味坐在書齋裡讀死書，就永遠也體會不到大千世界的精彩，體會不到同一件事存在於不同地方的合理性，也體會不到不同階層人民的生活的苦與樂。孔子正是因為周遊列國，讀萬卷書、行萬里路，見多識廣、感同身受，才能總結出深刻而包容性極強的中庸之道、人倫之道。千百年來，講為人處世的書很多，但唯有《論語》才能系統性、完整性、一以貫之地講透人倫。順天應人，知行合一，聚之成器，化之見道，唯有《論語》。

二、要有寬視野、大格局，重視經典中的辯證法思維

比如《論語》裡有一句「雍也可使南面」。朝南坐，怎麼就變成了做官的代名詞呢？

從地球的視角來說，最標準的北方方位就是北極星的位置。北極星的位置明顯易辨而幾乎「亙古不變」，古往今來人們都將北極星作為地球最北方的定位標誌。所謂「為政以德，譬如北辰」，古人以有德者居其位，將其比喻為北極星，穩坐極北之巔，傲視南面、眾星拱衛。所以，與其說「南面」是做官，不如說南面之人是有德之人，可以「居其北」。「南面」其實是坐北朝南，是「坐北」的更委婉、更謙虛的說法。因為「有

德」不是自封的，君子不好意思說自己有德、居北而坐。

自古以來，有德是為官者的第一考核標準，是天經地義的標準。最高的「德」是天道之德，所以，帝王自稱「天子」，更多的是一種擔當，一種對天道的敬畏，他們的職責是「替天行道」（遺憾的是，「天子」一詞後來被篡位者用濫了）。

從這時起，人們將「天道」這一最高自然法則，拓展到「人道」行為準則上來了。如果說老子《道德經》為人們闡述了「天道」的自然法則，那麼《論語》則為人們系統地提供了「人道」的行為準則。這兩者是一脈相承的，人道順應天道，即孔子的「吾道一以貫之」。道之行即理，人之行即倫，一個人若貫通天人之倫理，做人不違背天理（天人合一），則可算是「仁」矣。對於連結天理與人倫的最佳紐帶，闡述最為精微的則是《易傳》，相傳也是孔子及其弟子將《易經》和老子的哲學思想融會貫通編撰而成的。

孔子曰：「不知命，無以為君子也；不知禮，無以立也；不知言，無以知人也。」

知禮與知言是《論語》的主要內容。人們學完《論語》全篇，差不多該懂得仁、義、禮、以及說話、交往等為人處事之道。《論語》講得最少的是知命。子貢也說，孔子之「言性與天道，不可得而聞焉」，要靠悟。我們以後學習老子的《道德經》可更好地理解「知命」。

什麼才是知命呢？知命的標準就像「仁」的標準一樣難以固化。但一個人若能夠有站在宇宙角度看地球的世界觀，顯微鏡下看細菌的人生觀，從歷史長河看得失的價值觀，這個人可以說是知命了。

所以說，《易經》《道德經》《論語》都是既順應天道哲學，又蘊涵了辯證法思想的。老子和孔子能成為中華文明史上的「聖人」，是絕對有道理的！

舉例說說《論語·先進篇》：

「先進於禮樂，野人也；後進於禮樂，君子也。如用之，則吾從先進。」

這裡有人把「先進」定義為先入孔門的人，這就變成了論資排輩。其實孔子的本意並不是論資排輩。

禮樂泛指規則。法家出現之前，禮就是法，就是規則。在特定場合奏不同的樂，也屬於禮的一部分。先進於禮樂是指，無成規可依時，或舊規則無法解決新問題時，把事情先做了再說，積極從實踐中總結出理論、制定新規則。

在關鍵時刻，要勇於探索新方法，不受既定規則鉗制（「不器」）；能打破常規，動手先做，做了再說。做好了自有道理，做不好重新來過，總歸會好。積極從實踐中總結出理論、制定新規則，是為「權變」之道。摸著石頭過河，路是蹚出來的，不然社會怎麼能進步？——這就是「先進」的本意。「先進個人、先進集體」一定是具有開創精神的。所以，關鍵時刻「如用之」，孔子也寧願用先進。由此可見，孔子也是講辯證法的，孔子在「知天命」以後也是很有創新精神的。

如果說《論語》上半部主要講對原有文化和禮制的「繼承」之道，那麼下半部從《先進》篇開始，則主要講「創新」和權變之道。這也是與孔子的思想變化過程相呼應的。我們如果認真通讀《論語》，就會發現孔子的這一思想變化過程。讀《論語》者如果不顧語境和歷史背景，把孔子的話都當作固定的、權威的道德標準，就會陷入教條主

義。我們讀《論語》一定要動態地讀，根據語境和社會演變背景來讀，就會看到變化。

　　古往今來，太多的人因為缺少這種辯證法思維，只管守成，不作創新，由最初的社會的進步力量、人民的功臣，不知不覺變成了社會的絆腳石、人民公敵。這是非常遺憾的事！它導致一種現象，即人們一談起孔門經典，很多人的第一印象就是迂腐、守舊、道德綁架。歷代「大儒」解讀出來的《論語》，只見「道統」，不見辯證法。為什麼歷代儒生，那麼偏重孔子思想的「道統教化」，而忽略了孔子的辯證法和開創精神呢？這不得不讓人深思！尤其今天我們重新學習《論語》，對這個問題一定要重視。

三、提倡高情商，懂人情世故，但不教人成為世故的人

　　現代社會，情商低的人很多。在各種不良思潮衝擊下，有的人把悶葫蘆、不懂溝通當作「沉默是金」；有的人把口無遮攔當作直率。他們還都自以為這是「個性」。殊不知這樣既失人又失言。一個人年輕時候如此還可原諒，而立之後若還這般不懂人事，就只有遭人嫌的份兒了。別說亨通發達，他能不四處碰壁就要謝天謝地了！

　　溝通，是人與人之間的第一要務，有效的溝通會讓事情事半功倍。《論語》為我們全面、系統地提供了人際溝通原則，以及具體的指導方法。這些方法遍布《論語》全篇，讓我們沉下心來，好好學習吧！

　　比如說顏回，孔子說：

　　「吾與回言終日，不違如愚。退而省其私，亦足以發。回也不愚。」

　　孔子並不滿意那種「終日不違」、從來不提相反意見和問題的學生。老師都希望學生在接受教育的時候，要開動腦筋，思考問題，對老師所講的問題應當有所發揮。俗話說「響鼓不在重錘」，聰明的學生何須與之言終日？所以，孔子也認為，不思考問題、逆來順受、不提不同意見的人，是愚笨的。

　　這裡有人說「沉默是金」，不免有點牽強附會。若是在眾人高談闊論之時，你保持安靜，可以形容為「沉默是金」。但這裡是兩人之間的溝通，而且是老師對學生諄諄教導之時，若一味保持沉默，要麼情商低，要麼就有「反抗」的意味了。若是孩子還可以理解；如果是正常成年人這麼做，那說明對立情緒很嚴重。正好顏回13歲時開始跟隨孔子，跟隨孔子的前幾年裡恰好處於「青春叛逆期」，難免跟孔子鬧情緒。孔子也不在意，還小心呵護著顏回這個弟子，視其如子，說他「亦足以發」。父母心，天地可鑒啊！

　　《論語》裡反覆提及，顏回很「好學」。這個「好學」卻對孔子「非助」的人，不幸早死。據考證，是41歲死的，生前沒什麼成就。這樣一個普通的人，幾千年來，被無限拔高，樹為道德楷模，只是因為孔子早年說他「安貧樂道」和他對孔子「不違如愚」「無所不悅」，是很值得商榷和反思的。

　　孔子只是說顏回好學罷了，並沒有推崇他那種笨笨的「好學」。數千年來，有人為了造就愚忠順民，故意曲解了孔子思想，把顏回樹立成道德楷模。我們今天重讀《論語》，一定要正本清源，恢復孔子原本積極、樂觀、進取的生活態度。先進個人或先進集體一定是具有創新思維的，能積極發揮主觀能動性，創造性地開展學習和工作的人或

單位。

說到人情世故，就更有話頭了！

顏回死後，孔子說：「予不得視猶子也。」這句話的意思是，不能像對待自己親生的兒子孔鯉那樣簡單安葬。他的學生仍隆重地安葬了顏淵，孔子說，這不是自己的過錯，而是學生們做的。

說到「視如親子」，我們不妨從人性的角度回顧一下。

顏回是孔子母親娘家那一支親戚的後代，論輩分相當於孔子的外甥。孔子的特殊出身，導致孔子對母親的親近甚於對父親，對母親娘家的親戚也就愛屋及烏了。顏回13歲時開始跟隨孔子，正處於青春叛逆期，難免會跟孔子「拗著干」。那麼問題來了，如果顏回真的是孔子親生兒子，那很好辦，實在不聽話時，打他幾板屁股就是了。

中國民間用一句俗語「家雞打得團團轉，野雞打得滿天飛」來形容親子關係。意即自己的孩子打得，教育批評，打了罵了，不記恨，不念惡，照樣喊你、叫你，跟你親。別人的孩子就不一樣了，責怪、呵斥後會記仇慪氣。這是人之常情。好比家養的雞，棍棒吆喝時就散開，一會兒又回來，圍著你打轉。如果是野雞，不用說，一打就飛了。比如我的兒女，被她媽媽斥責或打屁股時，她可以任性地回一句「討厭的媽媽」；事後呢，卻比誰都跟媽媽親。

所以，顏回因「叛逆期」與孔子對著干的時候，孔子不能打也不能罵啊！顏回雖被孔子視如親生兒子但畢竟不是親生兒子！所以孔子只能「與回言終日」。而顏回呢，也因為不是孔子親生的，不能任性、不敢頂嘴啊！只能「不違如愚」「不貳過」了。這種無聲的反抗很壓抑，很可怕，傷害力很大的，很可能影響一輩子。也許，顏回的早死悲劇，不能簡單地用一句「不幸」來描述。人孰能無過？但這裡可以說誰都沒錯，關鍵是事情錯位了。養子永遠不可能像親子一樣。就像在現代社會中，兒媳口裡稱婆婆為「媽」，但其實婆婆永遠不可能和「親媽」一樣。

前面我們已說過，《論語》講的是人性，是為人處事之學。因此我們解讀《論語》應該從人之常情的角度來分析，而不能句句不離「道德宣教」，那樣就真成了「封建禮教」，給人以「道德綁架」的感覺。這也是很多人對儒家學說反感的原因。

四、講仁愛，但要防止愛心泛濫，防止變成偽公知

子張問明。子曰：「浸潤之譖，膚受之愬，不行焉，可謂明也已矣。浸潤之譖，膚受之愬，不行焉，可謂遠也已矣。」

真正關心別人，不一定是說好話，而是能在關鍵時刻直言相勸。真話經常都讓人覺得刺耳、反感。「事君數，斯辱矣；朋友數，斯疏矣」，說多了還以為你故意煩他、罵他，反受其辱。現實生活中有很多這樣的人，太敏感，太自我，聽到別人直言相勸（話不好聽），立即像刺猬一樣縮成一團，不但不聽，還刺傷真正關心自己的人。在古代君臣之間，有些昏君是一言不合就殺人，忠言之人真是刀口舐血啊！所以昏君一般都被佞臣包圍，沒有好下場，都被身邊的「浸潤之譖」害了。幸虧還有明君，比如唐太宗李世

民，重視大臣魏徵的意見，就不受「浸潤之譖」影響。

現代社會有非常多的「膚受之愬」的例子，比如很多家長，過於溺愛獨生子女，以愛的名義，行戕害之實。這些家長什麼事都不讓孩子做，總是順著孩子；與人交往時無原則護犢子，導致孩子形成錯誤的價值觀和人生觀。這樣到頭來不但可能戕害孩子，還可能給社會增加一個禍害。

知道了「浸潤之譖」「膚受之愬」的害處，我們就要擦亮眼睛，居安思危，不為其迷惑了。而且我們要謹記「己所不欲，勿施於人」，不能反過來用這種方法去迷惑別人，誤人誤己。無論是為人謀事，還是教育子女，都要避免老好人行為或嬌寵太過。我們作為傳統文化傳播者，開的國學班，編的《論語》教材，一定要避免這種危害。「己所不欲，勿施於人」，這才是真正的明智！

還有一種「聖母」心泛濫，結果演變成偽公知的情況。

孔子講過「賢者辟世，其次辟地，其次辟色，其次辟言」。於是有人提出了學微子「辟地」的建議。但孔子借用柳下惠的話只是為了說明，如果不願枉道事人，走到哪裡都是一樣的。天下哪裡有淨土？如果放棄直道，在本國就多的是機會出仕。柳下惠的風格，非常直，他的這種正直其實不現實，與有沒有「淨土」無關。它不符合中庸之道，歷代教訓很深刻。

我們在前面就提到過的一些人，站在虛無縹緲的道德制高點上，虛擬出一個「理想國」，一味地責備社會，鞭笞現實。他們言必稱西方，認為西方是樂土，月亮必是西方的圓。

現代一些以「直」為標榜的知識分子，以為學得了柳下惠的「直」，但學到柳下惠的「知本」了嗎？柳下惠即使三次被黜，一旦國家召喚，他仍然毫不猶豫地就任，八十七歲還在為國服務，九十六歲還在為國分憂。現代一些人以為學到了柳下惠的「清高」，但是否學到了他的不離不棄之精神、他的「合作」態度呢？是否從他身上學到了用實際行動來改善父母之邦的不足呢？

瞭解到以上四點後，就可知曉千百年來傳統文化解讀和推行中的主要問題的癥結所在，我們就可回答本文前面的那3個問題了。在當今文化復興潮流中，每一位傳統文化傳播者，都應以謹慎之心，發掘、傳承先賢經典中的活思想，用好的教學方法，用鮮活的教材，將傳統文化精髓中最積極、最樂觀、最貼近生活的部分傳承開來！

在上述思想和傳承原則的指導下，這本《論語熙解》應運而生。本書既有學術上的理論基礎，又經過了實際教學檢驗。尤其可貴的是，本書關懷人性、貼近生活，將傳統文化精髓融入現代人的生活，相信讀者一定不會失望！

文武

目　錄

學而第一	1
為政第二	15
八佾第三	33
里仁第四	52
公冶長第五	64
雍也第六	86
述而第七	117
泰伯第八	148
子罕第九	162
鄉黨第十	183
先進第十一	195
顏淵第十二	219
子路第十三	236
憲問第十四	259
衛靈公第十五	287
季氏第十六	307
陽貨第十七	318
微子第十八	336
子張第十九	345
堯曰第二十	358
附錄一：《論語》人物簡介	362
附錄二：《論語》中的成語、詞語	370
附錄三：《論語》相關典故、史料、資料	377

學而第一

《學而》是《論語》第一篇的篇名。《論語》各篇一般都以第一章的前兩個字作為該篇的篇名。《論語》各篇章在排列上看似無明顯的順序規則,但其背後的邏輯性其實很強,孰先孰後大多都有講究,望讀者們細細體會。

1.1

子曰①:「學②而時習③之,不亦說④乎?有朋⑤自遠方來,不亦樂⑥乎?人不知⑦而不慍⑧,不亦君子⑨乎?」

【註釋】
①子:中國古代對於有地位、有學問的男子的尊稱,有時也泛稱男子。《論語》書中「子曰」的子,都是指孔子。
②學:孔子在這裡所講的「學」,主要是學習禮、樂、詩、書等傳統文化以及「為人處世」之德;另外,孔子偶爾會間接提到性命與天道之學。
③時習:在周秦時代,「時」字用作副詞,意為「在一定的時候」或者「在適當的時候」。後人把「時」解釋為「時常」。習,含有溫習、實踐、練習的意思。
④說:音 yuè,同「悅」,愉快、高興的意思。
⑤有朋:也可稱「友朋」。「同門曰朋、同志曰友」,即同在一位老師門下學習的叫朋,也就是志同道合的人。
⑥樂:與「說」(悅)有所區別。「悅」在內心,「樂」則見於外。
⑦人不知:一般而言,知,是瞭解的意思。
⑧慍:音 yùn,惱怒、怨恨。
⑨君子:《論語》書中的君子,有時指有德者,有時指有位者。此處指孔子理想中具有高尚人格的人。

【譯讀】
孔子說:「學習後在一定的時候溫習和實踐,不是很愉快嗎?有志同道合的朋友從遠方來,不是很令人高興嗎?人家不懂,我也不惱怒,這不也是一個有德的君子嗎?」

【熙解】
本章的精神與《周易》第58卦「兌」卦的精神相通,「兌」卦主旨是講悅樂。卦

辭曰「君子以朋友講習」。古人在沒有私塾教育方式之前，人們學習的主要方式，是朋友之間互相傳講，互相學習，取長補短。如果有人不遠千里來拜訪你，那說明你的學識聲名遠播，人家找上門來向你學習，是對你學識的認可，故「不亦樂乎」。這是一件讓人高興的事，更不會因別人不懂而惱怒了。

《學而》是《論語》最重要的一篇，開宗明義引領了《論語》主旨。「學而時習之」這章更是點睛之筆。它符合《易經》中唯一以「悅樂」為主旨的一卦，這說明《論語》是一部讓人快樂的書。它提示人們在順應事物發展規律的前提下，以積極進取、快樂達觀的人生態度去適應生活，與人和諧相處，是很高明的順勢而為。讓我們從今天開始慢慢學習吧！

1.2

有子[1]曰：「其為人也孝弟[2]，而好犯上者[3]，鮮[4]矣；不好犯上，而好作亂者，未之有也[5]。君子務本[6]，本立而道生[7]。孝弟也者，其為仁之本與[8]？」

【註釋】

[1]有子：孔子的學生，姓有，名若，比孔子小13歲，一說小33歲。後一說較為可信。在《論語》書中記載的孔子學生，一般都稱字，只有曾參和有若稱「子」。因此，許多人認為《論語》即由曾參和有若的學生所著述。

[2]孝弟：孝，中國自古以來所認為的子女對待父母的正確態度；弟，讀音和意義與「悌」（音tì）相同，原意指弟弟對待兄長的正確態度。兩個字合起來：善事父母曰孝，善事兄長曰弟。孝、弟是孔子和儒家特別提倡的兩個基本道德規範。

[3]犯上：犯，冒犯；上，指在上位的人。

[4]鮮：音xiǎn，少的意思。《論語》書中的「鮮」字，都是如此用法。

[5]未之有也：此為「未有之也」的倒裝句型。古代漢語的句法有一條規律，否定句的賓語若為代詞，一般置於動詞之前。

[6]務本：務，專心、致力於。本，根本。

[7]道：在中國哲學思想裡，「道」有多種含義。此處的「道」，不僅指孔子提倡的仁道，即以仁為核心的整個道德思想體系及其在實際生活中的體現；而且，我們亦可以推而廣之，認為其是指一切放之四海而皆準的道理。

[8]為仁之本：仁是孔子哲學思想的最高範疇，又是倫理道德準則。為仁之本，即以孝悌作為仁的根本。還有一種解釋，認為古代的「仁」就是「人」字，為仁之本即做人的根本。

【譯讀】

有子說：「孝順父母，尊重兄長，而喜好觸犯上級，這樣的人是很少見的。不喜好觸犯上級而喜好生事作亂的人是沒有的。君子應專心致力於根本的事務，根本建立了，

修身齊家治國的原則也就有了。孝順父母、尊重兄長，這就是仁的根本啊！」

【熙解】
　　俗話說，在家靠父母，在外靠朋友。「孝弟」的「弟」之禮，不能僅僅局限於家庭裡的兄弟之間。有句話叫「四海之內皆兄弟」，一家之內是親兄弟，一族之內有堂兄弟和表兄弟。還有一句話說得好，「五百年前是一家」！所以，現代意義上的「孝弟」之義，應理解為，在家要孝順父母，長幼有序；出門在外，與人打交道時，無論認識還是不認識，要懂禮貌，友愛同學、朋友互敬、尊老愛幼。總之，與人交往，不能沒規沒矩的，把「沒大沒小」當「平等」，把「口無遮攔」當「心直口快」。
　　所以說，這些才是君子為人處世的根本。離開了這個根本原則，出門就會寸步難行。在家有父母護著、寵著，在外就沒那麼好了。如果傻傻的、低情商，就有的是苦吃。
　　上一章開篇點題之後，這一章立論，提出「孝悌為仁之本」的論點。而下面一章則從反面補充論點，提示不仁之舉。

1.3

子曰：「巧言令色①，鮮②矣仁。」

【註釋】
　　①巧言令色：朱熹將其解釋為「好其言，善其色，致飾於外，務以說人」。巧和令都是美好的意思。但此處應釋為讒言媚態，裝出和顏悅色的樣子。
　　②鮮：少的意思。

【譯讀】
　　孔子說：「花言巧語、讒言媚態取悅他人的人，很少有真正的仁德。」

【熙解】
　　人都喜歡聽好話，有人就利用這一人性的弱點。忠言逆耳利於行，所以我們對巧言令色的人要防著點。但是呢，有一種情況要區別對待——孔子還說「事君盡禮，人以為諂也」。就是說，有時候對人行禮，尤其向上級、領導致禮時，會被人說「拍馬屁」。這種情況就不用怕被人說了，對有德有能、值得敬重的領導，我們完全可以「大方施以禮、敬在心中留」。

1.4

曾子①曰：「吾日三省②吾身——為人謀而不忠③乎？與朋友交而不信④乎？

傳不習乎?」

【註釋】

①曾子：曾子姓曾名參（音 shēn），字子輿，生於公元前 505 年，魯國人，是被魯國滅亡了的鄫國貴族的後代。曾參是孔子的得意門生，以孝出名。據說《孝經》就是他撰寫的。

②三省：省（音 xǐng），檢查、察看。三省有幾種解釋：一是三次檢查，二是從三個方面檢查，三是多次檢查。其實，古代在有動作性的動詞前加上數字，表示動作頻率高，不一定就是指三次。

③忠：盡己之謂忠。此處指對人應當盡心竭力，盡己之責。

④信：信者，誠也。誠實之謂信，即要求人們按照禮的規定相互守信，以調整人們之間的關係。

⑤傳不習：傳，「受之於師謂之傳」，老師傳授給自己的。習，主要是實習、踐行的意思。

【譯讀】

曾子說：「我每天多次反省自己，為別人辦事是不是盡心竭力了呢？同朋友交往是不是做到誠實可信了呢？老師傳授給我的知識是不是踐行了呢？」

【熙解】

這一章用曾子的話討論怎樣修身「近仁」。曾子在這裡提到了處理人際關係的幾大原則，值得我們終身謹記，受益無窮：為人謀應忠，是處理我施予人的原則；與朋友交應信，是處理對等交往的原則；師傳我以高明，應敬，是處理人施予我的原則。將習得的知識運用到實踐中，更是對傳授者最大的敬重。

當然，曾子無意中還道出了一個最大的人生原則——三省吾身，即凡事先反省自己，別一味埋怨別人。

1.5

子曰：「道①千乘之國②，敬事③而信，節用而愛人④，使民以時⑤。」

【註解】

①道：作動詞用。dao 讀第三聲。這裡是治理的意思。

②千乘之國：乘，音 shèng，意為輛。這裡指古代軍隊的基層單位。每乘擁有四匹馬拉的兵車一輛，車上甲士 3 人，車下步卒 72 人，後勤人員 25 人，共計 100 人。千乘之國，指擁有 1,000 輛戰車、十萬軍隊的國家，即諸侯國。春秋時代，戰爭頻仍，所以國家的強弱都用車輛的數目來表示。

③敬事：敬字一般用於表示個人的態度，尤其是對待所從事的事務要謹慎專一、兢兢業業。

④愛人：古代「人」的含義有廣義與狹義的區別。廣義的「人」，指一切人群；狹義的「人」，僅指士大夫以上各個階層的人。此處的「人」與「民」相對而言，可見其用法為狹義。

⑤使民以時：時指農時。古代百姓以農業為主，這是說役使百姓要順著農時耕作與收穫時間，不耽誤農時。

【譯讀】

孔子說：「治理一個擁有一千輛兵車的國家，就要嚴謹認真地辦理國家大事，恪守信用，節約財政開支而又愛護官吏臣僚，役使百姓要不耽誤農時。」

【熙解】

正人先正己，達則兼濟天下。本章主要是對執政者說的，修身過後，怎樣推己及人，是關於治理國家的基本原則的問題。

這裡有個有趣的問題，為什麼是「道千乘之國」呢？而不是百乘、萬乘？其實，「千乘」是一個關鍵的數字，有千乘規模軍隊的諸侯國，已不算小國了。千乘戰車，即十萬軍隊，意味著背後有十數倍的人口和資源，規模雖不如「萬乘」的「超級大國」，但在當時這樣的國家相當於已經完成了「資本原始累積」，能夠形成一個獨立完備的「生態系統」，具有了擴張的潛力。此時若再施以德政，成就文明大國指日可待！

但是不是說小國就沒必要施德政呢？也不是。德政任何時候都需要，但在自己實力不夠時，你跟人家講仁義道德，經常會有「秀才遇到兵」的感覺。雖然很殘酷，但這很現實。所以孔子也主張文武兼備，即「民信、足食、足兵」。朋友來有好酒，若是那豺狼來了，迎接它的有獵槍。

1.6

子曰：「弟子①入②則孝，出③則弟，謹而信，泛愛眾，而親仁④。行有餘力⑤，則以學文⑥。」

【註釋】

①弟子：一般有兩種意義，一是年紀較小為人弟和為人子的人，二是指學生。

②入：當時習俗，父子分別住在不同的屋子，住在裡間，學習則在外舍。《禮記·內則》記載，「由命士以上，父子皆異宮」。入是入父宮，指進到父親住處，或說在家。

③出：與「入」相對而言，指外出拜師學習、工作。出則弟：也就是前面1.2章提到的廣義的在外與朋友交往的規矩。

④仁：仁即仁人，有仁德之人。

⑤行有餘力：指有閒暇時間。
⑥文：原指古代文獻，主要記載詩、書、禮、樂等文化知識。現在泛指文化。

【譯讀】

孔子說：「弟子們在父母跟前，就孝順父母；出門在外，要尊敬師長，言行要謹慎；要誠實可信，心胸開放地去愛眾人，親近那些有仁德的人。這樣躬行實踐之後，還有餘力的話，就再去學習文化知識。」

【熙解】

本篇第二章中曾提到孝悌的問題，本章再次提及這個問題，並從「齊家」角度進行闡述。本章還是《弟子規》的源頭。孔子要求弟子們首先要致力於孝悌、謹信、愛眾、親仁，培養良好的道德觀念和道德行為，如果還有閒暇時間和餘力，則用以學習文化知識、技術技能等。這表明，孔子的教育是以道德教育為中心，重在培養學生的德行修養，而書本知識的學習則擺在第二位。這呼應了1.2章提到的「君子務本」。德育為教育之本，德行不正的話，學多少「知識」都是無本之木，充其量是一個高學歷的野蠻人、「巨嬰」。這樣的人不但無益於社會，還可能給社會帶來更大危害。有句話，「若思想和路線不對，知識越多越反動」，講的就是這個意思。

1.7

子夏①曰：「賢賢②易色；事父母，能竭其力；事君，能致其身④；與朋友交，言而有信。雖曰未學，吾必謂之學矣。」

【註釋】

①子夏：姓卜，名商，字子夏，孔子的學生，比孔子小44歲，生於公元前507年。孔子死後，他在魏國宣傳孔子的思想主張。
②賢賢：第一個「賢」字作動詞用，尊重的意思。賢賢即尊重賢者。
③易：有兩種解釋。一是改變的意思，即為尊重賢者而改變好色之心；二是輕視的意思，即看重賢德而輕視女色。「賢賢易色」這句說明男女關係或夫妻之間，不要只看顏值、以貌取人，更重要的是看其是否賢德。
④致其身：致，意為「獻納」「盡力」。這是說全身心為人服務。

【譯讀】

子夏說：「一個人能夠看重賢德而不以顏值取人；侍奉父母，能夠竭盡全力；服侍君主，能夠全身心投入；同朋友交往，誠變守信。這樣的人，儘管他自己說沒有學習過，我可以肯定地說他其實已經學習過了。」

【熙解】

上一章有「行有餘力，則以學文」一句。本章中子夏所說的這段話，實際是對上一章的進一步發揮。賢賢易色，是男女朋友或夫妻之間的關係處理原則。即，顏值可以參考，但不能作為決定因素，而應以賢德為重。處理與父母之間的關係、與領導之間的關係以及同事、朋友的關係，都要以德為先。

子夏認為，一個人有沒有學問，他的學問的好壞，主要不是看他掌握的知識多少，而是首先看他能不能實行「孝」「忠」「信」等美德。只要做到了這幾點，即使他說自己沒有學習過，但他其實已經是有道德修養的人了。這些也不一定只在書本知識裡才能學到，父母、師長的言傳身教更重要。「不言之教」勝過一切書本。

上幾章具體闡述了「孝悌為仁之本」的論點。為下一步論證「怎麼學」「怎麼做」做好了鋪墊。

1.8

子曰：「君子不重①則不威，學則不固②。主忠信③，無④友不如己者⑤，過⑥則勿憚⑦改。」

【註釋】

①重：莊重、自持、自重。
②固：堅固，與上句相連，意思是說，不莊重就沒有威嚴，所學也就不堅固，是無本之木。
③主忠信：以忠信為主。
④無：「不要」「沒有」的意思。
⑤不如己：一般解釋為不如自己。另一種解釋說，「不如己者，不類乎己，所謂『道不同不相為謀』也」，把「如」解釋為「類似」。後一種解釋更為符合孔子的原意。
⑥過：過錯、過失。
⑦憚：音dàn，害怕、畏懼。

【譯讀】

孔子說：「君子不莊重自持就沒有威嚴；否則，學多少知識都是基礎不牢固的。（與人交往）以德行忠信原則為主，再看到每個人身上的優點，則沒有不如自己的人；相比較於自己，有了不足，就不要忌憚改正。」

【熙解】

本章中孔子提出了君子應當具有的品德，主要包括莊重威嚴、學習固本、慎重交友、善學改過等。作為具有理想人格的君子，自然給人以莊重大方、威嚴深沉的形象，

使人感到穩重可靠。但人的莊重不是靠擺譜擺出來的，「豬鼻孔裡插大蔥——裝象」是沒用的；而是要平時自持自重，自覺自察，以身作則，正人先正己，則威儀自生。

在「自重」的同時，也要「重人」，只要對方德行忠信務本，則是可交之人。不自我封閉，要有開放樂觀的心態，善於結交朋友，善於發現並學習對方的優點，則沒有不如己者，也沒有什麼不能改正的。

這一章論述了「怎麼學」的關鍵原則。

1.9

曾子曰：「慎終①追遠②，民德歸厚矣。」

【註釋】

①慎終：人死為終。狹義的理解是「慎終者喪盡其哀」。廣義地講，這裡不僅指人的去世，也指生前都要慎重對待自己的人生。

②追遠：狹義的理解，遠指祖先，「追遠者祭盡其敬」。這裡泛指檢討自己的過往。

【譯讀】

曾子說：「（若每個人都能）慎重對待自己的生和死，自覺自察，以身作則，民風自然就會樸實仁厚了。」

【熙解】

死前盡忠，死後盡孝，這是儒家看重的仁德。只要做到忠與孝，那麼，家庭與社會就可以得到安定。人死後為其舉辦喪禮、開追悼會，只能說是狹義的「慎終追遠」。

從廣義來講，「追遠」也可以說是每個人都要善於反省，自察過往做事是否合理，結局是否和諧，是否「慎終」。《詩經·大雅》：「靡不有初，鮮克有終」，說明有些人做事經常虎頭蛇尾。因此「慎終」也可理解為做人做事要有始有終，既替他人著想，又對自己負責。

《大學》曰，「物有本末，事有終始」，遵循事物自然規律，若每個人都能做到自律而利人，則整個社會自然民風仁德，實現和諧了。

這一章對上一章的觀點推而廣之加以闡述。而下一章則用孔子「必聞其政」的案例來論證「仁德」之人的品德。

1.10

子禽①問於子貢②曰：「夫子③至於是邦④也，必聞其政。求之與？抑⑤與之與？」子貢曰：「夫子溫、良、恭、儉、讓⑥以得之。夫子之求之也，其諸⑦異乎人之求之與？」

【註釋】
①子禽：姓陳名亢，字子禽。鄭玄所註《論語》說他是孔子的學生，但《史記·仲尼弟子列傳》未載此人，故一說子禽非孔子學生。
②子貢：姓端木名賜，字子貢，衛國人，比孔子小31歲，是孔子的學生，生於公元前520年。子貢善辯，孔子認為他可以做大國的宰相，事實上子貢後來確實做了大官。還有，據《史記》記載，子貢在衛國做了商人，家有財產千金，成了有名的富商。
③夫子：這是古代的一種敬稱，凡是做過大夫的人都可以取得這一稱謂。孔子曾擔任過魯國的司寇，所以他的學生們稱他為「夫子」。後來，人們沿襲「夫子」這種內涵用以稱呼老師。《論語》書中所說的「夫子」，都是孔子的學生對他的稱呼。
④邦：指當時割據的諸侯國。
⑤抑：表示選擇的文言連詞，有「還是」的意思。
⑥溫、良、恭、儉、讓：從字面上理解，就是溫順、善良、恭敬、儉樸、謙讓。這是孔子的弟子對他的贊譽。
⑦其諸：語氣詞，有「大概」「或者」的意思。

【譯讀】
子禽問子貢說：「老師到了一個國家，總是能預先聽聞這個國家的政事。（這種資格）是他自己求得的呢，還是人家國君主動給他的呢？」子貢說：「老師溫、良、恭、儉、讓，所以才得到這樣的資格，（這種資格也可以說是求得的）。但他求的方法，或許與別人的求法不同吧？」

【熙解】
本章通過子禽與子貢兩人的對話，把孔子的為人處世的品格勾畫出來。孔子之所以受到各國統治者的禮遇和器重，就在於孔子具備了溫和、善良、恭敬、儉樸、謙讓的道德品格。

例如，這五種道德品質中的「讓」，在人格的塑造過程中，就起著十分重要的作用。「讓」是在功名利權上先人後己，在職責義務上先己後人。孔子就是因具有這種品格，所以每到一個諸侯國，都受到各國國君的禮遇。孔子認為，好勝，爭取名聲；誇功，爭取名利；爭不到便怨恨別人，以及在名利上貪心不足，都不符合「讓」的原則。

這裡提一下子貢。子貢是孔子最優秀的弟子之一，智商高，情商也高；有真才實幹，說話很有藝術，靠自身努力謀得富貴，是春秋戰國時代典型的「高富帥」！最重要的是，子貢德行還很高，孔子逝世後，其他弟子守孝三年，只有子貢一人守孝六年呢！這樣的人，我看他就是孔子最優秀的弟子，當之無愧。贊！

1.11

　　子曰：「父在，觀其①志；父沒，觀其行②。三年③無改於父之道④，可謂孝矣。」

【註釋】
　　①其：他的，指兒子，不是指父親。
　　②行：指行為舉止等。
　　③三年：對於古人所說的數字不必過於機械地理解，它只是說要經過一個較長的時間而已，不一定是長達三年。古代實際守孝一般只有兩年多，而且僅限於貴族。
　　④道：有時候是一般意義上的名詞，無論好壞、善惡都可以稱為「道」；但更多時候是積極意義的名詞，表示善的、好的東西。這裡表示「合理內容」的意思。

【譯讀】
　　孔子說：「當他父親在世的時候，要觀察他的志向；在他父親死後，要考察他的行為。若是他對他父親的合理部分三年不加改變，這樣的人可以說是盡到孝了。」

【熙解】
　　這一章仍然談的是有關「孝」的問題，把「孝」字具體化了。在本章中孔子說，一個人在父親死後，三年不改「父之道」。但後人都理解為，三年內都不能改變他父親所制定的那一套規矩，這就是盡孝（這也是「守孝三年」的來歷）。古代父親主外，母親主內，現代沒這麼嚴格的區別了。所以，我們現在可以理解為「父母之道」。現代很多母親裡裡外外都要操心，我們應該說一聲：母親辛苦了！

　　其實，我們不能片面強調兒子對父親規矩的依從。要將重點放在「合道」上，首先遵從的是道，「父之道」應該是父親「合道」的那部分內涵精髓，否則就不能稱之為「道」。歷史在發展，社會在前進，道不易變，但外在的規矩——「禮」一直在變。我們不能過於因循守舊，頑固不化。人們的思想觀念、言行舉止都不能總停留在過去的水準上，「青出於藍而勝於藍」，後代超過前代，這是歷史的必然。

　　當然，若父親生前事業的影響力很大，則「三年無改」還可以理解為技術問題。要改也得慢慢改，順勢而為，不然會亂。治大國如烹小鮮，改弦更張的事得小心謹慎，一步步順著改過來。

1.12

　　有子曰：「禮①之用，和②為貴。先王之道③斯④為美，小大由之。有所不行，知和而和，不以禮節⑤之，亦不可行也。」

【註釋】

①禮：在春秋時代，「禮」泛指社會的典章制度和道德規範。孔子的「禮」，既指「周禮」，即禮節、儀式，也指人們的道德規範。
②和：調和、和諧、協調。
③先王之道：指堯、舜、禹、湯、文王、武王、周公等古代帝王的治世之道。
④斯：這、此。這裡指禮，也指和。

【譯讀】

有子說：「禮的應用，以和諧為貴。古代君主的治國方法，寶貴的地方就在這裡。大事小事一般都可按和諧的原則去做，但有的時候也行不通，（這是因為）為了和諧而和諧，不以禮來節制和諧，也是行不通的。」

【熙解】

「和」是儒家所特別倡導的倫理、政治和社會原則。《禮記・中庸》寫道：「喜怒哀樂之未發謂之中，發而皆中節謂之和。」知和，不要一根筋、認死理。

《左傳》曰：「夫禮，天之經也，地之義也，民之行也。」古代的禮相當於天經地義的行為規則。孔門既強調禮的運用、以和為貴，又指出不能無原則地調和，變成和稀泥，而要以禮節制約。天下沒有絕對的自由，不受規則約束的自由最終會導致全都不自由。這也符合孔子的中庸原則，不走極端。

1.13

有子曰：「信近①於義②，言可復③也；恭近於禮，遠④恥辱也。因⑤不失其親，亦可宗⑥也。」

【註釋】

①近：接近、符合的意思。
②義：義是儒家的倫理範疇。是指思想和行為符合一定的標準。這個標準就是「禮」。
③復：實踐的意思。朱熹《集註》雲：「復，踐言也。」
④遠：動詞，使動用法，使之遠離的意思，此外亦可以譯為避免。
⑤因：同「姻」，姻親關係。泛指依靠、憑藉。
⑥宗：泛指同宗類比，依此類推。

【譯讀】

有子說：「講信用要符合於義，（符合於義的）話才能實行；恭敬要符合於禮，這樣

才能遠離恥辱；（一切行事準則之間）若像姻親關係這樣互相牽制，則也可以依此類推。」

【熙解】
　　這章順著上章「不和稀泥」的觀點繼續闡述，提出了一個重要的辯證法：凡事不能絕對化，辦事原則之間要講究依存關係、牽制關係，靈活處理。否則就會落入教條主義。凡事絕對化了，就會被人當作「常規」加以利用，好事也變成了壞事。「因不失其親，亦可宗也」是指大多數事物都可依據這一辯證依存原則推而廣之，舉一反三，中和應對。
　　比如，孔子講「言而有信」，但不代表「言必信」。因為，信要近於義，才值得遵守。被迫的「信」，不合道義的「信」，都不必遵守。比如黑社會的殺人之「信」，就不符合道義，更談不上守信。
　　上述三章分別從「孝」「禮」「義」三個方面闡述了該怎麼學、怎麼做，以及注意事項。而下面一章則對為學的方法提出了更重要的警示。

1.14

　　子曰：「君子食無求飽，居無求安，敏於事而慎於言，就①有道②而正③焉，可謂好學也已④。」

【註釋】
　　①就：靠近、看齊。
　　②有道：符合道德、道義。
　　③正：匡正、端正。
　　④也已：語氣詞，罷了。

【譯讀】
　　孔子說：「君子飲食不求飽足，居住不求舒適，對工作勤勞敏捷，說話卻小心謹慎，以道義的標準去匡正自己，按規矩辦事，這樣可以說（只）是好學罷了。」

【熙解】
　　本章提到符合君子品質的幾種行為。但需注意，做到以上幾點，只能說是屬於「好學」罷了，以上幾點是對這種「好學」行為的客觀陳述。至於是否學有所得，能否積極進取，則還不能就此斷定。「也已」二字即表明了孔子的態度。
　　所以，不能說這裡是孔子對弟子提出的君子必須具備的學習態度和要求，更不是認為「不求飽、不求安」的人才是君子。實際上，孔子對治學的要求，以及人生態度，遠比這裡的「好學」要積極上進、樂觀豁達。

1.15

子貢曰：「貧而無諂①，富而無驕，何如②？」子曰：「可也。未若貧而樂③，富而好禮者也。」子貢曰：「《詩》雲，『如切如磋，如琢如磨④』。其斯之謂與？」子曰：「賜⑤也，始可與言《詩》已矣，告諸往而知來者⑥。」

【註釋】

①諂：音 chǎn，意為巴結、奉承。
②何如：《論語》書中的「何如」，都可以譯為「怎麼樣」。
③貧而樂：樂，樂觀。可解釋為「貧而樂道」。
④如切如磋，如琢如磨：此二句見《詩經·國風·衛風·淇奧》。有兩種解釋。一說切磋琢磨分別指對骨、象牙、玉、石四種不同材料的加工，否則不能成器；一說加工象牙和骨，切了還要磋，加工玉石，琢了還要磨，有精益求精之意。
⑤賜：子貢的名字，子貢即端木賜，孔子對學生都稱其名。
⑥告諸往而知來者：諸，同之；往，過去的事情；來，未來的事情。

【譯讀】

子貢說：「貧窮而能不諂媚，富有而能不驕傲自大，怎麼樣？」孔子說：「這也算可以了。但是還不如雖貧窮卻仍能保持樂觀，雖富裕而又崇德好禮。」子貢說：「《詩經》上說，『要像對待骨、角、象牙、玉石一樣，切磋它，琢磨它』（精無止境），就是講的這個意思吧？」孔子說：「賜呀，你能從我已經講過的話中領會到我還沒有說到的意思，舉一反三，我可以同你談論《詩經》了。」

【熙解】

孔子希望他的弟子以及所有的人們，都能夠達到貧而樂道、富而好禮這樣的理想境界。但他並不是主張消極地「守貧傻樂」，而是指即使身陷貧困，也能以樂觀的心態，熱愛生活，積極進取，用自己的行動，改變現狀，提升生活品質。而對於富豪呢，富了還要學禮，不要成了「土豪」，傻大粗，會被人瞧不起的。

孔子對子貢比較滿意。在這段對話中可以看出，子貢能獨立思考、舉一反三，因而得到孔子的贊揚。具有自信與大氣的人，才更能讀懂《詩經》中的內涵。事實上子貢確實沒有辜負孔子的厚愛，在 1.10 章已經提到過子貢的「偶像」地位。以上兩章似乎是以顏回和子貢兩人為例，對真正的「好學」做進一步闡述。

在這裡我們其實更要警惕「貧而無諂」。若真是不卑不亢的「無諂」還好。但現實中很多貧困的人往往把「無諂」變成了過度的自尊，敏感得像只刺蝟，把別人善意的提醒或幫助當作「瞧不起」自己，或者以為在「指責」自己。永遠把自己緊緊包裹起來，卻把利刺指向了他人。他人拋來的善意，要麼被敏感地彈回去，要麼被自己扎得粉碎。

末了自己還悲天憫人，莫名仇富。

　　這樣的人其實內心是自卑的、怯懦的。很多人把貧困的原因歸結為環境，但其實根本原因在自己內心。有句話，「可憐之人必有可恨之處」，說的就是這一類人。敞開心胸吧！只要觀念轉變了，樂觀豁達地生活，環境也很可能會改變。我心光明，所見皆是光明。

1.16

　　子曰：「不患①人之不己知，患不知人也。」

【註釋】
　　①患：憂慮、怕。

【譯讀】
　　孔子說：「不怕別人不瞭解自己、不懂自己，只怕自己不識人、不瞭解別人。」

【熙解】
　　這段話是孔子對自己的學生所傳授的為人處世之道。不要等著別人來瞭解自己，發現自己；不要怨天尤人，不要總覺懷才不遇。而是要積極進取，主動發現並欣賞別人的長處，學習別人的長處，以樂觀、開放的心態主動與人溝通，與人合作。

　　本章最後這句對全篇做了個收尾式的總結：學得好與不好，過得快不快樂，最終在於自己。命運掌握在自己手中！

為政第二

「為政」並不一定指「從政」，還可以泛指一切人與人、人與社會和組織之間的關係處理原則和行為。

2.1

子曰：「為政以德[1]，譬如北辰[2]，居其所[3]，而眾星共[4]之。」

【註釋】

①為政以德：「以」是用的意思。此句是說執事者應以德治國，即「德治」。

②北辰：北極星，是天空北部的一顆亮星，離北天極很近，差不多正對著地軸。從地球北半球上看，它的位置幾乎不變，可以靠它來辨別方向。但由於歲差，北極星並不是位置永遠不變的某一顆星。現階段所指的是「勾陳一」，是小熊星座中最亮的一顆恆星，也就是小熊座α星，距地球約434光年，是夜空能看到的亮度和位置較穩定的恆星。在北門七星前端的天璇和天樞兩星之間連一條直線，再向天樞方向延長5倍的距離，便遇到顆明亮的2等星，它就是勾陳一。這是尋找北極星的最簡便的方法。

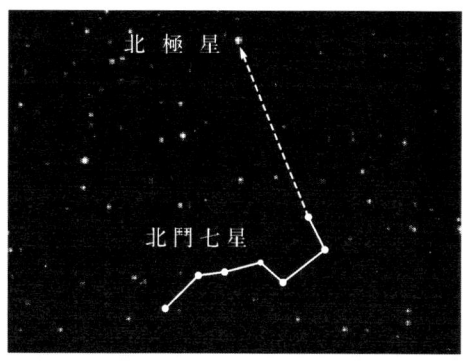

周朝時（包含孔子生活的時代），小熊座β星（中文名北極二）比較靠近北天極。既然天上的星星圍繞它轉，古人便認為它是天上的天子，故又起名曰帝星；又因為它在紫微垣的中心位置，又叫它紫微星。隋唐時期，北極五（鹿豹座32H星）成了北極星，這顆星亮度極暗，也是人類文明歷史上目前為止最暗的北極星。中國北宋初年的時候，地球北極指向的天空離現在的北極星——小熊座α星（即勾陳一）的角距還有6度。可見，那時它還遠遠不能作為北極星。但到了明清時期，勾陳一已經成了名副其實的北極

星。到公元14000年時北極星將會是織女星。每隔25,800年，極星要循環一次。
③所：處所，位置。
④共：同「拱」，環繞的意思。

【譯讀】

孔子說：「領導者為政，若以仁德為重心，其德行能像北極星那樣，穩重而光彩熠熠，那麼群星自然會環繞在它的周圍。」

【熙解】

在中國傳統上，北極星具有非比尋常的意義，例如公元前2263年五帝時代的北極星「太乙」和公元前1097年周公時代的北極星「帝」等。這是由於它們看起來在天空中固定不動，被眾星擁護，故被視為群星之主。

執事者如果實行德治，為大眾著想，惠及天下，人們就會真心向著你、擁護你。

從人生的角度來說，北極星有著引領我們到達目標的意義，正如它可以讓我們分辨方向一樣。

周朝為政以德的說法源自召公，根據《尚書·召誥》記載，「成王在豐，欲宅洛邑，使召公先相宅，作《召誥》」。成王欲遷都洛陽，先派召公去經營。周公視察洛陽時，召公委託周公上書，告誡成王應當敬德，使天命長久。《尚書·召誥》記載：「王敬作所，不可不敬德。我不可不監於有夏，亦不可不監於有殷。我不敢知曰，有夏服天命，惟有歷年；我不敢知曰，不其延。惟不敬厥德，乃早墜厥命。我不敢知曰，有殷受天命，惟有歷年；我不敢知曰，不其延。惟不敬厥德，乃早墜厥命。今王嗣受厥命，我亦惟茲二國命，嗣若功。」

這裡需要特別強調的是，不能狹隘地認為「為政」只是「從政」。不但從事政事是「為政」，而且一切處理人和組織、人和人、人和事之間關係的行為，都屬於「為政」範疇。比如管理一個家族、一家公司、一個政黨、一個國家，只要有與人打交道的地方，都屬「為政」，其道理都是相通的。所以，那些以為《論語》只是宣揚封建禮教的人，是誤解了孔子思想。

《論語》是入世之學，教人積極的生活態度和正確處理各種人事關係的方法，其本質講的是人性。數千年來，社會組織結構和形態在不斷變化，但人性數千年也不會變。這也是《論語》能成為經典，歷數千年不衰的本質原因。

【典故】分陝而治

召公又作「邵公」「召康公」「太保召公」，姓姬名奭（shì），是周文王的兒子、武王的弟弟。他曾輔助周武王滅商，被封於燕（今北京市房山區琉璃河鎮董家林村），是後來燕國的始祖。因最初採邑在召（今陝西省扶風縣東北），故稱召公或召伯。

召公子孫有一支以他的名為姓，姓奭。到西漢元帝時，由於元帝名劉奭，百姓必須避諱，奭姓人改為「盛」姓。現在的「盛」姓之人很多就是召公的後人。

周成王時，召公出任太保，據史籍《左傳·隱公五年》記載，「自陝而東者，周公主之；自陝而西者，召公主之」。召公與周公分陝而治，陝塬以東的地方歸周公管理，陝塬以西的地方歸召公管理。他支持周公攝政當國，支持周公平定叛亂。他的後代中有人繼承了召公的稱號，還曾輔佐了周厲王。

分陝的具體位置，在史籍《水經註》中為以陝城為界，而在史籍《括地志》中則為以陝塬為界。分陝以後，周公旦就可以把主要的精力用於防備殷商遺民的反叛，穩定東部新發展的領地；而召公奭的責任就是進一步開發黃河中游地區的農業生產，建立鞏固的經濟後方，為周王朝進一步開拓疆土解除後顧之憂。《詩經·國風·召南·甘棠》就是為此而寫的。

2.2

子曰：「《詩》三百①，一言以蔽②之，曰：『思無邪③。』」

【註釋】

①《詩》三百：《詩》，指《詩經》一書，此書實有305篇，三百只是舉其概數。
②蔽：概括的意思。
③思無邪：此為《詩經·魯頌》上的一句，此處的「思」作思想解。無邪，一解為「純正」，一解為「直」。

【譯讀】

孔子說：「《詩經》三百篇，可以用一句話來概括它，就是『思想純正無邪』。」

【熙解】

《詩經》既有豐富的知識，又有純正的價值觀，孔子用「思無邪」來概括它，並且把《詩經》當作學習的教材，甚至將《詩經》內容譜成樂曲廣為傳頌。

風、雅、頌是按音樂的不同對《詩經》做出的分類。「風」又叫「國風」，是各地的歌謠。「賦、比、興」是《詩經》的表現手法。《詩經》多以四言為主，兼有雜言。「風」包括周南、召南、邶、鄘、衛、王、鄭、齊、魏、唐、秦、陳、檜、曹、豳等15國的國風，大部分是黃河流域的民歌，小部分是貴族加工的作品，共160篇。「雅」包括小雅和大雅，共105篇。「雅」基本上是貴族的作品，只有小雅的一部分來自民間。「頌」包括周頌、魯頌和商頌，合40篇。

正是因為《詩經》內涵廣泛，又與當時社會生活息息相關，所以孔子認為學過《詩經》的人基本有從政的能力了。

周成王時，召公出任太保，與周公分陝而治，陝以西的地方歸他管理。召公把他的轄區搞得政通人和，貴族和平民都各得其所，因此深受愛戴。傳說他曾在一棵甘棠樹下辦公，後人為了紀念他，捨不得砍伐此樹。《詩經·國風·召南·甘棠》就是為此而

寫的。

《詩經・國風・召南・甘棠》：

蔽芾（fèi）甘棠，勿翦勿伐，召伯所茇（bá）。

蔽芾甘棠，勿翦勿敗，召伯所憩。

蔽芾甘棠，勿翦勿拜，召伯所說。

白話譯文：鬱鬱蔥蔥棠梨樹，不剪不砍細養護，曾是召伯居住處。鬱鬱蔥蔥棠梨樹，不剪不毀細養護，曾是召伯休息處。鬱鬱蔥蔥棠梨樹，不剪不折細養護，曾是召伯停歇處。

2.3

子曰：「道①之以政，齊②之以刑，民免③而無恥④。道之以德，齊之以禮，有恥且格⑤。」

【註釋】

①道：音 dǎo，有兩種解釋。一為「引導」，二為「治理」。
②齊：整齊、約束。
③免：避免、躲避。
④恥：羞恥之心。
⑤格：這裡解釋為具有自律意識，遵守「禮制」規則。

【譯讀】

孔子說：「用法制禁令去規範人，使用刑法來約束他們，人們只是能做到免於犯罪受懲，卻失去了廉恥之心；用道德教化引導人，使用禮制去統一人的言行，人們不僅會有羞恥之心，而且也就自覺守規矩了。」

【熙解】

在本章中，孔子舉出治國方針的兩個方面。可以認為是 8.9 章「民可使由之，不可使知之」的最好註解。

孔子認為，刑罰只能使人知道怎樣才不會犯罪（知之），不能使人懂得犯罪可恥的道理；而道德教化既能使人民守規蹈矩，又能使人民有知恥之心而自覺守規矩（由之）。這裡孔子主張「為政以德」的思想，但並沒有完全忽視刑政、法制在治理國家中的作用。

在刑法的前提下再施以德政教化，這符合孔子「信近於義」的主張，也類似於「刑從於德」的互相依存、牽制的思想。孔子還說過，以德報怨，何以報德？主張以直報怨。從廣義上來說，以刑法懲處違規者，也是「以直報怨」的一種體現。

2.4

子曰：「吾十有①五而志於學，三十而立②，四十而不惑③，五十而知天命④，六十而耳順⑤，七十而從心所欲，不逾矩⑥。」

【註釋】
①有：音 yòu，同「又」。
②立：站得住的意思，即成家立業、有擔當。
③不惑：掌握了知識，不被外界事物所迷惑；更重要的是覺醒破執，內心不再迷茫。
④天命：指不能為人力所支配的事情。
⑤耳順：對此有多種解釋。一般而言，指對那些於己不利的意見也能正確對待。
⑥從心所欲不逾矩：從，遵從的意思；逾，越過；矩，規矩。

【譯讀】
孔子說：「我十五歲立志於學習；三十歲能夠自立；四十歲能覺醒破執，內心不再迷茫；五十歲懂得了天命；六十歲能正確對待各種言論；七十歲能隨心所欲而不越出規矩。」

【熙解】
在本章裡，孔子自述了他學習和修養的過程。孔子的道德修養過程，有兩大合理因素。第一，他看到了人的道德修養不是一朝一夕的事，不能一下子完成，不能搞突擊，要經過長時間的學習和沉澱，要有一個循序漸進的過程。第二，道德的最高境界是思想和言行的融合，自覺地遵守道德規範，而不是勉強去做。這是自然規律，對任何人，都是適用的。

這裡還揭示了我們學習和理解孔子思想的一個原則，即不能靜止地看待孔子思想，把孔子的某一句話固化成具有永久權威性的「標準」，而要考慮孔子原話適用的語境。更重要的是，孔子在不同年齡段、不同人生境界下說的話、提出的觀點，是一個「自適應」過程，也是不斷自我完善、總結、昇華的過程。每一段人生境遇對應相應的人生準則，無絕對的對和錯，只有取和捨的適應，有些錯也是無法避免的。我們不能用某段人生準則去生搬硬套其他的人生階段，否則就是錯位。錯位了就是真錯。

2.5

孟懿子①問孝，子曰：「無違。②」樊遲③御④，子告之曰：「孟孫⑤問孝於我，我對曰無違。」樊遲曰：「何謂也？」子曰：「生，事之以禮；死，葬之以禮，祭

之以禮。」

【註釋】
　①孟懿子：魯國的大夫，三家之一，姓仲孫，名何忌，「懿」（yì），是諡號。其父臨終前要他向孔子學禮。
　②無違：不要違背。
　③樊遲：姓樊名須，字子遲，孔子的弟子，比孔子小46歲。他曾和冉求一起幫助季康子進行革新。
　④御：駕馭馬車。
　⑤孟孫：指孟懿子。

【譯讀】
　孟懿子問什麼是孝，孔子說：「孝就是不要違背禮節。」後來樊遲給孔子駕車，孔子告訴他：「孟孫問我什麼是孝，我回答他說不要違背禮。」樊遲說：「不要違背禮是什麼意思呢？」孔子說：「父母活著的時候，要按禮侍奉他們；父母去世後，要按禮埋葬他們、祭祀他們。」

【熙解】
　孔子極其重視孝，根據孟孫的實際表現，對於像孟孫這樣的人，孔子對孝的要求是，首先要做到「順」。孝順即這個意思。盡孝時首先不應違背禮的規定，否則就不是真正的孝。但並不是說，依禮即孝，以為按規定辦就夠了，實際不夠。接下來還有闡述。

2.6

孟武伯①問孝，子曰：「父母唯其疾之憂②。」

【註釋】
　①孟武伯：孟懿子的兒子，名彘（zhì）。武是他的諡號。
　②父母唯其疾之憂：其，代詞，指父母。疾，病。

【譯讀】
　孟武伯向孔子請教孝道。孔子說：「父母愛自己的子女，唯恐其有疾病。」

【熙解】
　本章是孔子對孟武伯問孝的回答。父母愛自己的子女，唯恐其有疾病，子女能夠體會到父母的這種心情，在日常生活中注意保護自己、保養身體不致有病災，不讓父母擔憂，這就是孝。

2.7

子遊①問孝，子曰：「今之孝者，是謂能養。至於犬馬，皆能有養；不敬，何以別乎？」

【註釋】
①子遊：姓言名偃，字子遊，吳人，比孔子小45歲。

【譯讀】
子遊問什麼是孝，孔子說：「如今所謂的孝，只是說能夠贍養父母便足夠了。然而，就是犬馬都能夠得到飼養。如果不存心孝敬父母，那麼贍養父母與飼養犬馬又有什麼區別呢？」

【熙解】
本篇還是談論孝的問題。贍養父母只是孝順父母的基本禮節。贍養之外，還要誠心孝敬，真心愛護父母。這章正好與2.5章呼應補充。

2.8

子夏問孝，子曰：「色難①。有事，弟子服其勞②；有酒食，先生③饌④，曾是以為孝乎？」

【註釋】
①色難（nán）：色，臉色。難，不容易的意思。
②服其勞：服，從事、擔負。服其勞即服侍長輩。
③先生：這裡的先生泛指師長或父母、長輩；前面說的弟子，泛指學生或子女、晚輩。
④饌：音 zhuàn，意為飲食、吃喝。

【譯讀】
子夏問什麼是孝，孔子說：「（當子女的要盡到孝），最不容易的就是對父母和顏悅色。如果把孝僅當作晚輩對長輩的例行公事，有事做事，有好酒好菜給長輩供著，難道這樣就可以算是孝了嗎？」

【熙解】
本篇的第5、6、7、8章，都是孔子談論有關孝的問題。一個共同的思想，就是不僅

要從形式上按禮的原則侍奉父母，而且要從內心深處真正地孝敬父母。「色難」提醒子女千萬不能像養家畜那樣贍養父母，不給好臉色，以為給吃給穿就可以了。尤其到了父母年老體衰時，不但從物質、行動上要支持父母，更要從精神上撫慰、敬愛父母。

2.9

子曰：「吾與回①言終日，不違②如愚。退而省其私③，亦足以發。回也不愚。」

【註釋】

①回：姓顏名回，字子淵，生於公元前521年，比孔子小30歲，魯國人，孔子的學生，也是孔子母親娘家的親戚，論輩分相當於孔子的外甥。
②不違：不提相反的意見和問題。
③退而省其私：考察顏回私下裡與其他學生討論學問的言行。

【譯讀】

孔子說：「我整天給顏回講學，他從來不提反對意見和疑問，像個蠢人。等他退下之後，我考察他私下的言論，發現他對我所講授的內容有所發揮，可見顏回其實並不蠢。」

【熙解】

孔子並不滿意那種「終日不違」，從來不提相反意見和問題的學生。老師都希望學生在接受教育的時候，要開動腦筋，思考問題，對老師所講的問題應當有所發揮。俗話說，「響鼓不在重錘」，聰明的學生何須與之言終日？所以，孔子也認為不思考問題、逆來順受、不提不同意見的人，是愚笨的。

這一章，有人說「沉默是金」，不免有點牽強附會。若是在眾人高談闊論之時，你保持安靜，可以形容為「沉默是金」。但這裡是兩人之間的溝通，而且是老師對學生諄諄教導之時，若一味保持沉默，要麼情商低，要麼就有「反抗」的意味了。若是孩子還可以理解；如果是正常成年人這麼做，那說明對立情緒比較嚴重。正好顏回13歲時開始跟隨孔子求學，前幾年裡恰好處於「青春叛逆期」，難免跟孔子鬧情緒。孔子也不在意，還小心呵護著顏回，視其如子，說他「亦足以發」。父母心，天地可鑒啊！

「為政」篇一開始我們就說過，《論語》講的是人性，是為人處事之學。因此我們解讀《論語》應該從人之常情的角度來分析，而不能不顧人物和故事背景，牽強附會，處處拔高，句句不離「道德宣教」，那樣就真成了「封建禮教」，給人以「道德綁架」的感覺。這也是很多人對儒家學說反感的原因。

為什麼有人說《論語》是「愚民」工具？其實不是孔子說錯了，不是孔子要愚民，而是後人講歪了，孔子也被人利用了。讀到熙華國學研究院這本講解《論語》的書的

人，須引以為戒。我們在研究《論語》的過程中，發現孔子思想有大量被歷代「大儒」曲解、誤解的地方，我們都一一把它糾正過來，恢復了孔子積極、樂觀的本意。

讀完本書，你會突然明白，為什麼五四運動以來很多人都要打倒「孔家店」。因為彼時的「孔家店」裡，已經買不到孔子真言了，販賣的都是借孔子之名夾帶的私貨、假貨。人們要打倒的是掛羊頭賣狗肉的「店」，而不是孔子。懂孔子的人都知道，孔子的思想是真金不怕火煉，涅槃過後，必能重生。

現在，孔子思想有重生之勢，我們一方面得感謝「五四」以來的先賢，幫我們火燒糟粕，去偽存真。另一方面，我們千萬不能再犯錯誤，胡子眉毛一把抓，把一些糟粕又重新供起來。甄別真金、傳承經典和與時俱進是我們的使命。

2.10

子曰：「視其所以①，觀其所由②，察其所安③。人焉廋④哉？人焉廋哉！」

【註釋】

①所以：所做的事情及其動機。
②所由：所走過的道路、方法。
③所安：所安的心境。
④廋：音 sōu，隱藏、藏匿。

【譯讀】

孔子說：「（要瞭解一個人），應看他言行的動機，觀察他所走的道路，考察他安心幹什麼。這樣，這個人怎樣能隱藏得了呢？這個人怎樣能隱藏得了呢！」

【熙解】

本文主要講如何瞭解別人的問題。孔子認為，對一個人，應當聽其言而觀其行，還要看他做事的心境，從他的言論、行動到他的內心，全面觀察一個人，不被表象所迷惑，那麼這個人就沒有什麼可以隱藏得了的。本章似乎因為顏回而有感而發。

2.11

子曰：「溫故而知新①，可以為師矣。」

【註釋】

①溫故而知新：故，已經過去的。新，剛剛學到的知識。

【譯讀】

孔子說:「在溫習舊知識時,能有新領悟、新發現,就可以以己為師了。(因為掌握了自學能力)。」

【熙解】

俗話說,「師傅領進門,修行在個人」。如果說,第一遍學習以老師為師,那麼溫故知新,則可以「以己為師」了。強調的是自學能力。

孔子是「溫故而知新」、以己為師的最佳榜樣!他認為,不斷溫習所學過的知識,便可以獲得新知識。這種「新知識」可以理解為總結出之前所學知識的規律,由「知其然」而悟出「知其所以然」,從而摸索出舉一反三之法,就可以自行學習後面的知識了——這不就是「以己為師」嗎?!因此,「溫故而知新」是一個十分有效的自學方法。

2.12

子曰:「君子不器①。」

【註釋】

①器:器具。《易・繫辭》記載,「形乃謂之器」。引申為條條框框的限制。

【譯讀】

孔子說:「君子不囿於形。」

【熙解】

器的甲骨文,是一條狗,四角被「口」圍住。象徵被人圈養,被「牢籠」圍住了。那麼一條原本活蹦亂跳的狗,就成了靜止不動的狗了,失去了先天本性,成了「死器」。後來「器」就被形容為具有固定外形和作用的某樣東西。

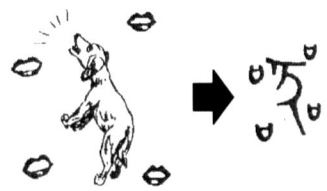

孔子說,君子之才,不應只局限於某個方面。比如,杯子就只能用來喝水嗎?它其實還可有很多用處,只要你願意。君子之才,還應積極發揮主觀能動性,創造性地開展學習和工作。且能辨明事物本質,不為表面、外形所迷惑而執著於形,不故步自封、不教條主義。知識和事物的發展規律不是直線前行,而是層層遞進的,在某一個層面適合

的東西，到了下一個層面就不一定適合了。比如同樣一個做事方法，在實踐的初級階段，可以是促進事物發展的「利器」；但在高級階段，它又可能成為阻礙事物發展的「牢籠之器」。

《易·系辭》：形乃謂之器。我們在實踐中，既要能成器，也要善於「化器」。關鍵時刻不能被外在形式所局限，要善於打破或否定以前的認知，靈活權變，以動態的、變化的思維和方法，將認知昇華到全新層次。

需要特別指出的是，「不器」並不是說完全不要器了。先成器，再化器，是事物演變的客觀規律。「道」是無形的，人們只能通過有形的東西去感知，器以載道。比如典禮儀式，它可以傳遞一些無形的悲喜之情或敬止之道。所以生活中適當增加一些有儀式感的東西，是有必要的。儀式感也是一種「器」。人們借鑑前人的著作和理論，通過文字傳承來學習，這時文字也是一種「器」。宋代周敦頤《通書·文辭》曰：「文所以載道也」，所以君子學習文化知識，最終目的不是為了記住文字和知識，而是透悟字形後面的「道」和智慧。這才是真正的「君子不器」。

2.13

子貢問君子。子曰：「先行，其言而後從之。」

【譯讀】

子貢問怎樣做一個君子。孔子說：「對於你要說的話，先實行了，做過了，再說出來，(這就可說是一個君子了)。」

【熙解】

孔子認為，作為君子，不能只說不做，而應先做後說。只有先做後說，才可以取信於人。就像現在，一些企業家成功了就可出書、到處演講，話怎麼說都會受到追捧，否則，誰會相信他呢？

反觀那些講起道理滔滔不絕，但就是不邁出第一步行動的人，自詡「君子」動口不動手，其實屬於「有文無質」，那是偽君子，孔子也看不慣。

2.14

子曰：「君子周①而不比②，小人比而不周。」

【註釋】

①周：合群，團結。
②比：比：音bì，靠得很緊。這裡引申為勾結。

【譯讀】

孔子說:「君子與人團結而不勾結,小人與人勾結而沒有真正的團結。」

【熙解】

君子與小人的區別之一,就是小人結黨營私,相互勾結,不能與大多數人融洽相處。小人經常表面跟人稱兄道弟,動不動就說「咱倆誰跟誰!」,但其實心懷鬼胎。而君子則不同,他胸懷廣闊,與眾人和諧相處,從不與人相勾結。君子並不會過分地和你套近乎,但他比誰都有原則,也更講團結。很多人在實際中很難區分真正的君子和小人行為,這裡有一個重要原則:「君子之交淡如水」。朋友之間交往的長久之道,就是既保持友好關係,又適當保持距離。

2.15

子曰:「學而不思則罔①,思而不學則殆②。」

【註釋】

①罔:迷惑、糊塗。
②殆:疑惑、危險。

【譯讀】

孔子說:「只讀書學習,而不思考問題,就會惘然無知而沒有收穫;只空想而不讀書學習,就會疑惑而不能肯定。」

【熙解】

智者從實踐中總結出理論,供人學習、參考;後來者通過學習,將前人理論再用於指導實踐。學習和實踐是一個相輔相成的過程。在「學」與「行」之間,必須有個「思」的過程,只有將學與思相結合,才可以使自己既知其然,也知其所以然;才能舉一反三,靈活將知識運用於實踐,否則會導致生搬硬套,東施效顰。

2.16

子曰:「攻①乎異端②,斯③害也已④。」

【註釋】

①攻:專攻,致力於。
②異端:偏激的一面。另外、不同的一端。
③斯:代詞,這。

④也已：這裡用作語氣詞。

【譯讀】

孔子說：「專攻事物的一個方面，用其極，（而不持中道），其實是有害的啊！」

【熙解】

從這章開始提到孔子的中庸思想。事物發展的規律一般是在某個可控範圍內交替變化，這個變化的邊界就是兩端，比如正反兩端，它們互為「異端」。只要不超出邊界，事情就不會失控；但若是一味偏向某一端，就成了「攻乎異端」，事物就會超出邊界，那就改變原事物的性質了，其危害是很大的，破壞性猶如火車「脫軌」。

這句話可幫助我們正確理解孔子的中庸思想。中庸並不是一些人理解的「折中、和稀泥」，也不是平庸；而是按事物的規律辦事，既有原則和方向，又有靈活的邊界，是蘊含很高智慧的順勢而為。

2.17

子曰：「由①，誨女②知之乎？知之為知之，不知為不知，是知也。」

【註釋】

①由：姓仲名由，字子路。生於公元前542年，孔子的學生，長期追隨孔子。
②女：同「汝」，你。

【譯讀】

孔子說：「由，我教給你（的學習方法），你都知道了嗎？知道的就是知道，不知道就是不知道，這就是智慧啊！」

【熙解】

學之大忌就是不懂裝懂。說出一個謊言，就要用10個謊言去掩蓋，會形成惡性循環，最終誤了自己。「知之為知之，不知為不知」，道理很淺，但很多人其實做不到，做到的反而成了大智慧。

2.18

子張①學干祿②。子曰：「多聞闕③疑④，慎言其餘，則寡尤⑤；多見闕殆，慎行其餘，則寡悔。言寡尤，行寡悔，祿在其中矣。」

【註釋】

①子張：姓顓孫名師，字子張，生於公元前503年，比孔子小48歲，孔子的學生。
②干祿：干，求。祿，即古代官吏的俸祿。干祿就是求取官職。
③闕：缺。此處意為放置在一旁。
④疑：懷疑。
⑤寡尤：寡，少的意思。尤，過錯。

【譯讀】

子張要學謀取官職的辦法。孔子說：「要多聽，有懷疑的地方先放在一旁不說，其餘有把握的，也要謹慎地說出來，這樣就可以少犯錯誤；要多看，有懷疑的地方先放在一旁不做，其餘有把握的，也要謹慎地去做，就能減少後悔。說話少過失，做事少後悔，官職俸祿自然就在其中了。」

【熙解】

孔子並不反對他的學生謀求官職，在《論語》中還有「學而優則仕」的觀念。他認為，身居官位者，應當謹言慎行，說有把握的話，做有把握的事，這樣可以減少失誤，減少後悔，這是對國家、對個人負責任的態度。當然這裡所說的，並不僅僅是一個為官的方法，也表明了孔子在知與行二者關係問題上的觀念，是對上一章「知之為知之」的進一步解說。

這一章可以給現代人很大的啟發。對於工作上的事，很多人喜歡瞎折騰，以為是「有所作為」。但折騰來折騰去，撿了芝麻丟了西瓜，最終一事無成。反而一些在崗位上踏踏實實、兢兢業業的人，最後收穫了較高的回報。

2.19

哀公①問曰：「何為則民服？」孔子對曰②：「舉直錯諸枉③，則民服；舉枉錯諸直，則民不服。」

【註釋】

①哀公：姓姬名蔣，哀是其諡號，魯國國君，公元前494—前466年在位。
②對曰：《論語》中記載孔子對國君及在上位者問話的回答都用「對曰」，以表示尊敬。
③舉直錯諸枉：舉，選拔。直，正直公平。錯，同「措」，放置。枉，不正直。

【譯讀】

魯哀公問：「怎樣才能使人民信服呢？」孔子回答說：「把正直無私的人提拔起來，

把邪惡不正的人置於一旁，人民就會信服了；把邪惡不正的人提拔起來，把正直無私的人置於一旁，人民就不會信服。」

【熙解】
親君子，遠小人，這是孔子在選用人才問題上一貫的主張。薦舉賢才、選賢用能，是孔子德治思想的重要組成部分。但是宗法制度下的選官用吏，經常唯親是舉，非親非故者即使再有才干，也不會被選用。

2.20

季康子①問：「使民敬、忠以②勸③，如之何？」子曰：「臨④之以莊，則敬；孝慈⑤，則忠；舉善而教不能，則勸。」

【註釋】
①季康子：姓季孫名肥，康是他的諡號。他在魯哀公時任正卿，是當時政治上最有權勢的人。
②以：連接詞，與「而」同。
③勸：勉勵。這裡是自勉努力的意思。
④臨：對待。
⑤孝慈：一說當政者自己孝慈，一說當政者引導人民孝慈。本書採用後者。

【譯讀】
季康子問道：「要使人民對當政的人尊敬、盡忠而積極努力，該怎樣去做呢？」孔子說：「你用莊重的態度對待人民，他們就會尊敬你；你對父母孝順、對子弟慈祥，百姓就會盡忠於你；你選用善良的人，又教育能力差的人，百姓就會互相勉勵，積極努力了。」

【熙解】
本章內容還是在談如何從政的問題。孔子主張「禮治」「德治」，這不單單是針對人民的，對於當政者同樣適用。當政者本人應當莊重嚴謹、孝順慈祥，人民就會對當政的人尊敬、盡忠，又努力干活。這也是對「君子不重則不威」的闡述。

2.21

或①謂孔子曰：「子奚②不為政？」子曰：「《書》③云：『孝乎惟孝，友於兄弟，施於有政④。』是亦為政。奚其為為政？」

29

【註釋】

①或：有人。不定代詞。
②奚：疑問詞，相當於「為什麼」。
③《書》：指《尚書》。
④施於有政：施，一作施行講，一作延及講。

【譯讀】

有人對孔子說：「你為什麼不從事政治呢？」孔子回答說：「《尚書》上說：『孝就是孝敬父母，友愛兄弟，把這孝悌的道理施於政事。』這就是為政了，不然又要怎樣才能算是為政呢？」

【熙解】

修身、齊家與治國是一個道理，能齊家者已經具備了「為政」的能力。推廣孝悌之本，若能使天下每一個家族都治理好了，國家不就治理好了嗎？這一句直接論證了廣義的「為政」思想，即在 2.1 章我們就提到的，一切以處理、協調人與人、人與事、人與組織之間關係的行為，都屬「為政」範疇。比如持家、開公司、治國，都屬為政。若每一個人都能管好自己，從小事做起，涵養品德，修己利人，社會自然和諧安樂，這不就是最好的「為政」嗎？

所以，那些以為《論語》只是宣揚封建禮教的人，是誤解了孔子思想。無論在什麼組織裡，為人處事就是「為政」。

講為人處事的書很多，但能夠完整地、成體系地闡述為人處世之道，且前後不矛盾，最具可行性，最人性化，「道」最「一以貫之」的，還只有《論語》。

2.22

子曰：「人而無信，不知其可也。大車無輗①，小車無軏②，其何以行之哉？」

【註釋】

①輗：音 ní，古代大車車轅前面橫木上的木銷子。大車指的是牛車。
②軏：音 yuè，古代小車車轅前面橫木上的木銷子。沒有輗和軏，車就不能走。

【譯讀】

孔子說：「一個人不講信用，是根本不可以的。就好像大車沒有輗、小車沒有軏一樣，它靠什麼行走呢？」

【熙解】

信用是協調人際關係的最佳「耦合器」。失信就會失人，信用惡劣者，在社會上會

寸步難行。

2.23

　　子張問：「十世①可知也？」子曰：「殷因②於夏禮，所損益③可知也；周因於殷禮，所損益可知也。其或繼周者，雖百世可知也。」

【註釋】
　①世：古時稱30年為一世。也有的把「世」解釋為朝代。
　②因：因襲、沿用、繼承。
　③損益：減少和增加，即優化、變動之義。

【譯讀】
　　子張問孔子：「今後十世（的禮儀制度）可以預先知道嗎？」孔子回答說：「商朝繼承了夏朝的禮儀制度，所減少和所增加的內容是可以知道的；周朝又繼承商朝的禮儀制度，所廢除的和所增加的內容也是可以知道的。如果將來有繼承周朝的朝代，就是它一百世以後的情況，也是可以預先知道的。」

【熙解】
　　本章中孔子提出一個重要概念：損益。它的含義是增減、興革。即對前代禮儀規範等有繼承、沿襲，也有改革、變通。這表明，孔子本人並不是頑固保守派，並不一定要回到周公時代，他也不反對所有的改革，孔子也是「與時俱進」的。
　　這一章再次說明，無論世事如何演變，孔子思想中的行為規範，雖「百世」也不會過時。因為孔子知道，人性是很難改變的。孔子看透了人性。

2.24

　　子曰：「非其鬼①而祭之，諂②也。見義③不為，無勇也。」

【註釋】
　①鬼：有兩種解釋，一是指鬼神，二是指死去的祖先。這裡泛指鬼神。
　②諂：音 chǎn，諂媚、阿諛。
　③義：人應該做的事就是義。

【譯讀】
　　孔子說：「不是你應該祭的鬼神，你卻去祭它，這就是諂媚。見到應該挺身而出的事情，卻袖手旁觀，就是怯懦。」

【熙解】

　　這兩句提示了一個原則：有所為，有所不為。諂媚的事不去做，見義勇為的事應該做。但現實社會中經常會出現倒行逆施的情況。不該做的事情如巴結、奉承總有人去做，該做的義舉則總有人躲得遠遠的。老人倒地無人去扶、無人敢扶；行人車禍倒地無人敢救，只是眼睜睜看著……這真的是一件很悲哀的事！

　　要徹底改變現狀，還得加強全民道德教育，從小抓起。為人處事之學是一切學習的根本。人都沒做好，學什麼都是徒勞的，反而容易給社會添亂。「高學歷的野蠻人」「巨嬰」就是講這類人。

　　孔子提倡「博學於文」「約之以禮」，更重要的是要做到行之以義。見義勇為就是一種義，是大義。符合於仁、禮要求的行為，就是義。「勇」，就是果敢、勇敢。孔子把「勇」作為實行「仁」的條件之一。「勇」，必須符合「仁、義、禮、智」，才算是勇，否則就是「亂」。大家職場上一定要小心勇而無禮的人，這種人看似有本事，但其實無底線、無節制，還會給大家添亂、給組織搗亂。

八佾第三

《八佾》篇主要內容涉及「禮」的問題。

3.1

孔子謂季氏①:「八佾②舞於庭,是可忍也,孰不可忍也!」

【註釋】

①季氏:魯國正卿季孫氏,即季平子。

②八佾:「佾」音 yì,行列的意思。一佾 8 人,八佾就是 64 人。據《周禮》規定,只有周天子才可以使用八佾,諸侯為六佾,卿大夫為四佾,士用二佾。季氏是正卿,只能用四佾。

【譯讀】

孔子談到季氏,說:「他用六十四人(規模)在自己的庭院中表演舞蹈,如果這樣的事都能容忍,就沒有什麼事情是不可容忍的了!」

【熙解】

春秋末期,社會處於土崩瓦解、禮崩樂壞的過程中,違反周禮、犯上作亂的事情不斷發生。季孫氏用八佾舞於庭院,是嚴重的僭(jiàn)越事件。季氏能做出這種行為,那他還有什麼違禮犯上的事不敢做呢?這裡的「忍無可忍」也表達了孔子對這種違禮行為的憤慨。

這種事情在現代人看來,可能覺得沒什麼,甚至可能還會反感這種「封建禮教」的不平等。但是我們如果從社會治理的變遷角度來分析就容易理解了。孔子時代的魯國,還沒有出現「法律」這個工具,更談不上「以法治國」。嚴格意義上的「以法治國」出現時,已經是 100 多年後了(商鞅變法)。所以當時的「禮制」實質上相當於「法律」,是維持社會正常運行的行為準繩和規則。季氏的僭越行為,其性質可以認為是「帶頭違法」。俗話說「上梁不正下梁歪」,其給社會帶來的嚴重負面影響是不言而喻的。這種事情在現代社會也屢見不鮮。

所以,我們把在八佾篇提到的「禮」和「禮制」,理解為現代社會的「法」和「法制」更為合理。現代社會的一些法律、法規、條例、行為準則和道德規範,都涵蓋在周朝時代的禮制中,只是古代沒有分得這麼細而已。當然,周朝的禮制裡,也有一些現代

社會所捨棄的東西。

　　孔子當時的無奈,是因為舊的禮制將亡卻未亡,而新的有生命力的制度尚未建立,此時他只能抱殘守缺、憤世嫉俗。「是可忍也,孰不可忍也」,孔子說這話時,尚屬青年,頗有現代「憤青」的味道。但後來隨著年齡和閱歷的增長,孔子對事物的看法也越來越理性和具有辯證思維。尤其到了晚年,他更加懂得了天命和權變之道。我們在《論語》後續篇章中會陸續學到。

　　從這裡我們可以得到啟示,很多人以為學習《論語》就是學習孔子的「聖人」榜樣,並以孔子的話為圭臬(guī niè,是指土圭和水臬,即古代測日影、正四時和測量土地的儀器,引申為某種事物的標尺、準則和法度),神聖不可侵犯。這就變成教條主義了。其實孔子一生的言行都是在變化的,其思想是一個不斷成熟的過程。孔子也是人。學習《論語》的正確態度,是結合當時的社會背景,動態瞭解孔子言行的轉變過程,從孔子言行思想變化過程中透析孔子「吾道一以貫之」的「道」,惟道是從。

3.2

　　三家①者以《雍》徹②。子曰:「『相維辟公,天子穆穆。』③奚取於三家之堂④?」

【註釋】

　　①三家:魯國當政的三家為孟孫氏、叔孫氏、季孫氏。他們都是魯桓公的後代,又稱「三桓」。
　　②《雍》:《詩經·周頌》中的一篇。古代天子祭宗廟完畢撤去祭品時會唱這首詩。
　　③相維辟公,天子穆穆:《雍》詩中的兩句。相,助。維,語助詞,無意義。辟,指君主招來,授予爵位或官職,音「bì」。辟公,即指君主封的諸侯。穆穆:莊嚴肅穆。
　　④堂:接客祭祖的地方。

【譯讀】

　　孟孫氏、叔孫氏、季孫氏三家在祭祖完畢撤去祭品時,也命樂工唱《雍》這篇詩。孔子說:「(《雍》詩上這兩句)『助祭的是諸侯,天子嚴肅靜穆地在那裡主祭。』這樣的禮制,怎麼能用在你三家的廟堂裡呢?」

【熙解】

　　本章與前一章都是談魯國當政者違「禮」的事件。按當時禮制,只有周天子祭祖完畢撤去祭品時,才有資格讓樂工唱《雍》這篇詩。後來周成王特許魯國君主也可以祭祀文王,奏天子樂。這裡魯國「三桓」明顯僭(jiàn)越了。

　　禮是德的外在表現,無禮者必失德;破壞了禮也就是破壞了社會規則,更會導致社會失治。對於這些「帶頭違法」的行為,孔子表現得極為憤慨。天子有天子之禮,諸侯

有諸侯之禮，各守各的禮，各就各位，才可以使天下安定。

《詩經‧周頌‧雍》全文：
有來雍雍，至止肅肅。相維辟公，天子穆穆。
於薦廣牡，相予肆祀。假哉皇考！綏予孝子。
宣哲維人，文武維後。燕及皇天，克昌厥後。
綏我眉壽，介以繁祉。既右烈考，亦右文母。

3.3

子曰：「人而不仁，如禮何？人而不仁，如樂何？」

【譯讀】

孔子說：「一個人沒有仁德，他能講什麼禮呢，禮對他又有什麼用呢？一個人沒有仁德，他能懂什麼樂呢，樂對他又有什麼用呢？」

【熙解】

樂是表達人們思想情感的一種形式。不同的場合奏不同的樂，也是禮的一部分。禮與樂都是外在的表現，而仁則是人們內在的道德情感和修為，禮、樂反應的是人們的仁德。譬如「相由心生」，若內心仁德不夠，表現出來的禮，就只能是「裝」出來的，那又有什麼用呢？一顆陰暗的心，絕對襯托不出一張陽光燦爛的臉。

3.4

林放①問禮之本。子曰：「大哉問！禮，與其奢也，寧儉；喪，與其易②也，寧戚③。」

【註釋】

①林放：魯國人。
②易：治理。這裡指有關喪葬的禮節儀式辦理得很周到。但禮有餘而哀不顯。
③戚：心中悲哀的意思。

【譯讀】

林放問什麼是禮的根本。孔子回答說：「你問的問題意義重大。就禮節儀式的一般情況而言，與其奢侈，不如節儉；就喪事而言，與其儀式上治辦周備，不如發自內心的哀悼。」

【熙解】

　　本章記載了魯人林放向孔子問禮的對話。他問的是：禮的根本究竟是什麼。孔子在這裡似乎沒有正面回答他的問題，但仔細琢磨，孔子還是明確解答了禮之根本的問題。這就是，禮節儀式只是表達禮的一種形式，但根本不在形式而在內心。不能只停留在表面儀式上，更重要的是要從內心和感情上體悟禮的根本，符合禮的要求。

　　社會上的一些土豪「炫富」行為，就屬於這種禮、樂不由心的情況。我們在前面《為政》篇學過，孝順父母時不能「色難」，也是講的這個道理。禮、樂之情，應源自於發自內心的「真愛」。

3.5

　　子曰：「夷狄①之有君，不如諸夏②之亡③也。」

【註釋】

　　①夷狄：古代中原地區的人對周邊地區的貶稱，謂之不開化，缺乏教養，不知書達禮。

　　②諸夏：古代中原地區華夏族的總稱，包括眾多諸侯國，所以稱諸夏。

　　③亡：同「無」。但也有區別。「無」僅指沒有，靜態表達。而「亡」指以前有過，現在沒了。動態表達。

【譯讀】

　　孔子說：「夷狄（文化落後）雖然有君主，還不如中原諸國沒有君主呢。」

【熙解】

　　夷狄是未開化的群體，即使有首領統治，但未受文明教化，無禮樂，仍屬野蠻，其後果是君在政在，君亡政息。「諸夏」經過了禮樂文明教化，民風敦厚，有恥且格，君亡政不息。所以哪怕即使「諸夏」現在沒有君主了，也比雖有君主但沒有禮樂的「夷狄」要好。呼應前面為政篇「道之以德、有恥且格」的思想。這句話透露出孔子具有禮制（法制）優於人治的思想。

　　從歷史上看，正是因為周朝有比較完備的禮制（法制），才能在名義上存在長達800年，是歷史上最久的一個朝代。尤其西周時期的近300年（公元前1046—前771年），境內各個民族與部落不斷融合，輔之以禮樂教化，華夏族逐步形成。西周是中國遠古社會的鼎盛時期。

　　遺憾的是，西週末期，隨著社會形態的演進，出現了禮樂制度與社會發展不同步的矛盾。生產關係與生產力是交替促進、螺旋上升的。再完備的制度如果不與時俱進都會變成社會阻礙。矛盾帶來的後果就是周天子權威的旁落，諸侯國各自為政。尤其是在出現周幽王「烽火戲諸侯」的鬧劇後，諸侯國實質上已經與周天子決裂。東周開始，諸侯

國之間開始明目張膽地徵伐兼併，中國歷史進入「春秋戰國」時期。因為周朝禮制的深入人心，所以即使東周深陷戰亂數百年，各諸侯國名義上仍以周天子為尊。周朝的禮制是在這數百年間慢慢被拋棄的。縱觀周朝，成也禮制，敗也禮制，未能適時變革，自我糾錯能力不強。沒有自我變革，就必然被革命。

3.6

季氏旅①於泰山。子謂冉有②曰：「女③弗能救④與？」對曰：「不能。」子曰：「嗚呼！曾謂泰山不如林放乎？」

【註釋】

①旅：祭祀山川為旅。當時，只有天子和諸侯才有祭祀名山大川的資格。

②冉有：姓冉名求，字子有，生於公元前522年，孔子的弟子，比孔子小29歲。當時是季氏的家臣，所以孔子責備他。

③女：同「汝」，你。

④救：挽救、勸阻。這裡指諫止。

【譯讀】

季孫氏去祭祀泰山。孔子對冉有說：「你難道不能勸阻他嗎？」冉有說：「不能。」孔子說：「唉！難道說泰山神還不如林放知禮嗎？」

【熙解】

此章仍是談論禮制的問題。祭祀泰山是天子和諸侯的權力，季孫氏只是魯國的卿大夫，他竟然也去祭祀泰山，所以孔子認為這是「僭禮」行徑。孔子的弟子冉有在給季孫氏當家臣，孔子問他能否做點什麼以阻止季氏，沒想到冉有堅決地回答「不能」。此時，人都無能為力了，孔子有點信「天道」了，認為泰山神能明辨是非。這也許是孔子的自我安慰吧！人都是這樣慢慢被打磨出來的。

3.7

子曰：「君子無所爭，必也射①乎！揖②讓而升，下而飲。其爭也君子。」

【註釋】

①射：原意為射箭。此處指古代的射禮。

②揖：拱手行禮，表示尊敬。

【譯讀】

孔子說:「君子沒有什麼可與別人爭的事情。如果一定有的話,那就是射箭比賽了。比賽時,先相互作揖謙讓,然後上場。射完後,又相互作揖再退下來,然後登堂對飲。這就是君子之爭。」

【熙解】

孔子在這裡所說的「君子無所爭」,即使要爭,也「爭之有道」,反對野蠻下作的爭,提倡彬彬有禮的爭。這反應了孔子思想的一個重要特點,即君子和而不同,強調謙遜禮讓而鄙視無禮的、不公正的競爭。

這一章還有個啟示。《射儀》曰:「失諸正鵠,還求諸身。」又曰:「射,仁道也。發而不中,不怨勝己者,反求諸己而已。」射箭這種比賽有個特點,輸的人怪不到別人頭上,只能怪自己技藝不精。要想贏的辦法唯有靠自身努力,反求諸己。其實任何比賽何嘗不是如此,孔子舉這個例子,就是提醒人們要正確對待競爭。

3.8

子夏問曰:「『巧笑倩兮,美目盼兮,素以為絢兮。』[1]何謂也?」子曰:「繪事後素[2]。」曰:「禮後乎?」子曰:「起予者商也[3],始可與言《詩》已矣。」

【註釋】

①巧笑倩兮,美目盼兮,素以為絢兮:前兩句見《詩經・衛風・碩人》篇。倩,音qiàn,笑得好看。兮,語助詞,相當於「啊」。盼,眼睛黑白分明。絢,有文採。
②繪事後素:繪,畫。素,白底。《考工記》記載,「繪畫之事後素功」。
③起予者商也:起,啓發。予,我,孔子自稱。商,子夏名商。

【譯讀】

子夏問孔子:「『笑得真好看啊,美麗的眼睛會說話啊,素顏也能顯得很漂亮啊!』這是為什麼呢?」孔子說:「這好比先有純潔底子,然後畫畫。」子夏又問:「那麼,是不是說『禮』也可順從這個道理來理解呢?」孔子說:「商(子夏),你真是能啓發我的人,現在可以同你談論《詩經》了。」

【熙解】

子夏從孔子所講的「繪事後素」中,領悟到仁德在內、禮形於外的道理,受到孔子的稱贊。女子若天生麗質,內心純潔,即使不用打扮,素顏就能看起來很美。這裡(《論語・八佾》)的「禮」指對行為起約束作用的外在形式——言行禮節;「素」指表現出禮的仁之本心。相由心生,只要有仁之本,不用刻意遵循,自然也會表現出得體合

禮的言行舉止。反之，如同繪畫一樣，若畫布本身質地不純潔，怎麼也畫不出光彩奪目的圖案，即「人而不仁，如禮何？」。這一章也呼應了學而篇子夏提到的「賢賢易色」，即主要看氣質。

3.9、3.14

　　子曰：「夏禮吾能言之，杞①不足徵②也；殷禮吾能言之，宋③不足徵也。文獻④不足故也。足，則吾能徵之矣。」
　　子曰⑤：「周監⑥於二代⑦，鬱鬱⑧乎文哉！吾從周。」

【註釋】
　　①杞：春秋時國名，是夏禹的後裔聚居地，在今河南杞縣一帶。
　　②徵：證明。
　　③宋：春秋時國名，是商湯的後裔聚居地，在今河南商丘一帶。
　　④文獻：文，指歷史典籍；獻，指賢人。
　　⑤本章在《論語》通行本中編號為3.14。從文字意思上看，疑為通行本錯簡，將本章移到3.9章之後，前後文意思更契合。這裡序號不變，以示鑑別。
　　⑥監：音jiàn，同「鑒」，借鑑的意思。
　　⑦二代：這裡指夏代和商代。
　　⑧鬱鬱：文採盛貌，這裡是豐富、濃鬱之意。

【譯讀】
　　孔子說：「夏朝的禮，我能說出來，（但是它的後代）杞國不足以證明我的話；殷朝的禮，我能說出來，（但它的後代）宋國不足以證明我的話。這都是由於文字資料和熟悉夏禮和殷禮的人不足的緣故。如果足夠的話，我就可以用它們來證明了。」
　　孔子說：「周朝的禮儀制度借鑑於夏、商二代，是多麼豐富多彩啊！（所以）我遵從周朝的制度。」

【熙解】
　　杞國是夏朝貴族後裔保留的屬地，宋國是商朝後裔保留的屬地。可見當時的新朝統治者都還算開明，並不會對前朝貴族趕盡殺絕，除非他們造反。
　　孔子對夏、商、周三代的禮儀制度都非常熟悉，他認為歷史是不能割斷的，後一個王朝對前一個王朝沒必要全盤否定，而是應該擇優繼承。當然這也要靠足夠的歷史典籍來篩選鑑別，繼承好的，剔除不好的。《尚書・召誥》記載：「王先服殷御事，比介於我有周御事，節性惟日其邁。王敬作所，不可不敬德。我不可不監於有夏，亦不可不監於有殷。我不敢知曰，有夏服天命，惟有歷年；我不敢知曰，不其延。惟不敬厥德，乃早墜厥命。我不敢知曰，有殷受天命，惟有歷年；我不敢知曰，不其延。惟不敬厥德，乃

早墜厥命。今王嗣受厥命，我亦惟茲二國命，嗣若功。」

此時的孔子更強調「繼承」。

如果說《論語》上半部主要講對原有文化和禮制的「繼承」之道，那麼下半部則主要講「創新權變」之道。這也是與孔子的思想變化過程相呼應的。我們如果認真通讀《論語》，便會發現孔子的這一思想變化過程。讀《論語》者如果不顧語境和歷史背景，把孔子的話都當作固定的權威的道德標準，就會陷入教條主義。讀《論語》一定要動態地讀、根據語境和社會演變背景來讀，看到變化。

如果認識到了這一點，那麼剩下的問題關鍵就是如何把握「犯上作亂」與「創新權變」之間的差別。因為在實際中，這兩個一貶一褒的形容詞對應的行為都是——「改變」，或者說成「改弦更張」更易理解。看錯了形勢、投機取巧的「改弦」，就成了「犯上作亂」；看對趨勢、順應天道循環的「改弦」，就是「權變之道」。誰能把握好這個「度」，誰就是智者。比如，南宮適就是這樣的智者，孔子把侄女嫁給了他；公冶長竟然能「溝通天地」，所以孔子把自己的親生女兒嫁給了他。讓我們通過用心解讀，以孔子為鑒，慢慢學習這個「度」的把握吧！

3.10

子曰：「禘①自既灌②而往者，吾不欲觀之矣③。」

【註釋】

①禘：音dì，古代只有天子才可以舉行的祭祀祖先的非常隆重的典禮。禘禮在夏季舉行。

②灌：禘禮中第一次獻酒。「既灌之後，列尊卑，序昭穆」，按君王的尊卑世系，依次祭祀。以魯國的禘祭為例，列序的方法是，始祖文王居中，其子周公是二世，列始祖左邊，稱昭位……

③吾不欲觀之矣：我不願意看了。

【譯讀】

孔子說：「對於行禘禮的儀式，從第一次獻酒以後，我就不願意看了。」

【熙解】

孔子說他在灌的儀式結束後不願再看下去了，是因為「魯逆祀，躋僖公，亂昭穆」。原來魯國第十七任國君閔公即位兩年後就被慶父殺害（就是成語「慶父不死，魯難未已」的那個慶父），由閔公庶兄僖公繼位，在位33年。僖公之子文公即位後，躋升其父僖公於閔公之前。僖公雖為閔公的庶兄，但是其君位是繼承閔公的，現升於閔公前，叫作逆祀，孔子很反感，他著《春秋·文公二年》直書「八月丁卯，大事於太廟，躋僖公」。

【典故】慶父不死，魯難未已

（據《左傳·閔公元年》）：公元前662年，魯莊公躺在病榻上，行將就木，可身後之事卻令他心神難安。夫人哀姜沒有生子，哀姜的妹妹叔姜生了公子啓，自己最寵幸的愛妾孟任生了公子般，而另一妾成鳳生了公子申。由誰來繼承王位呢？三個兒子中他最看重的是般，可是他心裡明白，在由誰繼位的問題上，他的三個弟弟是關鍵。大弟慶父凶殘專橫，且與哀姜關係曖昧，莊公不願見他，就叫來二弟叔牙商議後事。誰知叔牙早被慶父收買，極力推薦慶父，莊公沒說什麼。又叫來三弟季友，季友明白莊公的心意，盛贊公子般的仁德，願竭力擁戴般繼承王位，此事就這樣敲定了。

秋風蕭瑟的八月，莊公駕崩，季友設計毒死了叔牙，孤立了慶父，宣布遺詔，讓公子般登上了王位。慶父哪能忍下這口氣，在密室裡與哀姜就謀劃起來，意圖除掉新君。哀姜極力慫恿慶父自己登基，慶父認為時機尚未成熟，打算除掉公子般後先讓八歲的啓當個傀儡，再伺機而動。而啓是哀姜的親外甥，她也就同意了。恰巧般的外公去世，趁般去吊唁的時候，慶父發動政變，讓啓當了國君，這就是魯閔公。同時派人在途中截殺了般。季友感到了威脅，趕快帶著公子申逃到邾國去了。

哀姜、叔姜都是齊國公主，閔公自然是齊桓公的外孫。慶父仍感新君地位不穩，就慌慌張張地跑到齊國去爭取援助，齊桓公答應了他。此時慶父越發猖狂，隨意誅殺異己，欺壓良善。第二年慶父就和哀姜殺掉了閔公，自立為國君了。這一下，齊桓公坐不住了，他作為中原霸主，對鄰國的動亂不能不問，況且被殺的是其外孫，於是派大夫仲孫湫以吊唁名義去魯國查看情形，準備採取措施。公孫湫回來報告說：「不去慶父，魯難未已」（如果不除去慶父，魯國的災難是不會終止的）。

魯國人見慶父連殺兩個國君，胡作非為，已滿腔憤怒，聽說齊國要對付他，就紛紛起來反抗慶父。這時身在邾國的季友發出討伐慶父的檄文，並擁戴公子申為國君，國人熱烈回應。慶父自知罪孽深重，又寡不敵眾，倉皇逃到莒國去了。季友帶申回國，並立申為新君，這就是魯僖公。後來季友買通莒國，將慶父押解回國，慶父走投無路，就自殺了。

3.11

或問禘之說[1]。子曰：「不知也。知其說者之於天下也，其如示諸斯[2]乎！」指其掌。

【註釋】

①禘之說：說，理論、道理、規定。禘之說，意為關於禘祭的規定。
②示諸斯：「斯」指後面的「掌」字。

【譯讀】

有人問孔子關於舉行禘祭的規定。孔子說：「我不知道。知道這種規定的人，對治

理天下的事，就會像把這東西擺在這裡一樣（容易）吧！」（一面說一面）指著他的手掌。

【熙解】
  孔子認為，在魯國的禘祭中，名分顛倒，不值得一看。所以有人問他關於禘祭的規定時，他故意說不知道。但緊接著又說，誰能懂得禘祭的道理，治天下就容易了，一切在握。這就是說，誰懂得禘祭的規定並有能力匡正，誰就可以恢復已陷入紊亂的禮制。這樣的人懂得以德治國，以禮儀教化民風，治理天下就易如反掌了。這一章再次說明了禮制（法制）的重要性。

3.12

  祭如在，祭神如神在。子曰：「吾不與祭，如不祭。」

【譯讀】
  祭祀祖先就像祖先真在面前，祭神就像神真在面前。孔子說：「自己如果不親自參加祭祀，那就和沒有舉行祭祀一樣。」

【熙解】
  孔子並不過多提及鬼神之事，如他說：「敬鬼神而遠之。」所以，這一章他說祭祖先、祭鬼神，就好像祖先、鬼神真在面前一樣，並非認為鬼神真的存在，而是強調參加祭祀的人，應當在內心有虔誠的情感，對祖先深情地追思。這樣看來，孔子主張進行的祭祀活動主要是道德層面的，而不是宗教儀式層面的。說到底，還是仁德為本。

3.13

  王孫賈[1]問曰：「『與其媚[2]於奧[3]，寧媚於竈[4]。』何謂也？」子曰：「不然。獲罪於天[5]，無所禱也。」

【註釋】
  [1]王孫賈：衛靈公的大臣，自周出仕於衛，治軍旅。
  [2]媚：諂媚、巴結、奉承。
  [3]奧：這裡指屋內位居西南角的神，泛指一家之主。
  [4]竈：這裡指竈旁管烹飪做飯的神，泛指家庭主婦。
  [5]天：以天喻君，一說天即理。

【譯讀】

　　王孫賈問道：「（人家都說）與其奉承奧神，不如奉承竈神。這話是什麼意思？」孔子說：「不是這樣的。如果得罪了天，那就沒有地方可以禱告了。」

【熙解】

　　王孫賈雙設問，暗問孔子來衛國，是巴結衛靈公，還是「媚」於後宮之主——南子？王孫賈似有「下套」之嫌，以試探孔子的態度。孔子何其聰明，怎會入套，當然說誰都不討好。孔子順天命，盡人事，忠於本心，光明磊落。

3.14

　　本章出現在這裡，疑為錯簡，已移到3.9章之後，這樣義理更契合。這裡保留序號，以示鑑別。

3.15

　　子入太廟①，每事問。或曰：「孰謂鄹②人之子知禮乎？入太廟，每事問。」子聞之，曰：「是禮也。」

【註釋】

　　①太廟：君主的祖廟。魯國太廟，即周公旦的廟，是魯國祭祀周公的地方。
　　②鄹：音zōu，春秋時魯國地名，又寫作「陬」，在今山東曲阜附近。「鄹人之子」指孔子，有人這麼稱呼孔子，含有輕視的味道。

【譯讀】

　　孔子到了太廟，每件事都要問。有人說：「誰說此人懂得禮呀，他到了太廟裡，什麼事都要問別人。」孔子聽到此話後說：「這就是禮呀！」

【熙解】

　　孔子對周禮十分熟悉。他來到祭祀周公的太廟裡卻每件事都要問別人。所以，有人就對他是否真的懂禮表示懷疑。這一段說明孔子並不以「禮」學專家自居，而具有虛心向人請教的品格，同時也說明孔子對周禮的恭敬態度。

3.16

　　子曰：「射不主皮①，為力不同科②，古之道也③。」

【註釋】

①皮：皮，用獸皮做成的箭靶子。
②科：等級，類似現在某些奧運比賽項目分「XX公斤級」。
③古之道也：《樂記》記載，「武王克商，散軍郊射，而貫革之射息」。自武王克商以後，為表示天下已太平，不再崇尚以力量殺人，故停止貫革之射，正與《論語》此章所言相同。周朝建立到孔子時代已有數百年，故孔子慨嘆而稱「射不主皮」為古之道。

【譯讀】

孔子說：「比賽射箭，不在於穿透靶子，因為各人的力氣大小不同。自古以來就是這樣。」

【熙解】

「射」禮是周代貴族的一種禮節儀式，屬於周禮的內容之一。孔子在這裡所講的射箭，只不過是一種比喻，意思是說，只要肯學習有關禮的規定，不管學到什麼程度，都是值得肯定的。

3.17

子貢欲去告朔①之餼羊②。子曰：「賜也，爾愛③其羊，我愛其禮。」

【註釋】

①告朔：朔，農曆每月初一為朔日。告朔，古代制度，天子每年秋冬之際，把第二年的歷書頒發給諸侯，告知每個月的初一是哪一天。諸侯接受歷書後，每月初一舉行的祭禮，稱為「告朔」。
②餼羊：餼，音xì。餼羊，祭祀用的活羊。告朔時還有祭禮，其禮用一羊，殺而不烹。祭祀用的牲口，若系養而不殺曰牢，殺而未烹曰餼，烹而熟之曰饗。
③愛：愛惜的意思。

【譯讀】

子貢提出去掉每月初一日告祭祖廟用的活羊。孔子說：「賜，你愛惜那只羊，我卻愛惜那種禮（法）。」

【熙解】

按照周禮的規定，周天子每年秋冬之際，就把第二年的歷書頒給諸侯，諸侯把歷書放在祖廟裡，並按照歷書規定，每月聽政的開始，初一日來到祖廟，殺一只活羊祭廟，血祭以示周天子政令歷「法」的權威。當時，魯國君主已不親自去「告朔」，「告朔」

已經成為形式。所以，子貢提出去掉「餼羊」。對此，孔子大為不滿，表明了孔子維護禮制（秩序）的立場。

有人藉此說孔子搞復古，維護封建禮教。其實不能這麼說。禮制為「器」，秩序為「道」。周禮在當時的社會，相對於夏、商時代，是非常先進的。只是隨著生產力的發展，周禮慢慢變得與社會脫節。但在還沒有新的占絕對優勢的文明形態出現之前，由周朝禮法來維持秩序，遠比沒有要好。

我們在「君子不器」這章說過「器以載道」。所以，孔子維護的不是周禮的「器」，而是秩序之「道」，是謂「君子不器」。歷史總是要前進的，新器沒做好之前，舊器、爛器也是器，還可以湊合著用，有勝於無。

3.18

子曰：「事君盡禮，人以為諂也。」

【譯讀】

孔子說：「臣下按照禮節的規定去侍奉君主，別人卻以為這是諂媚呢。」

【熙解】

當時的君臣關係已經遭到破壞，已經沒有多少人再重視君臣之禮了。這也意味著秩序的破壞。當遵禮的人受到嘲諷，被當作「諂媚」時，大家便不會意識到「失序」背後蘊含的巨大殺傷力和破壞力。

歷史上導致西周滅亡的「烽火戲諸侯」事件，就是上位者視禮制為兒戲的後果。現代社會某國總統的裸體模型，被當作玩偶立於街頭，任人褻玩侮辱，也是一種嚴重的「毀器」行為。一葉知秋，風起於青萍之末。當人們嘻嘻哈哈以此為樂時，殊不知福禍相依，無形中可能給自己或後輩埋下了悲劇的種子。代價是巨大的。

【典故】烽火戲諸侯

西周時代，有一名美女，名叫褒姒；古褒國的人為了贖罪，將她獻給天子周幽王。褒姒生性不愛笑。幽王為取悅褒姒，舉烽火召集諸侯。諸侯匆忙趕至，卻發現並非寇匪侵犯，只好狼狽退走。後來，褒姒勾結權臣，廢申後和太子（宜臼）。申後之父聯絡鄶侯及犬戎入侵，周幽王舉烽火示警，諸侯以為又是騙局而不願前往，致使幽王被犬戎所弒，褒姒亦被劫擄。西周至此滅亡，公元前770年，中國進入東周時代，亦即春秋戰國時代。

3.19

定公①問：「君使臣，臣事君，如之何？」孔子對曰：「君使臣以禮，臣事君

以忠。」

【註釋】

①定公：魯國國君，姓姬名宋，定是諡號。公元前509—前495年在位。

【譯讀】

魯定公問孔子：「君主該怎樣使喚臣下，臣子該怎樣侍奉君主呢?」孔子回答說：「君主應該按照禮的要求去對待臣子，臣子應該以忠來侍奉君主。」

【熙解】

上一章講要遵禮，其實是為了有秩序，這一章更進一步闡明了這個觀點。遵禮不是為了服從而服從。「君使臣以禮，臣事君以忠」，這是君臣之禮的原則，說明領導者和被領導者都要恪守自己的責任和本分，互相尊重，而不是單向的愚忠。做到這一點，君臣之間就會和諧相處。

君子不重則不威，從本章的語言環境來看，孔子還是側重於對君的要求，強調領導者首先應尊重下屬。這是領導者自重的表現，先自重才能受人尊重，不然誰願跟你一起干活？孔子主張任何交往原則都應有正反牽制、條件依存，孔子並不主張愚忠。

3.20

子曰：「《關雎》①，樂而不淫，哀而不傷。」

【註釋】

①《關雎》：雎，音jū。這是《詩經》的第一篇。此篇寫一君子「追求」淑女時的輾轉反側，以及結婚時鐘鼓樂之、琴瑟友之的歡樂。

【譯讀】

孔子說：「《關雎》這篇詩，快樂而不放蕩，憂愁而不哀傷。」

【熙解】

喜怒哀樂，人之常情。然樂極易生悲，哀過易傷身，惟《關雎》得其中。《關雎》是寫男女愛情、祝賀婚禮的詩，「思無邪」。孔子從中體悟到「樂而不淫、哀而不傷」的中庸思想，認為無論哀與樂都不可過分。《詩經》從《關雎》開始，故人人可從此篇體會詩教之溫柔敦厚。

《關雎》全文：

關關雎鳩，在河之洲。窈窕淑女，君子好逑。

參差荇菜，左右流之。窈窕淑女，寤寐求之。

求之不得，寤寐思服。悠哉悠哉，輾轉反側。
參差荇菜，左右採之。窈窕淑女，琴瑟友之。
參差荇菜，左右芼之。窈窕淑女，鐘鼓樂之。

3.21

哀公問社①於宰我，宰我②對曰：「夏後氏以松，殷人以柏，周人以栗，曰：『使民戰栗③。』」子聞之，曰：「成事不說，遂事不諫，既往不咎。」

【註釋】

①社：土地神，祭祀土地神的廟也稱社。
②宰我：名予，字子我，孔子的學生，小孔子29歲。
③戰栗：恐懼，發抖。

【譯讀】

魯哀公問宰我，土地神的神主應該用什麼樹木，宰我回答：「夏朝用松樹，商朝用柏樹，周朝用栗子樹。用栗子樹的意思是說：使人民戰栗。」孔子聽到後說：「已經做過的事不用提了，已經完成的事不用再去勸阻了，已經過去的事也不必再追究了。」

【熙解】

古時立國都要建立祭土地神的廟，選用宜於當地生長的樹木做土地神的牌位。宰我回答魯哀公說，周朝用栗木做社主是為了「使民戰栗」，孔子就不高興了。因為宰我在這裡為了順承魯哀公的意思，故意曲解了周天子的意思。但孔子也不便直接批評魯哀公，所以說了「既往不咎」這一段話。魯哀公時代的孔子已經到了「知天命」之後的年齡，可以看出此時和年輕時代的「忍無可忍」的性格截然不同，能「既往不咎」了，忠恕之道的「恕」道顯現出來了。

這裡還有一種解讀，「問社」是關乎國家命運的大事，魯哀公繼位後，想恢復君主權威，掃除三桓勢力，他需要獲得外力支持。據考證此時是孔子周遊列國之後，回到魯國之時（公元前484年），孔子當時威望已很高。宰我是孔子的學生，到魯哀公身邊謀職估計也是孔子推薦的。魯哀公於是用「問社」的暗喻諮詢宰我的意見，也可以說是探尋孔子的意見。宰我用「使民戰栗」來回答，表達了要震懾三桓的意思。但孔子聽說後並不同意，含糊帶過。

3.22

子曰：「管仲①之器小哉！」或曰：「管仲儉乎？」曰：「管氏有三歸②，官事不攝③，焉得儉？」「然則管仲知禮乎？」曰：「邦君樹塞門④，管氏亦樹塞門；邦

君為兩君之好，有反坫⑤，管氏亦有反坫。管氏而知禮，孰不知禮？」

【註釋】

①管仲：（公元前725—前645年），姬姓，管氏，名夷吾，字仲，諡敬，潁上（今安徽省潁上縣）人，春秋時期的法家先驅，齊國的政治家、思想家、軍事家，周穆王的後代。輔助齊桓公成為諸侯的霸主。

②三歸：相傳是三處藏錢幣的府庫。

③攝：兼任。

④樹塞門：樹，樹立。塞門，在大門口築的一道短牆，以別內外，相當於屏風、照壁等。

⑤反坫：坫，音diàn。古代君主招待別國國君時，放置獻過酒的空杯子的土臺。

【譯讀】

孔子說：「管仲這個人的器量真是狹小呀！」有人說：「管仲節儉嗎？」孔子說：「他有三處豪華的藏金府庫，他家裡的管事也是一人一職而不兼任，怎麼談得上節儉呢？」那人又問：「那麼管仲知禮嗎？」孔子回答：「國君大門口設立照壁，管仲在大門口也設立照壁。國君同別國國君舉行會晤時在堂上有放空酒杯的設備，管仲也有這樣的設備。如果說管仲知禮，那麼還有誰不知禮呢？」

【典故】 尊王攘夷

「尊王」，即尊崇周王的權力，維護周王朝的宗法制度。公元前655年，周惠王有另立太子的意向。齊桓公會集諸侯國君於首止，與周天子盟，以確定太子的正統地位。次年，齊桓公因鄭文公首止逃會，率聯軍討伐鄭國。數年後，齊桓公率多國國君與周襄王派來的大夫會盟，並確立了周襄王的王位。公元前651年，齊桓公召集魯、宋、曹等國國君及周王的代表宰孔會於葵丘。宰孔代表周王正式封齊桓公為諸侯長。同年秋，齊桓公以霸主身分主持了葵丘之盟。此後遇到侵犯周王室權威的事，齊桓公都會過問和制止。

「攘夷」，即對遊牧於長城外的戎、狄的侵擾進行抵禦。公元前664年，山戎伐燕，齊軍救燕。公元前661年，狄人攻邢，齊桓公採納管仲「請救邢」的建議，打退了毀邢都城的狄兵，並在夷儀為邢國建立了新都。次年，狄人大舉攻衛，衛懿公被殺。齊桓公率諸侯國替衛國在楚丘另建新都。齊桓公實行的「尊王攘夷」政策，使其霸業更加合法合理，同時也保護了中原的經濟和文化，為中華文明的存續做出了巨大貢獻。

【熙解】

孔子批評過有的人外表「有禮」但內心仁德不夠；也有的人外表不拘禮，但內在極具賢德。管仲就是這樣的人。在《論語》中，孔子對管子曾有數處評價。這裡，孔子指出管仲一不節儉，二不知禮，對他的一些行為進行了批評。在另外的篇章裡，孔子卻又

對管仲做出了肯定性評價，因為孔子也認識到，雖然管仲不拘禮，但管仲一生所成就的仁治武德，關乎天下蒼生，瑕不掩瑜！

孔子說：「微管仲，吾其被髮左衽矣。」（《論語·憲問篇》）意思是：要是沒有管仲，我們都會披散頭髮，左開衣襟，因戎狄入侵成為野蠻人，華夏文脈恐怕有斷送的危險。正是因為在管仲的輔佐下，齊桓公成為明君，尊王攘夷，一匡天下。又說：「桓公九合諸侯，不以兵車，管仲之力也，如其仁，如其仁！」

說到這裡，我們就看出孔子的辯證法思維了。管仲有那麼大的功德，孔子也肯定了他，為什麼孔子仍要批評他不知禮？因為，恰恰是「不知禮」這個毛病，導致管仲輔助齊桓公成就霸業的幾十年裡，人治大於禮制（法制）。雖然管仲在軍事、行政、經濟層面，在民間實施了「變法」，但新「法制」未推行到上層統治者——士大夫階層。離開了管仲的齊桓公就像脫軌的火車頭。管仲死後兩年，齊桓公連連犯錯，用人不明，最終竟被自己任用的大臣關在宮門裡活活餓死，屍體生蛆了都沒人管。幾個兒子爭權奪位，兩個月後才來給他收屍。

3.23

子語①魯大師②樂，曰：「樂其可知也：始作，翕③如也；從④之，純⑤如也，皦⑥如也，繹⑦如也。以成。」

【註釋】

①語：音 yù，告訴，動詞用法。
②大師：大，音 tài，大師是樂官名。
③翕：音 xī。意為合、聚、協調。
④從：音 zòng，意為放縱、展開。
⑤純：美好、和諧。
⑥皦：音 jiǎo，音節分明。
⑦繹：連續不斷。

【譯讀】

孔子對魯國樂官談論演奏音樂的道理，說：「奏樂的道理是可以知道的：開始演奏，各種樂器合奏，聲音繁美；繼續展開下去，悠揚悅耳，音節分明，連續不斷，最後完成。」

【熙解】

孔子教給學生的東西極為豐富和全面，樂理就是其中之一。這一章反應了孔子的音樂境界和欣賞水準。《論語》中人生三境界：「興於詩、立於禮、成於樂」。前面講過《詩》教，也講過很多「禮制」，現在講「樂」了。可見此時的孔子，已經進入返璞歸

49

真境界，仁德深厚、忠恕有道、意境開闊，耳順矣！

3.24

儀封人①請見，曰：「君子之至於斯也，吾未嘗不得見也。」從者見之②。出曰：「二三子何患於喪③乎？天下之無道也久矣，天將以夫子為木鐸④。」

【註釋】

①儀封人：儀為地名，在今河南蘭考縣境內。封人，系鎮守邊疆的官員。
②從者見之：隨行的人引見了他。
③喪：失去。
④木鐸：木舌的銅鈴。古代天子發布政令時搖它以召集聽眾。

【譯讀】

儀這個地方的長官請求見孔子，他說：「凡是有君子到這裡來，我從沒有見不到的。」孔子的隨行學生引他去見了孔子。他出來後（對孔子的學生們）說：「你們幾位何必為天下禮崩樂壞而發愁呢？天下無道已經很久了，上天將以孔夫子為聖人來引領天下，復興禮樂王道。」

【熙解】

孔子在他所處的那個時代，已經是十分有影響的人，尤其是在禮制方面，信服孔子的人很多，儀封人便是其中之一。他在見孔子之後，就認為上天將以孔夫子為聖人引領天下——他說對了，數千年後，我們仍在以孔子為木鐸。

3.25

子謂《韶》①：「盡美②矣，又盡善③也。」謂《武》④：「盡美矣，未盡善也。」

【註釋】

①《韶》：漢族古樂舞，產生於約公元前23世紀的舜時代，後來又先後被稱作《簫韶》《大韶》《九歌》等。《書·益稷》曰：「簫韶九成，引鳳來儀。」
②美：這裡是就樂曲的音調、舞蹈的形式而言的。
③善：這裡是就樂舞的思想內容而言的。
④《武》：相傳是歌頌周武王的一種樂舞。

【譯讀】

孔子講到《韶》這一樂舞時說：「藝術形式美極了，透出的思想意境也很和善。」談

到《武》這一樂舞時說：「藝術形式很美，但不夠和善。」

【熙解】

前面說到孔子的境界已到「成於樂」。果然，這個慈祥的老頭子，竟然能在《武》樂中，聽出殺伐之氣了，認為其不夠善（《武》樂是武王伐紂之後的音樂）。而《韶》樂盡善盡美，繼承自舜帝時代。

史載：「韶山，相傳舜南巡時，奏韶樂於此，因名。」韶山的地名即由此而來。

3.26

子曰：「居上不寬，為禮不敬，臨喪不哀。吾何以觀之哉？」

【譯讀】

孔子說：「居於執政地位的人，不能寬厚待人，行禮的時候不嚴肅，參加喪禮時也不悲哀，這種情況我怎麼能看得下去呢？」

【熙解】

孔子主張實行「德治」「禮治」，這首先提出了對當政者的道德要求，即「不重則不威」，主張自重重人。倘為官執政者自己做不到「禮」所要求的那樣，自身的道德修養不夠，就難以服人，那這個國家就無法得到治理。當時社會上禮崩樂壞的局面，孔子見怪不怪了，乾脆不看，眼不見為淨。

到這裡，孔子開始悟出天命，但還不明顯。如果一個規則，實行很長時間後，隨著世事時移，大部分人都不願再遵守了，就不能一味地指責人們「無禮」了。法不責眾，這時候也應該考慮適當修改規則，適應新形勢。古代稱之為「變法」，用現代的說法叫「改革」。如果不與時俱進，矛盾就會長期累積，累積到極限，就會產生質變，爆發「革命」。這是華夏歷史上經過數千年驗證的法則。天道循環，是最高的「禮制」，是任何人都無法改變的、至高無上的自然法則。其在孔子的原話中是如何「精彩」呈現的，我們在後續篇章中慢慢學吧！

里仁第四

4.1、4.2

子曰：「里仁為美①。擇不處仁②，焉得知③？」
子曰：「不仁者，不可以久處約④，不可以長處樂。仁者安仁，知者利仁⑤。」

【註釋】
①里仁為美：里，住處，這裡作為動詞用。住在有仁者的地方才好。
②處：居住、相處。
③知：音 zhì，同「智」。
④約：儉約、樸素。
⑤安仁、利仁：安仁是安於仁之心境中；利仁，以仁為利。

【譯讀】
孔子說：「跟有仁德的人住在一起，才是好的。如果你不選擇跟有仁德的人相處，怎麼能說你是明智的呢？」
孔子說：「沒有仁德的人不會安於儉樸（必造次），也不可能長久地處於安樂中（德不配位，必有災殃）。仁人是安於仁道的，有智慧的人則知道以仁為利。」

【熙解】
人是既具備自然屬性，又具有社會屬性的高級動物。所以個人的前途和發展不可避免地會受到居住環境和社會圈子的影響。生物都有趨利避害的天性，選擇好的居住環境，重視對朋友的選擇，也是修己安人的重要一環。選擇的標準就是以仁為利。即1.8章提到的交友之「忠信」標準：「主忠信，無友不如己者。」

「仁」字的構造源自於《易經》六十四卦的兩個基本符號：一個是陽爻「—」，另一個是陰爻「--」。在古代「仁」字最早寫作「｜二」，即一豎二橫，一為陽，二為陰，「｜二」字貫穿天地。後來演變為單人旁加兩橫，形容人的「仁」，即表示人如果上應於天，下順乎地，就是最大的「仁」。這說明了人要順乎天道，天道是一切生物的最高生存法則。這就是「仁」的最高哲學。人們若道法自然，擇居佳處，和於佳人，當然會住得安心，無往不利了。這才是真正的大智慧！

有句成語叫「近朱者赤，近墨者黑」，君子以友輔仁，則相互產生正面影響。相反，

則可能受「墨黑」污染，人心變得險惡不仁。人心一旦變壞，過著再好的日子，情況都會急轉直下，陷自己於困頓境地。更可悲的是，這樣的人，若處於貧困久了，心態壞了，就有可能急功近利，為非作歹，諸如賭博、吸毒、搶劫等，最後導致輕則一無所有、窮困潦倒，重則妻離子散，自身一命嗚呼！古往今來有太多這樣的悲慘例子！

4.3、4.4

子曰：「唯仁者能好①人，能惡②人。」
子曰：「苟志於仁矣，無惡也。」

【註釋】
①好：音 hào，作動詞，喜愛。
②惡：音 wù，作動詞，憎惡、討厭。

【譯讀】
孔子說：「只有那些有仁德的人，才能愛憎分明，懂得怎樣去愛人、恨人。」
孔子說：「如果有志於仁（改過自新），就不會（被人）厭惡了。」

【熙解】
這兩章緊接著上一章闡述。只要養成了仁德，就不會去做壞事，不會犯上作亂、為非作歹了。

一旦成為真正的仁者，其人生順天知命，活得明白，對人和事自然看得透澈，所以懂得怎樣去愛一個人、愛自己；也辨別得出哪些人、哪些事是該厭惡的。這種境界下與其說厭惡別人，不如說是懂得了識人擇友的標準，能遠離討厭的人。

真正的仁者，最關鍵是懂得自己該追求什麼，放棄什麼，生活的意義是什麼——正確的價值觀、人生觀就出來了！

4.5

子曰：「富與貴，是人之所欲也，不以其道得之，不處也；貧與賤，是人之所惡也，不以其道得之，不去也。君子去仁，惡乎成名？君子無終食之間違仁，造次必於是，顛沛必於是①。」

【註釋】
①造次：匆促之間。顛沛：顛僕困頓之時。兩個「是」字指仁。

【譯讀】

　　孔子說:「富裕和顯貴是人人都想要得到的,但不用正當的方法得到它,也會無福消受;貧窮與低賤是人人都厭惡的,若不用正當的方法去擺脫它,也是擺脫不了的。君子如果離開了仁德,又怎麼能叫君子呢?君子哪怕一頓飯的時間也是不會背離仁德的,就是在最緊迫的時刻也必會按照仁德辦事,在顛沛流離的時候,也是一定會按仁德去辦事的。」

【熙解】

　　這一段,反應了孔子的利欲觀。以往的孔子研究中往往忽略了這一段內容,似乎孔子主張人們只要仁、義,不要利、欲。事實上並非如此。任何人都不會甘願過貧窮困頓、流離失所的生活,都希望得到富貴和安逸的生活。但這必須通過正當的手段和途徑去獲取,孔子提倡並踐行積極進取的生活態度。

　　這一章孔子也提出了一條判斷「仁」是否達到最高程度的標準:無終食之間違仁。「仁」的外在表現是「禮」,現實社會中,有的人的「禮」是通過克制自己達到的,他們有時會說「心有餘而力不足」;有的人通過修為,達到身心俱仁,禮與仁融為一體,舉手投足之間無時無處不表現出仁和禮,這是最高境界的仁和禮。當然,還有些人的仁和禮,是假仁假義裝出來的。

4.6

　　子曰:「我未見好仁者,惡不仁者。好仁者,無以尚之;惡不仁者,其為仁矣,不使不仁者加乎其身。有能一日用其力於仁矣乎?我未見力不足者。蓋有之矣,我未之見也。」

【譯讀】

　　孔子說:「我沒有見過真正愛好仁德的人,也沒有見過厭惡不仁的人。愛好仁德的人,是再好不過的了;厭惡不仁的人,他的仁德之處,就是不讓不仁德的人影響自己。有誰能一整天把自己的力量用在實行仁德上嗎?我還沒有看見力量不夠的。這種人可能還是有的,但我沒見過。」

【熙解】

　　孔子特別強調個人的道德修養,尤其是養成仁德的情操。但在春秋時代,混亂了幾百年,動盪的社會中,愛好仁德的人已經不多了,所以孔子說他沒有見到。

　　孔子認為,對仁德的修養,主要還是要靠個人自覺的修為。雖然我們經常說「努力」,但在修為這件事上,還真不是靠「用力」,關鍵在用心。真正的「仁」不是像衣服一樣,想穿就穿,想脫就脫。那些把仁像衣服一樣「穿」一天或者「穿」三個月的,

都是在靠「力」克制自己，其心仍未真正歸仁。有如佛家「身是菩提樹，心如明鏡臺。時時勤拂拭，莫使惹塵埃」。這是神秀的境界，心中有塵，也有心用力拂拭，這也算是優秀的了。

最高的仁是類似於慧能的禪宗境界：「菩提本無樹，明鏡亦非臺。本來無一物，何處惹塵埃。」心中無塵，心仁合一，不需要用力卻無處不仁。

【典故】 明鏡亦非臺

相傳佛家五祖弘忍有一天為了考驗弟子對禪的理解的深淺，命各人作偈呈驗。時神秀為眾中上座，作一偈雲：「身是菩提樹，心如明鏡臺。時時勤拂拭，莫使惹塵埃。」一時傳誦全寺。弘忍看後對大家說：後世如能依此修行，亦得勝果，並勸大家誦之。慧能在碓房中，聞僧誦這一偈，以為還不究竟，便改作一偈，請人寫在壁上。偈雲：「菩提本無樹，明鏡亦非臺。本來無一物，何處惹塵埃。」眾見此偈，皆甚驚異。弘忍見了，即於夜間，召慧能試以禪學造詣，並傳與衣鉢，此後慧能成為「六祖」。

神秀（公元606？—706年），俗姓李，汴州尉氏（今河南尉氏）人。隋末出家。唐高祖武德年間在洛陽受戒。五十歲時嗣禪宗五祖弘忍，歷六年，升為上座僧。弘忍卒後，移住江陵當陽山玉泉寺，開禪宗北宗一派。卒諡大通禪師。

4.7

子曰：「人之過也，各於其黨[①]。觀過，斯知仁矣。」

【註釋】

①黨：類。引申為物以類聚，人以群分。

【譯讀】

孔子說：「人們的錯誤，總是與他那個類型的人所犯錯誤的性質是一樣的。所以，考察一個人所犯的錯誤，就可以知道他有沒有仁德了。」

【熙解】

物以類聚，人以群分。這一章呼應「里仁為美」，從反面論證不「里仁為美」的情況。從一個人所犯的過錯，可以知道他的為人，甚至判斷他的「仁」到底有多真。

人有過，亦有功，孔子卻不說「觀功，斯知仁矣」。因為功是人所貪圖的，未必見真情。過失是人應避免卻沒避成的，從過失的原因中往往可見真情。仁者待人接物無非執其兩端取其中，這兩端是為人的上限與下限。仁人之過是偏離至善之處。不仁者之過在兩端外，也就是為人處事沒有底線。

4.8、4.9

子曰:「朝聞道,夕死可矣。」
子曰:「士志於道,而恥惡衣惡食者,未足與議也。」

【譯讀】
孔子說:「一旦悟了道,就是當天晚上死去也心甘。」
孔子說:「人若有志於向道,但又以自己吃穿得不好為恥辱,對這種人,是不值得與他談論道的。」

【熙解】
《論語》中孔子言論的主旨是「吾道一以貫之」。這個「道」到底是指什麼呢?諸位讀者暫且無須急著用言語描述出來,跟著我們慢慢深入學習,自然就會瞭解其中的奧妙。

一個人經過「不惑」之後,若達到「知天命」的境界,便能對世事看開了、放下了、開悟了。開悟也許就是明道了吧!只要開悟,這輩子就沒白活,多活一天賺一天。遺憾的是,很多人一輩子都沒開悟。

孔子之教,在於使學者由明道而行道,不在於使學者求仕而得仕。若學者由此得仕,亦將藉仕以行道,非為謀個人生活之安富尊榮。故求學於孔子之門者,孔子必先教其志於道。一個人明道的標準很難判斷,但判斷沒有悟道卻容易得很。如果太過於計較吃得奢華、穿著光鮮等面子上的事,則可以肯定還遠沒入道。這樣的人還囿於「器」,執著於「形」,為表象所累。因此,根本就不必與這樣的人去討論什麼道的問題。君子須化器向道。

孔子曾說:「大道之行也,天下為公」(《禮記·禮運》)。大道即天道,天道是不以人的意志為轉移的,「道」永遠處於變化時移中。你以為屬於自己「私產」的東西,其實都是屬於大自然的;你以為可以永久佔有的財富,其實都只是替「天道」臨時掌管。連人類自己都是屬於自然的,談何「永久」佔有自然的東西呢?

當你掌管的財富比較多時,若順應天道,為社會的和諧、為大自然的和諧多做有意義的事,則財富會源源不斷地轉移到你這裡,是謂「替天行道」者,能者多勞也!用最通俗的話說,最偉大的價值觀,必然產生最偉大的商業機會。最偉大的財富掌管者,必然是在做偉大的事情。二者相輔相成,螺旋前進。

反之,僥幸得財者,若存「懷居」佔有之心,貪圖一勞永逸,則最終很有可能失去財富,且猶須警惕「德不配位,必惹災殃」!

4.10

子曰：「君子之於天下也，無適①也，無莫②也，義③之與比④。」

【註釋】
①適：完美的切合。完美永遠只是一瞬間的閃現，不可能停留。
②莫：絕對的否定，與「對」相應。
③義：合於道義。
④比：靠近、以…為標準。

【譯讀】
孔子說：「君子對於天下的人和事，沒有完美的切合，也沒有絕對的對和錯，凡事以合乎道義為準則去做（惟道是從）。」

【熙解】
我們在2.4章提到過，不能靜止地看待孔子思想，把孔子的某一句話當成具有永久權威性的「標準」，可以作為本章的說明。孔子晚年還說過「無可無不可」，和這裡「無適，無莫」是一脈相承的。總體原則是合乎道義，順勢而為。

世界是永遠處於運動變化中的，人的認知經常卻是固化靜止的。所謂對、錯都是人類在認知世界過程中格物致知的結果，是人為的、靜止的，對、錯都是相對的。完美永遠只是一瞬間的閃現，不可能停留。所以人們用靜止的標準去衡量變化的東西時，若絕對化，就違背自然規律了。

天下的人和事，都是一個「自適應」過程，不同的實踐環境對應相應的處事準則，無絕對的對和錯，只有取和舍的適應；也沒有一成不變的方法可以機械套用。指望一勞永逸，就變成了教條主義。實踐出真知，實踐是檢驗真理的唯一標準。

4.11、4.12

子曰：「君子懷①德，小人懷土②；君子懷刑③，小人懷惠。」
子曰：「放④於利而行，多怨⑤。」

【註釋】
①懷：想念，掛念。
②土：土地田產。
③刑：法制懲罰。
④放：從方、從攴（pū）。「方」原意為「城邦國家」。「攴」與「方」聯合起來表

示「以國家的名義將罪犯驅逐出境」，所以「放」的本意為驅逐，流放。後引申為放棄、放任。這一章「放於利」包含了對待「利」的兩個極端態度，既可指放任牟利，即唯利是圖，也可指放棄利益，即所謂毫不利己。

⑤怨：別人的怨恨。

【譯讀】

孔子說：「君子所想的是道德，小人掛念的是土地田產；君子想的是不做違法的事，小人想的是怎樣撈好處。」

孔子說：「行事時唯利是圖或者毫不利己，都容易招致怨恨。」

【熙解】

從4.10章中我們認識到，天下沒有什麼永恆的東西，只有變化才是永恆的。所以君子會以反身修德為重，不過於糾結佔有多少土地田產。君子會注意自己的言行，使行動合於道義，不至於受到刑法懲治。小人則相反。小人一心想著撈好處，唯利是圖，也過於追求對田產、金錢等財富的佔有。

這裡孔子特別提醒一種情況，就是「毫不利己」的人，也是會招致怨恨的。雖然現代社會經常提倡「毫不利己，專門利人」，但其實這是很難的。事實上「毫不利己」的事情，永遠也做不到。放棄了自己的利益，可能會妨礙別人獲得利益，也會招致怨恨。即使不妨礙別人，自己「不貪財」的行為，也會獲得名譽。名譽也是一種「利」。里仁篇前面還提到「以仁為利」，就包含這種情況。

所以，孔子其實是提倡大大方方言利的，前提是取之有道。「毫不利己」既然是很難做到的事情，我們就別拿它去為難別人。己所不欲勿施於人也！

4.13

子曰：「能以禮讓為國乎，何有①？不能以禮讓為國，如禮何②？」

【註釋】

①何有：全意為「何難之有」，即不難的意思。
②如禮何：把禮怎麼辦？

【譯讀】

孔子說：「能夠用禮讓原則來治理國家，那還有什麼困難呢？不能用禮讓原則來治理國家，怎麼能實行禮呢？」

【熙解】

一個國家無論對內還是對外，均可提倡以禮相待，但並不是說惟禮至上。孔子的以

禮治國是有物質基礎的，就是「足食、足兵」。其原則是「先禮後兵」，朋友來了有好酒，豺狼來了獵槍伺候；否則，秀才遇見兵，遲早被別人滅亡。

4.14

子曰：「不患無位，患所以立；不患莫己知，求為可知也。」

【譯讀】

孔子說：「不怕沒有自己的位置，就怕自己沒有賴以站得住腳的本領。不怕沒有人知道自己，追求真才實學，讓自己成為別人求賢若渴的對象就行了。」

【熙解】

這是孔子對自己和自己的學生經常談論的問題，是他立身處世的基本態度。孔子並非不想成名成家，並非不想身居要職，而是希望他的學生必須首先立足於自身的學問、修養、能力的培養，具備勝任「上位者」工作的各方面素質。地位不是吆喝出來的，也不是求出來的。「打鐵還靠自身硬」。

4.15

子曰：「參①乎，吾道一以貫之。」曾子曰：「唯。」子出，門人問曰：「何謂也？」曾子曰：「夫子之道，忠恕而已矣。」

【註釋】

①參：曾參，曾子的名字。

【譯讀】

孔子說：「曾參啊，我講的道是由一個基本的思想貫徹始終的。」曾子說：「是。」孔子出去之後，同學便問曾子：「這是什麼意思？」曾子說：「老師的道，就是忠恕罷了。」

【熙解】

在這章中，孔子只說他的道是有一個基本思想一以貫之的，曾子補充說忠恕是夫子之道。究竟什麼是「道」，在後面的篇章裡，會不斷揭示出這個問題的答案。我們慢慢學習領悟吧！

忠恕之道是孔子思想的重要內容，也是中庸的精髓。忠，不僅指忠於「為人謀」的對象，更重要的是忠於道義，明大道、走正道；否則就可能變成愚忠。恕呢，就是寬恕待人，只要是不超出底線的錯誤，都是可原諒的。孰能無過呢？當然，這裡的「原諒」也是以其付出相應代價為前提的。

59

4.16

子曰：「君子喻①於義，小人喻於利。」

【註釋】

①喻：使之明白。

【譯讀】

孔子說：「對君子曉之以義，他就明白；對小人曉之以利害關係，他才明白。」

【熙解】

在實際工作中，作為領導者，不能有道德潔癖，只用君子不用小人，否則事情就沒法做了。人都是矛盾的統一體，事實上很多人身上，君子的一面和小人的一面經常很難截然分清，除非大奸大惡。

既然都要用，就需要有方法。合理的協調分配，是可以做到揚長避短、趨利避害的。方法就是君子喻於義，小人喻於利。用利害關係來說服君子與他的做人原則不符。反之，對小人曉以大義也與其平日追名逐利的行為動機格格不入。

實際生活中，對大多數人，則既需要明義，又需要言利。畢竟，關鍵時刻，義當不了飯吃。用現在的話說，情懷要有，工資還得照發。

4.17

子曰：「見賢思齊焉，見不賢而內自省也。」

【譯讀】

孔子說：「見到賢人，就應該向他學習、看齊；見到不賢的人，就應該自我反省（自己有沒有與他相類似的錯誤）。」

【熙解】

多看到別人的長處，看到別人的短處也別急著批評，先反躬自省一下。有則改之，無則加勉。實際上這就是取別人之長補自己之短，同時又以別人的過失為鑒，不重蹈別人的覆轍。

4.18、4.19

子曰：「事父母幾①諫，見志不從，又敬不違，勞②而不怨。」

子曰：「父母在，不遠遊③，遊必有方④。」

【註釋】
①幾：音jī，輕微、婉轉。
②勞：憂愁、煩勞。
③遊：指遊學、遊官、經商等外出活動。
④方：理由，規矩。

【譯讀】
孔子說：「侍奉父母，（如果父母有不對的地方），要委婉地勸說他們。（自己的意見表達了，）見父母不願聽從，沒必要和父母頂撞，（可先擱置爭議），還是要對他們恭敬，替他們操勞而不怨恨。」

孔子說：「父母在世，不遠離家鄉；如果不得已要出遠門，也必須為父母安排妥當之後再出遊。」

【熙解】
侍奉父母，天經地義。對父母的有些行為，無論你多麼抵觸、多麼不理解，父母永遠是父母，這是誰也改變不了的。無論你走了多遠、翅膀有多硬，關鍵時刻，總也免不了想要迫切地回到父母身邊。父母何嘗不是這樣？無論你飛得多遠，父母永遠是最牽掛你的人！

「又敬不違，勞而不怨」是與父母和諧相處之道，是最醇厚的「忠恕之道」。任性過後，親情永在。父母在，不遠遊，遊必有方，是對父母應有的敬重。比如過年不回家，想出去旅遊，可以帶上父母一起旅遊，豈不兩全其美！

4.20、4.21

子曰：「三年無改於父之道，可謂孝矣。」①
子曰：「父母之年，不可不知也。一則以喜，一則以懼。」

【註釋】
①本章內容見於《學而篇》1.11章，此處略。

【譯讀】
孔子說：「若是他對他父親的合理部分三年不加改變，這樣的人可以說是盡到孝了。」

孔子說：「父母的年紀，不可不知道，並且要惦記在心。一方面為他們的長壽而高興，一方面又為他們的日漸衰老而擔憂。」

【熙解】

　　父母的生日要記得，生日能回家陪父母最好。再忙也要表示一下，哪怕是打一個電話問候。父母一天天老去，最怕「子欲孝而親不待」！所以，三年無改於父之道，與其說是「無改」，不如說是「不忘」。這飽含了對父母深深的思念。

　　熙華國學堂有一個規定，學堂的工作人員，在其父母生日那天，都可帶薪休假，以此鼓勵員工回家看望父母；還給報銷往返車費。

4.22、4.23

　　子曰：「古者言之不出，恥躬之不逮①也。」
　　子曰：「以約②失之者鮮③矣。」

【註釋】

　　①不逮：做不到。
　　②約：說話簡約，謹言慎行。這裡指「約之以禮」。
　　③鮮：少的意思。

【譯讀】

　　孔子說：「古代人不輕易把話說出口，因為他們以自己做不到為恥啊。」
　　孔子說：「約束自己，(不口無遮攔、意氣行事)，謹言慎行，再犯的錯誤就少了。」

【熙解】

　　孔子主張謹言慎行，不輕易允諾，不輕易表態，如果做不到，就會失信於人，你的威信也就降低了。古人不隨便說話，就是因為他們以不能兌現承諾而感到恥辱。

　　俗話說「禍從口出」，在春秋時代那個亂世，一言不合就有可能招來殺身之禍。所以孔子提醒大家，謹言慎行可以減少犯錯誤的概率。比如南宮适就是這種謹慎的人，所以孔子把自己的侄女嫁給了南宮适。

4.24、4.25

　　子曰：「君子欲訥①於言而敏②於行。」
　　子曰：「德不孤，必有鄰。」

【註釋】

　　①訥：遲鈍。這裡指說話要謹慎。
　　②敏：敏捷、快速的意思。

【譯讀】
　　孔子說：「君子說話要謹慎，而行動要敏捷。」
　　孔子說：「有道德的人是不會孤單的，一定會有賢人與他親近。」

【熙解】
　　不該說的話就不要說，否則容易「失言」。可能有人擔心太沉默會交不到朋友。其實說話謹慎不代表完全沉默。該說的話還是要說，否則可能產生誤會而「失人」。與人交往，以誠待人，養成良好的溝通方式和習慣，就是高情商。這樣的人，何愁沒有朋友呢？

4.26

　　子遊曰：「事君數①，斯②辱矣；朋友數，斯疏矣。」

【註釋】
　　①數：音 shuò，屢次、多次，引申為繁瑣的意思。
　　②斯：就。

【譯讀】
　　子遊說：「侍奉君主太過繁瑣，就會受到侮辱；對待朋友太繁瑣，就會被疏遠了。」

【熙解】
　　這一章論證了不謹言慎行的反面例子。凡事要適度，無論對領導還是朋友，關懷友愛，也要把握分寸，別人不理解或不在意時，不要變成強迫症。否則適得其反，反受其辱。
　　過度關心和你關係不是很緊密的人，別人會以為你在巴結他，有所企圖。有的時候，朋友對有些事其實自己並不在意，你若非得提醒他怎麼怎麼樣，就成了惹是生非，更惹朋友煩，當然會疏遠你了。

公冶長第五

5.1、5.2

子謂公冶長①:「可妻也。雖在縲絏②之中,非其罪也。」以其子③妻之。
子謂南容④:「邦有道⑤,不廢⑥;邦無道,免於刑戮⑦。」以其兄之子妻之。

【註釋】

①公冶長:姓公冶名長,《史記》記載他為齊人。孔子的弟子,相傳公冶長聽得懂鳥語,並因為這個奇特的技能而無辜獲罪,但是又因為懂得鳥語,證明了清白而被釋放。
②縲絏:音 léi xiè,捆綁犯人用的繩索,這裡借指牢獄。
③子:古時無論兒、女均稱子。
④南容:姓南宮名适(音 kuò),字子容。孔子的學生,通稱他為南容。
⑤道:孔子這裡所講的道,是說國家的治理符合最高的和最好的原則。
⑥廢:廢置,不任用。
⑦刑戮:刑罰。

【譯讀】

孔子評論公冶長說:「可以把女兒嫁給他,他雖然被關在牢獄裡,但這並不是他的罪過呀。」孔子便把自己的女兒嫁給了他。

孔子評論南容說:「國家有道時,他能有所作為;國家無道時,他也可以免遭刑罰。」於是把自己的侄女嫁給了他。

【熙解】

孔子對公冶長做出了較高評價,但並未說明究竟公冶長做了哪些突出的事情。傳說公冶長聽得懂鳥語,因此蒙冤入獄。聽得懂鳥語這件事,不知你信不信,反正孔子應該是信了。因為還有傳說就是孔子去面見國君幫公冶長申冤,然後用聽得懂鳥語的事實證明了公冶長的清白,然後公冶長才被釋放。孔子能把女兒嫁給他,那麼公冶長至少應具備仁德。

《論語》上一篇提到,「仁」字的本意是貫通天地,也許孔子此時有點相信,公冶長真的具有溝通天地自然的「特異功能」。此時的孔子正好年居不惑,他能把親生女兒嫁

給公冶長，應該有他的道理。我們暫且不論此事真假，權當故事聽聽吧！

孔子對南容也做出了比較高的評價，至少南容是一個識時務為俊杰的人，懂得保護自己和家人。這也應該是孔子把自己的侄女嫁給南容的原因之一。《論語》編者把這兩件事放在一起，意味深長。抽去其一，對孔子的擇婿觀就會形成很大誤解。孔子之兄有點智障，其兄之女的監護人就成了孔子。試想，如果孔子把侄女嫁給「牢獄犯」公冶長，把親身女嫁給官二代南宮适，是不是會有人說孔子偏心呢？

【典故】能懂鳥語的公冶長

傳說公冶長能解百禽之語。關於他陷入「縲絏之中」的原因，有一部書中講：公冶長從衛國返回魯國，走到兩國邊界處，聽見鳥互相招呼前往清溪食死人肉。不一會見一位老婆婆在路上哭，公冶長問她，老婆婆說：「我兒子前日出門，至今未回來，恐怕已死了，不知他在什麼地方。」公冶長說：「我剛才聽到鳥相呼前往清溪食肉，恐怕是您的兒子吧。」老婆婆去看，果然發現她兒子的屍體。老婆婆報告了官吏，官吏問老婆婆從哪兒知道的，老婆婆說：「是公冶長說的。」官吏說：「公冶長沒殺人的話，怎麼可能知道？」於是將公冶長逮捕入獄。官吏問：「你為什麼殺人？」公冶長說：「我懂鳥語，沒殺人。」官吏不信，於是將公冶長囚在獄中。

後來有人替公冶長申冤，於是官府的人對公冶長說：「那試試你，如果真的懂鳥語，就放了你；如果不懂，你就要償命。」後來有一天有麻雀停在監獄的柵欄上，嘰嘰喳喳地叫，公冶長聽了面帶微笑。獄卒去報告官吏：「公冶長聽了雀語發笑，好像是懂得鳥語。」官吏問公冶長，聽到麻雀講什麼了而發笑？公冶長說：「麻雀嘰嘰喳喳，說白蓮水邊有裝糧食的車翻了，公牛把角折斷，糧食收拾不盡。它們互相招呼著一起去吃。」官吏不信，派人去看，果然如此。後來公冶長又聽懂了豬和燕的言語，於是被釋放了。

5.3

子謂子賤[1]：「君子哉若人[2]。魯無君子者，斯焉取斯[3]？」

【註釋】

①子賤：姓宓（音 fú）名不齊，字子賤（公元前 521 或前 502—前 445 年），魯國人，是孔子的學生。魯哀公時任單父宰，為政三年，單父大治。
②若人：這個，此人。
③斯焉取斯：斯，此。第一個「斯」指子賤，第二個「斯」字指子賤的品德。

【譯讀】

孔子評論子賤說：「這個人真是個君子呀。如果魯國沒有君子的話，他是從哪裡學到這種品德的呢？」

【熙解】

《史記》中說：「子產治鄭，民不能欺；子賤治單父，民不忍欺；西門豹治鄴，民不敢欺。」宓子賤治單父，以禮法行政，知人善任，功績卓著，為後人傳頌。《呂氏春秋·察賢》也說：「宓子賤治單父，彈鳴琴，身不下堂而單父治。」——子賤在屋子裡彈彈琴、喝喝茶，就能把一個城市給治理好。

有個關於宓子賤的軼事。孔子兄子有孔蔑者，與宓子賤偕仕。孔子過孔蔑，而問之曰：「自汝之仕，何得何亡？」對曰：「未有所得，而所亡者三。王事若龍，學焉得習，是學不得明也；俸祿少饘粥，不及親戚，是以骨肉益疏也；公事多急，不得吊死問疾，是朋友之道闕也。其所亡者三，即謂此也。」孔子不悅，過子賤，問如孔蔑。對曰：「自來仕者無所亡，其有所得者三。始誦之，今得而行之，是學益明也；俸祿所供，被及親戚，是骨肉益親也；雖有公事，而兼以吊死問疾，是朋友篤也。」孔子喟然，謂子賤曰：「君子哉若人，若人猶言是人者也，魯無君子者，則子賤焉取此。」

孔蔑與子賤，一個消極、抱怨，凡事往壞的地方想；一個積極、進取，凡事往好的地方想。一個把做事當作學習的妨礙，一個把做事當作學習的深化實踐，二人的格局高下立判。孔子在這裡稱子賤為君子。這是第一個層次。但接下來說，魯國如無君子，子賤也不可能學到君子的品德。子賤是孔子的學生，言下之意，是說他自己就是君子，而子賤的君子之德是由他一手培養的。說這話時，孔子至少在50歲以後了，這位看起來嚴肅的老先生，是不是也有點小小的「自戀」感覺呢！也是挺可愛的嘛，哈哈！

5.4

子貢問曰：「賜也何如？」子曰：「女，器也。」曰：「何器也？」曰：「瑚璉①也。」

【註釋】

①瑚璉：古代祭祀時盛祭品的器具，比較貴重。

【譯讀】

子貢問孔子：「我這個人怎麼樣？」孔子說：「你呀，像一個器具。」子貢又問：「是什麼器具呢？」孔子說：「是瑚璉。」

【熙解】

孔子把子貢比作瑚璉，是肯定子貢的才能，因為瑚璉是古代祭器中貴重而華美的一種。可見孔子對子貢評價是很成「器」，還是「大器」。只是此時子貢還比較看重身外之物和名聲，所以孔子認為他還沒有達到「君子不器」那樣的程度，勉勵子貢成器之後化器向道，昇華自己。

後來子貢果然不負師恩，在孔子去世後，於晚年寧願退居幕後，幫助曾子等師弟和

一眾師侄光大孔門，為《論語》成書出錢出力。從《論語》上下篇和結尾章節可以看出，子貢在孔門後輩眼中實屬德高望重。子貢後來被民間尊為「西南位財神」，被稱為中華「儒商」第一人，也是實至名歸。

5.5、5.6

或曰：「雍①也仁而不佞②。」子曰：「焉用佞？御人以口給③，屢憎於人。不知其仁④，焉用佞？」

子使漆雕開⑤仕。對曰：「吾斯之未能信。」子說⑥。

【註釋】

①雍：姓冉名雍，字仲弓，生於公元前522年，是孔子的學生。
②佞：音nìng，能言善辯，有口才。
③口給：言語便捷、嘴快話多。
④不知其仁：指有口才者是否具有仁德，值得懷疑。
⑤漆雕開：姓漆雕名開，字子開，一說字子若，生於公元前540年，是孔子的學生。
⑥說：音yuè，同「悅」。

【譯讀】

有人說：「冉雍這個人有仁德但不善辯。」孔子說：「為何一定要能言善辯呢？靠伶牙俐齒和人辯論，常常招致別人的討厭。有口才卻不知道是否仁德的人，即使能說會道又能如何呢？」

孔子讓漆雕開去做官。漆雕開回答說：「我對做官這件事還沒有足夠信心。」孔子聽到後很高興。

【熙解】

孔子針對有人對冉雍的評論，提出了自己的看法。他認為仁德是人的根本，不一定要能言善辯、伶牙俐齒。君子自重則威，要以德服人，不以嘴服人。正因為冉雍有這些優點，所以孔子曾經評價他德行高，可以去當官。

孔子的教育方針是「學而優則仕」，學到知識，就要去經世致用，服務於人民。孔子讓他的學生漆雕開去做官，但漆雕開感到尚未達到「學而優」的程度，對做官還沒有把握。他想繼續學習，晚點去做官，所以孔子很高興，為漆雕開的謙虛謹慎點贊。

5.7

子曰：「道不行，乘桴①浮於海。從②我者，其由與！」子路聞之喜。子曰：

「由也好勇過我，無所取材。」

【註釋】
　　①桴：音fú，用來過河的木筏子。
　　②從：跟隨。

【譯讀】
　　孔子說：「如果我的主張行不通，我就乘上木筏子到海外去。能跟從我的大概只有仲由吧！」子路聽到這話很高興。孔子說：「仲由啊，好勇的精神超過了我，其他沒有什麼可取的才能。」

【熙解】
　　孔子在當時的歷史背景下，到處推行他的德政、禮治主張。但他也擔心自己的主張行不通，開玩笑說要去海外隱居。他認為子路有勇，可以跟隨他一同前去，這是對子路的表揚。但同時又擔心子路好勇太過，不行中道，反受其害，於是指出子路的不足在於僅有勇而已。

5.8

　　孟武伯問：「子路仁乎？」子曰：「不知也。」又問。子曰：「由也，千乘之國，可使治其賦①也，不知其仁也。」「求也何如？」子曰：「求也，千室之邑②、百乘之家③，可使為之宰④也，不知其仁也。」「赤⑤也何如？」子曰：「赤也，束帶立於朝⑥，可使與賓客⑦言也，不知其仁也。」

【註釋】
　　①賦：兵賦，向居民徵收的軍事稅費。
　　②千室之邑：邑是古代居民的聚居點，大致相當於後來城鎮；千室之邑是有一千戶人家的大邑。
　　③百乘之家：指卿大夫的採地，當時卿大夫有車百乘。
　　④宰：這裡是指家臣、總管。
　　⑤赤：姓公西名赤，字子華，生於公元前509年，是孔子的學生。
　　⑥束帶立於朝：指穿著禮服立於朝廷。
　　⑦賓客：指一般客人和來賓。

【譯讀】
　　孟武伯問孔子：「子路做到了仁嗎？」孔子說：「我不知道。」孟武伯又問。孔子說：「仲由嘛，在擁有一千輛兵車的國家裡，可以讓他管理軍事，但我不知道他是不是做到

了仁。」孟武伯又問：「冉求這個人怎麼樣?」孔子說：「冉求這個人，可以讓他在一個有千戶人家的公邑或有一百輛兵車的採邑裡當總管，但我也不知道他是不是做到了仁。」孟武伯又問：「公西赤又怎麼樣呢?」孔子說：「公西赤嘛，可以讓他穿著禮服，站在朝廷上接待貴賓，我也不知道他是不是做到了仁。」

【熙解】

「仁」是一個抽象的概念，不是一個靜止的標準。很難籠統地評價一個人是否「仁」，但可以判斷一個人所做的事情是否符合「仁道」。反過來，若一個人做了一件符合仁道的事，也不能說這個人就已經是「仁」了。所以孔子不直接下結論評價這幾個弟子是否「仁」，但至少他們各有所長，某些所作所為能符合仁道。

5.9

子謂子貢曰：「女與回也孰愈①?」對曰：「賜也何敢望回? 回也聞一以知十②，賜也聞一以知二③。」子曰：「弗如也，吾與④女。弗如⑤也。」

【註釋】

① 愈：勝過、超過。
② 十：指數的全體，舊註雲：「一，數之數；十，數之終。」
③ 二：舊註雲：「二者，一之對也。」
④ 與：認可、看重。
⑤ 如：依照、順從。《說文》：從，隨也，有律以如己也。另外，《左傳·宣公十二年》杜預註：「如，從也。」

【譯讀】

孔子對子貢說：「你和顏回兩個相比，誰更勝一籌呢?」子貢回答說：「我怎麼敢和顏回相比呢? 顏回他聽到一件事就想到十件事；我呢，知道一件事，只能推知兩件事。」孔子說：「不是如你所講的，其實我認為你更勝一籌。不是如你所講的。」

【熙解】

後人都認為顏回是孔子最得意的學生之一，說孔子最喜歡顏回。但從《論語》全篇綜合判斷，情況卻不是這樣的。因為顏回是孔子母親娘家的後人，13歲剛投奔孔子時，孔子對他偏愛呵護情有可原，但後來就不一樣了。顏回表面上看「好學」，但孔子只是評價「好學罷了」(「也已」)。子貢說顏回能做到聞一知十，哪敢和他比，從語氣看更像是一種反語。以子貢的語言藝術，這明顯是在一本正經地諷刺人。人哪有能聞一知十的，能舉一反三就非常不錯了。孔子也說過「再思可矣」，想到「十」，那確實是想多了。因為「十」是終數，說明顏回總是讓人「無語」。「無語」放現代語境，仍然是諷

刺人的反話。

縱觀《論語》全篇中顏回的表現，確實有點瞻前顧後、胡思亂想，鑽到牛角尖了。想多了容易得抑鬱症，如果這種胡思亂想還得不到發泄的話（「不違如愚」「不遷怒、不貳過」），那就可能轉化為重病，用現代的話來說，可能會得癌症。也許顏回早死的原因就在於此。所以，這裡孔子說了實話，正面認可了子貢。

換一個角度分析，如果子貢如所有人認為的那樣，本來就不如顏回，孔子再主動挑起這個問題，豈不是明知故問，傷子貢的自尊心嗎？以孔子的為人，絕對不會這麼做。孔子很少正面否定人。何況子貢是那麼聰明、有德、有才的人，有幾人能勝過子貢呢？至少顏回沒有用實際表現證明他比子貢強，也沒有史料依據能說明顏回強過子貢。孔子是非常惜才的，正因為惜才，才主動問子貢這個問題，然後借此機會明確認可並表揚子貢。這符合常見的提攜之法，領導要表揚或提拔一個人時才會讓他自己和別人比。從另一個層次分析，孔子也許更怕造成錯誤的價值判斷，讓子貢和其他弟子盲目效仿顏回。這也正是孔子惜才的表現。

也許，孔子此時已經意識到，早期對顏回的表揚已經給顏回造成了錯誤的導向。顏回不知變通，易鑽牛角尖（「仰之彌高，鑽之彌堅」，後人多以為這句是贊揚一個人的知識高深，其實這句話是指思維鑽進了死胡同，不知深入淺出，本書後面有詳細闡述），把自己陷入了「被捧殺」的境地（9.21章子謂顏淵曰：「惜乎！吾見其進也，未見其止也。」）。錯誤已經造成，不能讓其他弟子再犯同樣錯誤。所以《論語》全篇，有多處類似評價：孔子先是表揚弟子，然後指出所表揚的也不過如此。典型的如5.7章、9.27章，對子路又抬又壓。

這裡孔子既然正面認可、表揚了子貢，那麼是否會相應地批評其他人呢？請看下一章。

5.10

宰予晝寢。子曰：「朽木不可雕也，糞土之牆①不可杇②也，於予與何誅③？」子曰：「始吾於人也，聽其言而信其行；今吾於人也，聽其言而觀其行。於予與④改是。」

【註釋】

①糞土之牆：用干糞壘的牆或者牆上有糞土。古代中國中原地區經濟以農牧為主，牛羊馬匹很多，聰明的老百姓將牲畜糞便收集起來，壘成牆垛或者敷在牆上曬乾，到了冬天，就可以當燃料用了，既經濟又環保。

糞土之牆，現代還有些地方有保留

②杇：音 wū，一種工具，抹牆用的抹子。這裡借指動詞，既可指用抹子粉刷牆壁，又可指用抹子將牆上的東西抹掉。
③誅：意為責備、批評。
④與：相當於現代的「……等」「……等人」。

【譯讀】

宰予白天睡覺。孔子說：「腐朽的木頭無法雕刻，糞土之牆不可以粉刷（或抹掉）。對於宰予等人，有什麼好責備的呢？」孔子說：「起初我對於人，是聽了他說的話便相信了他的行為；現在我對於人，聽了他講的話還要觀察他的行為。在宰予等人身上我改變了觀察人的方法。」

【熙解】

這裡應該和上一章連起來理解，才好解釋孔子所說的不是指一個人。孔子的學生宰予白天睡大覺，有人說這是孔子在大罵宰予「朽木不可雕也」，我看未必。

「朽木不可雕也」，一般是指準備雕刻某塊木頭時，才發現木頭哪裡是朽掉的，不能用，雖然它外表好看。比喻外表光鮮而內在空虛朽爛的東西。人如果也是這樣，你罵他都不必了。何苦呢？

「糞土之牆」呢，我們前面已經考證過了，它雖然表面看起來很「污」，但其實非常有用處的。糞是有用的糞，牆是有用的牆，不能憑外表而否定內在實質。恰好，宰予的性格屬於「烏鴉嘴」類型，說話刁鑽沒遮攔，嘴臭──不好聽的話直來直去，往往討人一時之嫌，但其實宰予是「刀子嘴豆腐心」。《史記》亦稱宰予「利口辯辭」。縱觀《論語》全篇，宰予雖然說話難聽，但他的每一句無不透出一種聰明，一種直指人心的深邃。

歷史上，宰予可是很有本事的。如果他沒本事，魯哀公也不會向他請教「問社」這樣的國家大事了。據考證，宰予就是歷史上齊簡公的右相闞止。所以，宰予才不是朽木不可雕也，他被後人冤枉了幾千年！因為這個偏見，宰予被「眾口鑠金」，連《史記》都冤枉宰予了。《史記》說：「宰我為臨菑大夫，與田常作亂，以夷其族，孔子恥之。」但經眾多史料考證，宰予根本沒有參與田常叛亂，反而是力拒田常，保護齊簡公，被田

常殺害。因為後來田常獨攬大權，齊國從此成了田氏的天下，以致齊國和魯國的人都不敢明裡替宰予說好話。

現在看來，宰予被冤枉的原因竟然是「烏鴉嘴」（當然，更深的原因則可能是為了幫別人「頂罪」，至於為什麼要「頂罪」？幫誰頂呢？留給讀者們自己思考吧！）。可見啊，我們說話一定不能「低情商」，口無遮攔，否則，受苦都不知苦從哪兒來的！

綜上所述，這裡孔子其實是用「朽木」和「糞土之牆」來比喻表裡不一的兩類人。一類是金玉其外敗絮其中；另一類是表面看起來「污」，內裡很實在。這很符合孔子「叩其兩端而執其中」的格物致知方法。看人要看兩面，不能光聽他怎麼說，更重要的是看他怎麼做，不能人云亦云。孔子很少只談事情的一個方面，大多都是正反兩面辯證分析，互相牽制。說到底，這符合孔子思想中一以貫之的「中庸之道」。

至於「宰予晝寢」一說，就更加蹊蹺了。白天睡覺這麼稀鬆平常的一件事，被拿來大張旗鼓，被罵成「朽木不可雕」，就有點空穴來風的味道了。這裡最蹊蹺之處在於：《論語》全篇稱呼宰予時，一般都是稱呼其字「宰我」，唯獨這處被稱為宰予。（宰予，字子我，亦稱宰我）。後人稱呼某人時，一般都稱呼他的字號，以示尊重，不會直呼其名。比如《論語》裡出現的子貢、子路、子夏、閔子騫等，都是稱字號。這裡出現直稱「宰予」的情況，有可能是有人為了將「朽木不可雕」的罵名轉移到宰予身上，在《論語》這章裡私自加上了「宰予晝寢」這四個字，引火上其身；也有可能是古代編書之人被權勢所迫將罵名轉嫁到宰予頭上，但編書之人心存正念而故意留下破綻供後人明辨。這個猜測有待以後更古老的《論語》版本出土時才能考證了。如果被驗證，那這一章又要重新解讀了。

5.11、5.12

子曰：「吾未見剛者。」或對曰：「申棖①。」子曰：「棖也欲，焉得剛？」

子貢曰：「我不欲人之加諸我也，吾亦欲無加諸人。」子曰：「賜也，非爾所及也。」

【註釋】
①申棖：棖，音 chéng。姓申名棖，字周，是孔子的學生。

【譯讀】
孔子說：「我沒有見過剛強的人。」有人回答說：「申棖就是剛強的。」孔子說：「申棖這個人也有慾望，怎麼能算剛強呢？」

子貢說：「我不願別人強加於我的事，我也不願強加在別人身上。」孔子說：「賜呀，這就不是你所能做到的了。」

【熙解】

　　人若有非分之欲，必受制於人，或有愧於己。從這一章來看，人的慾望過多不僅做不到「義」，更做不到「剛」。孔子並不反對人們有慾望，但要捨棄非分之想，做到順其自然。

　　自己自律可做到，但要求別人別來煩我就難了，估計子貢此時就有這個苦惱。難怪子貢晚年要隱居起來。別人要強迫你，你也控制不了他啊，只有躲起來了。更嚴重的還有「欲加其罪，何患無辭」焉！前面提到的宰予的遭遇，就充分說明了這一點。

5.13

　　子貢曰：「夫子之文章[1]，可得而聞也；夫子之言性[2]與天道[3]，不可得而聞也。」[4]子路有聞，未之能行，唯恐有聞。

【註釋】

①文章：這裡指孔子傳授的詩書禮樂等。
②性：修行之性、命。《陽貨篇》中談到了性。
③天道：自然之大道。人是自然的一部分，天道指人與自然連結的奧秘。
④其他版本在此處斷開，分為兩章。但根據前後文判斷，兩者應屬完整的一章，二者完全相關。故合為一章。

【譯讀】

　　子貢說：「老師講授的禮、樂、詩、書等文化知識，依靠耳聞是能夠學到的；老師講授的性、命和天道，僅依靠耳聞是不能夠學到的。」子路曾經聽到過，但沒能學到做到，反而害怕再聽到了。

【熙解】

　　子貢認識到，孔子所講的禮、樂、詩、書等具體知識是有形的，只靠耳聞就可以學到的；但關於性、命與天道的理論，不是通過耳聞就可以學到的。《道德經》說，道不可說，一說便錯。學這些必須身體力行、潛心修為，才可感知。並且，如果自身修為未到，更不宜聽聞天命修為中更高層面的內容和現象，否則反而有害。子路向來大大咧咧，不懂如止入靜，就更談不上修行了。所以他雖然因為跟隨孔子方便，有機會聽到過孔子講天命修為方面的內容，但以子路的資質是難以吸收的。所以子路不願多聽。

　　從這裡，我們恰好能從側面瞭解到，子貢此時已經開始入道了。他已經慢慢脫離了「器」的局限。因為，能夠領悟到「道不可說」「道不可聞而得之」的人，已經開始入道了。子貢的卓越處處可見，又有幾人能比得上呢？

　　入道的人，從一件事的表面能立刻看到本質。未入道的人，你就是把「道」的道理

擺在他眼前，他都會視而不見，不認識、看不懂。比如，後人都以為《齊論語》裡談天道的《知道篇》已經遺失，殊不知《知道篇》不但從來就沒遺失過，而且它一直就保留在《論語》的通行版本裡。只是被分散嵌入到《論語》通行本各個篇章裡去了，作為相應篇章的點睛之筆。這比單獨成篇更妙！識者自知，不識者任其訕笑（《道德經》曰：「上士聞道，勤而行之；中士聞道，若存若亡；下士聞道，大笑之，不笑不足以為道」），豈不是「不可得而聞也」最好的註解?!

5.14

子貢問曰：「孔文子①何以謂之『文』也?」子曰：「敏②而好學，不恥下問，是以謂之『文』也。」

【註釋】
①孔文子：衛國大夫孔圉（音 yǔ），「文」是諡號，「子」是尊稱。
②敏：敏捷、勤勉。

【譯讀】
子貢問道：「為什麼給孔文子一個『文』的諡號呢?」孔子說：「他聰敏勤勉並且好學，不以向比他地位卑下的人請教為恥，所以給他的諡號是『文』。」

【熙解】
本章裡，孔子在回答子貢提問時講到「不恥下問」的問題。這是孔子治學中一貫的態度。「敏而好學」，就是勤敏而興趣濃厚地發憤學習。「不恥下問」，就是不僅聽老師、長輩的教導，向老師、長輩求教，而且還求教於看起來知識不如自己多的一切人，而不以這樣做為恥。孔子「不恥下問」的表現：一是就近學習自己的學生們，即邊教邊學，這在《論語》書中有多處記載；二是學於百姓，在他看來，可以向群眾學的東西很多，這同樣可從《論語》書中找到許多根據。他提倡的「不恥下問」的學習態度對後世產生了深遠影響。

5.15

子謂子產①：「有君子之道四焉：其行己也恭，其事上也敬，其養民也惠，其使民也義。」

【註釋】
①子產：姬姓，名僑，字子產，出生於鄭國國都（今河南鄭州新鄭），與孔子同時期。他是鄭穆公的孫子，公子之孫，所以人們又稱他為公孫僑、鄭子產。他自鄭簡公時

（公元前554年）被立為卿，公元前543年到前522年執掌鄭國國政，是當時最負盛名的政治家。

【譯讀】

孔子評論子產說：「他有君子的四種道德：他自己行為莊重，他侍奉君主恭敬，他教化人民有恩惠，他治理百姓有法度。」

【熙解】

本章孔子講子產的君子之道，實際上就是講為政之道。子產在鄭簡公、鄭定公之時執政22年。當時，晉國歷悼公、平公、昭公、頃公、定公五世，楚國歷共王、康王、郟敖、靈王、平王五世，正是兩國爭強、戰亂不息的時候。鄭國地處要衝，而周旋於這兩大國之間，子產卻能不低聲下氣，也不妄自尊大，使國家得到尊敬和安全，的確是中國古代一位傑出的領導者。孔子對子產的評價甚高，認為治國安邦就應當具有子產的這四種道德。根據《史記·鄭世家》記載：「聲公五年，鄭相子產卒，鄭人皆哭泣，悲之如亡親戚。」

《左傳·襄公三十一年》也記載：「子產使都鄙有章，上下有服，四有封洫，廬井有伍。大人之忠儉者，從而與之；泰侈者，因而斃之。從政一年，輿人誦之曰：『取我衣冠而褚之，取我田疇而伍之。孰殺子產，吾其與之！』及三年，又誦之曰：『我有子弟，子產誨之。我有田疇，子產殖之。子產而死，誰其嗣之？』」

公元前536年3月，子產率先「鑄刑書於鼎，以為國之常法」，將鄭國的法律條文鑄在具有王權象徵意義的大鼎上，並公之於眾，讓國民知道，哪些事情不能做，做了會受到什麼懲罰。這是中國史上第一次正式公布成文法。在治理方法上，子產第一個提出「寬」「猛」相濟的策略。「寬」即強調德教化和懷柔，「猛」即嚴刑峻法。剛開始執行時，人們怨聲載道，認為刑罰太重，恨不得殺了子產；但三年後，政通人和，大家都認識到了子產的良苦用心，無不愛戴子產，甚至有人視子產如父。

【典故】論政寬猛 ——《左傳·昭公二十年》

鄭子產有疾。謂子大叔曰：「我死，子必為政。唯有德者能以寬服民，其次莫如猛。夫火烈，民望而畏之，故鮮死焉。水懦弱，民狎而玩之，則多死焉。故寬難。」疾數月而卒。大叔為政，不忍猛而寬。鄭國多盜，取人於萑苻之澤。大叔悔之，曰：「吾早從夫子，不及此。」興徒兵以攻萑苻之盜，盡殺之，盜少止。仲尼曰：「善哉！政寬則民慢，慢則糾之以猛。猛則民殘，殘則施之以寬。寬以濟猛；猛以濟寬，政是以和。詩曰：『民亦勞止，汔可小康，惠此中國，以綏四方。』施之以寬也。『毋從詭隨，以謹無良，式遏寇虐，慘不畏明。』糾之以猛也。『柔遠能邇，以定我王。』平之以和也。又曰：『不競不絿，不剛不柔，布政優優，百祿是遒。』和之至也！」及子產卒，仲尼聞之，出涕曰：「古之遺愛也。」

5.16

子曰：「晏平仲①善與人交，久而敬之②。」

【註釋】
①晏平仲：齊國的賢大夫，名嬰。他也是有名的外交家。《史記》卷六十二有他的傳。「平」是他的諡號。
②久而敬之：「之」在這裡指代晏平仲。

【譯讀】
孔子說：「晏平仲善於與人交朋友，相識久了，別人仍然尊敬他。」

【熙解】
孔子在這裡稱贊齊國大夫晏嬰能夠獲得別人真心的尊敬，這是很不容易的。為什麼孔子要著重提出「久而敬之」呢？因為若僅僅是以外交家的「言語」本領獲得尊敬，是不能長久的；真心的尊敬才能長久。而只有懂得「不重則不威」的人，重視自己的修為，自重而重人，才能獲得真心尊敬。故此處孔子是為了提醒弟子，要看到晏子不同於常人的品質。

5.17

子曰：「臧文仲①居蔡②，山節藻梲③，何如其知也？」

【註釋】
①臧文仲（？—公元前617年），姬姓，臧氏，名辰，「文」是他的諡號，故死後又稱臧文仲。春秋時魯大夫，世襲司寇，執禮以護公室。
②蔡：蔡國，當時的諸侯小國。
③山節藻梲：節，柱上的鬥拱。梲，音zhuō，房梁上的短柱。這裡是說把門拱雕成山形，在梲上繪以水草花紋。這是古時裝飾天子宗廟的做法。這裡用來代指臧文仲用天子宗廟的裝飾來豢養靈龜的典故。

【譯讀】
孔子說：「臧文仲在蔡國時養了一只靈龜，藏龜的屋子用門拱雕成山的形狀，短柱上畫以水草花紋，這就是他的智慧嗎？」

【熙解】

臧文仲歷事魯莊公、閔公、僖公、文公四君。曾廢除關卡，以利經商，於國於民，盡職盡責。其博學廣知而不拘常禮，思想較為開明進步，對魯國的發展起過積極的作用。臧文仲登上魯國政治舞臺的時候，正值齊桓公開始稱霸，齊魯兩國力量對比懸殊，他受命於危亂之際，負斡旋之重任，充分顯示出了其軍事及外交方面的才能。

臧文仲在出使蔡國期間，用豪華的小屋子配以天子宗廟裝飾，來豢養靈龜。因此孔子認為臧文仲藐視周禮，更是藐視周天子。所以他質疑臧文仲「真的很有智慧嗎?」

【典故】山節藻梲

話說當年，魯君差臧文仲出使蔡國。居蔡期間，臧文仲遊遍蔡國的名山大川，問遍蔡國的風土人情，最終獲悉了蔡國的重要國情。但是，蔡國人卻以為臧文仲縱情於山水之間，不務正業。據說，臧文仲在遊覽蔡國時，曾經獲得一只大龜，並命其家臣為這只大龜建造了一處豪華房屋，終日與此大龜玩樂，這更加使得蔡國人認為臧文仲胸無大志，因而對臧文仲不加防備。所以有人說臧文仲很有智慧，但孔子不以為然。

《左傳·文公二年》也載有孔子對臧文仲的批評：「臧文仲，其不仁者三，不知者三。下展禽，廢六關，妾織蒲，三不仁也。作虛器，縱逆祀，祀爰居，三不知也。」孔子認為臧文仲的廢除關卡等措施破壞了周制；縱容僭越逆祀（還記得「禘自既灌而往者，吾不欲觀之矣」這句嗎?），所以不「仁」不「知」。臧文仲縱然有不知禮的缺點，但這幾句過於負面的評價顯然失之偏頗，有失公允。從當時的社會背景來看，臧文仲的改革措施，和管仲一樣，是有利於社會進步的。考察孔子說這話時，年齡應還處在「是可忍，孰不可忍」之後不久，還執著於堅守外在的形制，而不能看到內在的變化，以及與時俱進的變革。孔子只有過了這一關，才能說出「君子不器」的話來。

5.18

子張問曰：「令尹子文①三仕為令尹，無喜色；三已②之，無慍色。舊令尹之政，必以告新令尹。何如?」子曰：「忠矣。」曰：「仁矣乎?」曰：「未知。焉得仁?」「崔子③弒④齊君⑤，陳文子⑥有馬十乘，棄而違之。至於他邦，則曰：『猶吾大夫崔子也。』違之。之一邦，則又曰：『猶吾大夫崔子也。』違之，何如?」子曰：「清矣。」曰：「仁矣乎?」曰：「未知。焉得仁?」

【註釋】

①令尹子文：令尹，楚國的官名，相當於宰相。子文是楚國的著名宰相。
②三已：三，指多次。已，罷免。
③崔子：齊國大夫崔杼（音 zhù），曾殺死齊莊公，在當時引起極大反響。
④弒：地位在下的人殺了地位在上的人。

⑤齊君：即被崔杼所殺的齊莊公。
⑥陳文子：陳國的大夫，名須無。

【譯讀】

　　子張問孔子說：「令尹子文幾次做楚國宰相，沒有顯出高興的樣子；幾次被免職，也沒有顯出怨恨的樣子。（他每一次被免職）一定把自己的一切政事全部告訴給來接任的新宰相。你看這個人怎麼樣？」孔子說：「可算得是忠了。」子張問：「算得上仁了嗎？」孔子說：「不知道。這怎麼能算得上仁呢？」（子張又問:）「崔杼殺了他的君主齊莊公，陳文子家有四十匹馬，都捨棄不要了，離開了齊國。到了另一個國家，他說：『這裡的執政者也和我們齊國的大夫崔子差不多。』就離開了。到了另一個國家，又說：『這裡的執政者也和我們的大夫崔子差不多。』又離開了。這個人你看怎麼樣？」孔子說：「可算得上清高了。」子張說：「可說是仁了嗎？」孔子說：「不知道。這怎麼能算得上仁呢？」

【熙解】

　　孔子認為，令尹子文和陳文子，一個忠於君主，算是盡忠；一個不與逆臣共事，算是清高，但他們兩人都還算不上仁。因為在孔子看來，「忠」只是仁的一個方面，「清」則是為維護禮而獻身的殉道精神。所以，僅有忠和清高還算不上「仁」。

　　說到「忠」和「清高」，有比令尹子文和陳文子高出 N 倍的人，那就是齊國的太史官，忠於歷史，名節比天高。《史記·齊太公世家》記載，崔杼殺死齊莊公後，曾威脅齊國太史官不要記載自己弒齊君的事，而是寫齊莊公病死了。但是齊太史凜然書曰「崔杼弒莊公」，崔杼殺之。其弟復書，崔杼復殺之。少弟復書，崔杼乃舍之。這些史官真是讓人無比敬仰！

【典故】秉筆直書——不怕死的太史

　　春秋時，齊莊公與大臣崔杼的妻子私通。崔杼知道後，便設計殺了莊公，立莊公同父異母的弟弟杵臼為君，成為景公。崔杼也自封為相國，飛揚跋扈、專斷朝政。但他對弒君之罪十分惶恐，特別是擔心被史官記錄在史冊上，留下千古罵名。於是他下令將專管記載史事的太史伯找來，說道：「昏君已死，你就寫他是患病而亡。如果你按我說的意思寫，我一定厚待於你；如若不然，可別怪我不客氣！」說罷，崔杼拔劍在手，殺氣逼人。

　　太史伯抬頭看了看崔杼，不慌不忙地拿起竹簡，提筆而書。書罷，他將竹簡遞給崔杼。崔杼接過竹簡一看，上面赫然寫著「夏五月，崔杼謀殺國君光」。崔杼大怒，揮劍殺了太史伯。

　　按當時的慣例，史官是世襲的。於是，崔杼又召見太史伯的二弟太史仲，說道：「你哥哥竟然不聽我的命令，我已處決了他，今後由你來接任太史之職。你就寫莊公是病死的，不然，那就是你的下場。」他指著太史伯的屍體，惡狠狠地說。他滿心以為太

史仲會懾於他的淫威而從命。可是只見太史仲冷靜地攤開竹簡，提筆寫道「夏五月，崔杼謀殺國君光」。崔杼怒不可遏，又拔劍殺了太史仲。

接著他又將太史伯的三弟太史叔召喚來，凶狠地說：「你兩個哥哥都已經死了，難道你也不愛惜自己的生命嗎？如果改變寫法，還能有一條活路。」但太史叔平靜地回答：「按照事實秉筆直書，是史家的天職。與其失職，還不如去死。」結果還是在竹簡上照直而書。崔杼被氣得七竅生煙，咬牙切齒，把太史伯的三弟碎屍萬段，令太史季補缺。

太史季把竹簡攤開來遞給崔杼。崔杼一看，依舊是那幾個字。崔杼嘆息一聲，讓太史季退下。齊國的另一位史官南史氏聽說太史兄弟皆被殺害，抱著竹簡急匆匆趕來，打算接替太史兄弟將崔杼的罪狀記載入史冊。南史氏見太史季已經據實記載，才返回去。

於是史書上便留下了這樣的話：「周靈王二十四年，齊莊公六年，春三月乙亥，崔杼弒齊莊公光於其府⋯⋯」崔杼的惡行最終被真實地記錄下來，為後世留下了確鑿可信的歷史資料。而齊太史兄弟不畏強暴、前僕後繼、秉筆直書的義舉也永載史冊，為歷代所傳誦。齊太史秉筆直書的故事給後人的鼓舞和啟發是巨大的，它永遠鼓勵著人們實事求是、勇敢地去追求、堅持真理。

5.19

季文子[1]三思而後行。子聞之，曰：「再，斯[2]可矣。」

【註釋】

①季文子：季孫行父，魯成公、魯襄公時任正卿，「文」是他的諡號。
②斯：就。

【譯讀】

季文子每做一件事都要考慮多次。孔子聽到了，說：「考慮兩次也就行了。」

【熙解】

凡事三思，一般來說是謹慎的做法。為什麼孔子聽說以後，並不同意季文子的這種做法呢？有人說：「文子生平蓋禍福利害之計太明，故其美惡兩不相掩，皆三思之病也。其思之至三者，特以世故太深，過為謹慎；然其流弊將至利害徇一己之私矣。」（宦懋庸《論語稽》）當時季文子做事過於謹慎，顧慮太多，思太過而行不足。優柔寡斷，所以就會發生各種弊病。孔子也認為，想得太多會導致一些弊端產生。可以顏回「以一知十」為鑒。

5.20

子曰：「寧武子[1]，邦有道則知，邦無道則愚[2]。其知可及也，其愚不可

及也。」

【註釋】
①寧武子：姓寧名俞，衛國大夫，「武」是他的謚號。
②愚：這裡是裝傻的意思。

【譯讀】
孔子說：「寧武子這個人，當國家有道時，他就顯得聰明，當國家無道時，他就裝傻。他的那種聰明別人可以做得到，像他那樣裝傻別人就做不到了（難得糊塗）。」

【熙解】
寧武子是一個處世為官有方的大夫。當形勢好轉、世事清明時，他就充分發揮自己的聰明智慧，為衛國的治理竭力盡忠。當形勢惡化、渾濁不清時，他就退居幕後或處處裝傻，以便等待時機。有所為有所不為，是大智若愚。

從這一句我們知道了原來「愚不可及」其實是表揚人的話。不知為何後來逐漸被人理解為罵人的話了。以後我們若再碰到表面看起來「有點傻」人，要掂量一下了，也許人家比誰都聰明，只是懶得和人計較！

5.21

子在陳①，曰：「歸與！歸與！吾黨之小子②狂簡③，斐然④成章，不知所以裁⑤之。」

【註釋】
①陳：古國名，大約在今河南東部和安徽北部一帶。
②吾黨之小子：古代以500家為一黨。吾黨意即我的故鄉。小子，指孔子在魯國的學生。
③狂簡：志向遠大但行為粗率簡單。
④斐然：斐，音fěi；斐然，有文採的樣子。
⑤裁：裁剪，節制。

【譯讀】
孔子在陳國說：「回去吧！回去吧！家鄉的學生有遠大志向，但行為粗率簡單；有文採，但還不知道怎樣來教導他們。」

【熙解】
孔子說這段話時，正當魯國季康子執政，欲召冉求回去，協助辦理政務。所以，孔子說回去吧，去治理社會，實現他們的抱負。但同時又指出他在魯國的學生尚存在的問

題：行為粗率簡單，還不知道怎樣梳理節制自己，這些還有待於他的教育。

5.22

子曰：「伯夷、叔齊^①不念舊惡^②，怨是用希^③。」

【註釋】

①伯夷、叔齊：殷朝末年孤竹君的兩個兒子。父親死後，二人互相讓位，都逃到周文王那裡。周武王起兵伐紂，他們認為這是以臣弒君，是不忠不孝的行為，曾加以攔阻。周滅商統一天下後，他們以吃周朝的糧食為恥，逃進深山中以野草充饑，餓死在首陽山中。
②不念舊惡：不記住或不計較過去跟別人之間的嫌怨。
③希：同「稀」。

【譯讀】

孔子說：「伯夷、叔齊兩個人不記過去的仇恨，他們是沒有什麼怨恨之心的。」

【熙解】

這一章裡，孔子主要稱贊的是伯夷、叔齊的「不念舊惡」。伯夷、叔齊認為周武王伐紂是「以暴易暴」，既反對周武王，又反對殷紂王。但為了維護君臣之禮，他們還是阻攔武王伐紂，最後因不食周粟，而餓死在首陽山上。他們不是因為怨恨而死，而是為了保持氣節。伯夷、叔齊是抱節守志的典範。

5.23

子曰：「孰謂微生高^①直？或乞醯^②焉，乞諸其鄰而與之。」

【註釋】

①微生高：姓微生名高，魯國人。當時的人認為他為人直率。
②醯：音 xī，醋。

【譯讀】

孔子說：「誰說微生高這個人直率？有人向他討點醋，他（不直說沒有，卻暗地）到他鄰居家裡討了點給人家。」

【熙解】

微生高從鄰居家討醋，再交給來討醋的人，並不直接回絕別人說自己家沒有醋。對

此，孔子認為他不是真直率，最多算是「愚直」。有人考證，故事裡那個與人約會於橋下，對方未如約而至，他仍死守橋墩，連漲水了都不走，最後被淹死的人，就是微生高。這麼看來，這人不但「愚直」，腦袋簡直像花崗岩一樣。

5.24

子曰：「巧言、令色、足恭①，左丘明②恥之，丘亦恥之。匿怨而友其人，左丘明恥之，丘亦恥之。」

【註釋】

①足恭：一說是兩只腳做出恭敬逢迎的姿態來討好別人，另一說是過分恭敬。這裡採用後說。

②左丘明：姓左丘名明，魯國人，相傳是《左傳》一書的作者。

【譯讀】

孔子說：「花言巧語，裝出好看的臉色，卑躬屈膝地過分恭敬，左丘明認為這種人可恥，我也認為可恥。把怨恨裝在心裡，表面上卻裝出同別人友好的樣子，左丘明認為這種人可恥，我也認為可恥。」

【熙解】

孔子反感「巧言令色」的做法，這在《學而》篇中已經提及。他提倡人們正直、坦率、誠實，不要口是心非、表裡不一。對那些人前一套、人後一套的人，有很強的針對性。

匿怨而友其人不僅可恥，還害人傷己。害人之處自不必說，傷己之處則在於「憋」得慌，慌久了就成「傷」，「傷」重了就成了「瘤」或者「癌」。現代社會那麼多莫名其妙的大病，其實很多是因為人在江湖，逢迎太過，憋屈太久，熬成了內傷。所以，我們還是率性點好，放下一些東西，遠離焦慮，安心過日子。

說到率性，下面談到的子路算是最率性的代表了。5.25章為什麼把顏淵和他一起說呢？難道顏淵是反面案例？不敢說，讀者自己分辨吧。

《論語》全篇看似散亂，無甚邏輯，但沉下心來讀就會發現，作為天下第一「論文」，《論語》怎麼可能會沒有邏輯呢？！其實《論語》各篇章論點論據論證要素齊全，正面論證反面論證豐富多彩，讀者們好好體會吧。

5.25

顏淵、季路侍①。子曰：「盍②各言爾志?」子路曰：「願車馬，衣輕裘，與朋友共，敝之而無憾。」顏淵曰：「願無伐③善，無施勞④。」子路曰：「願聞子之

志。」子曰：「老者安之，朋友信之，少者懷之⑤。」

【註釋】
　　①侍：服侍，站在旁邊陪著尊貴者叫侍。
　　②盍：何不。
　　③伐：誇耀。
　　④施勞：施，表白；勞，功勞。
　　⑤少者懷之：讓年輕人得到關懷。

【譯讀】
　　顏淵、子路兩人侍立在孔子身邊。孔子說：「你們何不說說自己的志向？」子路說：「願意拿出自己的車馬、衣服、皮袍，同我的朋友共同使用，用壞了也不抱怨。」顏淵說：「我願意不誇耀自己的長處，不表白自己的功勞。」子路向孔子說：「願意聽聽您的志向。」孔子說：「（我的志向是）讓年老的人安心，讓朋友互相信任，讓年輕的子弟們得到關懷。」

【熙解】
　　子路性格一向率性豪爽，願與朋友一起大塊吃肉、大碗喝酒。相比之下，顏淵的話就值得推敲了。若是顏淵真如自己所說，不自誇、不表功，他一旦說出這個「志向」，不反而變成自賣自誇了嗎？我願意不自誇，這是多好的優點啊！還不是由你自己說出來了嗎？子之盾立刻變成了子之矛！這頗為類似現代的一種自我表白之法——「我的缺點就是沒有缺點」——中的神邏輯。

　　那麼他本來的「矛」指向誰呢？也許是子貢。顏淵說出這話，可能是在暗諷子貢。因為這班同學哪裡，子貢和顏淵幾乎同年，只有子貢最愛自戀自誇。從整部《論語》來看，顏淵和子貢二人是經常互掐的，也經常被孔子放在一起說事。從這句話可看出，顏淵其實還蠻「小心眼」的，這個時候還不忘損一把子貢。誰知正是因為他心存芥蒂，反而失言又失人，露出了馬腳。難怪孔子馬上借機不點名教育顏淵：「朋友之間要互相信任啊！」

　　孔子這裡還說希望能夠老者安之，少者懷之，其實眼前就有一老一少。子路和孔子年齡相仿，這麼大年紀了還和孔子一起心憂天下，四處奔走，孔子當然希望能實現理想，讓老人們能「適時退休」，享清福。可惜那時還沒有退休的制度。至於「少者懷之」呢，孔子關懷得最多的晚輩就是顏淵了。孔子苦口婆心，循循善誘，不惜「與回言終日」，怕他敏感，還悉心鼓勵呵護，真是操碎了心！

　　這一章子路和顏淵兩個性格截然相反的人的言論被擺在一起，再聯繫上一章提到的孔子以「匿怨而友其人」為恥，耐人尋味！做勇於反躬自省的人還真是難啊！果然，孔子在下一句就發出了感嘆。

5.26

子曰：「已矣乎！吾未見能見其過而內自訟者也。」

【譯讀】

孔子說：「唉，算了吧！我還沒有見過能夠真正省己之過而責備自己的人。」

【熙解】

古往今來，人們往往能夠一眼看到別人的錯誤與缺點，卻難以看到自己的錯誤。明明有些錯都是自己種下的「因」，卻只顧埋怨別人的「果」。導致冤冤相報何時了！即使有人明知自己有錯，也因顧及面子或其他原因而拒絕承認錯誤，更談不上從內心去責備自己了。這是另一種「掩耳盜鈴」。

孔子說他還沒有見過有自知之明的人，一下子把上一章顏回的話給直接否定了。也許，《論語》編者把這章跟在上一章後面，深意正在於此。孔子明擺著是在批評教育顏回嘛！顏回雖然有「好學」之名，但其實他沒掌握真正的好學之法，沒有學到點子上。這不，孔子在下一句話裡馬上提到什麼才是真正的好學。

5.27

子曰：「十室之邑，必有忠信如丘者焉，不如丘之好學也。」

【譯讀】

孔子說：「即使只有十戶人家的小村子，也一定有像我這樣講忠信的人，但不一定有我那樣好學。」

【熙解】

孔子認為做到忠信並不是最難的，因為在即使只有10戶人家的小村子裡，也會有像他那樣忠信的人。最難的其實是「真正的好學」。

什麼是真正的好學呢？肯定不是顏回那種笨笨的「好學」。學習不僅是為了成才成器，經世致用；若要繼續提升，須破「執」化「器」，還要化「器」向「道」，成為真君子。這正是「君子不器」！老子曰「為學日益，為道日損」。要將學習上升一個臺階，首先要學會否定自己，拋棄之前所學的東西。

學問在這個層面是「對」的，在另一個層面就不一定對了。必須破「執」化「器」，重新開始。學問之「道」是螺旋上升的形態，符合生命之學。顏回執念太深、想得太多、格局太小、知進不知退、能張不能弛（9.21章子謂顏淵曰：「惜乎！吾見其進也，未見其止也。」），所以他才發出欲罷不能的感嘆（9.11章「瞻之在前，忽焉在後

……欲罷不能。既竭吾才,如有所立卓爾。雖欲從之,末由也已。」)。他已經完全沒了方向,可還偏偏背著個「好學生」的美名。可見,顏回極有可能是被「捧殺」的,有苦說不出,有怨無處發,抑鬱(愁出滿頭白髮)而終。德未配位,必惹災殃啊!

雍也第六

6.1

子曰：「雍①也可使南面②。」

【註釋】
①雍：冉雍，字仲弓。
②南面：古代以面向南為尊位，天子、諸侯和官員聽政都是面向南面而坐。所以這裡孔子是說可以讓冉雍去從政做官，治理國家。

【譯讀】
孔子說：「冉雍這個人，可以讓他去做官。」

【熙解】
朝南坐，怎麼就變成了做官的代名詞呢？

從地球的視角來說，最標準的北方就是北極星位置了。北極星的位置明顯易辨而幾乎「亙古不變」，古往今來人們都將北極星作為地球最北方的定位標志。還記得「為政以德，譬如北辰」（2.1章）嗎？古人以有德者居其位，將其比喻為北極星，穩坐極北之巔，傲視南面，眾星拱衛。所以，與其說「南面」是做官，不如說南面之人是有德之人，可以「居其北」。「南面」其實是坐北朝南，是「坐北」的更委婉、更謙虛的說法。因為「有德」不是自封的，君子不好意思說自己有德居北而坐。

這裡還透露出一個重要信息就是，自古以來，人們認為有德是為官者的第一考核標準，是天經地義的標準。最高的「德」是天道之德，所以，帝王自稱「天子」，更多的是一種擔當，一種對天道的敬畏，他們的職責是「替天行道」（遺憾的是，「天子」一詞後來被篡位者用濫了）。

從這時起，人們將「天道」這一最高自然法則，拓展到「人道」行為準則上來了。如果說老子《道德經》為人們闡述了天道自然法則，而《論語》則為人們系統地提供了「人道」的行為準則。這兩者是一脈相承的，人道順應天道，即孔子的「吾道一以貫之」。道之行即理，人之行即倫，一個人若貫通天人之倫理，做人不違背天理（天人合一），則「仁」矣。連結天理與人倫的最佳紐帶，闡述最為精微的則是《易傳》，相傳也是孔子及其弟子將《易經》和老子的哲學思想融會貫通編撰而成的。

這也說明，老子和孔子能成為中華文明史上的「聖人」，是絕對有道理的！

6.2

仲弓問子桑伯子①。子曰：「可也，簡②。」仲弓曰：「居敬③而行簡④，以臨⑤其民，不亦可乎？居簡而行簡，無乃⑥大⑦簡乎？」子曰：「雍之言然。」

【註釋】

①子桑伯子：人名，此人生平不可考。
②簡：簡要，不繁瑣。
③居敬：為人嚴肅認真，依禮嚴格要求自己。
④行簡：指推行政事簡而不繁。
⑤臨：面臨、對待。
⑥無乃：豈不是。
⑦大：同「太」。

【譯讀】

仲弓問孔子子桑伯子這個人怎麼樣。孔子說：「此人還可以，辦事簡要而不繁瑣。」仲弓說：「保持恭敬嚴肅而行事簡要，像這樣來對待百姓，不是也可以嗎？（但是）自己簡單隨意，又以簡單的方法辦事，這豈不是太簡單了嗎？」孔子說：「冉雍，這話你說得對。」

【熙解】

孔子主張辦事簡明扼要，不繁瑣，不拖拉，果斷利落。不過，任何事情都不可太過分。如果在辦事時，一味追求簡要，以至於變成了隨意，就有些太過了，陷入了另一個極端。雖然說要「君子不器」，但「不器」之前必先「成器」，才能經得起實踐檢驗，否則就成了虛無主義。道聚之成形則為器，器化之見性即明心，則近道矣；不能成器的「道」是偽道，是「作」。小「作」怡情，比如有些女孩子，「作」起來嗲得讓人發酥，就是小「作」怡情；太過了就不好了，大「作」逆天，不作死就不會死，對這樣的人我們要敬而遠之。

器以載道，結果重要，過程更重要。用現在的話說，具有儀式感的環節還是有必要的。比如在母親節，雖然送不送禮物或是否問候母親，並不意味著改變對母親的愛；但送與不送，關不關心，還是會有不同反應的。

所以，孔子聽完仲弓的話以後，認為仲弓說得很有道理。孔子最喜歡高情商的學生了。但有的學生實在是情商低，孔子也拿他沒辦法。

6.3

哀公問：「弟子孰為好學？」孔子對曰：「有顏回者好學，不遷怒①，不貳過②。不幸短命死矣③！今也則亡④，未聞好學者也。」

【註釋】
①不遷怒：不把對此人的怒氣發洩到彼人身上。
②不貳過：「貳」是重複、一再的意思。這是說不犯同樣的錯誤。
③短命死矣：顏回死時年僅31歲，另一說法為41歲。
④亡：同「無」。

【譯讀】
魯哀公問孔子：「你的學生中誰是最好學的呢？」孔子回答說：「有一個叫顏回的學生好學，他從不遷怒於別人，也從不重犯同樣的過錯。但他不幸短命死了。現在沒有那樣的人了，沒有聽說誰是好學的。」

【熙解】
這裡，孔子只是回覆魯哀公，說顏回好學，自顏回死後，已經沒有如此好學的人了。在孔子對顏回的評價中，他特別談到不遷怒、不貳過這兩點，卻立即與「不幸早死」聯繫起來。可能孔子已意識到，顏回的死也許正與他的這一性格有關——過於壓抑自己、遷就他人。

現代研究證明，從數理統計上看，女人比男人長壽的重要原因，是因為男人不善於宣洩，有什麼事喜歡憋著，還美其名曰「男人不哭」，結果憋出內傷。女人呢，才不管那麼多，不開心就哭，大委屈大哭，小委屈也能小小地流幾滴淚。再不行還可以任性一把，發發小姐脾氣，總歸會有人來獻殷勤、給安慰。所以呢，顏回那種「不遷怒，不貳過」，其實對身體是很不好的。我們不提倡遷怒於人，但絕不能不宣洩，所以男人們，想哭就哭吧！有種說法，夫妻是相互的出氣筒，人在社會都不容易，在外受了委屈，不能任性宣洩，只有回家在最親的人、最信任的人面前才敢放肆。當你看到你的另一半莫名發火時，就暫時當一下出氣筒吧，多些諒解，別太較真。

這裡有個辯證法，一件事，比如「不遷怒，不貳過」，有些人做不到，或者以強力克制自己的方式來做，造成了內傷。克制越「強」，內傷越嚴重——這也是好人經常早死的一個原因。這不能說是這個「德」行不通，而是人的思想還沒真正會通。因為人如果想通了、放下了，大多數時候是可以自然而然做到「不遷怒，不貳過」的。坦然為之，心中無塵，不需要拂拭、克制。

6.4、6.5

子華①使於齊，冉子②為其母請粟③。子曰：「與之釜④。」請益。曰：「與之庾⑤。」冉子與之粟五秉。子曰：「赤之適齊也，乘肥馬，衣輕裘。吾聞之也：君子周⑥急不繼富。」

原思⑦為之宰⑧，與之粟九百，辭。子曰：「毋！以與爾鄰里鄉黨⑨乎！」

【註釋】

①子華：姓公西名赤，字子華，通稱「公西華」，是孔子的學生，比孔子小42歲。
②冉子：冉求，字子有，通稱「冉有」，尊稱「冉子」。在《論語》書中被孔子弟子稱為「子」的只有四五個人，冉有即其中之一。冉求是被孔子罵得很慘但又被後人尊稱為「子」的一位弟子，也許是因為在「孟之反不伐」事件之後孔子重新認識了冉求，此事在後面很快會被提到。
③粟：在古文中，粟與米連用時，粟指帶殼的谷粒，去殼以後叫作「米」；粟字單用時，就是指米。
④釜：音 fǔ，古代量名，一釜約等於六鬥四升。
⑤庾：音 yǔ，古代量名，一庾等於二鬥四升。
⑥周：周濟、救濟。
⑦原思：姓原名憲，字子思，魯國人。孔子的學生，生於公元前515年。孔子在魯國任司法官的時候，原思曾做過他家的總管。
⑧宰：家臣，管家。
⑨鄰里鄉黨：相傳古代以5家為鄰，25家為裡，12,500家為鄉，500家為黨。此處指原思的同鄉，或家鄉周圍的百姓。

【譯讀】

子華出使齊國，冉有替他的母親向孔子請求補助一些粟米。孔子說：「給他六鬥四升。」冉有請求再增加一些。孔子說：「給他二鬥四升。」於是冉有用舀米的工具舀了五把米給子華。孔子說：「公西赤到齊國去，乘坐著肥馬駕的車子，穿著又暖和又輕便的皮袍。我聽說過：君子只是周濟急需救濟的人，而不是周濟富人的人。」

原思給孔子家當總管，孔子給他俸米九百，原思推辭不要。孔子說：「不要推辭。（如果有多的，）給你的鄉親們吧。」

【熙解】

公西華受命出使齊國，按例可以領取官糧俸祿。冉有向孔子請示該給多少，孔子說給六鬥四升。冉有一想，出使他國動不動就個把月的，這點糧食不夠吃啊！於是請示能不能加一點。孔子一聽估計有點火，不但沒增加，反而減少到兩鬥四升。冉求這下才明

白孔子的意思，於是用舀米的工具舀了五把米（五秉）給子華，象徵性地給了點「官糧」配給子華。

秉，《說文》解釋為禾束，本意是用手抓握著一把禾束。後來引申為握住舀米工具的手柄，一舀即一秉。舀米的工具有大有小，所以嚴格地說，秉並不能作為一個計量單位。所以史料中也找不到關於「秉」的換算資料。後世有人猜測說一秉十六斛，更有甚者誤傳為一秉六十斛，都是沒有根據的。

孔子說君子周急不濟富，可見他這時也管不了那麼多「官糧」的規定了，遵循規定只會使富者越來越富，窮者越來越窮。晚年的他已經不苛求能恢復禮制了，務實向前看，自己能做多少就做多少。

會有人懷疑說孔子小氣嗎？肯定會有。但《論語》下一段立刻用一個事實證明了孔子的大公無私。可見《論語》邏輯之嚴密，察人性之入微！

原思給孔子家當總管，孔子給他俸米九百，原思推辭不要，認為太多了。孔子說：「不要推辭。（如果有多的，）分給你的鄉親們吧。」這裡沒說「九百」是多少，但連原思都覺得多得不好意思了，可見孔子是一點也不小氣的，沒有私心。在分配上誰多誰少，都是出自孔子的仁愛之心。

以仁愛之心待人，這是孔子思想的精髓。幫助人這件事，雪中送炭勝於錦上添花，要把握適度原則，而不是無原則地施捨，否則會把慈善變成嬌縱，把公益做成公害。

6.6

子謂仲弓，曰：「犁牛①之子騂且角②，雖欲勿用③，山川④其舍諸⑤？」

【註釋】

①犁牛：即耕牛。古代祭祀用的牛不能以耕牛代替，而是系紅毛長角，單獨飼養。
②騂且角：騂，紅色。祭祀用的牛，毛色為紅，角長得端正。
③用：用於祭祀。
④山川：山川之神。此喻上層領導者。
⑤其舍諸：其，有「怎麼會」的意思。舍，捨棄。諸，「之於」二字的合音。

【譯讀】

孔子在評論仲弓的時候說：「耕牛產下的牛犢長著紅色的毛，角也長得整齊端正，人們雖想不用它做祭品，但山川之神難道會捨棄它嗎？」

【熙解】

孔子說冉雍（仲弓）可使南面，但歷史記載冉雍父親品行不好，有人以此認為仲弓做官不妥。孔子認為，人的出身並不是最重要的，重要的在於自己應有高尚的道德和突出的才幹，只要具備了這樣的條件，就會受到重用。這從另一方面也說明，領導者選拔

重用人才，不能只看出身而拋棄賢才，反應了唯才是用和反對任人唯親的主張。

6.7

> 子曰：「回也，其心三月①不違仁，其餘則日月②至焉而已矣。」

【註釋】
　①三月：指較長的時間。
　②日月：指較短的時間。

【譯讀】
　　孔子說：「顏回這個人，他的心可以在較長時間內不失仁德，其餘的學生則只能在短時間內做到仁而已」。

【熙解】
　　此處有人認為孔子在贊揚顏回「三月不違仁」，而別的學生只能「日月至焉而已」。但其實，難道孔子認為「仁」是像衣服一樣，可隨時「穿」隨時「脫」的嗎？絕不是。前面幾篇已經有好幾處都論證了，真正的仁，是身形合一的仁。

　　孔子在4.5章「君子無終食之間違仁」已明確指出，「仁」是一種發自內心的修為，修為每進一層，舉手投足之間自然就會表現出「禮」的行為。與「相由心生」的道理一樣，外在是內心的自然流露。如果一個人真的進入「仁」境，斷無可能「仁」了「三月」甚至更長時間以後突然「不仁」了，否則就是「假仁」；或者靠克制自己迎合別人的「仁」，很容易引起「內傷」，且克制得越久，傷得越重。從這點來說，顏回與其他弟子一樣，並未真正「仁」。三月與旦夕的對比，不過是五十步笑百步爾。

　　如果說靠克制自己求得「仁」會內傷自己，是不是就不要克制了呢？也不是，人還是需要自制力的，凡事把握好「度」就好。小事情克制一下有助於和諧，也無傷大礙；大委屈呢，如果克制很難，我們就要善於調整自己的心態，用疏導的辦法排遣「鬱悶」，例如小孩子受了委屈時很容易哭泣，其實適當哭出來也是一種好的疏泄。最高明的疏導就是「放下」「不在乎」，不為所困。這既是「心中無塵」的境界，也是「上善若水」的最好註解。

6.8

> 季康子①問：「仲由，可使從政也與？」子曰：「由也果②，於從政乎何有？」曰：「賜也，可使從政也與？」曰：「賜也達③，於從政乎何有？」曰：「求也，可使從政也與？」曰：「求也藝④，於從政乎何有？」

【註釋】

①季康子：季康子在公元前 492 年繼其父為魯國正卿，當時孔子正在各地遊說。8 年以後，孔子返回魯國，冉求正在幫助季康子推行革新措施。孔子於是對仲由、端木賜、冉求三人做出了評價。

②果：果斷、決斷。

③達：通達、順暢。

④藝：有才能技藝。

【譯讀】

季康子問孔子：「仲由這個人，可以讓他管理國家政事嗎？」孔子說：「仲由做事果斷，對於管理國家政事有什麼困難呢？」季康子又問：「端木賜這個人，可以讓他管理國家政事嗎？」孔子說：「端木賜通達事理，對於管理政事有什麼困難呢？」又問：「冉求這個人，可以讓他管理國家政事嗎？」孔子說：「冉求有才能，對於管理國家政事有什麼困難呢？」

【熙解】

在本章裡，孔子對他的三個學生都給予評價，各人有各人的優點。領導人如果知人善任，這些學生都是能獨當一面的人才。

6.9

季氏使閔子騫①為費②宰。閔子騫曰：「善為我辭焉！如有復我③者，則吾必在汶上④矣。」

【註釋】

①閔子騫：姓閔名損，字子騫，魯國人，孔子的學生，比孔子小 15 歲。

②費：音 bì，季氏的封邑，在今山東費縣西北一帶。

③復我：再來召我。

④汶上：汶，音 wèn，水名，即今山東大汶河，當時流經齊、魯兩國之間。在汶上，是說要離開魯國到齊國去。

【譯讀】

季氏派人請閔子騫去做費邑的長官，閔子騫（對來請他的人）說：「請你好好替我推辭吧！如果再來召我，那我一定跑到汶水以北（齊國）那邊去了。」

【熙解】

宋儒朱熹對閔子騫的這一做法極表贊賞，他說：處亂世，遇惡人當政，「剛則必取

禍，柔則必取辱」，即硬碰或者屈從都要受害，又剛又柔，剛柔相濟，才能進退有止，這種態度才能處亂世而不驚，遇惡人而不辱，是極富智慧的處世哲學。但也需要注意，過於避世則易被當作消極。這裡還需要提醒的是，當時無論魯國、齊國，都還屬於周朝之內的諸侯國，都是周天子的屬地，相當於現在的邦聯制國家的「州」，棄魯去齊並不是現代意義上的「叛國」。

6.10、6.11

　　伯牛①有疾，子問之，自牖②執其手，曰：「亡③之，命矣夫④，斯人也而有斯疾也！斯人也而有斯疾也！」

　　子曰：「賢哉，回也！一簞⑤食，一瓢飲，在陋巷⑥，人不堪其憂，回也不改其樂。賢哉，回也！」

【註釋】

　　①伯牛：姓冉名耕，字伯牛，魯國人，孔子的學生。孔子認為他的「德行」較好。
　　②牖：音 yǒu，窗戶。
　　③亡：使……死亡。
　　④夫：音 fú，語氣詞，相當於「吧」。
　　⑤簞：音 dān，古代盛飯用的竹器。
　　⑥巷：此處指顏回的住處。

【譯讀】

　　伯牛病了，孔子前去探望他，從窗戶外面握著他的手說：「連他都死了，難道這就是命嗎！這樣的人竟會得這樣的病啊，這樣的人竟會得這樣的病啊！」

　　孔子說：「顏回的品質是多麼賢良啊！一簞飯，一瓢水，住在簡陋的小屋裡，別人都忍受不了這種窮困清苦，顏回卻沒有改變他好學的樂趣。顏回的品質是多麼賢良！」

【熙解】

　　冉伯牛是個不幸早死的人，被稱為好人。冉伯牛到底怎麼好，史料未記載，但從孔子在他生病時的哀戚和評價看出，冉伯牛應屬於「老實好人」一類。這麼老實的一個好人怎麼也生這種病呢！這不禁讓人想到另一個不幸早死的好人：顏回。

　　孔子稱讚顏回，對他作了「賢」的評價。這裡講顏回「不改其樂」，意思是貧賤不能移的精神，即使生活清苦困頓也自得其樂。《論語》中，孔子評價其他學生時，有「君子」或直呼「子」，而對顏回評價「賢」，說明還是有區別的。顏回最「賢」莫過於，克己復禮，委屈了自己，順從了別人。

　　後來出土的上博楚簡顯示，顏淵的「淵」字戰國竹簡上寫法「囦」。本義：打漩的水，外邊大框像水潭，哪裡是打漩吸入黑暗深處的水。這也形容了顏淵的性格，對別人

的話照單全收，沒有反彈，像滑入深淵的水一樣。還有種說法，說顏淵的淵，正是他死後的諡號，「淵」即是他的死因，即水裡淹死的。至於為什麼會淹死於水裡，無從考據。

【典故】君子為禮

（源自上海博物館收藏的，出土自戰國古墓的楚簡）

顏淵侍於夫子。夫子曰：「回，君子為禮，以依於仁。」顏淵作而答曰：「回不敏，弗能少居也。」夫子曰：「坐，吾語汝。言之而不義，口勿言也。視之而不義，目勿視也。聽之而不義，耳勿聽也。動［之］而不義，身毋動焉。」顏淵退，數日不出。［門人問］之曰：「吾子何其瘠也。」曰：「然，吾親聞言於夫子，欲行之不能，欲去之而不可。吾是以瘠也。」（瘠：消極）

6.12、6.13

冉求曰：「非不說①子之道，力不足也。」子曰：「力不足者，中道而廢。今女畫②。」

子謂子夏曰：「女為君子儒，無為小人儒。」

【註釋】

①說：音 yuè，同悅。
②畫：劃定界限，停止前進；畫地為牢。

【譯讀】

冉求說：「我不是不喜歡老師您所講的道，而是我的能力不夠呀。」孔子說：「能力不夠是到半路才停下來，現在你是自己給自己畫地為牢不想前進。」

孔子對子夏說：「你要做君子儒，不要做小人儒。」

【熙解】

從孔子與冉求師生二人的對話來看，冉求對於學習孔子所講授的理論產生了畏難情緒，認為自己的能力不夠，在學習過程中感到非常吃力。但孔子認為，冉求並非能力的問題，而是他思想上的畏難情緒作怪，畫地為牢，或者根本就不想去做。

孔子覺得，冉求當上季氏家臣以後，已經離他提倡的「道」越來越遠了，所以批評冉求，但冉求不聽。到後來，孔子甚至不認這個弟子了。鑒於此，孔子不斷提醒其他弟子：別走歪了。比如，對子夏，發現不好的苗頭即大喝一聲，振聾發聵地直接點破：「你要做君子儒，不要做小人儒。」

君子儒，將以明道，踐以知行，修己利人。小人儒，見小利，失大義，囿於器而失於道。子夏此時年紀尚輕，見識較淺，幸虧經孔子如此一聲棒喝，把他點醒了。子夏後來成了孔門後輩，發揚孔子儒學的佼佼者。

6.14

子遊為武城①宰。子曰：「女得人焉爾乎②？」曰：「有澹臺滅明③者，行不由徑④，非公事，未嘗至於偃⑤之室也。」

【註釋】
①武城：魯國的小城邑，在今山東費縣境內。
②焉爾乎：此三個字都是語助詞。
③澹臺滅明：姓澹臺名滅明，字子羽，武城人，孔子弟子。
④徑：小路，引申為投機取巧抄近路。
⑤偃：言偃，即子遊，這是他自稱其名。

【譯讀】
子遊做了武城的長官。孔子說：「你在那裡找到了人才沒有？」。子遊回答說：「有一個叫澹臺滅明的人，從來不抄近道、圖省事，沒有公事從不到我屋子裡來。」

【熙解】
這一章與孔子視察武城有關，提到了子羽。後面篇章還會提到（17.4章「子之武城」）。《史記·仲尼弟子列傳》記載，孔子晚年說過：「吾以言取人，失之宰予；以貌取人，失之子羽。」

失，甲骨文會意字，造字本義：表示手未抓牢而丟落，引申義為放手、錯失。有人說這裡的「失」解釋為「把壞人看成好人為失」，如果是那樣，就不該用「失」字，而是「欺」，比如「吾以言取人，見欺於宰予」。古人行文嚴謹，很少亂用詞。何況，即使是「見欺」，以孔子的習慣，他也不會說出來，孔子很少正面否定人，但經常正面肯定人，而且都是有依據的。（15.25章「吾之於人也，誰毀誰譽。如有所譽者，其有所試矣。」）所以，此句理解為「錯失」更中肯，這裡孔子正面肯定了兩人，提到了兩種曾經錯失人才的案例。

第一種是以言取人，以前認為只要聽到別人說話好聽，就是好人才；說話難聽，就不是好人。因為宰予經常說話尖刻，讓人聽著不舒服，就判斷他為人不好，結果後來證明，是錯怪他了。宰予是很有才的人，對孔子思想的形成有很大幫助。孔子後來提到的「仁者其言也訒」（12.3章）很有可能就是受宰予的啟發——仁者忠言逆耳，提點他人就如刀口舔血；相反，很多好聽奉迎的話就像是慢性毒藥、溫水煮青蛙（「浸潤之譖，膚受之愬」，12.6章）。

另一種情況就是，考察人只看外表，「顏值」成了第一標準。歷史記載，澹臺滅明（子羽）是個相貌較醜的人。孔子當初也沒注意他，誰知後來澹臺滅明到了武城，協助子遊治理武城，幹得很好，有德有才，有聲有色。所以此時孔子發出感嘆，更多的是反

省：看人不能受表面誤導啊！5.10 章孔子提到的「聽其言而觀其行」，估計也是受此啟發。

如果說，澹臺滅明僅僅是因為「行不由徑」就獲得孔子大加贊揚，未免太容易，孔子肯定還有更大的依據。果然，下面的故事，有勇有謀的子羽引出一段驚心動魄的同門誼、戰友情、生死交。請往下看……

6.15、6.16

子曰：「孟之反不伐①，奔②而殿③。將入門，策其馬，曰：『非敢後也，馬不進也。』」

子曰④：「不有祝鮀⑤之佞，而有宋朝⑥之美，難乎免於今之世矣。」

【註釋】

①孟之反不伐：有人說孟之反是一個人的名字，但根據史料來看，並非如此。根據《左傳·哀公十一年》的記載，哪裡並沒有「孟之反」這個人。「孟之反不伐」應是孔子對一場戰爭的代稱。這場戰爭由孟武伯發起，子羽（又稱為顏羽）、冉有、樊遲等人都參與其中。根據《左傳》「孟之側後入以為殿，抽矢策其馬」的記載來看：「孟」指孟武伯，又名孟孺子洩；「孟之反」史料原本的描述是「孟之側」，指孟武伯的帥車從側面奔向後軍，勇於殿後；「之」指繞道回去；「不伐」指不出兵。

②奔：奔走。

③殿：殿後，在全軍最後作掩護。

④有的《論語》版本將這一句與 6.15 章分為兩章，本書認為二章應合而為一，才解釋得通。

⑤祝鮀：鮀，音 tuó。字子魚，衛國大夫，有口才，以能言善辯受到衛靈公重用。

⑥宋朝：宋國的公子朝，《左傳》中曾記載他因美麗而惹亂的事情。

【譯讀】

孔子說：「『孟之反不伐』這一仗中，孟武伯奔返後軍勇於殿後，在即將回到城門時，策住馬，說：『不是我敢於殿後，而是馬跑不動啊。』」

孔子說：「如果不能像祝鮀那樣會說話，而即使有宋朝的美貌，也很難在當下的社會上立足。」

【熙解】

孔子幾乎不和人談戰爭的事，但這次例外了。之所以談到「孟之反不伐」這一仗，是因為這場戰爭太重要了，它已超出了戰爭意義，它是周朝政治、文化、社會形態的轉折點。

「孟之反不伐」這一仗中，孟武伯既不想和齊國交戰，又不願被人說軟弱，於是在

戰場上選擇了沉默，不作為。他的右師副將郟泄臨陣撤退，但關鍵時刻子羽策住帥車不讓走，孟武伯順勢奔返至後軍，將後軍變前軍，穩住陣腳，為全軍殿後，尤其掩護了左師的冉有和樊遲，扭轉了戰局。說明孟武伯既不想主動打這一仗，但也不希望給同門師兄弟冉有、樊遲他們拖後腿，陷自己於不義。

《左傳》記載，魯哀公十一年（公元前484年），齊國入侵魯國邊境，季孫氏主和，說君子有遠慮，要從長計議。叔孫氏被激主戰。孟孫氏態度模稜兩可。在叔孫武叔和時任季孫氏家宰冉求的一再堅持下，魯國組織了左右兩師軍隊迎戰齊軍。左軍主將冉求、副將樊遲，管周父執駕帥車。右軍主要是孟孫氏的士兵，右軍主將孟武伯、副將郟泄，子羽執駕帥車。古代以左為尊，冉求任左軍主帥，其實就是全軍主帥。季孫氏擔心樊遲有點弱，但冉求說：弱歸弱，但樊遲最可靠，能生死與共（事後證明，這一點很重要）。季孫氏派了七千甲兵給冉求，冉求還帶了三百個武城人為自己的步兵——就是子遊和子羽治下的民眾，堪稱「親兵」。這麼看來，這支軍隊可以稱之為「孔門弟子軍」了。

左右兩軍與齊軍會於稷曲，這裡有條溝，魯軍不敢前進了，因為士兵大部分是季孫氏的，他們有點不信任冉求，怕當炮灰。這時候樊遲就說：並非士兵們不敢衝過去，而是因為不信任，咱們帶頭衝吧！冉求同意了。於是二人身先士卒，帶領魯軍左翼衝過鴻溝，直插齊軍。

誰知，關鍵時刻孟武伯的右翼軍掉鏈子了。右軍副將郟泄見孟武伯猶猶豫豫，帶領人馬掉頭就走——撤退。這下壞事了，左軍已經衝過去，右軍若不配合，戰鬥隊形關鍵的掎角之勢形不成，左軍很快就會被齊軍「包餃子」。情勢萬分危機，冉求、樊遲，還有武城三百壯士性命堪憂。

在這最緊急時刻，子羽挺身而出。他負責執駕帥車，因此他如果不駕車走，孟武伯也走不了。孟武伯不走，郟泄及其士兵也不敢丟下孟武伯自顧逃散。既然走不成，孟武伯只得命令正在撤退的右軍的後隊變前隊，穩住陣腳。軍隊穩住了陣腳就好辦，至少不會被覆滅了，還有可能打勝仗。據《左傳》記載，這場戰役魯軍應該是勝了，魯軍斬殺了齊軍八十個人頭，齊軍當晚就撤退了。冉求三次請示季孫氏要去追殺，都被季孫氏阻止了。

多麼驚險的一幕啊！扣人心弦，觀之如戲，又好似身臨其境。各色人物活靈活現，可悲、可喜、可嘆、可贊，有勇、有謀，見仁、見義，既有豪邁英武，又有自私詭譎。孟武伯後來自己說，他不如子羽，但是賢於郟泄。他說自己當時不想和齊國打仗所以保持沉默，郟泄就消極退卻，但子羽很「銳敏」，有勇、有謀、有魄力。

那麼為什麼孟武伯會在戰場保持沉默，害得孔門師兄弟差點遇險呢？

其實他也有苦衷。孟武伯既不想打齊國，又不願置冉求、樊須等同門師兄弟於險境，所以既不攻，也不退，保持中立沉默。在他的側將郟泄擅自撤退時，孟武伯主觀上並不想撤退，所以也沒走，但表面上說是因為馬不走了（馬被子羽勒住了），是客觀原因。估計有人問責孟武伯，他才這樣回答，孟武伯有惻隱之心（類比宋朝之美）也不能直接說出來——有點像祝鮀之佞。其實對這件事不光當事人孟武伯有難言之隱，敘事者孔子也有難處。孔子對此發出了感慨：身處如此亂世，若不善於察言觀色，明哲保身，

一個人縱有再大的本領、長得再漂亮，也難以生存，易遭嫉。

因為周朝的關係，齊國和魯國關係很不一般，導致齊國對齊國，戰也不是，不戰也不是。這涉及各種禮制的遵循問題，孟懿子和孟武伯又都是孔子的學生，學禮懂禮，孟武伯此時更進退兩難。別說孟武伯無所適從，就連孔子也很頭疼。這件事到底有多麻煩呢？請看孔子在下一章道出的鬱悶之言。

【典故】孟之反不伐

（出自《左傳·哀公·哀公十一年》）

【傳】十一年春，齊為鄎故，國書、高無丕帥師伐我，及清。季孫謂其宰冉求曰：「齊師在清，必魯故也。若之何？」求曰：「一子守，二子從公御諸竟。」季孫曰：「不能。」求曰：「居封疆之間。」季孫告二子，二子不可。求曰：「若不可，則君無出。一子帥師，背城而戰。不屬者，非魯人也。魯之群室，眾於齊之兵車。一室敵車，優矣。子何患焉？二子之不欲戰也宜，政在季氏。當子之身，齊人伐魯而不能戰，子之恥也。大不列於諸侯矣。」季孫使從於朝，俟於黨氏之溝。武叔呼而問戰焉，對曰：「君子有遠慮，小人何知？」懿子強問之，對曰：「小人慮材而言，量力而共者也。」武叔曰：「是謂我不成丈夫也。」退而蒐乘，孟孺子泄帥右師，顏羽御，邴泄為右。冉求帥左師，管周父御，樊遲為右。季孫曰：「須也弱。」有子曰：「就用命焉。」季氏之甲七千，冉有以武城人三百為己徒卒。老幼守宮，次於雩門之外。五日，右師從之。公叔務人見保者而泣，曰：「事充政重，上不能謀，士不能死，何以治民？吾既言之矣，敢不勉乎！」

師及齊師戰於郊，齊師自稷曲，師不逾溝。樊遲曰：「非不能也，不信子也。請三刻而逾之。」如之，眾從之。師入齊軍，右師奔，齊人從之，陳瓘、陳莊涉泗。孟之側後入以為殿，抽矢策其馬，曰：「馬不進也。」林不狃之伍曰：「走乎？」不狃曰：「誰不如？」曰：「然則止乎？」不狃曰：「惡賢？」徐步而死。師獲甲首八十，齊人不能師。宵，諜曰：「齊人遁。」冉有請從之三，季孫弗許。孟孺子語人曰：「我不如顏羽，而賢於邴泄。子羽銳敏，我不欲戰而能默，泄曰：『驅之。』」公為與其嬖僮汪錡乘，皆死，皆殯。孔子曰：「能執干戈以衛社稷，可無殤也。」冉有用矛於齊師，故能入其軍。孔子曰：「義也。」

....

冬，衛大叔疾出奔宋。初，疾娶於宋子朝，其娣嬖。子朝出。孔文子使疾出其妻而妻之。疾使侍人誘其初妻之娣，置於犁，而為之一宮，如二妻。文子怒，欲攻之。仲尼止之。遂奪其妻。或淫於外州，外州人奪之軒以獻。恥是二者，故出。衛人立遺，使室孔姞。疾臣向魋納美珠焉，與之城鉏。宋公求珠，魋不與，由是得罪。及桓氏出，城鉏人攻大叔疾，衛莊公復之。使處巢，死焉。殯於鄖，葬於少禘。

6.17

子曰：「誰能出不由戶①？何莫由斯道也？」

【註釋】

①戶：這裡指周朝家室。

【譯讀】

孔子說：「（華夏一家親，）各諸侯國有誰不是出自（周朝）一室？又有哪個不是從（周朝）這一脈相承而來呢？」

【熙解】

「孟之反不伐」這一仗把事情鬧大了，大家都很頭疼，孔子尤其看到這其中的利害關係。

孟武伯父親是孟懿子，是魯國三桓名義上的老大（古代兄弟之間「孟」為大，「叔」是老二，「季」是老三——現代競賽排名的「季軍」稱呼就是這麼來的）。當時魯國政權雖實際被老三季孫氏把持，但孟懿子仍是魯國姬姓家室名義上的老大，他代表了魯國正統；而魯國是周公旦的封地，由周公之子伯禽代父受封。

可見魯國是周朝最親最信的功臣屬地，所以魯國也是唯一被周朝允許祭祀文王、奏天子樂的諸侯國，以保存文脈和延續禮制，相當於周朝禮制的火種備份。而周朝的另一大功臣——太公姜子牙則受封於齊國。有個典故「姜太公釣魚，願者上鉤」就是講姜子牙用妙計獲得了周文王的任用，輔佐周文王建立周朝。齊國的首任國君就是姜子牙，他的使命是世代拱衛周朝，因此還被特別允許齊國可不經周天子而獨具興兵徵伐之權，以備戡亂。

前面我們說過，「分陝而治」時，召公負責陝之西，周公負責陝之東，齊國和魯國都屬陝之東。這麼看來，魯國和齊國其實都是周公治下，是拱衛周朝的股肱之臣，一文一武，是一條道上的戰友，本應親密無間。其實，別說齊魯一家，其他諸侯國原本都是同道，莫不出於周戶人家。

知道了這層關係，就知道作為周朝皇室血脈代表的姬姓孟氏（孟武伯）不願與齊國直接兵刃相交的原因。以前齊、魯興兵，大多做做樣子，點到則止，齊、魯兩家都沒太當真，何況齊國還有周天子給的「徵伐權」，名正言順。這次齊國也許只是試探，但冉求他們那麼決絕地出兵，姬姓家室不得不認真考慮這件事了。

還是孔子看得透：這種仗打起來不論輸贏，都是一個死結。雖然表面上看魯國打贏了這一仗，但其實魯國已經大輸特輸了！到底是怎麼回事呢？請繼續往下看。

【典故】 姜太公釣魚，願者上鉤

典故出自晉·苻朗《苻子·方外》，文載：「太公涓釣於隱溪，五十有六年矣，而未嘗得一魚。魯連聞之，往而觀其釣焉。太公涓跪石隱崖，不餌而釣，仰詠俛吟，及暮而釋竿。」今多比喻心甘情願地附從別人的謀劃。

相傳姜子牙72歲時在渭水之濱的磻溪垂釣，遇到了求賢若渴的周文王，被封為

「太師」（武官名），稱「太公望」，俗稱太公，被周武王尊為「師尚父」。姜子牙輔佐武王伐紂建立了周朝，他是周朝首席謀臣、最高軍事統帥，齊國和齊文化的創始人，是中國古代一位影響久遠的傑出的韜略家、軍事家與政治家。姜子牙被稱為「周師齊祖」「百家宗師」，在中國歷史上佔有重要地位。

　　姜尚出身低微，前半生可以說是漂泊不定、困頓不堪，但是他卻滿腹經綸、壯志凌雲，深信自己能幹一番事業。聽說西伯姬昌尊賢納士、廣施仁政，年逾七旬的他便千里迢迢投奔西歧。但是來到西歧後，他不是迫不及待地前去毛遂自薦，而是來到渭水北岸的磻溪（今陝西寶雞市陳倉區磻溪鎮）住了下來。此後，他每日垂釣於渭水之上，等待聖明君主的到來。

　　姜尚的釣法奇特，短干長線，線系竹鉤，不用誘餌之食，釣竿也不垂到水裡，離水面有三尺高，並且一邊釣魚一邊自言自語：「姜尚釣魚，願者上鉤。」一個叫武吉的樵夫，看到姜子牙不掛魚餌的直魚鉤，嘲諷道：「像你這樣釣魚，別說三年，就是一百年，也釣不到一條魚。」姜尚說：「你只知其一，不知其二。曲中取魚不是大丈夫所為，我寧願在直中取，而不向曲中求。我的魚鉤不是為了釣魚，而是要釣王與侯。」

　　後來，他果然「釣」到了周文王姬昌。姬昌興周伐紂迫切需要人才，得知年已古稀的姜尚很有才干，他齋食三日，沐浴整衣，抬著聘禮，親自前往磻溪，並封姜尚為相。姜尚輔佐文王，興邦立國，幫助姬昌之子周武王姬發，滅掉了商朝。自己也被武王封於齊地，實現了建功立業的願望。姜子牙「釣」出的可謂是一條「王侯大魚」。

　　成語「姜太公釣魚，願者上鉤」便源於此。

6.24、6.25[1]

　　　　子曰：「齊一變，至[2]於魯；魯一變，至於道。」
　　　　子曰：「觚[3]不觚，觚哉！觚哉！」

【註釋】
　　①原通行版本 6.24 章和 6.25 章，講齊、魯的演變和統一之道，與 6.16 章所議主題更嚴謹、連貫。本版本將其移至 6.17 章之後並保留原序編號，以示鑑別。
　　②至：象形、會意，下來也。「至」的甲骨文字形像射來的箭到達極致而落到地上。引申指一件事到達了極點，已經完了。

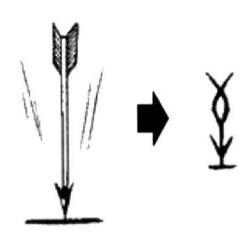

③觚：音 gū，古代盛酒的器具，上圓下方，有稜，容量約有二升。觚由青銅鑄造，位高權重者才能用，也是非常貴重的禮器。後來觚的形狀被改變了，孔子說觚不像觚了，其實是比喻執觚的人已經變了。

【譯讀】

孔子說：「齊國一改變，和魯國的關係就斷了（也意味著和周朝的關係也斷了）；若魯國一改變（被異姓篡位或魯滅），意味著周朝血脈斷了。」

孔子說：「觚不像個觚了，這也算是觚嗎？這也算是觚嗎？」

【熙解】

「孟之反不伐」這一仗表面上魯國勝了，但其實魯國輸得個底朝天。怎麼講呢？

前面講過了，齊、魯本是一家，打仗一旦當真，就是撕破臉了，即使勝了又怎樣呢？魯國怎麼打都是失敗。若魯國最終打仗贏了，齊國一改變，和魯國就仁至義盡，分道揚鑣了（也意味著和周朝的關係也斷了），魯國失去得更多；若魯國一改變（被異姓篡位或魯滅），意味著周朝禮制火種滅了、血脈斷了，即使魯國沒亡，血脈沒斷，也會失去所有異姓諸侯國的信任和拱衛，周室分封天下之道則分崩離析了。這應該是季氏反對出兵的真正原因，所以他說：「君子有遠慮，小人何知？」更複雜、更讓魯國為難的關係，還不止這一層。

孔子說當今世道是「觚不像觚」了，是有所指的。表面上說周朝當初制定的觚的樣式已經變得面目全非了——這其實沒什麼大不——重要的是暗喻執觚的人都變了。魯國執政實權已不在國君。魯國季氏專權我們早已熟知，但好歹都是姬姓家室。齊國卻是大權旁落。史料記載，此時齊國姜子牙的後人、齊國國君齊簡公已毫無實權，實權都被田氏家族把持，有可能明目張膽弒君篡位了。也許田氏正在等待時機，或者只缺一個借口。有沒有可能是田氏設計了個「陷阱」，派軍隊到魯國邊境轉悠，誘使魯國出兵，故意造成「齊一變，至於魯；魯一變，至於道」的局面呢？這正是當初季氏所要考慮的。

最後，魯國還是出了兵，可能還有人寄希望於真的打贏齊軍，追到齊國國都，裡外合應鏟除田氏，勤王齊簡公——難怪冉求接連三次請求追擊。但是歷史沒有這樣發展。

這一仗三年後，田氏田成子殺掉齊簡公，真的明目張膽篡位了。從此齊國政權歸於田氏家族。又九十年以後，姜子牙的後人悉數被殺或被流放，名義上的「姜齊」完全退

出歷史舞臺。可嘆姜子牙一世英明，當年「姜太公釣魚，願者上鈎」很成功，沒想到後來「竊鈎者誅，竊國者侯」。齊國還是齊國，但已經是田家掌權了，史稱「田齊」。

觚真的不是那個觚了。

這年春天，魯哀公狩獵獲麟，孔子十分恐慌，說「吾道窮矣」——也真的「至於道」了。於是《春秋》絕筆，歷史上的「春秋時代」已實質上結束。

五年以後（公元前476年）開啓的「戰國時代」，各國之間殘酷殺伐，已完全拋棄了「誰能出不由戶」於周朝的道義。「戰國時代」事實上是舊王朝覆滅，新王朝尚未建立之間的過渡時期，相當於後世的軍閥混戰，直至秦始皇重新統一中國。只是這個過渡期實在太長，代價太大了！

【典故】竊鈎者誅，竊國者侯

田乞（？—公元前485年），媯姓，田氏，名乞，亦稱田釐子或田僖子，田桓子田無宇之子，春秋末期齊國大臣。齊景公時，他以大斗借出，小斗收進的方法籠絡民心。田氏宗族日益強大，晏嬰曾勸諫齊景公，齊景公不聽，晏嬰對晉國大臣叔向說齊國政權終將歸於田氏。齊景公死後，其子太子荼繼位，是為齊晏孺子。田乞不滿齊晏孺子繼位，與鮑牧攻殺國、高二相，迎立公子陽生為君，是為齊悼公。齊悼公繼位後，田乞擔任國相，專擅齊國朝政。公元前485年，田乞去世，諡號釐子，其子田常（田成子）繼任其位。

田成子，因其家族出自陳國，也稱為陳恒，漢朝為漢文帝劉恒避諱，改稱「田常」。是齊國田氏家族第八任首領，唆使齊國大夫鮑息弒殺齊悼公，立齊簡公。田成子和闞止（又名監止，字子我，有人說闞止就是宰予）任齊國的左右相。公元前484年發生「孟之反不伐」一仗，公元前481年，田成子發動政變，殺死了闞止和齊簡公，擁立齊簡公的弟弟為國君，就是齊平公。之後，田恒獨攬齊國大權，盡誅鮑、晏諸族。田成子的封邑，大於齊平公直轄的地區。莊子《南華經·胠篋》記載田成子盜齊國之事，指他為諸侯大盜，被稱為「田成子取齊」。莊子說那些偷一個帶鈎的人要受懲罰處死，而盜竊一個國家的人卻做了諸侯。諸侯之家假以仁義之名，那不就是剽竊來的仁義聖知嗎？這也是後世常引用的成語「竊鈎者誅，竊國者侯」的由來。

陳恒殺害齊簡公，孔子齋戒三日，請求魯哀公討伐陳恒，魯哀公表示魯國勢力弱小，讓孔子問季孫肥，最終沒有得到支持。從此田氏家族專權於齊國平公、宣公、康公三代。

6.18

子曰：「質①勝文②則野③，文勝質則史④。文質彬彬⑤，然後君子。」

【註釋】

①質：原始自然、樸實無修飾的。

②文：文採、文化，經過教化、修飾的。
③野：此處指粗陋、野蠻。
④史：如5.18章所提到的，古代史官大都很固執，如實記史，絕不容許半點變通。這裡形容照本宣科，像歷史一樣死板、教條。但後來有些歷史越來越不嚴謹，後又隱申為文過飾非。
⑤彬彬：彬，雙木並立，「彡（shān）」為形旁，如同螺旋纏繞。這裡指文與質像雙螺旋結構一樣齊頭並進，相得益彰，配合很恰當。

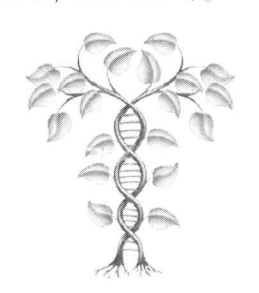

【譯讀】
　　孔子說：「一個人如果質樸多於文採，就會顯得粗陋、野蠻；若文採多於質樸，就流於虛浮呆板。只有質樸和文採齊頭並進，相得益彰，才是君子所為。」

【熙解】
　　未經教化的質樸，野蠻太過就只循叢林法則，不講規矩；若過於文縐縐就成了書呆子，陷入教條主義。但有種書呆子最可愛，更可敬，那就是史官。《史記·齊太公世家》記載：崔杼殺了齊莊公後（5.18章「崔子弒齊君」），威脅史官不準記錄，改寫歷史成病死。齊太史凜然書曰「崔杼弒莊公」，崔杼殺之。同為史官的其弟復書「崔杼弒莊公」，崔杼復殺之。少弟復書「崔杼弒莊公」，崔杼乃舍之。
　　文和質是中庸的兩端，最原始的「質」人就是野人；而最極端的「文」，則可以去當史官了。史官就應該「史」。但人們在生活中不可能都按史官的原則做事，否則缺乏變通。文與質是對立的統一，須互相依存，中而庸之。
　　這一章的關鍵是如何理解「彬彬」，即文和質到底是怎樣調和的。我們以黑色T恤和白色T恤為例說明這個問題。很多人把文質彬彬理解成了「混合」一起，最後變成了和稀泥，人變成了文不文，質不質。就好像T恤變得黑不黑，白不白——變成了灰T恤，這其實已改變了黑白性質，已經是一個新的品類了。

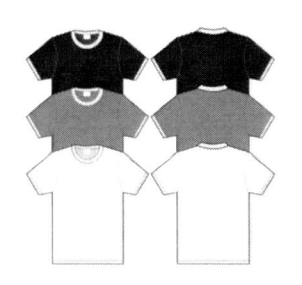

更多人則把「文質彬彬」完全理解成了「溫文爾雅」，其實只剩下「文」了——白色比例過重，中灰又變成了淺灰，趨近於白。

如果我們換種思路，黑還是黑、白還是白，但採用黑白相間的形式，是不是更好看呢？比如這件黑白條紋T恤，也可以用「黑白彬彬」來形容了！

讓我們來看看歷史典籍裡「彬」字是怎麼用的：

西晉陸機《文賦》：「頌優遊以彬蔚，論精微而朗暢。」彬蔚：指富有文採。蔚：茂盛，會聚。又如：彬駁（文採錯雜的樣子）。《晉書・卷九十二・文苑傳・序》：「《翰林》總其菁華，《典論》詳其藻絢，彬蔚之美，競爽當年。」——「彬駁」「彬蔚」與「競爽」一起使用，讓我們好似看到了一組雙螺旋形齊頭並進的薈萃之美。

彬雅：南朝梁代劉勰《文心雕龍・時序》：「自宋武愛文，文帝彬雅，秉文之德，孝武多才，英採雲構。」——這裡「彬雅」也是指「秉文」和「孝武」相得益彰。

彬斑：交錯輝映貌。唐代劉禹錫《國學新修五經壁記》：「筆削既成，讎校既精，白黑彬斑，了然飛動。」——也是黑白相間的用法，「了然飛動」，看起來很有生命力。

彬比勢抗：謂以官儀相處，以官威相抗。明代何景明《送孫處州序》：「先生處吾郡，與武衛肩立，彬比勢抗，干沮衝折，而卒能行其威。」——這裡「彬」和「比」連用，雙螺旋排列得更緊密了，就像互不相讓。

綜上所述，「文質彬彬」在一個人身上，正確的存在方式是，黑白兼而有之，動態平衡。人的天性無所謂善、無所謂惡。與善良的人在一起，人大多會表現出善的一面；若與惡人在一起，人更容易表現出惡的一面。一個真正文質彬彬的君子，會在該「文」的時候「文」，該「質」的時候「質」，就像電錘一樣，螺旋推進，既能破局，又不偏離大原則。其人聽聞起來好像很「高冷」，但和善的人與他交往時，會發現他其實也很溫和；當他做事較真起來，你又會覺得他太嚴厲。胸有猛虎、細嗅薔薇——孔子就是這

樣的人。

6.19

子曰：「人之生也直，罔^①之生也幸而免。」

【註釋】
①罔：蒙蔽。

【譯讀】
孔子說：「人生在世，應該正道而行，有些人為了生存而蒙蔽自己的眼睛。」

【熙解】
　　直即直心腸，意思是耿直、坦率，同虛偽、奸詐是對立的。直心腸的人沒有那麼多壞心眼。正道而行，符合仁的品德。與此相對，在社會生活中也有一些不正直的人，他們為了苟且偷生，有意無意地蒙蔽了自己的眼睛。又有幾人能像齊國太史公那樣直道而行呢？
　　但需要注意的是，並不是越直越好。不能追求絕對的「直」，過直易折。過直和過罔也是兩個極端，過猶不及，不符合中庸之道。比如圖中這兩種釘子，都是直釘子，但實際應用中，筆直的這種釘子，錘子用力敲時，很容易打彎報廢。而帶螺旋的釘子通過旋轉推進，往往比直釘子更省力、更易鑽、更牢固，而且不易折。

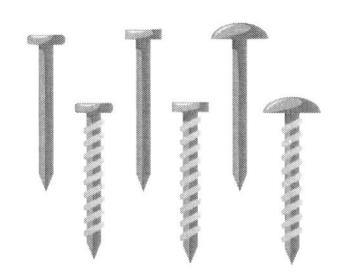

　　這很能說明孔子的中庸之道，直中有曲，偏返向前而不離正道。
　　《論語》編者在這裡插入這句是有理由的，因為，有一種「罔之生」叫「春秋筆法」，曲中求直，由孔子首創，孔子自嘲是「祝鮀之佞」。接下來的《論語》，乃至《論

語》全篇，春秋筆法比比皆是，讀起來既讓人扼腕嘆息，又不禁拍案叫絕！讓我們慢慢領會吧！

【史料】春秋筆法

春秋筆法，是孔子首創的描述寫法，現多稱文章用筆曲折而意含褒貶的寫作手法。春秋筆法在文章的記敘之中委婉地表達作者的思想傾向，以曲折迂迴的方式讓人知道，而不是通過議論性文辭直白地表達出來。

春秋筆法作為中國歷史敘述的一個傳統，來源於《春秋》。《春秋》是魯國史書，相傳為孔子所修。經學家認為它每用一字，必寓褒貶。歷史上，左丘明發微探幽，最先對這種筆法作了精當的概括：「《春秋》之稱，微而顯，志而晦，婉而成章，盡而不污，懲惡而勸善，非聖人誰能修之？」意思是：《春秋》的記述，用詞細密而意思顯明，記載史實而含蓄深遠，婉轉而順理成章，窮盡而無所歪曲，警誡邪惡而褒獎善良。如果不是聖人誰能夠編寫？

孔子編寫《春秋》，在記述歷史時，暗含褒貶，行文中雖然不直接闡述對人物和事件的看法，但是卻通過細節描寫，修辭手法（例如詞彙的選取）和材料的篩選，委婉而微妙地表達主觀看法。後世作者為了闡述孔子的思想，撰寫了專門的著作以解釋《春秋》的內在含義，特別是其中涉及禮的一些細節。

春秋筆法在孔子後不斷被發揚光大，不但後世史官大量採用春秋筆法，連莊子都以春秋筆法敘事明理。直至今日，我們看書，看時政新聞，經常都要以春秋筆法的思維逆向看。

6.20

子曰：「知之者不如好之者，好之者不如樂之者。」

【譯讀】

孔子說：「懂得它的人，不如愛好它的人；愛好它的人，又不如以它為樂的人。」

【熙解】

孔子在這裡沒有具體指懂得什麼，看來是泛指，包括學問、技藝等。有句話說：「興趣是最好的導師。」說的就是這個意思。只有真正以此為樂，才能全身心投入去做。

被強迫做自己不喜歡的事，會覺得很累；做自己喜歡做的事，樂在其中怎麼都不覺得累。有一種幸福叫快樂的疲倦。

6.21

子曰：「中人以上，可以語上也；中人以下，不可以語上也。」

【譯讀】

孔子說：「具有中等以上才智的人，可以給他講授高深的學問；在中等水準以下的人，不可以給他講高深的學問。」

【熙解】

孔子在教學過程中，提出「因材施教」的原則，這是他教育思想的一個重要內容，即根據學生智力水準的高低來決定教學內容和教學方式。如果一個學生的水準還不足以理解更高層次的知識，強行灌輸就可能導致誤解。和 4.26 章「朋友數，斯疏矣」道理是相通的。被誤解還是其次，更嚴重的是「唯恐有聞」，這也和 5.13 章「夫子之言性與天道，不可得而聞也」道理相通。

6.22

樊遲問知①。子曰：「務②民之義③，敬鬼神而遠之，可謂知矣。」問仁。曰：「仁者先難而後獲，可謂仁矣。」

【註釋】

①知：音 zhì，同「智」。
②務：從事、致力於。
③義：專用力於人道之所宜。

【譯讀】

樊遲問孔子怎樣才算是智。孔子說：「專心致力於（提倡）人民應該遵從的道義，尊敬鬼神但要遠離它，就可以說是智了。」樊遲又問怎樣才是仁，孔子說：「仁人對難做的事，做在人前面，有收穫的結果，他得在人後，這可以說是仁了。」

【熙解】

「智」乃大智慧，關乎明道。樊遲的資質在中人以下，似乎還遠未到「明道」這一層次。前面「孟之反不伐」典故里還提到，樊遲為冉求的副將，季氏都擔心他有點「弱」，更別說問一些「鬼神」之事了。這裡孔子按因材施教的方針，提醒樊遲要「敬鬼神而遠之」，估計是樊遲對這些事好奇吧，或者樊遲此時正在做什麼特別的事，讓他考慮到了身後之事。孔子回覆「敬鬼神而遠之」，是在勸他好好工作、快樂生活，別胡思亂想了。

關於仁，往簡單說，就是別老想著要賺到多少，而是先想想能奉獻多少。仁者依價值觀做事。下面孔子緊接著對此進行了闡述。

6.23

子曰：「知者樂水，仁者樂山[①]；知者動，仁者靜；知者樂，仁者壽。」

【註釋】

①知者樂水，仁者樂山：「知」，音 zhì，同「智」；樂，古音 yào，《現代漢語辭典》裡已無 yào 的發音選項，故從今，也可以讀 lè，喜愛的意思。

【譯讀】

孔子說：「有智慧的人喜歡親近水，有仁德的人喜愛親近山；智者靈動，仁德者靜定；智者總是很樂觀，有仁德者更長壽。」

【熙解】

悅樂的人會喜歡親近自然，擁抱人文；以讀行相融、動靜結合的方式修身養性，達到長壽。

人之涉世前為「蒙」態，對應《周易》六十四卦的第四卦：蒙卦。既入世事，須啓蒙。很多人一輩子都沒完成啓蒙，混沌一生，成為「巨嬰」。「蒙」並不代表愚昧，而是客觀描述一種原始混沌狀態，無所謂褒貶。既生為人，則免不了按照生命體客觀規律，走完一個客觀循環，從啓蒙到悅樂臻境。到了第五十八卦「兌」卦，主旨「悅樂」（《學而》1.1章），則開始返璞歸真，迴歸「蒙」態，此為真「蒙」，才可正式進入所謂的「性命、天道」範疇。

兌卦為「悅」，主旨是悅樂，卦辭「君子以朋友講習」，乃總綱《論語》開篇：「學而時習之，不亦說乎？有朋自遠方來，不亦樂乎？人不知而不慍，不亦君子乎？」可見《論語》主旨既符合天道，又融蘊人性，講的是人啓蒙進入社會後，樂觀積極的生活，進入悅樂臻境的過程和人生觀。

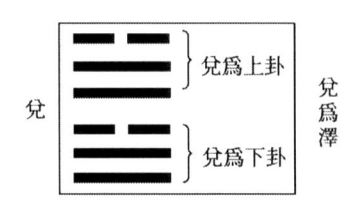

需要說明的是，由第四卦山水之蒙到第五十八卦悅樂「兌」卦之間，還有一個第三十九卦蹇（jiǎn）卦——「水山蹇」，它是蒙卦山水卦象「倒過來」形成的。很好理解，既然要脫離「蒙昧」狀態，涉世歷練，免不了一番折騰。人生迷惑時一團亂麻，反覆煎熬如蹇。山前掛大水如瀑，看似走投無路。所以蹇卦的主旨是「止」，見險而能止，為智也。

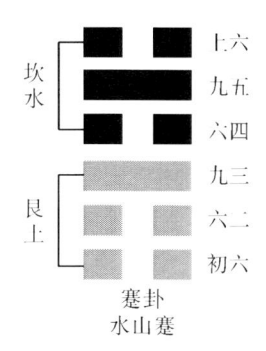

```
       ┌──  ▬▬ ▬▬   上六
    坎 │    ▬▬▬▬▬   九五
    水 └──  ▬▬ ▬▬   六四
       ┌──  ▬▬▬▬▬   九三
    艮 │    ▬▬ ▬▬   六二
    上 └──  ▬▬ ▬▬   初六
              蹇卦
             水山蹇
```

果然，此卦亦給出了遇到困難、走投無路時的解決方案——蹇卦《象》曰：「山上有水，蹇；君子以反身修德。」

怎麼辦？反身修德為重！孔子的仁德思想亦即順自然之道而生，為世人指明一條光明大道！

「山水」為「蒙」卦卦象。「智者樂水，仁者樂山」，說明真正的悅樂修為，必然迴歸山水之間，親近自然。這句話涵蓋了一個修為過程，即啟蒙之後，遇「蹇」知止，又返璞歸真，復返「蒙」態。然此「蒙」已非彼啟「蒙」。

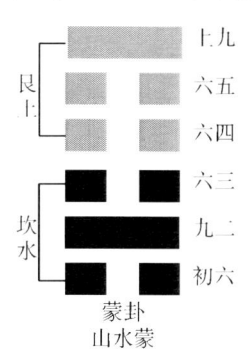

```
       ┌──  ▬▬▬▬▬   上九
    艮 │    ▬▬ ▬▬   六五
    上 └──  ▬▬ ▬▬   六四
       ┌──  ▬▬ ▬▬   六三
    坎 │    ▬▬▬▬▬   九二
    水 └──  ▬▬ ▬▬   初六
              蒙卦
             山水蒙
```

換一種說法就是，第一個「蒙」看山是山，啟蒙後看山不是山（蹇），是險；返璞歸「蒙」後，看山還是山。然此時內心歸仁，容之以德，處事不驚，率真而行，此山已非彼山矣。

所以，那些奢談鬼神之事，而置「為人之學」這個根本於不顧的所謂「修行者」，是永遠入不了道的。最好的修為是涉世做人，歷世煉心，此話一點不虛。好好工作，樂觀生活，乃真修為。這才是 6.22 章「敬鬼神而遠之」的本義。

【典故】孔子讀《易》，「韋編三絕」

《易經》是中國傳統思想文化中自然哲學與人文實踐的理論根源，是古代漢民族思想、智慧的結晶，對中國幾千年來的政治、經濟、文化等各個領域都產生了極其深刻的影響，被譽為「大道之源」。

《易經》被稱為群經之首，設教之書。《易經》的演變經歷了三個時期版本——夏代《連山易》，商代《歸藏易》，周代《周易》，成書跨度數千年。後來的《周易》就成為現代《易經》的總成。

《周易》內容包括《經》和《傳》兩個部分，相傳系周文王姬昌作《經》、孔子及其弟子作《傳》而成。《經》主要是六十四卦和三百八十四爻，卦和爻各有說明（卦辭、爻辭），作為占卜之用。《傳》即《易傳》，相傳為孔子整理，成書於孔子諸弟子，包含解釋卦辭和爻辭，如「《象》曰：麗澤兌，君子以朋友講習」「山上有水，蹇；君子以反身修德」等語，七種文辭共十篇，統稱《十翼》。

孔子晚年很喜歡讀《易》，愛不釋手，曾經「韋編三絕」。韋：熟牛皮；韋編即用熟牛皮繩把竹簡編聯起來。孔子為讀《易》而多次翻斷了編聯竹簡的牛皮帶子。

《周易》主要有八個基本卦：乾卦、坤卦、震卦、艮卦、離卦、坎卦、兌卦、巽卦。為了記住這八卦的符號，古人總結了順口溜：

乾三連　坤六斷
震仰盂　艮覆碗
離中虛　坎中滿
兌上缺　巽下斷

乾：乾三連　坤：坤六斷　震：震仰盂　艮：艮覆碗

離：離中虛　坎：坎中滿　兌：兌上缺　巽：巽下斷

八卦再兩兩組合就形成六十四卦。比如艮和坎兩個基本卦組合就形成了蒙卦和蹇卦。

八卦最基本的象對應八種自然物：乾為天、坤為地、震為雷、巽為風、艮為山、兌為澤、坎為水、離為火。比如蒙卦由艮卦和坎卦組合而成，所以蒙卦又稱為「山水蒙」，倒過來就是「水山蹇」。

6.24、6.25

原通行版本6.24章和6.25章，講齊、魯的演變和統一之道，本版本將其移至6.17章之後正合適，所議主題更嚴謹、連貫。而移走6.24章、6.25章之後的6.26章銜接6.23章同樣恰到好處，所議主題也是嚴謹、連貫，都是講「仁」。估計最早的《論語》版本也是這樣編排的，只是因為後來流傳過程中某些簡書「韋編三絕」，竹簡繩索斷了，重新編排竹簡時把順序串錯了，導致形成現在通行版的誤排。

6.26

宰我問曰：「仁者，雖告之曰，『井有仁①焉。』其從之也？」子曰：「何為其然也？君子可逝②也，不可陷③也；可欺也，不可罔也。」

【註釋】
①仁：這裡指有仁德的人。
②逝：往。這裡指到井邊去看並設法救之。
③陷：陷入。

【譯讀】
宰我問道：「對於有仁德的人，別人告訴他井裡掉下去一位仁人了，他會跟著下去嗎？」孔子說：「為何認為事情就一定會是那樣（的結果）呢？君子死則死矣，卻不可以淪陷；君子可周旋於騙局，但不能自己蒙蔽了雙眼。」

【熙解】
宰予所問的這個問題看起來沒頭沒腦，又刁鑽古怪，非常尖銳。但若結合當時的歷史背景來看，就容易理解了。宰予此時面臨的是生死抉擇之困境，提的問題尖銳，現實更殘酷。他以「井有仁焉，其從之也？」的設問請教孔子，也體現了他作為孔門言語科高徒的一面，毫不遜色於子貢。

此時當在公元前484年，田成子田常到魯國迎接齊國太子呂壬（rén）回國就任國君，呂壬在魯國魯哀公身邊認識了宰予，非常信任和欣賞宰予的才能，希望請宰予回齊國輔佐他。為什麼呂壬會在魯國呢？因為5年前（公元前489年）呂壬的父親呂陽生——就是齊悼公，被田成子的父親田乞從魯國接回齊國就任國君時，齊悼公就預知後事不妙，恐遭不測，於是將兒子呂壬留在魯國，托付給魯哀公照顧，呂壬由此認識了宰予並信任他。

為什麼齊悼公會預知遭遇不測呢？因為當初是田乞發動政變，殺了齊景公在世時指定的繼承人公子呂荼，把持了朝政，迎呂陽生回去當傀儡國君的。果然，齊悼公呂陽生才當了4年齊君（公元前485年），就被田成子借刀殺人，一命嗚呼了。過了一個年頭，田成子故伎重演，又來魯國迎接呂壬回國當齊君。這種局面明眼人都知道：這就是個坑，誰往裡跳誰死。

呂壬也知道這個傀儡國君不好當，所以才想邀請宰予一同去齊國輔政。宰予這個時候就面臨兩難抉擇了，面對齊國這個火坑，如果不去有違仁義，孔子平常教人要學以致用，知行合一，關鍵時刻豈能袖手旁觀？去了也許還能有機會扭轉局面，恢復姜齊道統；不去就是坐視姜齊棄位，任由田齊篡位了，給人以口實。但是去的風險是巨大的。田氏家族在齊國耕耘逾百年，根基深厚，又豈是一個宰予能輕易撼動的？即使搭上孔門

111

弟子的力量也未必夠。但宰予仍想試試，於是，他才向孔子問「井有仁焉，其從之也?」的「刁鑽」問題，諮詢孔子的意見。其實不是刁鑽，而是情勢所逼，生死抉擇啊！

孔子能看清這哪裡的局勢嗎？無從知曉，因為看清了也不能明說。「不有祝鮀之佞，而有宋朝之美，難乎免於今之世矣。」說話一不小心就會招致殺身之禍，所以才有了「罔之生也幸而免」的無奈之舉。大家都說暗喻吧！

孔子是這樣回答的:「為何認為事情就一定會是那樣（的結果）呢？君子死則死矣，卻不可以同流合污；君子可周旋於騙局，但不能自己蒙蔽了雙眼。」意思是不一定就是死路一條，也許還有轉機，事在人為。即使死了，也是君子舍生取義。死並不難，難的是向死而生。

你聽懂了嗎？宰予應該是懂了。他毅然跟隨呂壬，也就是後來的齊簡公去了齊國，與田氏權貴周旋，維護姜齊正脈，努力爭鬥，直到最後一刻致命遂志，「殺身成仁」。

《論語》本篇著重提到的幾個人物，從季康子、冉求，到澹臺滅明、樊遲，到孟武伯，到宰予，都與兩件事的當事人有關，即「孟之反不伐」和「田齊代姜」。（順便提一下：季康子的妹妹季姬，是齊簡公父親齊悼公的夫人。）可見這兩件事的重大意義——「至於魯，至於道」，它是春秋、戰國歷史的轉折點。我們從本篇描述「孟之反不伐」之春秋筆法，輔之以「觚不觚」「樂山樂水」等寥寥數語，表面讀起來淡如清水，談詩論道，殊不知故事背後隱藏的血雨腥風！字越少，故事越多啊！

【資料】

困卦、井卦

困卦是《易經》六十四卦的第四十七卦，井卦是第四十八卦。困卦談的是陷入困境以及如何處理困境中的問題。《象》曰：澤無水，困。君子以致命遂志。

水
風
井

《周易》有蒙、頤、井、艮等專門論述修身的卦象，其中，蒙卦（參閱6.23章）以山下泉水取象，井卦以穴下泉水取象，泉水具有清潔養人、潺潺不斷的特性，蒙養以正，井修以正，修身重在養正。不過，蒙卦是對蒙昧者進行啓蒙，井卦則是對貪欲進行匡正。因此，蒙是教人們知善識惡，重在一個「啓」字；井是教人們抑惡揚善，重在一個「修」字。山下出泉，人們的禮教需要開啓，朦朦朧朧，需要教育知禮義；井中引泉，人們的禮教需要規範，熙熙攘攘，需要修身踐禮法。君子修身養德要始終如一，不可遷移，不可懈怠，要源源不斷地滋養成長，要像井水那樣，不枯竭也不滿盈，我們像滋養我們的源泉那樣，恒常自己的德行。井卦六爻主要描述的是，將一個廢舊的井修

整為一個全新的井的過程，先將污濁的水源清潔，其次加固井壁，最後取出清冽甜美的井泉給養往來的民眾。

6. 27

子曰：「君子博學於文，約①之以禮，亦可以弗畔②矣夫③。」

【註釋】

①約：一種釋為約束；一種釋為簡要。
②畔：同「叛」。
③矣夫：語氣詞，表示較強烈的感嘆。

【譯讀】

孔子說：「君子廣泛地學習文化，又以禮來約束自己，也就可以不背叛自己的良心了。」

【熙解】

前面談血雨腥風太沉重，我們還是坐而論道吧！博學於文，約之以禮之後，再行之以義，就合乎「仁」了。不論別人怎麼評說，不背叛自己的良心就好了。安靜做自己，生活即修行。

6. 28

子見南子①，子路不說②。夫子矢③之曰：「予所否④者，天厭之！天厭之！」

【註釋】

①南子：衛國靈公的夫人，當時實際上左右著衛國政權，有品行不端的行為。
②說：音yuè，同「悅」。
③矢：同「誓」，此處講發誓。
④否：不對，不是，指做了不正當的事。

【譯讀】

孔子去見南子，子路不高興。孔子發誓說：「如果我做什麼不正當的事，讓上天譴責我吧！讓上天譴責我吧！」

【熙解】

本章對孔子去見南子做什麼，沒有講明。據後代儒家講，孔子見南子是「欲行霸

道」，這其實不重要。這個事情在 3.13 章被王孫賈雙設問下過套了，被孔子識破，這裡舊事重提，絕沒那麼簡單。孔子與南子之間的雞毛蒜皮之事其實不是重點，重要的是這一句裡孔子借機明確說出了一句話：「我所講的千真萬確，否則天打雷劈！」——什麼事才真正值得孔子賭咒發誓呢？這句插在這個位置，當然是指前面提到的故事了。

6.29

子曰：「中庸①之為德也，其至矣乎！民鮮久矣。」

【註釋】

①中庸：中，謂之無過無不及。庸，會意字，小篆字形從用，從庚。「庚」與「更」同音，表示隨時令更換。先做某事，然後更換做別的事，交替變化，綿綿不斷。東漢王充《論衡·量知》：恒絲庸帛。形容用一根絲線連綿往復，能編織出任意長的帛巾。

【譯讀】

孔子說：「中庸作為一種德行準則，該是最高的了吧！人們缺少這種德已經為時很久了。」

【熙解】

中庸是孔子的重要思想，更是最重要的處事法則。孔子認為道為本、主內，德為行、顯於外；德隨於道，必合於道，而中庸是符合道的最高德行。

宋儒說，不偏不倚謂之中，平常謂庸；中庸就是不偏不倚的平常的道理，這是不對的。不偏不倚很難達到，即使達到也不是「中」，而是「正中」，如示意圖交匯點㊣的位置。「正中」在宇宙中只能是一瞬間的狀態，稍縱即逝（4.10 章「無適」的狀態），不能靜止，沒有絕對永恆。「中」的方位是動態的，隨著時間交替推進，即「庸」。空間方位的「中」涵蓋了示意圖中兩條虛線之間的空間。示意圖中熙牛牛前進的軌跡，在「中」的範圍內隨著時間方向以「庸」的方式交替往復，從左至右無限延伸前進。中而庸之，合起來就是「中庸」。

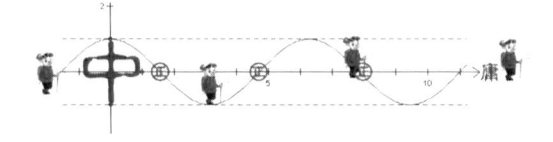

中庸又被理解為中道、中行。中道就是不偏出異端，保持動態均衡之正道。比如示意圖中熙牛牛（熙牛牛為圖中的卡通人物，是熙華國學研究院的卡通吉祥物、國學代言人）在虛線區間內沿波動方向行走就屬中行，行中道。人們思考問題、看待問題，為人處事都不能偏於某一端，而是綜合考慮，對立的雙方互相牽制，平衡補充；若超出了就

是2.16章「攻乎異端」了，脫軌了，有害了。中庸是一種曲中求直的思想。孔子發現了自然事物發展的這一規律，並引申為處世法則，概括為「中庸」。關於中庸的具體學說，我們在以後會慢慢闡述。

《論語》中直接提到「中庸」只有這一處，是不是與前面提到的歷史事件有關呢？這件事是不是也要從另一個角度分析一下？果然，子貢提出來了……

6.30

子貢曰：「如有博施①於民而能濟眾②，何如？可謂仁乎？」子曰：「何事於仁！必也聖乎！堯舜③其猶病諸④！夫⑤仁者，己欲立而立人，己欲達而達人。能近取譬⑥，可謂仁之方也已。」

【註釋】
①施：施予。
②眾：指眾人。
③堯舜：傳說中上古時代的兩位帝王，也是孔子心目中的榜樣。儒家認為是「聖人」。
④病諸：病，擔憂。諸，「之於」的合音。
⑤夫：句首發語詞。
⑥能近取譬：能夠就自身打比方，即推己及人的意思。

【譯讀】
子貢說：「假若有一個人，他能給人民很多好處又能周濟大眾，怎麼樣？可以算是仁人了嗎？」孔子說：「豈止是仁人！簡直是聖人了！就連堯、舜尚且難以做到呢！至於仁人，就是要想自己站得住，也要幫助人家一同站得住；要想自己過得好，也要幫助人家一同過得好。凡事能就近以自己作比，而推己及人，可以說就是實行仁的方法了。」

【熙解】
齊景公九年（公元前539年），齊景公派晏嬰向晉國請求嫁女去做繼室，晏嬰私下對晉大夫叔向說：「齊國政權最終將歸田氏。田氏雖無大的功德，但能借公事施私恩，有恩德於民，人民擁戴。」叔向說：「晉國處於末世了。平公向百姓徵收重稅修建池臺樓閣卻不務政事，政務落在私家門下，難道可以持久嗎？」晏子表示同意。可見當時齊國和晉國的情況一樣，所謂正統的國君都失德敗國，一些權臣卻很體恤百姓。當時在齊國，田氏的民聲威望遠高於齊景公。

子貢不愧是近道之人，本篇最後一章引用他的話，是為本篇提到的歷史事件從另一個角度來解讀。子貢提到的「博施於民，而能濟眾」，正是田氏家族在做的事。孔子評價這種行為是近乎聖人堯、舜的做法。這麼看來，田齊代姜也是順應民心，符合天道

的，不能完全說是犯上作亂而篡位。改弦更張，替天行道，有德者居之，是為權變之道。「己欲立而立人，己欲達而達人」這一句，可以看成在默認既成事實之後，孔子對田齊的一種提醒。

我們在前面說過，要動態地學習孔子思想，如果說《論語》上半部主要講對原有文化和禮制的「繼承」之道，那麼下半部則主要講「創新、跨越」的權變之道。權變之道在這裡其實已經提出來了，只是孔子此時的思想還在猶豫中。

問題的關鍵就是如何把握「犯上作亂」與「權變之道」之間的差別。因為在實際中，這兩個一貶一褒的形容詞對應的行為都是「改變」，或者說「改弦更張、跨越」更易理解。看錯了形勢、投機取巧的「改弦」，就成了「犯上作亂」；看對趨勢、順應天道循環的「跨越」，就是「權變之道」。誰能把握好這個「度」，就是智者。

到底什麼是智、什麼是仁？比如，樊遲問了也不懂，但南宮適就是這樣的智者，孔子把侄女嫁給了他。所以本篇適時提出了「智者樂水、仁者樂山」來闡述。讓我們通過讀這本《論語熙解》，用心解讀，以孔子為鑒，繼續學習這個「度」的把握吧！

述而第七

7.1

子曰：「述^①而不作^②，信而好古，竊^③比於我老彭^④。」

【註釋】

①述：傳述、發揚。
②作：創造或妄作。
③竊：私，私自，私下。
④老彭：人名，但究竟指誰，學術界說法不一。有的說是老子和彭祖。我們偏向於指老童和彭祖。《山海經·大荒西經》曰：「有北狄之國。黃帝之孫曰始均，始均生北狄。有芒山。有桂山。有榣山，其上有人，號曰太子長琴。顓頊生老童，老童生祝融，祝融生太子長琴，是處榣山，始作樂風。」

【譯讀】

孔子說：「只傳承發揚而不妄作，相信而且喜好古代的傳說，我私下把自己向老、彭一脈靠攏。」

【熙解】

在這一章裡，孔子提出了「述而不作」的原則，是一種自我澄清，他的學說不是自己亂說的，而是繼承上古傳說，順天道而為，不妄作。孔子時代之前的傳說中，蘊含天道思想，且包含有「老、彭」信息的，只有《山海經》（老子《道德經》與孔子同時代）。雖然現代有人說《山海經》是神話書，但孔子還是有點相信哪裡的一些傳說的，至少哪裡提到的關於黃帝始祖傳承脈絡孔子是相信的。

據《史記》記載：「黃帝二十五子，得其姓者十四人。」顓頊、帝嚳、唐堯、虞舜，以及夏朝、商朝、周朝的君主都是黃帝的子孫。孔子先祖是商朝貴族，所以孔子認為自己也是老、彭一脈相傳而來的。

《史記·楚世家》中記載：「楚之先祖出自帝顓頊高陽。高陽者，黃帝之孫，昌意之子也。高陽生稱，稱生卷章，卷章生重黎。重黎為帝嚳高辛居火正，甚有功，能光融天下，帝嚳命曰祝融。共工氏作亂，帝嚳使重黎誅之而不盡。帝乃以庚寅日誅重黎，而以其弟吳回，為重黎後，復居火正，為祝融。吳回生陸終。陸終生子六人，坼剖而產焉。

其長一曰昆吾；二曰參胡；三曰彭祖；四曰會人；五曰曹姓；六曰季連，芈姓，楚其後也。」

我們綜合《山海經》和《尚書》《史記》等資料，以及民間傳說，整理出了一個大致的黃帝家族至彭祖一脈的世系表：

華胥氏—伏羲（配女媧）—少典—黃帝—昌意（黃帝次子）—顓頊—稱—老童（又名卷章）—吳回—陸終—昆吾、參胡、彭祖、會人、曹姓（曹國始祖，封地在今山東省菏澤市）、季連。

據古代典籍記載，彭祖是顓頊（zhuān xū）的第五世孫，後歷代子孫都稱為彭祖氏。彭祖氏自堯帝起，歷夏朝、商朝。商朝時為守藏史，官拜賢大夫，周朝時擔任柱下史；據《史記‧楚世家》載：「彭祖氏，殷之時嘗為侯伯，殷之末世滅彭祖氏。」「氏」在上古多用作宗族的稱號。可見，彭祖實際上是以其命名的一氏族。《史記》還記載了個彭姓氏族被封國於大彭等地。商朝末期彭祖氏封國滅亡了，但彭祖的後人繼續在朝廷做文史工作。他們在周朝時歷代擔任柱下史。恰好老子就曾經是周朝的柱下史（也有人說是守藏史）。由此可見，老子即使不是彭祖血脈傳人，也必定是彭祖學術思想傳人。

清人孔廣森在註《列子‧力命篇》「彭祖之智不出堯舜之上而壽八百」之句時說：「彭祖者，彭姓之祖也。彭姓諸國：大彭、豕韋、諸稽。大彭歷事虞夏，於商為伯，武丁之世滅之，故曰彭祖八百歲，謂彭國八百年而亡，非實錢不死也。」就明確說明了這種情況。所謂傳說中的彭祖壽命八百歲，實際上是指大彭氏國存在的年限。

我們理清了孔子的家世脈絡，就理解了孔子思想的傳承脈絡。彭祖氏傳到商朝，其中一代彭祖傳人在教育方面很有成就。

《大戴禮記‧卷九‧虞戴德》記載了魯哀公與孔子的這樣一段對話：

公曰：「善哉！子之察教我也。」

子曰：「丘於君唯無言，言必盡，於他人則否。」

公曰：「教他人則如何？」

子曰：「否。丘則不能。昔商老彭及仲傀，政之教大夫，官之教士，技之教庶人，揚則抑，抑則揚，綴以德行，不任以言。」

「政之教大夫，官之教士，技之教庶人」幾句，奠定了孔子因材施教的方針。彭祖對不同人的「業務」教育、成才教育是不同的，但都要「綴以德行」，結合思想道德教育，所以育人教育是共同的，是第一位的。周代「彭祖」傳人、孔子的老師——老子，著《道德經》，就只講「道」與「德」，也把「道」與「德」放在人生第一位。所以孔子效仿彭祖「綴以德行」，把思想道德教育放在首要地位。

彭祖施行「揚則抑，抑則揚」，這不就是提倡偏而反、反而偏，中而庸之的行為標準，過猶不及的中庸之道嗎？可見，中庸和諧思想，早在孔子之前的彭祖時代以彭祖為代表的華夏文化開創者就有了。它的哲學基礎是陰陽合和、人天合和。

現代出土整理的上海博物館楚簡《彭祖》一文的發現，讓我們驗證了孔子天道思想的淵源。請看楚簡《彭祖》：

耇（gǒu）老曰：「三去其二，豈若已？」

彭祖曰：「吁，汝孳（zī）孳布問，餘告汝人倫⋯⋯」

菂老曰：「眊（mào）眊餘朕孳，未則於天，敢問為人？」

彭祖曰：「既只於天，或椎於囷（yuān）⋯⋯父子兄弟，五紀必周⋯⋯」

菂老問於彭祖曰：「菂氏慹（zhí）心不忘，受命永長。臣何藝何行，而與於朕身，而謐於帝嘗。」彭祖曰：「休哉，乃將多問因由，乃不失度。彼天之道，唯亘言。天地與人，若經與緯，若表與裡。」

從這一篇《彭祖》展示出的哲學思想與治國修身觀念，就可以看出，《彭祖》應是老子道家與孔子儒家思想的共同源頭。老子道家文化是從自然之道方面繼承和發展了彭祖文化，側重於人與自然的和諧。而彭祖「則順於天，為於人倫」的思想，正是孔子將天道延伸到人倫之道的思想淵源（參考 6.1 章「南面之道」）。不則於天的人倫，誰敢妄為於人？妄作者，天譴之。故孔子在本篇開首鄭重澄清：「述而不作」。

【史料】炎黃子孫

黃帝本姓公孫，後改姬姓。因他發明了軒冕，故稱之為軒轅。又因他以土德稱王，土色為黃，故稱作黃帝。黃帝是華夏民族古代領袖中最傑出的一位。相傳古代帝王，如堯、舜、禹及夏、商、周三代首領均為黃帝的後裔。黃帝曾居住在涿鹿，曾聯合炎帝族打敗了九黎族，誅殺蚩尤。其後黃帝與炎帝發生衝突，黃帝戰勝炎帝而定居中原，奠定了中華民族的基礎。

黃帝與炎帝都被看作是華夏民族的始祖，故中國人自稱「炎黃子孫」。

《史記・五帝本紀》：「黃帝者，少典之子，姓公孫，名曰軒轅。生而神靈，弱而能言，幼而徇齊，長而敦敏，成而聰明。」傳說黃帝還登崆峒山見廣成子問道，對話記錄遂成《黃帝內經》，使百姓疾患得以治愈。他還確定了天下萬物的名稱，劃分星度為二十八宿。黃帝以天干地支紀日，以子醜十二辰來紀月，而六旬為一甲子，如此又有時空觀念。史稱當時的百姓「甘其食，美其服，樂其俗，安其居」，一派太平景象。

一般公認黃帝即位於公元前 2697 年，20 歲的黃帝繼承了有熊國君的王位，道家把這一年作為道歷元年。據說在公元前 2697 年黃帝即位的那一天即甲子年甲子月甲子日甲子時，正好是天文中五星連珠的時候。五星連珠，既是干支歷法的開始，又是中華民族人文始祖聖人即位的時刻，自然就成為中華民族歷法的開端了。

道歷為道教專用之歷紀也，系按中國夏歷為準，用六十甲子以紀年。推算之法，由黃帝紀元（公元前 2697 年）開始，迄今（公元 2017 年）道歷為 4714 年。

7.27[1]、7.2

子曰：「蓋有不知而作之者，我無是也。多聞，擇其善者而從之，多見而識[2]之，知之次也。」

子曰：「默而識[2]之，學而不厭，誨[3]人不倦，何有於我哉[4]？」

【註釋】

①將《論語》通行本7.27章與7.1章承接「作之」，與7.2章啓後「識之」。重新排序後文章更嚴謹，估計是後人在整理竹簡時誤編到後面去了。這裡將7.27章移到7.2章之前，但保留原序號，以示區別。

②識：音zhì，記住的意思。

③誨：教誨。

④何有於我哉：對我有什麼難呢？

【譯讀】

孔子說：「有這樣一種人，可能他都沒弄懂卻在那裡做作妄為，我卻沒有這樣做過。多聽，選擇其中好的來學習；多看，然後記在心裡，這是次一等的知。」

孔子說：「默默地記住（所學的知識），學習不覺得厭煩，教人從不懈怠，這對我能有什麼困難呢？」

【熙解】

孔子前面說他本人「述而不作，信而好古」；偏有人喜歡做作，但孔子不會。孔子提倡由天道到人倫，順勢而為，潛移默化地接受道德教化熏陶。對自己所不知的東西，應該多聞、多見，用心學習，反對那種沒弄懂事物本質，卻在那裡憑空做作的做法，這不合道。學習如果知其然卻不知其所以然，就會導致東施效顰，胡亂作為。

「學而不厭，誨人不倦」，即不斷溫故知新而且學以致用、薪火相承。孔子在這一原則下，遵循中庸之道，將教、學、實踐嫻熟地發揮到了極致，毫無困難。

我們再來探討一下，看孔子是如何從老、彭的天道思想延伸到人倫之道，總結出系統化的、具體的中庸思想的。

古文字符號「化」、「神」則反應了彭祖氏的既唯物又辯證的觀念。「化」畫一正一反、一男一女、一顛一倒兩個人，代表一陽一陰，顯示陰陽矛盾是事物變化的動力。「神」本為「申」，畫一男一女結合，使人類繁衍。陰陽合和可以產生新事物，使事物發展。「神」不是超自然的神靈，而是事物發展的神祕規律。這繼承了伏羲開創的陰陽八卦觀念，奠定了華夏傳統哲學唯物論、辯證法的基礎。

基於這一哲學觀念——「陰陽合和」生萬物的人天共同之道，彭祖氏產生了「以人為本、人天合和」的天人關係理念。古文字「天」，不以日月星辰代表「天」，而以「人」貫穿「二」代表「天」，這便是「以人為本、天人合一」的體現。「合一」應理解為「合和」，和諧統一，而不是混同、等同、同一（參見6.18章「文質彬彬」的合一形式）。而這一思想的淵源又可上溯到伏羲女媧時代。伏羲是中國有記載的最早的創世神，記錄於帛書中。下圖是古墓出土的伏羲女媧圖。

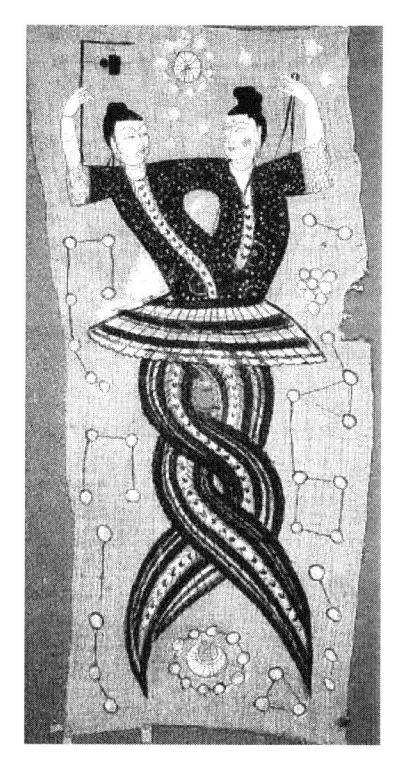

　　晉代郭璞註《山海經·海內東經》中有：「華胥履大跡生伏羲。」傳說一個叫華胥的美麗女人生下了伏羲，伏羲是古代傳說中中華民族的人文始祖，是中國古籍中記載的最早的王。《華夏考源》一文從文字訓詁得出結論：「胥、雅、疋、夏等古字相通，華夏就是華胥。因此可以說，華夏文化就是華胥文化，中華民族文化的源頭，也就是華胥文化了。」

　　司馬遷《史記·五帝本紀》開卷有載，正是由於華胥生養了伏羲、女媧，才繁衍出了中華民族。相傳伏羲人首蛇身，與女媧相婚，生兒育女。有關華胥和伏羲女媧的傳說很多，最著名的有：女媧補天、女媧造人、伏羲畫卦。伏羲根據天地萬物的變化，發明創造了八卦，這是中國最早的計數文字，是中國古文字的發端，結束了「結繩記事」的歷史。

　　我們仔細研究伏羲女媧圖，會發現上為日下為月，還有星宿環繞。伏羲手裡拿著尺

子，稱「矩」，女媧手裡拿的是規；規矩者，權利的象徵。合起來說明伏羲女媧揭示了宇宙至高無上的規矩——天道法則。

如果說伏羲女媧上半身指明了天道最高法則，那麼下半身則揭示了生命形態、人倫之道。蛇身交配纏繞，孕育了生命。這與生命的基本遺傳物質——DNA（脫氧核糖核酸）的分子結構不謀而合。如下圖，DNA 的分裂複製圖揭示了生命在螺旋交合後生生不息的傳承過程：生命既處於永不停息的進化、改變狀態，又保留了物種的基本形態，但以億萬年計的時間區間比較，很多物種又幾乎完全變了樣。

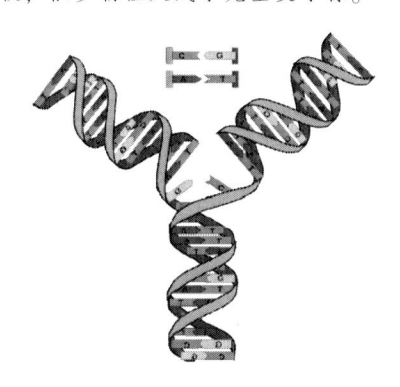

這就是古人所說的「恆久」的本意：「久」是相對的不變，「恆」通「亙」和「亙」，意思是空間隨時間交替變化、不斷延伸。彭祖說的「彼天之道，唯亙言」，總結為一句話就是「恆久的變化才是永恆之道」。當我們明白了小的進化（小變）長久累積將不可避免地產生新物種（大變）時，就明白了「權變」之道，也就「達權」了。這就是孔子「君子上達」的意思。人類社會不斷自我「改革」，就是為了適應變化。若一味固守舊制會恐遭辱沒，嚴重者被「革命」。

當我們「解剖」研究 DNA 結構的一個基本段的形態時，就得到了我們畫出的這個豎著的中庸示意圖，其實就是數學領域的正弦（餘弦）函數圖，它呼應了中國天道哲學由自然成「象」，再由「象」推理出「數」的演變路徑。由自然成「象」的案例有甲骨文和太極圖，由象到數的演變過程則借助了河圖洛書和易經八卦，孔子在後面會談到河圖洛書。參照 6.29 章闡述的中庸圖，我們已基本明白了中庸之道的含義。熙牛牛在兩根虛線「中道」的區域內隨著時間軸往上螺旋前進——「君子上達」；但若要學會靈活運用中庸之道，則還需繼續往下讀《論語》。

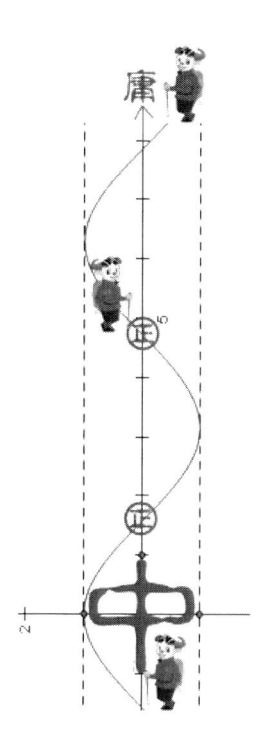

7.3

子曰：「德之不修，學之不講，聞義不能徙①，不善不能改，是吾憂也。」

【註釋】

①徙：音 xǐ，遷移。此處指用行動踐行義舉。

【譯讀】

孔子說：「（許多人）不去修為道德，不去研習學問，聽到義不能去做，有了不善的事不能改正，這些都是我所憂慮的事情。」

【熙解】

春秋末年，天下大亂，無道橫行。孔子慨嘆世人不能自見其過而自責，對此他很憂慮。他把道德修養、讀書學習、踐行道義和知錯即改幾個方面的問題並論，在他看來，四者之間有著內在聯繫——這其實就是踐行中庸之道的要求。如上一章的中庸圖所示，修德就是合道；學習就是明道的過程；徙義就是像熙牛牛那樣沿著中庸路徑走；不善而改就是當熙牛牛走到「中」的邊緣、接近「異端」時，能趕緊返回中道。這才是修為的

精髓。

　　需要警惕的是，後來有人喜歡把一些常人做不到的事當作道德標準，以此來要求人。甚至假設出一個虛無縹緲的「完美」標準，作為人生奮鬥目標，這就有違人倫了。修這樣的「德」，是永遠沒有機會踐行的，絕對「聞義不能徙」，只能用來為難自己、為難別人。

　　若拿完美的標準來要求人，其結果會造成人生錯位或分裂，與生活脫節，後果很嚴重。比如，有的人總是看不慣身邊的一切，喜歡以「傳說中」的完美要求別人，以致孤芳自賞，沉浸在自己的假想世界。世界本來就無絕對完美的，「不完美才是完美」，能不善而改善就算完美。事實上，社會永遠處於一種自我糾偏，矯而正、正又矯的動態平衡過程。我們不能脫離生活，自絕於生我養我的當下；對於生活中的不完美，與其站在道德的制高點去一味鞭笞、報怨、指責，還不如從自己做起，從身邊做起，一步一個腳印地去改變、踐行、完善。

　　一切大多數人都做不到的「道德」，都是偽道德。孔子明確提倡「述而不作」，符合天性的人之道德，是不會悖逆人性的，人倫必須符合天道。最好的道德就像空氣那麼重要，又像空氣那麼平常，讓人不用刻意去感覺空氣的存在。《道德經》曰「上德不德」，讓人感覺不到存在的道德，則是最好的道德。莊子曰「中國之君子，明乎禮義而陋於知人心」，道德並不是要任何人去做損己利人的重大犧牲，而是樂於做無損於己而又有利於人的好事。

7.4

　　子之燕居①，申申②如也，夭夭③如也。

【註釋】

　　①燕居：安居、家居、閒居。

　　②申：通「伸」，伸展。「大夫執圭而使，所以申信也。」——《禮記·郊特牲》。「形可劫而使詘申。」——《荀子·解蔽》，形容躺著舒張放鬆的樣子，也有陰陽交合的意思。

隸書—小篆—金文—甲骨文—骨刻文

　　③夭：屈也，象形字。象首夭屈之形也。甲骨文字形像一個在練太極拳的人。想想練太極拳或八段錦的樣子，就是申申夭夭。

隸書—小篆—金文—甲骨文—骨刻文

【譯讀】

孔子閒居在家裡的時候，非常放鬆舒展，陰陽調和。伸伸腿、彎彎腰，鍛煉身體悠閒自在（仿佛那時就有太極拳）。

【熙解】

孔子到底是不是在養生、練太極拳，看看申、夭的甲骨文字形就知道了。太極亦源於陰陽調和，也許那時不叫「太極」之名，但肯定有太極之實。當時河圖洛書已出現，文王演八卦已成，相應的健身導引應已出現，彭祖還是導引養身的典範。儒家文化和陰陽太極同源，孔子合道而行，以老彭為榜樣，是得道之人，掌握太極導引健身之術理所當然。孔子活到73歲，這在當時的物質生活條件下，屬於非常高壽了，應該與他的養生術有關。

【資料】

太極拳

太極拳是中華民族辯證的理論思維與武術、藝術、引導術、中醫等的完美結合，它以中國傳統儒、道哲學中的太極、陰陽辯證理念為核心思想，集頤養性情、強身健體、技擊對抗等多種功能為一體，是高層次的人體文化。

太極拳作為一種飽含東方包容理念的運動形式，是結合易學的陰陽五行之變化、中醫經絡學、古代的導引術和吐納術而形成的一種內外兼修、柔和、緩慢、輕靈、剛柔相濟的中國傳統拳術。其習練者針對意、氣、形、神的鍛煉，非常符合人體生理和心理的要求，對人類個體身心健康以及人類群體的和諧共處，有著極為重要的促進作用。

7.5

子曰：「甚矣吾衰也！久矣吾不復夢見周公[①]。」

【註釋】

①周公：姓姬名旦，周文王的兒子，周武王的弟弟，成王的叔父，魯國國君的始祖，傳說是西周典章制度的制定者，他是孔子所崇拜的聖人之一。

【譯讀】

孔子說：「我衰老得很厲害了，我好久沒有夢見周公了。」

【熙解】

周公是中國古代的聖人之一，是周朝的開國功臣，也是與三皇五帝一脈相承，孔子自稱他繼承了自堯舜禹湯文武周以來的道統，「竊比於老彭」，肩負著延續文脈的重任。這句話，表明了孔子對周公的崇敬和思念，同時也是對厚德社會的期盼。

7.6

子曰：「志於道，據於德①，依於仁，遊於藝②。」

【註釋】

①德：德者，行也。能把道貫徹到自己的行動中，合道而行就叫德。

②藝：藝一般指孔子教授學生的禮、樂、射、御、書、數等六藝，都是日常所用。這裡可泛指一切社會技藝、生活。

【譯讀】

孔子說：「以道為志向，以德為根據，以仁為憑藉，來指導豐富多彩的技藝、生活。」

【熙解】

《禮記·學記》中說：「不興其藝，不能樂學。故君子之於學也，藏焉，修焉，息焉，遊焉。夫然，故安其學而親其師，樂其友而信其道，是以雖離師輔而不反也。」這個解釋闡明了這裡所謂的「遊於藝」的意思。孔子培養學生，就是以道為本，德、仁為綱，以六藝為目，使學生能夠得到全面均衡的發展。「藝」可進一步泛指一切社會技藝、活動。

簡單的12個字，從道德逐級落實到行動，聯繫到生活之事，將天道與人倫之間的橋樑搭起來了，指明了天人合一、知行合一的實操路徑。合道而行，是人類社會，同時也是一切生物世界的運行法則。現代社會有的人學了一大堆「藝」，但連基本的「德」都沒有了，這是舍本逐末的不可取的做法。

7.7

子曰：「自行束脩①以上，吾未嘗無誨焉。」

【註釋】

①束脩：脩，音xiū，古代「束脩」的本意是指小孩長大了，能自己整理衣冠、束帶修飾，生活自理了。《鹽鐵論·貧富》：「余結髮束脩，年十三，幸得宿衛，給事輦轂之下。」束脩也指自我約束修養。《後漢書·胡廣傳》：「廣才略深茂，堪能撥煩，願以參選，紀綱頹俗，使束脩守善，有所勸仰。」曹操《謝襲費亭侯表》：「臣束脩無稱，統御無績。」《晉書·夏侯湛傳》：「惟我兄弟姊妹，束脩慎行，用不辱於冠帶。」

【譯讀】

孔子說：「只要能生活自理，潔身自好，且誠心向學的人，我從來沒有不教的。」

【熙解】

俗話說「道不叩門」，一個人若沒有向文明教化靠攏的心意，你怎麼教他都沒用。有人說束脩就是十條干肉，說孔子要求他的學生，初次見面時要拿十條干肉作為學費，這個理解有偏差。要交學費無可厚非，願意付出代價來學習文明禮樂也是一種誠意，但此處「束脩」並不是指學費。

束髮修飾、自我約束修養則意味著開始主動向「文明教化」靠攏了，邁出了「志於道」的第一步。只要誠心向學向道，接受禮樂文明的教化，孔子沒有不願教的。這表明孔子對誠心向道的人倍加愛護，為建設厚德社會孜孜以求、身體力行。

束，也包括束頭髮，意味著脫離披頭散髮的「野孩子」狀態，誠心學文了。因為春秋時代仍然有不少「原始人」保留著披頭散髮的「質樸」生活狀態，他們是不會「學文」的。孔子講究述而不作，其實是順勢而為思想，誠心向道的孺子才可教，而且，實際教學中傳道的時機也是順勢而為，請看下一章。

7.8

子曰：「不憤①不啓，不悱②不發。舉一隅③不以三隅反，則不復也。」

【註釋】

①憤：苦思冥想而仍然領會不了的樣子。
②悱：音 fěi，想說又不能明確說出來的樣子。
③隅：音 yǔ，角落。

【譯讀】

孔子說：「教導學生，不到他想弄明白而不得的時候，不去開導他；不到他想出來卻說不出來的時候，不去啓發他。教給他一個方面的東西，他卻不能由此而推知其他三個方面的東西，那就不再多說了。」

【熙解】

這章再一次體現出了孔子順勢而為的教學思想。知之者不如好之者，時候到了，心念到了，學生有了某項求知欲時，順勢教學的效果最好。

我們在生活中經常會有這種情況：自以為剛獲得的新知識、瞭解的新事物原來在生活中早就無處不在，以前的自己竟然對其熟視無睹。這就是不憤不啓。心念到了，一切的門都向你打開了——憤則啓。

在《雍也》一篇第21章中，孔子說：「中人以上，可以語上也；中人以下，不可以語上也。」這一章繼續談他的教育方法。孔子提出了「啓發式」教學的思想。從教學方面而言，他反對「填鴨式」「滿堂灌」的做法，要求學生能夠「舉一反三」，在學生充分進行獨立思考的基礎上，再對他們進行啓發、開導。這是符合教學基本規律的，而且

具有深遠的影響，在今天教學過程中仍須借鑑。

7.9、7.31[1]

　　子食於有喪者之側，未嘗飽也。子於是日哭，則不歌。
　　子與人歌而善，必使反之，而後和之。

【註釋】
　　①將《論語》通行本 7.31 章與 7.9 章承接「歌」，重新排序後文章更嚴謹，估計是後人在整理竹簡時誤編到後面去了。這裡將 7.31 章移到 7.9 章之後，但保留原序號，以示區別。

【譯讀】
　　孔子在有喪事的人旁邊吃飯，不曾吃飽過。孔子在這一天為吊喪而哭泣，就不再唱歌（心有戚戚）。
　　孔子與別人一起唱歌，如果唱得好，一定要請他再唱一遍，然後和他一起唱。

【熙解】
　　生活中更多的「不作」的場景，提醒我們要善於察言觀色。在辦喪事的場合，人家在悲傷地哭，你若還講笑話，那肯定是很不和諧的輕浮之「作」。
　　再比如穿衣搭配顏色，要盡量順著色譜來，若跨色譜搭配太「跳躍」，可能就不好看了，顯得突兀或俗不可耐了。人們在工作中設計幻燈片文檔，若字體顏色圖片太亂，也是「亂作」，會給人不踏實的感覺。所以，優秀的設計師一定要學《論語》，學國學，掌握「述而不作」順勢而為的自然美學。

7.10

　　子謂顏淵曰：「用之則行，舍之則藏[1]，惟我與爾有是夫[2]！」子路曰：「子行三軍[3]，則誰與[4]？」子曰：「暴虎[5]馮河[6]，死而無悔者，吾不與也。必也臨事而懼[7]，好謀而成者也。」

【註釋】
　　①舍之則藏：舍，避於舍（屋裡），泛指棄之不用。藏，隱藏。
　　②夫：語氣詞，相當於「吧」。
　　③三軍：當時大國所有的軍隊，每軍約一萬二千五百人。
　　④與：在一起的意思。
　　⑤暴虎：空拳赤手與老虎進行搏鬥。

⑥馮河：無船而徒步過河。
⑦臨事不懼：懼是謹慎、警惕的意思。遇到事情便格外小心謹慎。

【譯讀】

孔子對顏淵說：「用我呢，我就去干；不用我，我就隱起來，只有我和你才能做到這樣吧！」子路問孔子說：「老師您如果統帥三軍，那麼您和誰在一起共事呢？」孔子說：「赤手空拳和老虎搏鬥，徒步涉水過河，死了都不會後悔的人，我是不會和他在一起共事的。我要找的，一定要是遇事謹慎處理，有勇有謀而成事之人。」

【熙解】

顏淵真是夠賢的了，叫他做事的時候就做事，沒事就躲在屋子裡不出來。可惜他只學到了孔子的「形」，變成了唯唯諾諾，消極退縮。孔子遠比他積極、靈活，進退有據。這個時候，孔子還不忘鼓勵一下顏淵。

子路則是一貫的「向前衝」性格，主動示勇：「師傅，打戰我最行！」不料孔子當頭給他澆了一瓢冷水。孔子說不與「暴虎馮河，死而無悔」的人在一起去統帥軍隊。因為在他看來，這種人雖然視死如歸，但有勇無謀，是不能成就大事的。「勇」是孔子道德範疇中的一個德目，但勇不是蠻干，「臨事知懼，好謀而成」的人才是智勇兼有的人。

7.11

子曰：「富①而可求②也，雖執鞭之士③，吾亦為之。如不可求，從吾所好。」

【註釋】

①富：指升官發財。
②求：指合於道，可以去求。
③執鞭之士：古代為天子、諸侯和官員出入時手執皮鞭開路的人。意思指地位低下的職事。

【譯讀】

孔子說：「如果富貴合乎於道就可以去追求，雖然是給人執鞭的下等差事，我也願意去做。如果富貴不合於道就不必去追求，那就還是按我的愛好去干事。」

【熙解】

孔子在這裡又提到富貴與道的關係問題。從此處可以看到，孔子不反對做官，不反對發財，但必須符合於道，不取不義之財，這是「據於德」的原則問題，絕不能違背原則去追求富貴榮華。

順於道義，做自己喜歡做的事情，比什麼都重要。用現代的話說，勞動不分貴賤，

129

勞動最光榮。

7.12

子之所慎：齊①、戰、疾。

【註釋】

①齊：音 zhāi，同齋，齋戒。古人在祭祀前要沐浴更衣，不吃葷，不飲酒，不與妻妾同寢，整潔身心，表示虔誠之心，這叫作齋戒。

【譯讀】

孔子所謹慎小心對待的是齋戒、戰爭和疾病這三件事。

【熙解】

齋戒、戰爭和疾病這三件事都不是小事，肯定要慎重了。這裡是要注意區分，「慎戰」並不是後世有人誤解的「棄戰」，陷入偽道，害人害己。戰與和之間，孔子從來是主張互為牽制的。

7.13

子在齊聞《韶》①，三月不知肉味。曰：「不圖為樂之至於斯也。」

【註釋】

①《韶》：舜時古樂曲名。

【譯讀】

孔子在齊國聽到了《韶》樂，有很長時間都不想吃肉，他說：「想不到《韶》樂的美達到了這樣迷人的地步。」

【熙解】

《韶》樂是當時流行於貴族當中的古樂。孔子對音樂很有研究，音樂鑒賞能力也很強，他聽了《韶》樂以後，說它是盡善盡美，比吃肉都爽，以致自己在很長時間內都不思肉的滋味。這當然是一種形容的說法，但他欣賞古樂已經到了「知音」的程度，與其說他在音樂方面有高深造詣，還不如說他「成於樂」的境界，止於至善者才能與盡善盡美之樂產生共鳴。

「共鳴」的境界不是靠研究出來的，而是靠修為而來。功夫在詩外，這是「遊於藝」的最高境界了。

7.14

冉有曰：「夫子為①衛君②乎？」子貢曰：「諾③，吾將問之。」入，曰：「伯夷、叔齊何人也？」曰：「古之賢人也。」曰：「怨乎？」曰：「求仁而得仁，又何怨？」出，曰：「夫子不為也。」

【註釋】
①為：這裡是幫助的意思。
②衛君：衛出公輒，是衛靈公的孫子。公元前492—前481年在位。他的父親因謀殺南子而被衛靈公驅逐出國。靈公死後，輒被立為國君，其父回國與他爭位。
③諾：答應的說法。

【譯讀】
冉有（問子貢）說：「老師會幫助衛國的國君嗎？」子貢說：「嗯，我去問他。」於是就進去問孔子：「伯夷、叔齊是什麼樣的人呢？」（孔子）說：「古代的賢人。」（子貢又）問：「他們有怨恨嗎？」（孔子）說：「他們求仁而得到了仁，為什麼有怨恨呢？」（子貢）出來（對冉有）說：「老師不會幫助衛君。」

【熙解】
衛國國君輒即位後，其父與其爭奪王位，這件事恰好與伯夷、叔齊兩兄弟互相讓位形成鮮明對照。這裡，孔子讚揚伯夷、叔齊，即是對衛出公父子違反等級名分、爭權奪利不滿。孔子對這件事給予評判的標準就是「不仁」，當然不會去幫忙。這裡子貢的問話藝術再次體現，也反應出子貢已經讀懂、讀通孔子思想了——「依於仁」。

7.15

子曰：「飯疏食①飲水，曲肱②而枕之，樂亦在其中矣。不義而富且貴，於我如浮雲。」

【註釋】
①飯疏食，飯，這裡是「吃」的意思，作動詞。疏食即粗糧。
②曲肱：肱，音gōng，胳膊，由肩至肘的部位。曲肱，即彎著胳膊。

【譯讀】
孔子說：「吃粗糧，喝白水，彎著胳膊當枕頭，樂趣也就在這中間了。用不正當的手段得來的富貴，對於我來講就像是天上的浮雲一樣。」

【熙解】

　　孔子是一個樂觀積極的人，即使貧窮，也能「貧而樂」，不以貧為恥，無論何時都要樂觀積極向上。同時，他還提出，不符合於道義的富貴榮華，他是堅決不予接受的，也不會去強求。對待這些東西，如天上的浮雲一般。這依然是「據於德」的要求。

7.17

　　子曰：「加①我數年，五十以學《易》②，可以無大過矣。」

【註釋】

　　①加：給予的意思。
　　②易：指《易經》。

【譯讀】

　　孔子說：「再給我幾年時間，到五十歲學習《易》，我便可以沒有大的過錯了。」

【熙解】

　　孔子自己說，「五十而知天命」，可見他把學《易》和「知天命」聯繫在一起。他主張認真研究《易》，是為了使自己的言行符合於「天道」。《史記·孔子世家》中說，孔子「讀《易》，韋編三絕」。他非常喜歡讀《周易》，曾把穿竹簡的皮條翻斷了很多次。《易傳》是一部戰國時期解說和發揮《易經》的論文集，其學說就是本於孔子，具體成於孔子後學之手。《易傳》共7種10篇，它們是《彖（tuàn）傳》上下篇、《象傳》上下篇、《文言傳》《繫辭傳》上下篇、《說卦傳》《序卦傳》和《雜卦傳》。自漢代起，它們又被稱為「十翼」。

　　我們在6.1章說過，連接天理與人倫之間的最佳紐帶，闡述最為精微的是《易傳》，是孔子及其弟子根據《易經》和老子的哲學思想融會貫通編撰而成。讀《易》後「無大過」則意味著不會做失道逆天的事，達到真正的「不作」境界。有人說過早讀《易經》，參透「天機」，會遭「天譴」。其實遭「天譴」不是因為參透「天機」，而是因為無知無畏，逆天妄為才遭「天譴」，亦即大自然的懲罰。大自然的法則是「順之者昌，逆之者亡」，參透「天機」後只要堅持道法自然，順勢而為，反而是有助於繁榮與和諧的。

7.17

　　子所雅言①：《詩》、《書》、執禮，皆雅言也。

【註釋】

①雅言：周王朝的京畿之地在今陝西地區，以陝西語音為標準音的周王朝的官話，在當時被稱作「雅言」。孔子平日談話時用魯國的方言，但在誦讀《詩》《書》和贊禮時，則以當時陝西語音為準。

【譯讀】

孔子有時講雅言，讀《詩經》、念《尚書》、執掌贊禮時，用的都是雅言（古代「普通話」）。

【熙解】

漢字的偉大之處在於，無論有多少種讀音或方言，字都是那個字，意思明擺著。漢字既有地域方言特色，又統一表達思想。它是一個強有力的紐帶，既縱向連接古今，又橫向連接華夏大地。這是中華文明能延續數千年而不斷的秘訣之一，是我們引以為豪的最大的遺產之一。

西方一個漢學家曾經說，中國人太幸福了，隨便一個受過文化教育的人都能大概讀懂2,000年前的文獻，這在英語國家是不可能的。英語國家許多人現在看莎士比亞時期的著作都看不懂。為什麼呢？因為他們的文字是記音的，是憑空創造的，聲音會不停地變，一變就看不懂了。而我們的漢字是從自然現象演繹出的「象」形字，大道不易變，稍微一教就能知道。

【史料】《尚書》

《尚書》，最早書名為《書》，約成書於前五世紀，傳統《尚書》由伏生傳下來。考證為上古文化「三墳五典」遺留著作。《尚書》被列為重要核心儒家經典之一，「尚」即「上」，《尚書》就是上古的書，它是中國上古歷史文獻和部分追述古代事跡著作的匯編。

《尚書·大禹謨》記載十六個字的中華心法。內容是：「人心惟危，道心惟微；惟精惟一，允執厥中。」即中華文化傳統中著名的「十六字心傳」，中華民族的文化核心與靈魂。

孔子晚年集中精力整理古代典籍，將上古時期的堯舜一直到春秋時期秦穆公時期的各種重要文獻資料匯集在一起，經過認真編選，選出100篇，重新命名為《尚書》。這就是百篇《尚書》的由來。相傳孔子編成《尚書》後，曾把它用作教育學生的教材。

在儒家思想中，《尚書》具有極其重要的地位。但實際上西漢學者用二十八宿比喻伏生今文《尚書》二十八篇，《尚書》百篇之說乃後起。

秦始皇統一中國後，發布焚書令，禁止民間收藏圖書，凡是民間收藏的《詩》、《書》及諸子百家的著作，全都要送交官府，集中燒毀。秦代的焚書給《尚書》的流傳帶來毀滅性打擊，原有的《尚書》抄本幾乎全部被焚毀。漢代重新重視儒學，由秦博士伏生口授、用漢代通行文字隸書寫的《尚書》，共28篇，人們稱之為今文《尚書》。

西漢時期，相傳魯恭王在拆除孔子故宅一段牆壁時，發現了另一部《尚書》，是用先秦六國時的字體書寫的，人們稱之為古文《尚書》。古文《尚書》經過孔子後人孔安國的整理，篇目比今文《尚書》多16篇。

然而，在西晉永嘉年間的戰亂中，今、古文《尚書》全都散失了。東晉初年，豫章內史梅賾（zé）給朝廷獻上了一部《尚書》，包括今文《尚書》33篇（梅賾從原先的28篇中析出5篇）、古文《尚書》25篇，及一篇《孔安國傳》和一篇《尚書序》，當時《秦誓》一篇已佚，所以這部《尚書》共有59篇。現今流傳兩千多年的《尚書》，大多是根據梅賾所獻的這個本子編修。

7.18

葉公①問孔子於子路，子路不對。子曰：「女奚不曰，其為人也，發憤忘食，樂以忘憂，不知老之將至云爾②。」

【註釋】

①葉公：葉，音shè。葉公，羋姓，沈尹氏，名諸梁，楚國的大夫，封地在葉城（今河南葉縣南），所以叫葉公。

②云爾：云，代詞，如此的意思。爾同耳，而已，罷了。

【譯讀】

葉公向子路問孔子是個什麼樣的人，子路答不上。孔子（對子路）說：「你為什麼不這樣說：他這個人，發憤用功，連吃飯都忘了；樂觀生活，忘記了憂愁，連自己快要老了都不知道，如此而已。」

【熙解】

這一章裡孔子自述其心態，「發憤忘食，樂以忘憂」，連自己老了都覺察不出來。孔子歷世修為悟道，不執不迷，是典型的樂觀主義者，他不為身旁的小事而煩惱，表現出積極向上的精神面貌。樂觀的人不易老，心態永遠年輕，當然不知老之將至了。

【典故】葉公好龍

「葉公好龍」（shè【yè】gōng hào lóng）是個成語，比喻自稱愛好某種事物，實際上並不是真正愛好，甚至是懼怕、反感。出自漢·劉向《新序·雜事》。

葉公原名沈諸梁，羋姓，沈尹氏，名諸梁，字子高，春秋末期楚國軍事家、政治家，約生於公元前550年。因其被楚昭王封到古葉邑（今河南省平頂山市葉縣葉邑鎮）為尹而復姓葉（shè）陽，又名葉陽子，故史稱葉公。葉公在葉地治水開田，頗具治績。葉公曾平定白公之亂，擔任楚國宰相。因楚國封君皆稱公，故稱葉公。葉公是全世界葉姓華人的始祖，也是中國歷史上有文字記載以來的葉地第一任行政長官。

「葉公好龍」這個成語來自葉公政敵後人貶低葉公沈諸梁的典故。當時漢朝盛行儒家思想，但葉公是道家思想，所以被說成反面人物（因後世儒家故步自封、畫地為牢，認識不到儒、道乃一脈相承）。葉公曾組織修築早於都江堰200多年、早於鄭國渠300多年的中國現存最早水利工程東西陂。據考證，葉公所畫之「龍」實為水利工程圖。

當時，葉公到葉邑上任不久，便瞭解到該地水患嚴重，百姓苦不堪言。由於竹簡不適合畫水利施工圖，他只能將自家的牆壁作為圖紙，畫溝繪渠。又，葉公考慮到龍王是主管行雲降雨的靈異神物，便在每個出水口畫上龍，並稱之為「水龍頭」，以求風調雨順。與此同時，前來拜訪的客人絡繹不絕。有的客人見到牆壁上的水利施工圖，不解其意，且又對葉公的地位、聲譽暗生嫉妒，他們在出了葉公家的大門後，逢人便說：「人人皆知龍能騰雲駕霧，而葉公卻畫龍不畫雲，可見他並不真的喜歡龍。」

至漢朝時，文人劉向根據此事，在其所編的《新序・雜事》中，寫下了「葉公見龍而走」的段子，成為後世「葉公好龍」之說的來源。

公元前479年，楚國發生了白公勝叛亂，葉公率葉地之軍前來討伐，入都城北門，率軍勤王，打敗白公勝，救出君主，重振國風，被楚惠王封為令尹與司馬，掌握全國文武大權。葉公不迷戀權位，後將令尹一職讓給公孫甯（nìng），司馬一職讓給公孫寬，自己退居葉地，安享晚年。

7.19、7.20

子曰：「我非生而知之者，好古，敏以求之者也。」
子不語怪、力、亂、神。

【譯讀】

孔子說：「我不是生來就有知識的人，而是愛好古代的東西，勤奮敏捷地去求得知識的人。」

孔子不談論怪異、暴力、變亂、鬼神。

【熙解】

在孔子的觀念當中，「上智」就是「生而知之者」，但他卻否認自己是生而知之者。他之所以成為學識淵博的人，在於他愛好古代流傳下來的學說，而且勤奮刻苦，思維敏捷，能溫故而知新。《述而》開篇我們就瞭解到，孔子繼承、發展了彭祖以及上古的哲學思想，由此產生了中庸和諧的行為準則。孔子的因材施教方針、以德為重的理念，都是源自於彭祖以及上古傳說和歷史資料。

彭祖以陰陽合和產生新事物為「神」，認為「神」是神祕的客觀規律，並不承認有鬼神。孔子也無所謂信不信鬼神，也許在他看來，所謂「鬼神」，都只不過是人們的認知水準還不能理解那些神祕的事情罷了，這已超出人倫範疇。既然不懂，就乾脆不談或少談了。

《論語》書中，很少見到孔子談論怪異、暴力、變亂、鬼神，如他「敬鬼神而遠之」等。但也不是絕對的。他偶爾談及這些問題時，都是有條件的，有特定環境的。與上一句結合理解，孔子是相信有「生而知之」的人的，這一類人涉及「神通」的特異功能，比如公冶長天生能通鳥語。這種能力不是靠語言文字就可學到的，需要看機緣，多說無益，越說越亂。

7.21

子曰：「三人行，必有我師焉。擇其善者而從之，其不善者而改之。」

【譯讀】

孔子說：「三人同行，其中必定有人可以做我的老師。我選擇他好的地方向他學習，看到他不好的地方就作為借鑑，改掉自己的缺點。」

【熙解】

孔子的「三人行，必有我師焉」這句話，受到後人的極力讚賞。他虛心向別人學習的精神十分可貴，但更可貴的是，他不僅要以善者為師，而且以不善者為鏡鑒，取長補短，有則改之無則加勉。這句話提醒我們要善於發現別人的長處，這對於職場識人用人，知人善用有很大的啓發意義。

7.22

子曰：「天生德於予，桓魋①其如予何？」

【註釋】

①桓魋：魋，音 tuí，任宋國主管軍事行政的官——司馬，是宋桓公的後代。

【譯讀】

孔子說：「上天把德賦予了我，桓魋能把我怎麼樣？」

【熙解】

公元前492年，孔子從衛國去陳國時經過宋國。桓魋聽說以後，帶兵要去害孔子。當時孔子正與弟子們在大樹下演習周禮的儀式，桓魋砍倒大樹，做出要殺孔子的樣子，孔子連忙在學生保護下，離開了宋國，在逃跑途中，他說了這句話。他認為，自己是有仁德的人，而且是上天把仁德賦予了他，所以桓魋對他是無可奈何的。此時的孔子年屆60，說這句話不知是笑談還是真的信天命了。不管怎樣，作為有驚無險後的自我安慰之言也是可以理解的。那麼為什麼桓魋要追殺孔子呢？請看下一章。

【典故】城門失火，殃及池魚

「宋君亡珠，殃及池魚」，便源於商丘桓氏。《呂氏春秋·必己》記載，在桓魋任宋國司馬期間，衛國大叔疾奔宋，作桓魋之臣，送給桓魋很多美珠。宋景公得知後將桓魋找來，讓他把寶珠繳公。桓魋說：「他是投我來的，送給我的寶貝為什麼要交公？」宋景公說：「他攜寶投你，是因為你是宋國司馬，可以保護他。你的職位是國君封的，所以那寶珠應該歸公。」桓魋不答應，宋君派人去抄家，也沒有抄出寶珠，只好逼問桓魋把寶珠藏到哪裡去了。桓魋說：「扔到魚池裡了。」宋君下令：汲干魚池的水，細細尋找。結果沒有找到，一池子的魚卻遭到意外的災難。以後人們便把「宋君亡珠，殃及池魚」用來形容因飛來橫禍無辜被牽連受害，並簡化成「池魚之禍」或「殃及池魚」。

後來，北齊·杜弼《檄梁文》引用「殃及池魚」：「但恐楚國亡猿，禍延林木，城門失火，殃及池魚。」於是，殃及池魚就演變為「城門失火，殃及池魚。」比喻無辜被連累而遭受災禍。

7.23

子曰：「二三子①以我為隱乎？吾無隱乎爾。吾無行而不與二三子者，是丘也。」

【註釋】

①二三子：這裡指孔子的學生們。

【譯讀】

孔子說：「學生們，你們以為我對你們有什麼隱瞞的嗎？我是絲毫沒有隱瞞的。我沒有什麼事不是和你們一起干的。我孔丘就是這樣的人。」

【熙解】

此時孔子帶弟子們周遊列國到了宋國。孔子為什麼會說這句話？大概是有學生疑惑孔子為何會被司馬桓魋追殺，以為有什麼難以言說的原因。於是孔子才說沒什麼隱瞞的，估計連他自己都不清楚為什麼會被追殺。

宋景公在位時，桓魋為宋國司馬，主管軍事行政。《左傳》記載，桓魋兄弟五人：向巢、桓魋、子牛（司馬牛）、子頎、子車。因宋桓公有個兒子叫胎，字向父，向父的後人有的稱向氏，桓魋的大哥向巢便是其一。桓魋原稱向魋，後來改為桓魋。桓魋兄弟五人當時在宋國都是令人仰慕的。老大向巢任宋國左師，是名義上的軍隊統帥。老二桓魋為司馬，握有兵馬實權。老三子牛身為貴族，是孔子的學生，也有自己的封邑。老四子頎和老五子車跟著在宋景公面前最為受寵的老二桓魋做事，也是當時威名顯赫的風雲人物。當時的桓氏家族是蓬勃興旺的望族，權勢炙手可熱。此時是商丘桓氏最輝煌的

時代。

原來，孔子與宋景公原系同宗同族，宋景公知道孔子天下聞名，門下有數十名文武兼備的弟子，如果把他們師徒長久地留在宋國做事，便可使宋國不再受大國的欺凌。宋景公準備出城迎接孔子。桓魋卻怕孔子師徒來後會取代他們的權勢，對宋景公說：「孔丘在魯，父母之邦，官為大司寇，兼攝相事，位極人臣，然而卻要辭官出走，可見其野心非小。他在衛國五年，衛靈公對他敬而不用，可見衛國看透了他。宋不及衛大，不若魯強，孔丘師徒不速而自來，狼子野心豈不昭然若揭了嗎？」

宋景公說：「孔子是當今聖人，哪會做犯上作亂之事？眼下宋國正在用人之際，有他們這一班文武干才，豈不可以對外徵戰，對內安邦？」桓魋說：「我主若收納孔子師徒，委以重任，他們一旦發起難來，誰能抵禦？這無異於引狼入室。」桓魋竟不經宋景公同意，帶領人馬去追殺恐嚇孔子。結果孔子被趕出宋國，宋景公怏怏不快。

孔子真是君子無罪，懷璧其罪啊！

【典故】匹夫無罪，懷璧其罪

匹夫無罪，懷璧其罪，原指揣財致禍。後也比喻有才能而遭受嫉妒和迫害。

《春秋左傳·桓公十年》記載：當初，虞叔有塊寶玉，虞公想要得到，虞叔沒有給他，而後虞叔為此感到後悔，說：「周朝的時候有句諺語說：『一個人本來沒有罪，卻因為擁有寶玉而獲罪。』」於是就把寶玉獻給了虞公。

可是，虞公又來索要虞叔的寶劍，虞叔說：「這實在是貪得無厭。如此貪得無厭，將會給我帶來殺身之禍。」於是就發兵攻打虞公。所以，虞公出逃到共池那個地方去了。

7.24

子以四教：文①、行②、忠③、信④。

【註釋】

①文：文獻、古籍等，泛指文化教化。
②行：指德行，也指社會實踐方面的內容。
③忠：盡己之謂忠，對人盡心竭力的意思。
④信：以實之謂信。誠實的意思。

【譯讀】

孔子以文化、行為、忠、信四項內容教授學生。

【熙解】

孔子注重文化、文明禮樂的學習和教化，但僅有書本知識還不夠，還要重視社會實踐活動，知行合一。所以，從《論語》書中，我們可以看到孔子帶領他的學生周遊列

國，一方面向各國領導者進行遊說，一方面讓學生在實踐中增長知識和才干。讀萬卷書還要行萬里路。但書本知識和實踐活動仍不夠，還要養成忠、信的德行，即對待別人的忠心和與人交際的信實。概括起來講，就是書本知識、社會實踐和道德修養三個方面結合。

這章其實是對前面教人怎樣認知、踐行中庸思想的概括總結。文，是學習、教化，針對德之不修，學之不講；行，是修行、實踐，防止聞義不能徙；忠，是忠於中道，別攻乎異端、走偏了。信，是指不背叛既定原則，見不善能改，能及時返回中道。

7.25

子曰：「聖人，吾不得而見之矣；得見君子者，斯①可矣。」子曰：「善人，吾不得而見之矣；得見有恒②者，斯可矣。亡而為有，虛而為盈，約③而為泰④，難乎有恒矣。」

【註釋】

①斯：就。
②恒：《詩經‧小雅‧天保》：「如月之恒，如日之升。」本意為月亮漸趨盈滿又復歸虛弦，比喻永遠盈虛往復變化。又通「亙（gèn）」，亙：指空間和時間上交替永恆，綿延不斷。月亮弦、望有常，於是有了長久、持久的意思。引申指恒心。

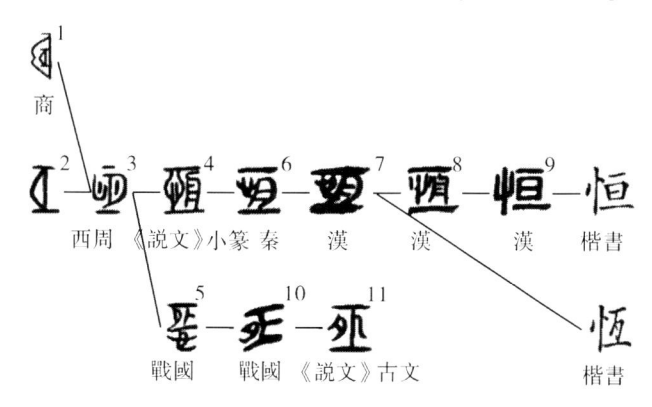

③約：簡樸。
④泰：通達的意思。

【譯讀】

孔子說：「聖人我是不可能看到了，能看到君子，這就可以了。」孔子又說：「真正的善人我是看不到的，能見到有恒心的人，這也就可以了。一心只想從沒有變成有，空虛變成充實，困頓變成通達富足，這樣的人是難於有恒的。」

【熙解】

　　現實中找到孔子觀念中的「聖人」幾乎不可能，遠古的「聖人」也不一定就那麼完美。「善人」就更難以定義了，就像「仁」一樣，可以在某方面「仁」，但很難說他就是「仁人」了，實際中的人經常是在善與不善之間自我調整、糾偏。到底能做到什麼程度的「善」，這依賴於後天教化與自我修為。孔子所處的時代，自私自利的人太多，都一心想著撈好處，只進不出，企圖永久佔有，成了守財奴。這也反應出當時的人太缺乏安全感，總想著集財「過冬」。

　　什麼叫有恒呢？《易經》六十四卦第三十二卦，叫恒卦。「恒」源自於「亙」，象形文字，反應月亮的陰晴圓缺。月亮弦、望交替有常，於是有了長久、持久的意思，即為恒。後世的人把「永久不變」當成了有恒的重點，其實是片面的、不對的。「亙」指空間和時間上綿延不斷，交替變化。它包含兩個重點：一是外延永久，連綿不絕；二是內在一直在變，無有之間、虛盈之間交替往復，但每一個點都是新的。簡單地說，只有變才是永恆的。

　　還記得6.29章和7.2章關於中庸的解釋嗎？庸也是表示隨時令更換。交替變化，綿綿不斷。東漢王充《論衡·量知》：恒絲庸帛。形容用一根絲線連綿往復，能編織出任意長的帛巾。這其實也是「有恒」的意思。彭祖曰：「彼天之道，唯亙言。」可見，中庸之道在孔子以前被稱為「恒」道。《道德經》首句「道，可道也，非恒道也」也是講的「恒」道。再一次證明了孔子的中庸人倫之道與老子的自然之道一脈相承。

　　明白了「有恒」的本意，就不難理解孔子的這句話了。當時的人，大多執著於「有」和「滿」，企圖永久佔有、一勞永逸，不思散財濟世，只求單向滿足，懷居佔有，不知興衰交替，這難道是知恒有恒的表現嗎？

7.26

　　子釣而不綱①，弋②不射宿③。

【註釋】

　　①綱：提網的總繩。《書·盤庚》：「若網在綱，有條而不紊。」這裡作動詞用，借指用網捕魚。還有一種說法，說在大繩上系許多魚鉤來釣魚叫綱。

　　②弋：音yì，用帶繩子的箭來射鳥。

　　③宿：指歸巢落宿的鳥兒。鳥類一般都站在樹枝上睡覺，只有產卵或孵化、喂養小鳥時才會落宿鳥巢。

【譯讀】

　　孔子只用釣竿釣魚，而不用（細密的）漁網捕魚。只射飛鳥，不射歸巢繁殖期間的鳥。

【熙解】

很多人都認為，鳥巢是鳥兒睡覺的地方。但這種說法僅僅是想當然，沒有科學根據。動物學家在觀察鳥類生活習性時發現，許多鳥兒並不在鳥巢中過夜，就連狂風暴雨的時候也不到巢中藏身。例如野鴨和天鵝，夜晚時總把脖子彎曲著，將腦袋夾在翅膀之間，身體漂浮在水面上睡覺。而鶴、鸛、鷺等長腳鳥類，則喜歡站在地上睡覺。

棲息在樹上的鳥類，它們一般都是用爪子抓緊樹枝睡覺。鳥也和人類一樣，睡眠時全身肌肉放鬆，但它們為什麼不會摔下來呢？原來，奧妙就在鳥的腿腳上。樹棲鳥類的腳，有一個鎖扣機關，長有屈肌和筋腱，非常適合抓住樹枝。當鳥全身放鬆蹲下睡覺時，它能用身體的重壓使腳趾自動緊握住樹枝，這樣只管放心睡覺，萬無一失，摔不下來。當鳥兒睡醒後站立起來時，它腿上的肌腱又重新舒展開。同時，鳥類為了適應環境的需要，在長期的飛翔生活中練就了一套高超的平衡本領，這也是它能在睡眠時不會從樹上摔下來的原因。

雖然鳥類一般不在鳥巢裡睡覺，但它們產卵、孵化、餵養後代時卻需要鳥巢的保護，鳥巢就像鳥兒的「育嬰房」。（還記得1.1章「學而時習之」嗎？說的就是小鳥練習起飛）。比如小時候農村家裡牆上燕子壘的窩，都是在孵化完小燕子，小燕子能飛以後，燕窩就被空置棄用了。

所以，只用釣竿釣魚，而不用網捕魚，其實就像現代的「休漁期」規定一樣，避開魚類繁殖期。不射殺宿於巢中的鳥，也是為了不破壞鳥類繁衍行為。人類要有不涸澤而漁、不趕盡殺絕的仁心，這是符合自然界生生不息原則的，否則會打破生態鏈平衡。《易傳》曰：「天地之大德曰生。」「生生之謂易。」講的就是生生不息的易變之道。從這章我們也再次認識到，孔子提倡的「仁」，是與天道自然科學一脈相承的。人們修為「仁德」的過程，就是認識自然，並將自然之道應用於人倫之道的過程。

中國古代還有一條規定——「秋後問斬」，即對死刑犯不立即處死，都要等到秋季以後再行刑。為什麼呢？因為春季是陽氣生發的季節，夏季是生長的季節。只有秋季是開始收穫和枯萎的季節。秋冬季大自然漸生肅殺之氣，此時問斬犯人，也是人倫綱常順應自然界時令氣候的體現。不逆不作。

《典故》：秋後問斬

中國歷史上，有關「秋冬行刑」的記載，最早見於《左傳·襄公二十六年》。而關於刑殺與時令的論述，最早見於《禮記·月令》：「仲春之月……毋肆掠，止獄訟……涼風至，白露降，寒蟬鳴，鷹乃祭鳥，用始行戮。」

漢儒董仲舒則在《春秋繁露》中將這個含義上升到理論高度，「王者配天，謂其道。天有四時，王有四政，四政若四時，通類也。天人所同有也。慶為春，賞為夏，罰為秋，刑為冬。」認為慶、賞、罰、刑為帝王的四種執政行為，要與四季變化相適應。董仲舒認為，春夏應該行賞，秋冬才可行刑，此即後來所說的「秋後問斬」。

古代設官、立制不僅要與天意相和諧，刑殺、赦免也不能與天意相違背。春夏是萬物滋育生長的季節，秋冬是肅殺蟄藏的季節。古人認為，這是宇宙的秩序和法則，人間

的司法也應當適應天意，順乎四時。其實，這都是源自於孔子「述而不作」，以及老彭「未則於天，敢為為人?」的思想。

7.27

本章已移至7.1章後面，與原文緊密契合，估計通行本因為錯簡所致。

7.28

互鄉①難與言，童子見，門人惑。子曰：「與②其進也，不與其退③也，唯何甚？人潔己④以進，與其潔也，不保其往⑤也。」

【註釋】
①互鄉：地名，具體所在已無可考。
②與：贊許。
③進、退：一說上進、退步；一說進見請教，退出以後的作為。
④潔己：潔身自好，努力修養，成為有德之人。
⑤不保其往：保，一說擔保，一說保守。往，一說過去，一說將來。

【譯讀】
(孔子認為) 很難與互鄉那個地方的人談話，但互鄉的一個童子卻受到了孔子的接見，學生們都感到迷惑不解。孔子說：「我是肯定他的上進心，不是肯定他的倒退。何必做得太過分呢？人家改正了錯誤以求上進，我們肯定他改正錯誤，不要死抓住他的過去不放。」

【熙解】
孔子時常向各地的人宣傳他的思想主張。但在互鄉這個地方，就有些行不通了，好不容易發現一個好學的人，所以他說：「與其進也，不與其退也」，對他的上進心表示贊許。

「人潔己以進，與其潔也，不保其往也」，他認為不應死抓著過去的錯誤不放，表明孔子喜歡積極樂觀向前看的人，愛護其上進心，符合「自行束脩以上，吾未嘗無誨焉」(7.7章) 的理念。也體現出孔子「誨人不倦」的精神。

7.29

子曰：「仁遠乎哉？我欲仁，斯仁至矣。」

【譯讀】

孔子說:「仁難道離我們很遠嗎?只要我想達到仁,仁就來了。」

【熙解】

真正的仁是身形合一的,沒有距離的。修為到了,舉手投足都合仁。並不是說今天仁了,過幾天卻不仁了,時仁時不仁,不是真仁。「我欲仁,斯仁至矣。」這種境界,是靠合道以進,據德以行的自覺、自察、自修,才能達到的仁。孔子做到了。

7.30

陳司敗[1]問:「昭公[2]知禮乎?」孔子曰:「知禮。」孔子退,揖[3]巫馬期[4]而進之,曰:「吾聞君子不黨[5],君子亦黨乎?君取[6]於吳,為同姓[7],謂之吳孟子[8]。君而知禮,孰不知禮?」巫馬期以告。子曰:「丘也幸,苟有過,人必知之。」

【註釋】

[1]陳司敗:陳國主管司法的官,姓名不詳,也有人說是齊國大夫,姓陳名司敗。
[2]昭公:魯國的君主,名裯,音chóu,公元前541—前510年在位。「昭」是諡號。
[3]揖:作揖,行拱手禮。
[4]巫馬期:姓巫馬名施,字子期,孔子的學生,比孔子小30歲。
[5]黨:偏袒、包庇的意思。
[6]取:同娶。
[7]為同姓:魯國和吳國的國君同姓姬。周禮規定:同姓不婚,昭公娶同姓女,是違禮的行為。
[8]吳孟子:魯昭公夫人。春秋時代,國君夫人的稱號,一般是她出生的國名加上她的姓,但因她姓姬,故稱為吳孟子,而不稱吳姬。

【譯讀】

陳司敗問:「魯昭公懂得禮嗎?」孔子說:「懂得禮。」孔子出來後,陳司敗向巫馬期作了個揖,請他走近自己,對他說:「我聽說,君子是沒有偏私的,難道君子還包庇別人嗎?魯君在吳國娶了一個同姓的女子做夫人,是國君的同姓,稱她為吳孟子。如果魯君算是知禮,還有誰不知禮呢?」巫馬期把這句話告訴了孔子。孔子說:「我真是幸運。如果有錯,人家一定會知道。」

【熙解】

中庸之道說起來容易理解,但做起來就不容易了,關鍵是有時候標準拿捏不準。連孔子也有理解偏差的時候。

魯昭公娶同姓女為夫人,違反了禮的規定,而孔子卻說他懂禮。這表明孔子的確在

為魯昭公袒護，即「為尊者諱」。孔子以維護當時的宗法秩序為原則，所以他自身出現了矛盾。在這種情況下，孔子又不得不自嘲似地說：「丘也幸，苟有過，人必知之。」事實上，他已經承認偏袒魯昭公是自己的過錯，只是無法解決這個矛盾而已。

7.31

本章已移至7.9章後面，與原文緊密契合，估計通行本因為錯簡所致。

7.32

子曰：「文，莫①吾猶人也；躬行君子，則吾未之有得。」

【註釋】
①莫：大概、差不多。

【譯讀】
孔子說：「就文化知識來說，大約我和別人差不多；做一個身體力行的君子，那我還不能完全做到。」

【熙解】
對於「文，莫吾猶人也」一句，在學術界還有不同解釋。有的說此句意為：「講到文化知識很少有人超過我」；有的說此句應為：「勤勉我是能和別人相比的。」孔子從事教育，既要給學生傳授書本知識，也注重培養學生的實際能力。他說自己在身體力行方面，還沒有取得君子的成就，希望自己和學生們盡可能地從這個方面再作努力。可見知易行難。這是孔子自謙的說法。即使有如前面提到的對中庸原則的拿捏不準之過，孔子仍是在「躬行」方面做得較好的榜樣。他的有些主張無法「躬行」，也不能怪他，懷璧其罪，只怪沒有人用他！

7.33

子曰：「若聖與仁，則吾豈敢？抑①為之②不厭，誨人不倦，則可謂雲爾③已矣。」公西華曰：「正唯弟子不能學也。」

【註釋】
①抑：折的語氣詞，「只不過是」的意思。
②為之：指聖與仁。
③雲爾：這樣說。

【譯讀】

孔子說:「如果說到聖與仁,那我怎麼敢當!不過可以說一直是(向聖與仁的方向)努力而不感厭煩地做,教誨別人也從不懈怠的。」公西華說:「這正是我們學不到的。」

【熙解】

本篇第2章裡,孔子已經談到「學而不厭,誨人不倦」,本章又說到「為之不厭,誨人不倦」的問題,其實是一致的。他感到,說起聖與仁,他自己還不敢當,但朝這個方向努力,他會不厭其煩地去做,而同時,他也不知疲倦地教誨別人。這是他的由衷之言。學問不能停留在口頭上,重在能行。能堅持幾十年如一日做一件事,又有幾人能做到呢?

7.34

子疾病①,子路請禱②。子曰:「有諸③?」子路對曰:「有之。《誄》④曰:『禱爾於上下神祇⑤。』」子曰:「丘之禱久矣。」

【註釋】

①疾病:疾指有病,病指病情嚴重。
②請禱:向鬼神請求和禱告,即祈禱。
③有諸:諸,「之於」的合音。意為:有這樣的事嗎?
④《誄》:音 lěi,祈禱文。
⑤祇:音 qí,古代稱天神為神,地神為祇。

【譯讀】

孔子病情嚴重,子路向鬼神祈禱。孔子說:「有這回事嗎?」子路說:「有的。《誄》文上說:『為你向天地神靈祈禱。』」孔子說:「我很久以來就在祈禱了。」

【熙解】

孔子患了重病,子路為他祈禱,孔子對此舉並不加以反對,而且說自己已經祈禱很久了。對於這段文字怎麼理解?有人認為,孔子本人也向鬼神祈禱,說明他是一個信天地神靈的人;也有人說,他已經向鬼神祈禱很久了,但病情卻未見好轉,表明他對鬼神抱有懷疑態度。這兩種觀點,請讀者自己去仔細品評。不管怎樣,對未知的事物能心懷敬畏為好。

7.35

子曰：「奢則不孫①，儉則固②。與其不孫也，寧固。」

【註釋】
①孫：同遜，恭順。不孫，即為不順，這裡的意思是「越禮」。
②固：固陋但踏實。

【譯讀】
孔子說：「奢侈了就會傲驕越禮，節儉卻固陋。與其越禮，寧可踏實。」

【熙解】
一個人突然有錢了，變得奢侈起來，經常會變得輕浮、狂妄自大，顯擺得厲害，這時候就會目中無人了。這樣的人經常會被打回原形，那時候自然就老實了。儉約的人雖有點固陋，但不討人嫌，總比驕奢的人好。

7.36

子曰：「君子坦蕩蕩①，小人長戚戚②。」

【註釋】
①坦蕩蕩：樂觀豁達，心胸寬廣、開闊、容忍。
②長戚戚：經常憂愁、煩惱的樣子，消極而自怨自艾。

【譯讀】
孔子說：「君子心胸寬廣，小人經常幽怨自艾。」

【熙解】
「君子坦蕩蕩，小人長戚戚」是自古以來人們所熟知的一句名言。許多人常常將此寫成條幅，懸於室中，以激勵自己。孔子認為，作為君子，應當樂觀豁達，有寬廣的胸懷，可以容忍別人，容納各種事件，不計個人利害得失。若消極而幽怨自艾，心胸狹窄，與人為難、與己為難，就不可能成為君子。

有一類人，儉約出身，很好學，雖有心學習文化，但無奈自身固陋，格局狹小，這樣的人，遇到挫折容易悲天憫人、自怨自艾，不能堪大任。而有德君子，除了本性善良，有教養、懂禮貌以外，主動性強、有責任感，能以積極樂觀的態度對待批評和負面環境，能承受各種壓力。這種格局比學富五車、滿腹經綸重要得多。

培養博大的格局和「韌」的性格，不能光靠閉門讀書；要走出去，多看、多歷練。

7.37

子溫而厲，威而不猛，恭而安。

【譯讀】

孔子溫和而又嚴厲，威嚴而不凶猛，莊重而又安詳。

【熙解】

這是孔子的學生對孔子的贊揚，以現孔子之慈祥厚德。孔子認為人有各種欲與情，這也是順乎自然的，人的情感與欲求，只要以禮節之，也就合乎「中和」的原則。「厲」「猛」等都有些過，而「不及」同樣是不可取的；輔以「溫」「安」致「中和」。孔子兼具這些情感與實際表現，正好說明「文質彬彬」的君子行為不等於和稀泥，一味求和。這正是自重則威的表現，也是符合中庸原則的。

泰伯第八

8.1

子曰：「泰伯①，其可謂至德也已矣。三②以天下讓，民無得而稱焉③。」

【註釋】
①泰伯：周代始祖古公亶（dǎn）父的長子。
②三：多次的意思。
③民無得而稱焉：百姓找不到合適的詞句來贊揚他。

【譯讀】
孔子說：「泰伯可以說是品德最高尚的人了，幾次把王位讓給季歷，人民都找不到合適的詞句來稱贊他。」

【熙解】
傳說古公亶父知道三子季歷的兒子姬昌有聖德，想傳位給季歷，泰伯知道後便與二弟仲雍一起避居到吳（今常熟）。古公亶父死，泰伯不回來奔喪，後來又斷發文身，表示終身不返，把君位讓給了季歷，季歷傳給姬昌，即周文王。武王時，滅了殷商，統一了天下。這一歷史事件在孔子看來，是值得津津樂道的，三讓天下的泰伯是道德最高尚的人。只有天下讓與賢者、聖者，才有可能得到治理，而讓位者則顯示出高尚的品格，獲得人民稱贊。

這一章涉及「孝」和「義」的取捨。古公亶父死，泰伯不回來奔喪，會不會被認為不孝呢？當一個家庭的秩序不僅僅代表這個家，而是與國家的命運綁在一起時，就要考慮孰輕孰重了。泰伯若回來奔喪，可能會影響國家政權穩定，國家無小事，稍有不慎就會影響天下千千萬萬的家庭幸福。如果泰伯為了「孝」的名聲而回家奔喪，卻擾亂了天下，未免有點失擔當。由此可見，義分大小，「中庸」也是相對的。每一層「義」的行事規則就是一「權」，小義服從大義，也是一種「達權」。就像月亮圍著地球轉，但地球和月亮都得圍著太陽轉，太陽又帶著地球、月亮在銀河系裡狂奔。天外有天，各行其道，權外也有權。如果說前面說到的「達權」說的是「縱向」時間深度上的達權，那麼本篇開始闡述「橫向」空間廣度的達權了。

8.2

子曰：「恭而無禮則勞①，慎而無禮則葸②，勇而無禮則亂，直而無禮則絞③。君子篤④於親，則民興於仁，故舊⑤不遺，則民不偷⑥。」

【註釋】
①勞：辛勞，勞苦而無功。
②葸：音 xǐ，拘謹，畏懼的樣子。
③絞：說話尖刻，出口傷人。
④篤：親密、真誠。
⑤故舊：故交，老朋友。
⑥偷：淡薄。

【譯讀】
孔子說：「恭敬而不懂禮節，就會徒勞無功；謹慎而不懂禮節，就會變成畏縮拘謹；勇猛而不懂禮的人是動亂之源，說話直白卻不懂禮就成了刻薄。在上位的人如果禮待自己的親屬，人民當中就會興起仁的風氣；君子如果不遺棄老朋友，人民就不會對人冷漠無情了。」

【熙解】
禮依於仁，「禮」就是人與人之間的規矩，這些需要靠後天教化。現代社會無論是國家，還是企業、組織之間，已經高度分工，協作緊密。參與其中的人如果未經教化，則會造成諸多混亂與破壞。然而現實中的教育對「為人之學」教之甚少，或者說教之不以道，才造成社會整體道德水準低下，社會有失和諧。

「恭」「慎」「勇」「直」等德目不是孤立存在的，必須以「禮」作規範，這些德目的實施才能有進有止，否則變成毫無原則的諂媚、退縮、逞匹夫之勇、沒大沒小、刻薄寡恩。懂得了禮的行止規則，才能不卑不亢，進退有據。所謂明事理、知進退，說的就是這些。

現代企業裡一些慘痛的教訓告訴我們，與一些沒經「教化」的人合作或共事，是一件風險非常高的事。這些自以為「勇」，自以為「直」的人造成企業的亂局，業績的坍塌，損失不可估量。樸實的人哪裡不乏老實人，但未經教化的「樸實」卻顯得野蠻。孔子苦口婆心地告訴我們：小心一無所有的「老實人」。

8.3

曾子有疾，召門弟子曰：「啟①予足！啟予手！《詩》云②：『戰戰兢兢，如

臨深淵，如履薄冰。』而今而後，吾知免③夫，小子④！」

【註釋】

①啓：通「啟」，省視，察看。
②《詩》雲：以下三句引自《詩經・小雅・小旻》。全句「不敢暴虎，不敢馮河。人知其一，莫知其他。戰戰兢兢，如臨深淵，如履薄冰。」
③免：指身體免於損傷。
④小子：對弟子的稱呼。

【譯讀】

曾子有病，把他的學生召集到身邊來，說道：「察看下我的腳！察看下我的手（看看有沒有損傷）！《詩經》上說：『小心謹慎呀，好像站在深淵旁邊，好像踩在薄冰上面。』從今以後，我解脫了（死之將至），弟子們！」

【熙解】

曾子借用《詩經》裡的三句，來說明自己一生謹慎小心，避免損傷身體，能夠對父母盡孝。據《孝經》記載，孔子曾對曾參說過：「身體髮膚，受之父母，不敢毀傷，孝之始也。」就是說，一個孝子，應當愛護父母給予自己的身體，學會保養身體，不生病、不惹禍，不讓父母擔心，這就是孝的體現。曾子在臨死前要他的學生們察看自己的手腳，以表白自己的身體完整無損，是一生遵守孝道的。

8.4

曾子有疾，孟敬子①問②之。曾子言曰：「鳥之將死，其鳴也哀；人之將死，其言也善。君子所貴乎道者三：動容貌③，斯遠暴慢④矣；正顏色⑤，斯近信矣；出辭氣⑥，斯遠鄙倍⑦矣。籩豆之事⑧，則有司⑨存。」

【註釋】

①孟敬子：即魯國大夫孟孫捷。
②問：探望、探視。
③動容貌：使自己的內心感情表現於面容。
④暴慢：粗暴、放肆。
⑤正顏色：使自己的臉色莊重嚴肅。
⑥出辭氣：出言，說話。指注意說話的言辭和口氣。
⑦鄙倍：鄙，粗野。倍同「背」，悖理。
⑧籩豆之事：籩（biān）和豆都是古代祭祀和典禮中的用具。
⑨有司：指主管某一方面事務的官吏，這裡指主管祭祀、禮儀事務的官吏。

【譯讀】

曾子有病，孟敬子去看望他。曾子對他說：「鳥快死了，它的叫聲是悲哀的；人快死了，他說的話是善意的。君子所應當重視的道有三個方面：使自己的容貌莊重嚴肅，這樣可以避免粗暴、放肆；使自己的臉色嚴肅正經，這樣就接近於誠信；使自己說話的言辭和語氣謹慎小心，這樣就可以避免粗野和悖理。至於祭祀和禮節儀式，自有主管這些事務的官吏來負責。」

【熙解】

曾子與孟敬子在政治立場上是對立的。曾子在臨死以前，他還在試圖改變孟敬子的態度，所以他說：「人之將死，其言也善。」這一方面表白他自己對孟敬子沒有惡意，同時也告訴孟敬子，作為君子應當重視的三個方面。這些道理現在看起來，還是很有意義的。對於個人的道德修養與和諧的人際關係有重要的借鑑價值。

8.5

曾子曰：「以能問於不能，以多問於寡，有若無，實若虛，犯而不校①。昔者吾友②嘗從事於斯矣。」

【註釋】

①校：音jiào，同較，計較。
②吾友：我的朋友。

【譯讀】

曾子說：「自己有才能卻向沒有才能的人請教，自己知識多卻向知識少的人請教，有學問卻像沒學問一樣；知識很充實卻好像很空虛；被人侵犯卻也不計較——從前我的朋友就這樣做過了。」

【熙解】

曾子在這裡所說的話，「問於不能」「問於寡」等都表明在學習上的謙遜態度。沒有知識、沒有才能的人並不是一錢不值的，在他們身上總有值得你學習的地方。曾子還提出「有若無」「實若虛」的說法，希望人們始終保持謙虛不自滿的態度。此外，曾子說「犯而不校」，表現出一種寬闊的胸懷和忍讓精神，這也是值得學習的。

8.6

曾子曰:「可以托六尺之孤①,可以寄百里之命②,臨大節而不可奪也。君子人與?君子人也。」

【註釋】
①托六尺之孤:孤:死去父親的小孩叫孤。六尺:指15歲以下,古人以七尺指成年。托孤,受君主臨終前的囑托輔佐幼君。
②寄百里之命:寄,寄托、委託。百里之命,指掌握國家政權和命運。

【譯讀】
曾子說:「可以把年幼的君主托付給他,可以把國家的政權托付給他,面臨生死存亡的緊急關頭而不動搖屈服。這樣的人是君子嗎?是君子啊!」

【熙解】
孔子所培養的就是有道德、有知識、有才干的人,他們可以受命輔佐幼君,可以執掌國家政權,這樣的人在生死關頭決不動搖,決不屈服,這就是具有君子品格的人。

8.7

曾子曰:「士不可以不弘毅①,任重而道遠。仁以為己任,不亦重乎?死而後已,不亦遠乎?」

【註釋】
①弘毅:弘:從弓,從厶(gōng),「弓」表示弓形前進跨越溝壑,「厶」表示挽起手臂,用力的樣子。所以「弘」的本意是跨越溝壑,一輪一輪弓形前進的樣子(比如毛毛蟲走路的樣子),引申為「弘揚向前,發揚光大」。毅:堅強,果斷。弘毅就是不畏艱難險阻,果敢向前,將事業發揚光大。

【譯讀】
曾子說:「士不可以不克服艱難險阻,果敢向前,將事業發揚光大,前路漫漫,責任重大。把實現仁作為自己的責任,難道還不重大嗎?奮鬥終身,死而後已,難道不悠遠嗎?」

【熙解】
凡事說起來容易做起來難。在弘揚仁德的道路上,必定有重重困難。但正是在險難

中，才足以發揚人性的光輝，堅強剛毅，一輪輪衝關突破重重險難，實現仁的境界跨越。

這種突破手段，就像打仗的攻擊波一樣，輪動衝擊。我們由此受到啟發，曾子說這句話，是借用了易經「坎卦」的道理。曾子是孔子之後的孔門名義掌門人。《論語》和《易傳》都由曾子出面主編，子貢是背後的支持者。後面的《論語》下篇會越來越多地引用到《易經》，我們也相應借用《易經》卦象來闡明道理。

「坎卦」一陽陷二陰。所幸陰虛陽實，誠信可豁然貫通。坎為水、為險，兩坎相重，險上加險，險阻重重。所以「坎卦」象徵重重艱險。雖險難重重，卻方能顯人性光彩。在險難中，不可拘泥常理，應當運用智慧，以求突破。即使已有希望脫險，也應當謹慎，要把握最有利的時機。

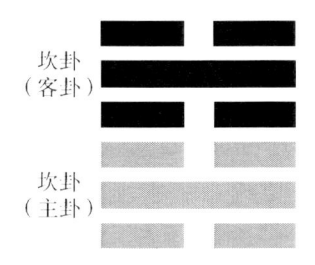

坎卦
（客卦）

坎卦
（主卦）

《易經》中「坎」為弓輪。弓輪的形狀、功能也與坎水可以比擬。逝水奔流不止，信念亦毅行不已，內心不畏艱險而獲得亨通，這種奔流不止、堅強剛毅的行為即「弘毅」。《象》曰：水洊至，習坎；君子以常德行，習教事。所以曾子說，君子之士弘揚仁德的教育事業任重而道遠，沒有盡頭，直到身死。

8.8、8.15 [1]

子曰：「興[2]於《詩》，立於禮，成於樂。」
子曰：「師摯之始[3]，《關雎》之亂[4]，洋洋乎盈耳哉！」

【註釋】

①原文疑為錯簡。本章從8.15章前移到8.8章之後，與原文邏輯更貼近。保留原文序號，以示區別。

②興：基礎打牢固後開始興盛、流行。

③師摯之始：師摯是魯國的太師。「始」是樂曲的開端，即序曲。古代奏樂，開端叫「升歌」，一般由太師演奏，師摯是太師，所以這裡說是「師摯之始」。

④《關雎》之亂：「始」是樂曲的開端，「亂」是樂曲的終了。「亂」是合奏樂。此時奏《關雎》樂章，所以叫「《關雎》之亂」。

【譯讀】

孔子說：「（人的修為）興起於學《詩》，於踐行禮的過程中自立，成就於樂。」

孔子說：「從太師摯演奏的序曲開始，到最後演奏《關雎》的結尾，豐富而優美的音樂在我耳邊回蕩。」

【熙解】

本章裡孔子提出了修為的三個境界：學詩、懂禮、知樂。學詩，代表學習以《詩》為啓蒙的知識體系；學了知識然後懂得運用於實踐，知行合一，能自覺自察，依禮而行，則算得上「自立」了；自立，然後持續合道以進，德心仁厚，悅樂自生，心態積極樂觀、豁達開朗，自然會與樂「同聲相應」也，是為「知樂」「知音」，即謂「成」矣。

孔子欣賞《關雎》樂章，有「洋洋乎盈耳哉」的感覺，意味著孔子的境界已「成於樂」了。

8.9

子曰：「民可使由①之，不可使知②之。」

【註釋】

①由字的字形演變，突出一個共同特點：三面封閉，但總有一面出頭或敞開，人就從敞開的這個「門」出來。無論是治水還是治人，再怎麼嚴防死守也終究守不住，但也不能絕對自由，否則不成器。《左傳·子產不毀鄉校》曰：「小決使道。」最好的辦法是有禁有疏，因勢利導，網開一面。是謂上善若水之道也！《詩經·小雅》中「匪言勿言，匪由勿語」指不該說的話不要亂說，不合法理的話不要亂講。這裡的「由」，也是遵循導於一面的情理和法則。

②知：告知、指使，生硬指令。

【譯讀】

孔子說：「對於百姓，有禁有疏，以德教化之，以刑法規範之，使他們能自覺自察，合於法理而自行作為；不能僅依靠言語或行政命令去告知、指使他們怎麼做。」

【熙解】

這一句話很有名，很多人拿它當作孔子「愚民思想」的證據，其實他們曲解了孔子。

那麼多百姓，依靠直接指使、行政命令怎麼安排得過來？一方面，社會紛繁複雜，

領導者指令過於具體，會使人民反而無所適從，最終導致不是消極應付就是投機鑽營的局面；另一方面，過度甚至「絕對」的自由也容易引發人性「惡」的一面。唯有以德教化之，以刑法規範之，法理並用，有禁有疏，使人民既懂得榮辱和禮義廉恥，形成「民德歸厚」的社會，遵循無形的道德準則；也有刑法懲處、禁止胡作非為，百姓自然就會行之有序，和諧共存。若法無禁止，德理亦無所違，則皆可任由行之，這就是「使由之」的含義。即所謂無為而無不為之境界也。

史料記載，子產的所作所為，就是「使民由之」的典範。我們在《論語》5.15章也提到過子產的「使民也義」方針，這裡估計是孔子受子產的啟發後，作的施政總結。

公元前536年3月，子產率先「鑄刑書於鼎，以為國之常法」，將鄭國的法律條文鑄在具有王權象徵意義的大鼎上，並公布於眾，讓國民知道，哪些事情不能做，做了會受到什麼懲罰。他開辦鄉村學校，用道德教化人民；在治理方法上，「小決使道」，對百姓有禁有疏，因勢利導。子產第一個提出「寬、猛」相濟的策略，「寬」即強調道德教化和懷柔，「猛」即嚴刑峻法。這些都是典型的「民可使由之，不可使知之」的施政綱領。孔子對此評價說：「善哉！政寬則民慢，慢則糾之以猛。猛則民殘，殘則施之以寬。寬以濟猛；猛以濟寬，政是以和。」

【典故】子產不毀鄉校
　　——選自《左傳·子產不毀鄉校》

鄭人遊於鄉校，以論執政。然明謂子產曰：「毀鄉校，何如？」子產曰：「何為？夫人朝夕退而遊焉，以議執政之善否。其所善者，吾則行之；其所惡者，吾則改之。是吾師也，若之何毀之？我聞忠善以損怨，不聞作威以防怨。豈不遽止？然猶防川：大決所犯，傷人必多，吾不克救也；不如小決使道，不如吾聞而藥之也。」然明曰：「蔑也，今而後知吾子之信可事也。小人實不才。若果行此，其鄭國實賴之，豈唯二三臣？」仲尼聞是語也，曰：「以是觀之，人謂子產不仁，吾不信也。」

8.10

子曰：「好勇疾①貧，亂也。人而不仁②，疾之已甚③，亂也。」

【註釋】

①疾：恨、憎恨。
②不仁：不符合仁德的人或事。
③已甚：已，太。已甚，即太過分。

【譯讀】

孔子說：「喜好勇敢而又恨自己太窮困，就會犯上作亂。對於不仁德的人或事逼迫得太厲害，也會出亂子。」

【熙解】

前面說過，孔子提醒我們要小心一無所有的「老實人」。這一章又單獨拎出來講一次，可見自古以來這樣的「亂人」實在太多，教訓實在太深刻。

現代社會，生活中有一些「憤世嫉俗」的人，看不慣這，看不慣那，經常說的一句話是：我要是有他那樣有錢，一定怎麼怎麼做；或者，我要是處在他的地位，一定怎麼怎麼樣。這類人自以為「唯我獨清」，仿佛別人的財富或權位都是天上掉下來的。這樣的人，不想著怎樣修為自己，積極上進，反而一逮著機會就帶頭搗亂，還美其名曰「抗爭」。這是典型的好勇疾貧，勇而無禮則亂。

與其說他們「看不慣」，不如說他們「看不懂」。看不懂是因為思維方式問題。人要想改善自己的生活、地位，首先應檢討自己的思維方式。思維方式對了，一切問題也就迎刃而解。

8.11

子曰：「如有周公之才之美，使驕且吝，其餘不足觀也已。」

【譯讀】

孔子說：「（一個人）即使有周公那樣美好的才能，如果驕傲自大而又吝嗇小氣，那其他方面也就不值得一看了。」

【熙解】

有才無德，說什麼都沒用。梁啟超也說過，有才無德者，才能越大有害，知識越多越反動。到頭來害人害己，嗚呼哀哉！

8.12

子曰：「三年學，不至於谷①，不易得也。」

【註釋】

①谷：古代以谷作為官吏的俸祿，也有以谷作為勞動報酬。一般泛指做官。

【譯讀】

孔子說：「學了三年，還不去為官，這樣的人是很難得的。」

【熙解】

如果確實是覺得自己還學得不夠，不去做官，這樣的人心懷敬畏，是真不易得。但

也有一種人，太笨，學了三年還出不了師，那也是「不易得」啊！自古以來，拜師學藝，一般以三年為期，三年學成後，就可出師做事謀生活，獨立門戶了。現代社會專科院校也是三年為期，若學了三年還不能去工作，甚至變成啃老族，就更不應該了！老百姓有時也用「不易得」的話委婉地批評不思上進的人。

對有德君子來說，當官不是享受權利，而是承擔責任，為社會分憂。用現在的話來說，就是為人民服務。如果學了三年，學有所成，卻不願去承擔這種道義責任，就未免有點自私了。

8.13

子曰：「篤信好學，守死善道，危邦不入，亂邦不居。天下有道則見①，無道則隱。邦有道，貧且賤焉，恥也；邦無道，富且貴焉，恥也。」

【註釋】

①見：音 xiàn，同現。

【譯讀】

孔子說：「堅定信念並努力學習，誓死堅守向善之道。不進入政局不穩的國家，不居住在動亂的國家。天下有道就出來謀道；天下無道就隱居不出。國家有道而自己貧賤，是恥辱；國家無道而自己富貴，也是恥辱。」

【熙解】

前面說過了不與未經教化、「勇而無禮」的人為伍，這一章推而廣之，那些安全沒保障，秩序混亂的國家，同樣不能去。惹不起還躲得起吧！

這裡孔子的一段話還顯示出一個重要信息：並不是越窮越有理，越窮越悲情。雖然孔子說過安貧樂道，不以貧窮為恥的話，但也不意味著就可以消極「守窮」。如果社會安定，有一片自由發揮的天空，還有人把日子過得一塌糊塗，家徒四壁，那只能說明人太懶，太消極了。每個人都有一雙手，在盛世國家，只要不懶，總歸不會過得太差。沒有低賤的勞動，只有自賤的人。人至賤但不出來哭窮無可厚非，實屬價值取向自由；但若還悲情哭窮，怨天尤人，那實在是太「作」了。

8.14

子曰：「不在其位，不謀其政。」

【譯讀】

孔子說：「不在那個職位上，就不考慮那職位上的事。」

【熙解】

「不在其位，不謀其政」涉及儒家所謂的「名分」問題。不在其位而謀其政，則有僭越之嫌，就被人認為是「違禮」之舉。「不在其位，不謀其政」也就是要「安分守己」。這在春秋末年在維護社會穩定，抑制百姓「犯上作亂」起到過重要作用，但對後世則有一定的不良影響，尤其對民眾麻木心態，「事不關己高高掛起」的心態起到誘導作用。我們要逐步學會區分、把握「犯上作亂」與「權變之道」的區別，積極入世。

8.15

原文疑為錯簡。本章從 8.15 章前移到 8.8 章之後，與原文邏輯更貼近。保留原文序號，以示區別。

8.16

子曰：「狂①而不直，侗②而不愿③，悾悾④而不信，吾不知之矣。」

【註釋】

①狂：急躁、急進。
②侗：音 tóng，幼稚無知。
③愿：謹慎、小心、樸實。
④悾悾：音 kōng，同空，誠懇的樣子。

【譯讀】

孔子說：「狂妄而不正直，無知而不老實，表面上誠懇而不守信用，我真不知道有的人為什麼會是這個樣子。」

【熙解】

「狂而不直，侗而不愿，悾悾而不信」都不是好德行，連德行都算不上。這樣的人其實和勇而無禮、好勇疾貧的人是一個毛病。太缺乏教養，狂妄，無知者無畏，把沒大沒小當直率，而且還裝出一副質樸，滿臉無辜的樣子，其實背後欺上瞞下，攫取利益。孔子也說：我真不知道有人還會這樣（無恥）。

8.17

子曰：「學如不及①，猶恐失之。」

【註釋】

①及：從人從又（手）。本義：追上、抓住。會意字。甲骨文字形，表示後面的人趕上來用手抓住前面的人。引申為抓住實質。

【譯讀】

孔子說：「學習如果不掌握知識的實質內涵，知其然不知其所以然，很可能最後什麼都學不到，表面的東西很快就會忘掉。」

【熙解】

宋代周敦頤《通書·文辭》曰：「文所以載道也。輪轅飾而人弗庸，徒飾也，況虛車乎」。我們學習文化知識，最終目的不是為了記住文字和知識，而是透悟字形後面的「道」和智慧。比如有的人學國學是附庸風雅，登堂做做樣子，不可能真正讀懂內涵。而我們如果沉下心來，啟發式教學，真正讀懂文字後面的內涵，則相當於既「登堂」又「入室」了。

入室即明道，知其然且知其所以然。文字和表面的東西，總有一天會失掉；而道的內涵則可融入人的思想，成為人身體的一部分，使人終身受用，日用而不覺。

知其所以然，掌握其精髓後，人就有了創新思維，就可靈活應用知識，防止陷入教條主義，東施效顰。當人們對你特立獨行的思想與行事方式刮目相看時，就說明你已經「及學」了，中國源於天道自然的傳統哲學潛移默化的浸潤作用就在於此。

要做到「及學」，第一要溫故而知新，學會以己為師；第二要學而時習之，實踐出真知。最重要的一步是君子不器——先成器，再化器。成器難，化器更難。

8.18、8.19

子曰：「巍巍[1]乎，舜禹[2]之有天下也，而不與[3]焉。」

子曰：「大哉，堯[4]之為君也！巍巍乎，唯天為大，唯堯則[5]之。蕩蕩[6]乎，民無能名[7]焉。巍巍乎，其有成功也。煥[8]乎，其有文章！」

【註釋】
　　①巍巍：崇高、高大的樣子。
　　②舜禹：舜是傳說中的聖君明主。禹是夏朝的第一個國君。傳說古時代，堯禪位給舜，舜後來又禪位給禹。
　　③與：參與、居功佔有的意思。
　　④堯：中國古代傳說中的聖君。
　　⑤則：效法、為準。
　　⑥蕩蕩：廣大的樣子。
　　⑦名：形容、稱說、稱贊。
　　⑧煥：光輝。

【譯讀】
　　孔子說：「多麼崇高啊！舜和禹得到天下，不是奪過來的也不會獨據不傳。」
　　孔子說：「真偉大啊！堯這樣的君主。多麼崇高啊！只有天最高大，只有堯才能效法、順應於天道。（他的功德）多麼廣大啊，百姓們真不知道該用什麼語言來表達對他的稱贊。他的功績多麼崇高，他制定的禮義制度多麼光輝啊！」

【熙解】
　　這裡孔子所講的話，應該有所指。當時社會混亂，政局動盪，弒君、篡位者屢見不鮮，都想將江山據為己有。孔子贊頌傳說時代的舜、禹，表明對古時惟德是從禪讓制的認同，他借稱頌舜、禹，抨擊現實中的這些問題。
　　堯是中國傳說時代的聖君。孔子在這裡用最美好的語言稱贊堯，因他敬天法祖，替天行道，將王權視為責任與擔當；同時開啟禪讓制度，不將權利據為己有。堯是天下君王的最佳榜樣。

8.20

　　舜有臣五人①而天下治。武王曰：「予有亂臣十人②。」孔子曰：「才難，不其然乎？唐虞之際③，於斯④為盛，有婦人焉⑤，九人而已。三分天下有其二⑥，以服事殷。周之德，其可謂至德也已矣！」

【註釋】
　　①舜有臣五人：傳說是禹、稷、契、皋陶、伯益等人。
　　②亂臣：據《說文》：「亂，治也。」此處所說的「亂臣」，應為「治國之臣」。
　　③唐虞之際：傳說堯在位的時代叫唐，舜在位的時代叫虞。
　　④斯：指周武王時期。

⑤有婦人焉：指武王的亂臣十人中有武王之妻邑姜。
⑥三分天下有其二：《逸周書·程典篇》說：「文王令九州之侯，奉勤於商。」相傳當時分九州，文王得六州，是三分之二。

【譯讀】

舜有五位賢臣，就能治理好天下。周武王也說過：「我有十個幫助我治理國家的臣子。」孔子說：「人才難得，難道不是這樣嗎？唐堯和虞舜之間及周武王這個時期，人才是最盛了。但十個大臣當中有一個是婦女，實際上只有九個人而已。周文王得了天下的三分之二，仍然事奉殷朝。周朝的德，可以說是最高的了。」

【熙解】

這段當中，孔子提出了一個重要問題，就是治理天下，必須有人才，而人才是十分難得的。有了人才，國家就可以得到治理，天下就可以太平。

8.21

曰：「禹，吾無間①然矣。菲②飲食而致③孝乎鬼神，惡衣服而致美乎黻冕④，卑⑤宮室而盡力乎溝洫⑥。禹，吾無間然矣！」

【註釋】

①間：空隙的意思。此處用作動詞。
②菲：菲薄，不豐厚。
③致：致力、努力。
④黻冕：音 fú miǎn，祭祀時穿的禮服叫黻；祭祀時戴的帽子叫冕。
⑤卑：低矮。
⑥溝洫：洫，音 xù，溝渠。

【譯讀】

孔子說：「對於禹，我沒有什麼可以挑剔的了。他的飲食很簡單而誠心孝敬鬼神；他平時穿的衣服很簡樸，而祭祀時盡量穿得莊重華美，他自己住的宮室很低矮，而致力於修治水利事宜。對於禹，我確實沒有什麼挑剔的了。」

【熙解】

以上這幾章，孔子對於堯、舜、禹給予高度評價，認為在他們的時代，一切都很完善，為君者生活簡樸，敬天法祖、敬畏鬼神，是執政者的榜樣。

子罕第九

9.1

子罕①言利，與②命、與仁。

【註釋】
①罕：稀少，很少。
②與：贊同，看重，肯定。

【譯讀】
孔子很少談到利益，卻看重天命和仁德。

【熙解】
「子罕言利」，「利」在孔子心中的位置並不是最重要，「罕」是較少提到，但不代表不言利。在《論語》書中，我們也多處見到他談「利」的問題，但基本上主張「先義後利」「重義輕利」。

此外，本章說孔子看重「命」和「仁」。孔子講「命」，常將「命」與「天」相連，即「天命」，敬畏天命，然後延伸到仁道，再次體現了孔子思想「道一以貫之」。對此，我們在前面的章節中也已評論。

9.2

達巷黨人①曰：「大哉孔子！博學而無所成名②。」子聞之，謂門弟子曰：「吾何執？執御乎？執射乎？吾執御矣。」

【註釋】
①達巷黨人：古代五百家為一黨，達巷是黨名。這是說達巷黨這地方的人。
②博學而無所成名：學問淵博，因而不能以某一方面來稱道他。

【譯讀】
達巷黨這個地方有人說：「孔子真偉大啊！他學問淵博，因而不能以某一方面的專

長來稱贊他。」孔子聽說了，對他的學生說：「我要專長於哪個方面呢？駕車呢？還是射箭呢？我還是駕車吧。」

【熙解】

師者，傳道授業解惑也。孔子傳的是「道」，看不見摸不著卻又無處不在。不像有些老師教的技藝能立竿見影。所以孔子有點自我調侃地說，要說技藝，我只能去教駕車了。

人們經常願意花大價錢去追逐一些末技，唯恐技藝不多。卻對日用而不知、日受其益而不覺的「道」不置一詞，將最珍貴、最默默幫助自己的人忽視。對於學國學，學經典，有多少人願意花與學技藝同樣的價錢來學這些「看似無用」的東西呢？幸虧這個世界還有不少「志於道」的人，不計得失，惟道是從。己欲立而立人，希望每一位認真學過經典，感受到中華文化精髓的「同道」，也能各盡所能，以實際行動加入「薪火相承」的傳道事業中來！

9.3

子曰：「麻冕①，禮也。今也純②，儉③，吾從眾。拜下④，禮也。今拜乎上，泰⑤也。雖違眾，吾從下。」

【註釋】

①麻冕：麻布制成的禮帽。
②純：絲綢，黑色的絲。
③儉：儉省，麻冕費工，用絲則儉省。
④拜下：大臣面見君主前，先在堂下跪拜，再到堂上跪拜。
⑤泰：這裡指驕縱、傲慢。

【譯讀】

孔子說：「用麻布制成的禮帽，符合於禮的規定。現在大家都用黑絲綢製作，這樣比過去節省了，我贊成大家的做法。(臣見國君) 首先要在堂下跪拜，這也是符合於禮的。現在大家都到堂上跪拜，這是驕縱的表現。雖然與大家的做法不一樣，我還是主張先在堂下拜。」

【熙解】

孔子贊同用比較儉省的黑綢帽代替用麻織的帽子這樣一種做法，但反對在面君時只在堂上跪拜的做法，表明孔子不是頑固地堅持一切都要合乎於周禮的規定，而是在他認為的原則問題上堅持己見，不願做出讓步。跪拜問題涉及「君主之防」的大問題，與戴帽子有根本的區別。

9.4

子絕四：毋意①，毋必②，毋固③，毋我④。

【註釋】

①意：同「臆」，猜想、猜疑。
②必：必定、絕對。
③固：固執己見。
④我：以自我為中心，這裡指自私之心。

【譯讀】

孔子杜絕了四種弊病：不主觀臆測，凡事不絕對，不固執己見，不以自我為中心。

【熙解】

自古以來人性都很難擺脫這四個弊病。固執的人都不會認為自己的做法固執，以自我為中心的人會認為別人服從自己是天經地義。

「毋意，毋必，毋固，毋我」，這幾個字道理很淺但最難做到。孔子吃過虧，然後吸取教訓做到了。

9.5

子畏於匡①，曰：「文王②既沒，文不在茲③乎？天之將喪斯文也，後死者④不得與⑤於斯文也；天之未喪斯文也，匡人其如予何⑥？」

【註釋】

①畏於匡：匡，地名，在今河南省長垣縣西南。畏，受到威脅。公元前496年，孔子從衛國到陳國去經過匡地。匡人曾受到魯國陽虎的掠奪和殘殺。孔子的相貌與陽虎相像，匡人誤以為孔子就是陽虎，所以將他圍困。
②文王：周文王，姓姬名昌，西周開國之君周武王的父親，是孔子認為的古代聖賢之一。
③茲：這裡，指孔子自己。
④後死者：孔子這裡指自己。
⑤與：同「舉」，這裡是掌握的意思。
⑥如予何：奈我何，把我怎麼樣。

【譯讀】

孔子被匡地的人們所圍困時，他說：「周文王死了以後，周代的禮樂文化不都體現在我的身上嗎？上天如果想要消滅這種文化，那我就不可能掌握這種文化了；上天如果不消滅這種文化，那麼匡人又能把我怎麼樣呢？」

【熙解】

孔子非常有使命感，相信正義的力量，不憂不懼，任何時候都以恢復仁德禮義社會為己任。外出遊說時被圍困，這對孔子來講已不是第一次——當然這次是誤會。但孔子有自己堅定的信念，他強調個人的主觀能動作用，認為自己是周文化的繼承者和傳播者，天命所在。天道法則「順之者昌，逆之者亡」，順天道而行的人，怎麼會輕易滅亡呢？可見孔子強大的「心之力」。

9.6、9.7

太宰[1]問於子貢曰：「夫子聖者與？何其多能也？」子貢曰：「固天縱[2]之將聖，又多能也。」子聞之，曰：「太宰知我乎？吾少也賤，故多能鄙事[3]。君子多乎哉？不多也。」

牢[4]曰：「子云，『吾不試[5]，故藝』。」

【註釋】

[1]太宰：官名，掌握國君宮廷事務。這裡的太宰，有人說是吳國的太宰伯，但不能確認。

[2]縱：讓，使，不加限量。

[3]鄙事：卑賤的事情。

[4]牢：鄭玄說此人系孔子的學生，但在《史記·仲尼弟子列傳》中未見此人。

[5]試：用，被任用。

【譯讀】

太宰問子貢說：「孔夫子是位聖人吧？為什麼這樣多才多藝呢？」子貢說：「這本是上天讓他成為聖人，而且使他多才多藝。」孔子聽到後，說：「太宰怎麼會瞭解我呢？我因為少年時地位低賤，所以會許多卑賤的技藝。君子會有這麼多的技藝嗎？不會多的。」

牢（這個人）說：「孔子說過，『我（年輕時）沒有去做官，所以會許多技藝。』」

【熙解】

作為孔子的學生，子貢認為自己的老師是天才，是上天賦予他多才多藝的。但孔子否認了這一點。他不認為自己是「聖人」，也不承認自己是「天才」，他說他的多才多藝

是由於年輕時沒有去做官，生活比較清貧，所以掌握了這許多的謀生技藝。

孔子還認為，學問皆為明道，知其然且知其所以然，凡事道一以貫之，則根本不需要記住太多的技藝。惟道是從，大道至簡，叩其兩端而執其中，這是不二法門。比如學過《論語》的人，如果能從中讀懂「道」，活學活用「道」，則可以忘掉這些文字了，這也是「不器」。道已入心，永世不忘。

9.8

子曰：「吾有知乎哉？無知也。有鄙夫①問於我，空空如也②，我叩③其兩端④而竭⑤焉。」

【註釋】

①鄙夫：孔子稱鄉下人、社會下層的人。
②空空如也：指孔子自己心中空空無知。
③叩：叩問、詢問。
④兩端：兩頭，比如正反、始終、上下兩個方面。
⑤竭：盡力追究、推斷出。

【譯讀】

孔子說：「我有知識嗎？其實沒有知識。有一個鄉下人問我，我對他談的問題本來一點也不知道。我只是從問題的兩端去推斷，這樣對此問題就可以全部搞清楚了。」

【熙解】

孔子本人並不是高傲自大的人。事實也是如此。人不可能對世間所有事情都十分精通，因為人的精力畢竟是有限的。但孔子有一個分析問題、解決問題的基本方法，這就是「叩其兩端而竭」，只要抓住問題的兩個極端，推斷不離其中，就能求得問題的解決。這種方法，就是中庸。

9.9

子曰：「鳳鳥①不至，河不出圖②，吾已矣夫！」

【註釋】

①鳳鳥：古代傳說中的一種神鳥。傳說鳳鳥在舜和周文王時代都出現過，它的出現象徵著「聖王」將要出世。
②河不出圖：指河圖洛書。傳說在上古伏羲氏時代，黃河中有龍馬背負八卦圖而出。它的出現也象徵著「聖王」將要出世。

【譯讀】

孔子說：「鳳鳥不來了，黃河中也不出現八卦圖了。我這一生也就完了吧！」

【熙解】

《山海經・大荒西經》：「有五採鳥三名：一曰皇鳥，一曰鸞鳥，一曰鳳鳥。」按所謂五採鳥，皆鳳凰屬之鳥。《山海經・海內西經》：「孟鳥在貊國東北，其鳥文赤、黃、青，東鄉。」講的都是鳳鳥。看來孔子對《山海經》很熟悉，也有點相信哪裡的文字傳說。

孔子為了恢復禮義秩序而辛苦奔波了一生。到了晚年，他看到周禮的恢復似乎已經成為泡影，周朝衰亡不可避免，他再也沒有「是可忍孰不可忍」的激情了，於是發出了以上的哀嘆。

【資料】

鳳鳥與河圖洛書

傳說有一天，黃帝正在洛水上，與大臣們觀賞風景；忽然見到一只大鳥銜著卞圖，放到他面前，黃帝連忙拜受下來。再看那鳥，形狀似鶴，雞頭、燕嘴、龜頸、龍形、駢翼、魚尾，五色俱備。圖中之字是「慎德、仁義、仁智」六個字。黃帝從來不曾見過這鳥，便去問天老。天老告訴他說，這種鳥雄的叫鳳，雌的叫凰。早晨叫是登晨，白天叫是上祥，傍晚鳴叫是歸昌，夜裡鳴叫是保長。鳳凰一出，表明天下安寧，是大祥的徵兆。

相傳，上古伏羲氏時，洛陽東北孟津縣境內的黃河中浮出龍馬，背負「河圖」，獻給伏羲。伏羲依此而演成八卦，後為《周易》來源。《尚書・顧命》：「伏羲王天下，龍馬出河，遂則其以畫八卦，謂之河圖。」《禮含文嘉》：「伏羲德合天下，天應以鳥獸文章，地應以河圖洛書，乃則之以作《易》。」又相傳，大禹時，洛陽西洛寧縣洛河中浮出神龜，背馱「洛書」，獻給大禹。大禹依此治水成功，遂劃天下為九州。又依此定九章大法，治理社會，流傳下來收入《尚書》中，名《洪範》。《易・系辭上》「河出圖，洛出書，聖人則之」，就是指這兩件事。

後來，黃帝又夢見有兩條龍持一幅白圖從黃河中出來，獻給他。黃帝不解，又來詢問天老。天老回答說，這是河圖洛書要出的前兆。於是黃帝便與天老等遊於河洛之間，沉璧於河中，殺三牲齋戒。

最初是一連三日大霧。之後，又是七日七夜大雨。接著就有黃龍捧圖自河而出，黃帝跪接過來。只見圖上五色畢具，白圖藍葉朱文，正是河圖洛書。於是黃帝開始巡遊天下，封禪泰山。

黃帝受河圖後，受其啟發作《歸藏易》。《竹書紀年》：「黃帝五十年秋七月，庚申，鳳鳥至，帝祭於洛水。」註：「龍圖出河，龜書出洛，赤文篆字，以授軒轅。」《路史・黃帝紀》：「黃帝有熊氏，河龍圖發，洛龜書成……乃重坤以為首，所謂《歸藏易》也。故曰歸藏氏。」

河圖上排列成數陣的黑點和白點，蘊藏著無窮的奧秘；洛書上，縱、橫、斜三條線上的三個數字，其和皆等於15，十分奇妙。河圖中的點數是五十五，其中一、三、五、七、九是天數，二、四、六、八、十是地數，天數累加是二十五，地數累加為三十，兩數之和為五十五。河圖中的天數是奇，是陽；地數是偶，是陰，陰陽相索。據古代哲學家的解釋，河圖中上、下、左、右、中五組數目分別與火、水、木、金、土五行有關。金、木、水、火、土這幾種物質基本形態的生成與轉換，甚至萬物發育都可以從這圖上得到啟示。由此定義這十個自然數中一、二、三、四、五為生數，六、七、八、九、十為成數。從而得出五行相生之理，天地生成之道。

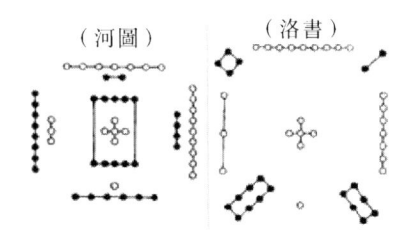

（河圖）　（洛書）

9.10

　　子見齊衰①者、冕衣裳者②與瞽③者，見之，雖少，必作④；過之必趨⑤。

【註釋】
　　①齊衰：音 zī cuī，喪服，古時用麻布制成。
　　②冕衣裳者：冕，禮帽；衣，上衣；裳，下服，這裡統指禮服。冕衣裳者泛指知禮好禮之人。
　　③瞽：音 gǔ，盲。
　　④作：站起來，表示敬意。
　　⑤趨：恭謹走，表示敬意。

【譯讀】
　　孔子遇見穿喪服的人、好禮之人和盲人時，雖然他們年輕，也一定要站起來；從他們面前經過時，一定要恭謹地走過。

【熙解】
　　孔子對於周禮十分熟悉，他知道遇到什麼人該行什麼禮，對於家有喪事者、尊貴者和盲者，都禮貌待之。孔子之所以這樣做，也說明他尊崇「禮」，並盡量身體力行，以恢復禮治的理想社會。周代以知禮好禮的仁者為官，故人們敬的不是官，是禮，所以哪怕執禮者再年輕，孔子也照拜不誤。後人卻拜官不敬禮。

9.11

顏淵喟①然嘆曰:「仰之彌②高,鑽③之彌堅,瞻④之在前,忽焉在後。夫子循循然善誘人⑤,博我以文,約我以禮,欲罷不能。既竭吾才,如有所立卓爾⑥。雖欲從之,末由⑦也已。」

【註釋】
①喟:音 kuì,嘆息的樣子。
②彌:更加,越發。
③鑽:鑽研。
④瞻:音 zhān,視、看。
⑤循循然善誘人:循循然,有次序地。誘,勸導,引導。
⑥卓爾:高大、超群的樣子。
⑦末由:末,無、沒有。由,途徑,路徑。這裡是沒有辦法的意思。

【譯讀】
顏淵感嘆地說:「(夫子之道)讓人越是仰望,越覺得高深;鑽研越深越覺得堅不可破。看著它好像在前面,忽然又落在後面了。老師善於一步一步地誘導我,豐富我的文化知識,用禮義來約束我的言行,使我想停止學習都不可能。雖然我用盡了我的全力,可仍然覺得有一個更卓越的東西立在我前面(等待我去探索),雖然我想要繼續探索下去,卻又感覺無從起步。」

【熙解】
前面孔子早已說過,只要把握了「道」的精髓,是不需要死記硬背太多的知識的。得道之人,空空如也,卻無所不能。孔子達權知命,從不受一時、一事的教條囿絆。顏淵在本章裡極力推崇自己的老師,把孔子的學問與道德說成是高不可攀,不可捉摸,殊不知大道至簡。中庸之道若讀懂了,其實是很淺顯的道理,不用弄得那麼高深。

此處,顏淵談到孔子對學生的教育方法,「循循善誘」則成為日後為人師者所遵循的原則之一。

9.12

子疾病,子路使門人為臣①。病間②,曰:「久矣哉,由之行詐也。無臣而為有臣,吾誰欺?欺天乎!且予與其死於臣之手也,無寧③死於二三子之手乎!且予縱不得大葬④,予死於道路乎?」

【註釋】

①為臣：臣，指家臣，總管。孔子當時不是大夫，沒有家臣，但子路叫門人充當孔子的家臣，準備由此人負責總管安葬孔子之事。

②病間：病情減輕。

③無寧：寧可。「無」是發語詞，沒有意義。

④大葬：指大夫的葬禮。

【譯讀】

孔子患了重病，子路派了（孔子的）門徒去作孔子的家臣，（負責料理後事）。後來，孔子的病好了一些，他說：「仲由很久以來就干這種弄虛作假的事情。我明明沒有家臣，卻偏偏要裝作有家臣，我騙誰呢？我騙上天嗎？與其在家臣的侍候下死去，我寧可在你們這些學生的侍候下死去！而且即使我不能以大夫之禮來安葬，難道就會被丟在路邊沒人埋嗎？」

【熙解】

周禮對於葬禮十分重視，尤其重視葬禮的等級規定。對於死去的人，要嚴格地按照禮節的有關規定加以埋葬。不同等級的人有不同的安葬儀式，違反了這種規定，就是大逆不道。孔子反對學生們按大夫之禮為他辦理喪事，不做自欺欺人的事。

9.13

子貢曰：「有美玉於斯，韞櫝①而藏諸？求善賈②而沽諸？」子曰：「沽③之哉！沽之哉！我待賈者也。」

【註釋】

①韞櫝：音 yùn dú，收藏物件的櫃子。

②善賈：識貨的商人。

③沽：賣出去。

【譯讀】

子貢說：「這裡有一塊美玉，是把它收藏在櫃子裡呢？還是找一個識貨的商人賣掉呢？」孔子說：「賣掉吧，賣掉吧！我正在等著識貨的人呢。」

【熙解】

「待賈而沽」說明了這樣一個問題，孔子自稱是「待賈者」，他一方面四處遊說，以宣傳禮治天下為己任，期待著各國統治者能夠施行仁道於天下；另一方面，他也隨時準

備，等待機會親自實踐，施行自己的為政之道。同時，這也是勉勵子貢為政，以經世致用。

9.14

子欲居九夷①。或曰：「陋②，如之何？」子曰：「君子居之，何陋之有？」

【註釋】
①九夷：中國古代對於東方少數民族的通稱。
②陋：鄙野，文化閉塞，不開化。

【譯讀】
孔子想要歸隱到九夷地方去居住。有人說：「那裡非常落後閉塞，不開化，怎麼能住呢？」孔子說：「有君子去住，就不閉塞落後了。」

【熙解】
隱居九夷這當然是孔子一時的氣話，他還調侃說過要去海外隱居呢！孔子有時候說話也挺可愛的，並不總是板著臉。中國古代，中原地區的人把居住在東面的人們稱為夷人，認為此地閉塞落後，當地人也愚昧不開化。孔子在回答某人的問題時說，只要有君子去這些地方住，傳播文化知識，開化人們的愚蒙，那麼這些地方就不會閉塞落後了。

9.15、9.16

子曰：「吾自衛反魯①，然後樂正②，雅頌③各得其所。」
子曰：「出則事公卿，入則事父兄，喪事不敢不勉，不為酒困，何有於我哉？」

【註釋】
①自衛反魯：公元前484年（魯哀公十一年）冬，孔子從衛國返回魯國，結束了14年遊歷不定的生活。
②樂正：調整樂曲的篇章。
③雅頌：這是《詩經》中兩類不同的詩的名稱，也是指雅樂、頌樂等樂曲名稱。

【譯讀】
孔子說：「我從衛國返回到魯國以後，樂才得到整理，雅樂和頌樂各有適當的安排。」
孔子說：「在外事奉公卿，在家孝悌父兄，有喪事不敢不盡力去辦，不被酒所困，

這些事對我來說有什麼困難呢?」

【熙解】
　　孔子結束周遊列國返回魯國之後，讀萬卷書行萬里路，心境已大不同。此時的孔子格局高遠，淡定從容，開始潛心正樂修書。
　　「出則事公卿」，是為國盡忠;「入則事父兄」，是為長輩尊者盡孝悌。忠與孝是孔子特別強調的兩個道德規範。它是對所有人的要求，而孔子本人就是這方面的身體力行者。在這裡，孔子說自己已經基本上做到了這幾點。

9.17

　　子在川上曰:「逝者如斯夫，不舍晝夜。」

【譯讀】
　　孔子在河邊說:「消逝的時光就像這河水一樣啊，不分晝夜地向前流去。」

【熙解】
　　孔子在河岸上，望著河水發呆。河還是那條河，水好像還是同樣的水，永遠奔流不息，但河岸上卻物是人非，此時的孔子已經老態龍鐘，周朝天下已然病入膏肓。孔子因而興起感嘆，感慨人生世事變換之快，衰亡之不可抗拒。孔子所說的「逝者」，沒有特定的所指，自可包羅萬象。我們的世界，太陽每天照樣升起，年復一年，四季交替往復。我們以為這一切都是固定的，太陽一直在那不動。殊不知太陽也像孔子眼前的河水一樣，一直在動。
　　下圖是太陽帶著地球和其他行星，以每秒 250 千米的速度在銀河裡狂奔的動態軌跡圖。孔子眼前的河水已經不是以前的河水，太陽也不是以前的太陽。萬事萬物永遠沒有靜止的一刻，永遠不會有完全相同的兩點。每一點、每一秒永遠都是新的。連北極星都是一直在變的，孔子時代的那顆北極星已經不是現代社會的北極星。

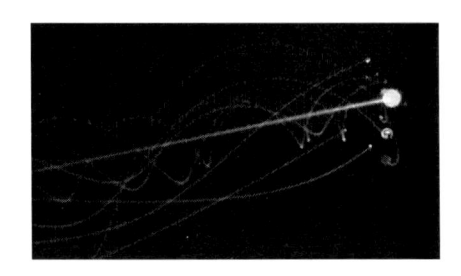

　　人自出生以後，由少而壯，由壯而老，每過一歲，即去一歲。個人如此，群體亦不例外。中國歷史到了五帝時代，不再有三皇，到了夏商周，不再有五帝。孔子生在春秋亂世，想見西周盛況，也見不到，只能夢見周公而已。由此可知，自然界、人世間、宇

宙萬有，無一不是逝者，無一不像河裡的流水，晝夜不止地流，一去不返。這就是天道。既然這樣，我們何必傷感所失去的呢？何必耿耿於懷沒有得到的呢？宇宙沒有真正的「永久」，只有「永恆」。「恆」為動態形容詞，即永遠恆變。

說到「恆變」，我們看到的太陽系飛奔軌跡圖，是不是也像「中庸示意圖」一樣呢？都是螺旋前進，如恆絲庸帛，中而庸之。我們把每一個螺旋前進的規則稱之為「權」。這裡還要提醒的是，這個圖還沒有把太陽自轉軌跡加進來，若加進來，那就是螺旋套螺旋了。天外有天，重重螺旋套著變化，「權」上「加權」，即為「權變」。明白這個道理的人即可「達權」。未明白者以為這很複雜高深，讀懂的人即可知道，無非是一個簡單的中庸規則反覆運用，層層疊加罷了。

9.18、9.19

子曰：「吾未見好德如好色者也。」
子曰：「譬如為山，未成一簣①，止，吾止也；譬如平地，雖覆一簣，進，吾往也。」

【註釋】
①簣：音 kuì，土筐。

【譯讀】
孔子說：「我沒有見過像好色那樣好德的人。」
孔子說：「譬如用土堆山，只差一筐土就完成了，這時停下來，那是我自己要停下來的；譬如在填平窪地，雖然只倒下一筐，這時繼續干下去，那是我自己要前進的。」

【熙解】
好色這件事，其實很考驗人。很多人在好色這件事上，比做什麼都「鍥而不捨」。孔子感嘆，如果「好德」也能像「好色」一樣有恆心，該多好啊！（一個問題留給大家思考：「好色」行為屬不屬於一種「天道」或「天德」呢？）

孔子在這裡用堆山和平地之比喻，說明功虧一簣和持之以恆的深刻道理，他鼓勵自己和學生們無論在學問和實踐上，都應該有自覺自願，鍥而不捨的精神。

鍥而不捨是好的，可以稱之為「執著」。但凡事有度，執著太過就成了「固執」，那就有害了。我們說「知進退」是一種智慧，意思是不但要善進，還要知止。《大學》曰：「知止而後有定。」我們在 6.23 章提到過「蹇卦」，也是提示人們要知止而退，反身修德。不懂得知止而返、知難而退的人，就偏離了中庸之道，即是失德了，要麼陷入發狂，要麼鑽進牛角尖。孔子在下面就提到了反面案例。

173

9.20、9.21

子曰:「語之而不惰者,其回也與!」
子謂顏淵曰:「惜乎!吾見其進也,未見其止也。」

【譯讀】

孔子說:「聽我說話而能毫不懈怠的,只有顏回一個人吧!」
孔子對顏淵說:「可惜呀!我只見他不斷前進,從來沒有看見他停止過。」

【熙解】

孔子眼裡的學生顏淵是一個十分刻苦的人,他在生活方面幾乎沒有什麼要求,而是一心用在好學上面。但是顏淵有點「一根筋」,執念太過,被表形圍絆;又太敏感,容易胡思亂想,敏感的人也許還有點自卑。顏淵學習看似刻苦,但沒用在點子上,所以越刻苦越艱難,累得不行。還是那句話,難者不會,會者不難。我們身邊經常看到一些優秀的學生,休息、玩耍的時間很多,也沒有特別補習,但他們偏偏成績好。所以這裡孔子總結顏淵的失敗之處:知進不知止,能張不能弛。因此顏淵不幸早死。太可惜了!

9.22、9.23

子曰:「苗而不秀①者有矣夫,秀而不實者有矣夫。」
子曰:「後生可畏,焉知來者之不如今也?四十、五十而無聞焉,斯亦不足畏也已。」

【註釋】

①秀:稻、麥等莊稼吐穗揚花叫秀。

【譯讀】

孔子說:「莊稼出了苗而不能吐穗揚花的情況是有的;吐穗揚花而不結果實的情況也有。」
孔子說:「年輕人是值得敬畏的,怎麼就知道後一代不如前一代呢?如果到了四五十歲時還默默無聞,那他就沒有什麼可以敬畏的了。」

【熙解】

這是孔子以莊稼的生長、開花到結果來比喻一個人從求學到成才的過程。有的人一開始很有前途,但不能堅持,最終達不到目的。有的人看起來很優秀,但其實是有名無實,空架子。這明顯還是在說顏淵嘛!當然,孔子借此勉勵後來者,希望他們既能勤奮

好學，最終還能學有所成，經世致用。

孔子說不能輕視年輕人，年輕人後勁足。這就是說「青出於藍而勝於藍」，「長江後浪推前浪，一代更比一代強」。社會在發展，人類在前進，後代一定會超過前人。但也不是絕對，現實中總免不了有一些不靠譜的人。怎麼判斷呢？孔子說，如果一個人到了四五十歲還默默無聞，也就不能指望他有多大成就了。恰好，當時顏淵約四十歲，孔子的兒子伯魚約五十歲。兩人都沒什麼成就。可見孔子並不護短。

9.24、9.25

子曰：「法語之言[1]，能無從乎？改之為貴。巽與之言[2]，能無說[3]乎？繹[4]之為貴。說而不繹，從而不改，吾末[5]如之何也已矣。」

子曰：「主忠信，毋友不如己者，過則勿憚改。」

【註釋】

①法語之言：法，指禮儀規則。這裡指以禮法規則正言規勸。
②巽與之言：巽，音 xùn，恭順，謙遜。與，稱許，贊許。這裡指恭順贊許的話。
③說：音 yuè，同「悅」。
④繹：原義為「抽絲」，這裡指推究，追求，分析，鑑別。
⑤末：沒有。

【譯讀】

孔子說：「用禮法正言規勸，誰能不聽從呢？但（只有按它來）改正自己的錯誤才是可貴的。鼓勵贊許的話，誰聽了不高興呢？但只有真正聽懂了好話的言下之意，才是可貴的。只是高興而不去想想言下之意，只是表示服從而不實際改正錯誤，（對這樣的人）我拿他實在是沒有辦法了。」

孔子說：「（與人交往）以德行忠信原則為主，要看到每個人身上的優點，則沒有不如自己的人；相比較於自己，有了不足，就不要忌憚改正。」

【熙解】

這裡講的第一層意思是言行一致的問題。用禮法規勸人，聽的人不能只是表面上順從，而真正依照禮法的規定去改正自己的錯誤，才是問題的實質。第二層的意思是，無論是難聽的話，還是好聽的話，都要聽得懂言下之意。

當別人用鼓勵的話贊許你的進步時，不要只顧沾沾自喜，不能一味聽好話就高興，而應戒驕戒躁，更進一步。

孔子在這裡實際上表達的意思是，好說歹說都試過了，別人都無動於衷。用禮法唬他，用好話鼓勵他，都沒用。孔子似乎碰到了那種表面總是遵從，實際行動卻從不改正的人，孔子實在是拿他沒辦法了。這簡直成了「牛皮糖」嘛！孔子隨後又特意補充了一

175

句，交朋友要慎重啊！不忠信的朋友不要交，知錯不能改的朋友更不能交。看來孔子身邊這個人交錯了朋友，被人帶壞了。到底是誰呢？各自分辨吧！

有人說9.25這章「主忠信，毋友不如己者，過則勿憚改」是《論語》編者誤編入的重複簡，其實哪是簡單重複，我們讀《論語》一定有整體思維，連貫思維。《論語》不能打散了讀，而要把它當作一篇篇完整論文讀。每一句誰先誰後、誰該重複出現，都是為了點明論題。

9.26

子曰：「三軍^①可奪帥也，匹夫^②不可奪志也。」

【註釋】

①三軍：一萬兩千五百人為一軍，三軍包括大國所有的軍隊。此處言其多。
②匹夫：平民百姓，主要指男子。

【譯讀】

孔子說：「一國軍隊，可以奪去它的主帥；但一個男子漢，他的志氣是不可失去的。」

【熙解】

「理想」這個詞，在孔子時代稱為「志」，就是人的志向、志氣。有理想的人必有弘毅之精神。「匹夫不可奪志」，反應出孔子對於「志」的高度重視，甚至將它與三軍之帥相比。對於一個人來講，他有自己的獨立人格，任何人都無權侵犯。作為個人，他應維護自己的尊嚴，不受威脅利誘，始終保持自己的「志向」。這就是中國人「人格」觀念的形成及確定。

反之，一個人若完全沒了想法，玩物喪志，成了得過且過、破罐子破摔的人，那他就沒救了。9.24章提到的那種人，其實就是「喪志」的人的表現。

9.27

子曰：「衣^①敝縕袍^②，與衣狐貉^③者立，而不恥者，其由也與？『不忮不求^④，何用不臧？』」子路終身誦之。子曰：「是道也，何足以臧？」

【註釋】

①衣：穿，當動詞用。
②敝縕袍：敝，壞。縕，音yùn，舊的絲棉絮。這裡指破舊的絲棉袍。
③狐貉：用狐和貉的皮做的裘皮衣服。

④不忮不求，何用不臧：這兩句見《詩經・邶風・雄雉》篇。忮，音 zhì，害的意思。臧，善，好。

【譯讀】

孔子說：「穿著破舊的絲棉袍子，與穿著狐貉皮袍的人站在一起而不覺得沒面子的，大概只有仲由吧。（《詩經》上說：）『不嫉妒，不貪求，有什麼不好的呢？』」子路聽後，反覆念叨這句詩。孔子又說：「這是本該做的，有什麼好說的呢？」

【熙解】

有的人出身貧寒，免不了自卑而敏感。但有的人，雖然貧窮，卻從不自卑。他雖然穿著寒酸，但他即使與衣著光鮮的人在一起，也從不自慚形穢。他永遠堅守自己的「道」，與人不卑不亢，安靜做自己，生活即修行。這個人就是子路。孔子也說，能做到的也許只有子路了。(這裡有個言下之意的悖論：難道其他「安貧樂道」的人並沒有真正做到?)

這一章孔子對子路先誇獎後批評。他表揚過後，又提醒子路不要沾沾自喜、故步自封。看來，孔子已經改變了對學生一味鼓勵的教育方法。估計是從顏淵身上發現了這種方法的弊病。現代人教育子女，一定要引以為戒，「鼓勵教育」別變成了一味誇獎，導致孩子只聽得進好話，而受不了半點批評或挫折，敏感得像只刺蝟。更有甚者，遇到丁點大的事就尋死覓活的，這還怎麼在社會上立足啊！

溫室裡的苗苗過度被保護，無論有多好看，終究經不起風霜，這不，孔子馬上提到了！

【資料】

詩經・邶風・雄雉

雄雉於飛，泄泄其羽。我之懷矣，自詒伊阻。
雄雉於飛，下上其音。展矣君子，實勞我心。
瞻彼日月，悠悠我思。道之雲遠，曷雲能來？
百爾君子，不知德行？不忮不求，何用不臧？

9.28

子曰：「歲寒，然後知鬆柏之後凋也。」

【譯讀】

孔子說：「到了寒冷的季節，才知道鬆柏是最後凋謝的。」

【熙解】

　　真正的君子，久經歷練，就像鬆柏那樣，經得起各種各樣的考驗，即使在最嚴峻的環境下也能生存。因為鬆柏直面天地，不依賴於人的澆灌，其成材是順應天道的結果。而溫室裡的苗木，被人為做作太過，一遇挫折就凋謝了。

　　現代人教育子女，一定要深思，把握好「度」啊！

9.29

子曰：「知者不惑，仁者不憂，勇者不懼。」

【譯讀】

　　孔子說：「有智慧的人不會迷惑，有仁德的人不會憂慮，勇敢的人不會畏懼。」

【熙解】

　　這裡我們轉述著名學者梁啟超對「不惑、不憂、不懼」的解讀，非常精彩。

　　我們前面說過，貫通天地者為仁，就叫作「仁者」。然則這種「仁者」為什麼會不憂呢？大凡憂之所從來，不外兩端：一曰憂成敗，一曰憂得失。我們有著「仁」的人生觀，就不會憂成敗。為什麼呢？因為我們知道，宇宙和人生是永遠不會圓滿的，所以易經六十四卦，始「乾」而終「未濟」；正是在這永遠不圓滿的宇宙中，才容得我們創造進化。

　　我們所做的事，不過在宇宙進化幾萬里的長途中，往前挪一寸兩寸，只是小小的成功，但是不做便連一寸兩寸都不往前挪，那可真失敗了。「仁者」看透這種道理。所以《易經》說：「君子以自強不息。」換一個角度來看，他們又相信凡事無所謂成功的；幾萬里路挪了一兩寸，算成功嗎？所以《論語》說：「知其不可而為之。」你想：有這種人生觀的人，還有什麼成敗可說呢？

　　再者，我們有「仁」的人生觀，便不會憂得失。為什麼呢？因為認定這件東西是我的，才有得失之可言。連北極星都不是永恆的，還有什麼能永久得到呢？既已沒有東西為我所得，當然亦沒有東西為我所失。我只是把學習、工作當作修為，並不是拿學問勞動等做手段來達到某種目的——可以為我們「所得」的。

　　所以老子說：「生而不有，為而不恃。」「既以為人，己愈有；既以與人，己愈多。」你想：有這種人生觀的人，還有什麼得失可憂呢？總而言之，有了這種人生觀，自然會覺得「天地與我並生，而萬物與我為一」；自然會「無入而不自得」。他的生活，純然是趣味化、藝術化。這是最高的情感教育，目的是教人做到「仁者不憂」。

　　宇宙和人生是活的，不是呆的；我們每日所碰見的事理，是複雜、變化的，不是單純、刻板的。倘若我們只是學過這一件才懂這一件，那麼，碰著一件沒有學過的事，便手忙腳亂了。所以還要養成總體的智慧，才能得到根本的判斷力。這種總體的智慧如

何才能養成呢？

我們在 8.17 章說過，學習要掌握本質，才能既知其然又能知其所以然，是為智者。文字和表面的東西，總有一天會失掉；而道的內涵則融入人的思想，成為人身體的一部分，使人終身受用，日用而不覺。即使忘掉了文字，道的內涵也早已影響人的世界觀、人生觀、價值觀，使人不惑。

不憂，不惑，懼當然會減少許多了。但這是屬於意志方面的事。一個人若是意志力薄弱，內心不夠強大，即使有很豐富的知識，臨時也會用不著；即使有看似美好的情操，臨時也會變卦。然則意志怎樣才會堅強呢？頭一件須要心地光明。

俗話說得好：「生平不做虧心事，夜半敲門也不驚。」一個人要保持勇氣，須要從一切行為可以公開做起，這是其一。其二要不為劣等慾望所牽制。「子曰：『吾未見剛者。』或對曰：『申棖。』子曰：『棖也慾，焉得剛？』」被物質上的慾望羈絆，百煉鋼也會變為繞指柔。

綜上所述，猶疑、沉悶，是因不智才會惑；焦慮、痛苦，是因為不仁才會憂；不能抵抗外界的壓力，便是因不勇才會懼。這都是智、情、意未經修養、磨煉的體現。希望大家都能自覺修習為己之學啊！

9.30

子曰：「可與共學，未可與適道[1]；可與適道，未可與立[2]；可與立，未可與權[3]。」

【註釋】

①適道：適，往。這裡是明白道的意思。
②立：踐行。
③權：規則。這裡引申為懂得權變思維，達權。達權的意思我們在 8.1 和 9.17 闡述過，請參閱。

【譯讀】

孔子說：「可以一起學習的人，未必都能明道；能夠明道的人，未必能夠踐行道；能夠踐行道的人，未必能夠達權。」（提到了向更高層次學習的方法和關鍵）

【熙解】

臨近篇尾，孔子總結出了學習的三重境界。我們參考以前 5.27 章提到過的「十室之邑，必有忠信如丘者焉，不如丘之好學也」。孔子認為一個人要做到忠信並不是最難的，其實最難的是「真正的好學」。

什麼是真正的好學呢？肯定不是顏回那種笨笨的「好學」。8.17 章提到「學如不及，猶恐失之」，闡述了學習要知其所以然，登堂入室，就是明道，才「可與適道」。明

道過後，才能活學活用，經世致用，踐行道才算「可與立」了。我們在 5.27 章也闡述過，學問在這個層面是「對」的，在另一個層面就不一定對了。學問之「道」是螺旋上升的形態，符合生命之學。老子曰：「為學日益，為道日損。」要將學習再上升一個臺階，則要學會否定自己，拋棄之前所學，重新開始。這就到「可與權」的境界了。

9.31

「唐①棣②之華③，偏其反而④。豈不爾思？室是遠而⑤。」子曰：「未之思也，夫何遠之有？」

【註釋】

①唐：古代場地、園地的別名。如：唐園，唐圃。古代種植菜蔬或花木的園地。《呂氏春秋·尊師》：「治唐圃，疾灌寖，務種樹。」

②棣：常棣。一種觀賞型灌木植物。《詩經·小雅·常棣》：「常棣之華，鄂不韡韡。凡今之人，莫如兄弟。」

韡：從「韋」從「華」。「韋」，熟牛皮繩。《說文》：韋，相背也。如下圖，自古以來，牛皮繩編織方式都是螺旋纏繞形態，也像背靠背的樣子。所以「鄂不韡韡」一般形容兄弟和睦，齊心協力，緊密無間。由此可見，韡韡：形容植物形狀像牛皮繩形態那樣螺旋纏繞，繁盛華美。

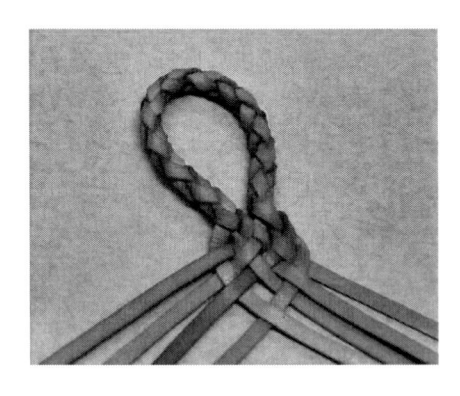

由此看來，這裡的常棣，應該是古代花園裡人工培植的盆栽綠植。從河姆渡遺址出土的陶器殘片（下圖）顯示，中國至少 5,000 年前就有人工盆栽了。孔子時代的盆栽設計出類似於現代「發財樹」類型的盆栽，也在情理之中了。常棣是擺在屋裡的觀賞綠植，難怪孔子要說「舍近求遠」。

③華：《爾雅·釋草》曰：「木謂之華，草謂之榮。」常棣為灌木植物，故這裡應讀為 huá，枝葉茂盛、華麗之意。
④偏其反而：螺旋狀攀爬，回旋往復。
⑤室是遠而：舍近求遠。

【譯讀】

「唐圃中培育出的常棣之茂盛華美，是因為（莖葉）螺旋纏繞攀爬，回旋往復。你難道不能受到啟發嗎？對近在眼前之『道』視而不見，卻去舍近求遠。」孔子說：「你還是沒有真正認真思考過啊，『道』在哪？遠在天邊，近在眼前啊！」

【熙解】

　　一切學問皆源於自然，合於天道。學問、修為之道，亦像唐棣之華這樣，螺旋而立，回旋往復。中庸之道亦是這樣，偏其反而，不離不棄，以始為終、靈活權變，以終為始、層層遞進，破執化器，明道達權。唐棣之華就是生活中的中庸之道啊！本章與上一章相呼應，進一步闡述向更高層次學習的方法和關鍵。

　　這一章告訴我們一個最重要的原則，「道」不在深山老林之中，不在廟堂之上，不在書山文海；「道」一直存在於我們身邊，就在我們日常生活之中，日用而不覺。明道者，處處皆見道；迷惑者，舍近求遠，視而不見「道」，苦苦追尋「道」。就像《齊論

語》，人們都說《齊論語》的《知道篇》已經遺失，其實哪有遺失，聰明的先人早已把《知道篇》分散融入了《論語》各篇中，在最合適的地方閃現，畫龍點睛，驚鴻一瞥。然足以明道。明道之人自然讀得懂；不知道者若沒讀懂《論語》內容，又豈能讀懂《知道篇》精髓？

中人以下，不可語上，打散專門的《知道篇》，這是《論語》編者最用心良苦的地方。

這一章再次給我們提醒：修為之道，無須去廟宇，無須到深山，大隱隱於市。讀《論語》，好好工作，快樂生活，無處不修行。

【資料】

詩經·小雅·常棣

常棣之華，鄂不韡韡（wěi）。凡今之人，莫如兄弟。
死喪之威，兄弟孔懷。原隰裒（xí póu）矣，兄弟求矣。
脊令在原，兄弟急難。每有良朋，況也永嘆。
兄弟鬩於牆，外御其務。每有良朋，烝也無戎。
喪亂既平，既安且寧。雖有兄弟，不如友生？
儐爾籩豆，飲酒之飫。兄弟既具，和樂且孺。
妻子好合，如鼓瑟琴。兄弟既翕，和樂且湛。
宜爾室家，樂爾妻帑。是究是圖，亶其然乎？

鄉黨第十

10.1

孔子於鄉黨，恂恂①如也，似不能言者。其在宗廟朝廷，便便②言，唯謹爾。

【註釋】
①恂恂：溫和恭順。
②便便：辯，善於辭令。

【譯讀】
孔子在本鄉的地方上顯得很溫和恭敬，像是不會說話的樣子。但他在宗廟裡、朝廷上，卻很善於言辭，只是說得比較謹慎而已。

10.2

朝，與下大夫言，侃侃①如也；與上大夫言，誾誾②如也。君在，踧踖③如也，與與④如也。

【註釋】
①侃侃：說話理直氣壯，不卑不亢，溫和快樂的樣子。
②誾誾：音 yín，嚴肅，和顏悅色而又能直言諍辯。
③踧踖：恭敬而不安的樣子。
④與與：威儀適中、一團和氣的樣子。

【譯讀】
孔子在上朝的時候，（國君還沒有到來，）同下大夫說話，侃侃而談；同上大夫說話，嚴肅而和悅的樣子；國君已經來了，恭敬而心中不安的樣子，但又儀態適中（不卑不亢）。

10.3

君召使擯①，色勃如也②，足躩③如也。揖所與立，左右手，衣前後，襜④如也。趨進，翼如也⑤。賓退，必復命，曰：「賓不顧矣。」

【註釋】
①擯：音 bìn，動詞，負責招待國君的官員。
②色勃如也：臉色立即莊重起來。
③足躩：躩，音 jué，腳步快的樣子。
④襜：音 chān，整齊之貌。
⑤翼如也：像長了翅膀，健步如飛。

【譯讀】
國君召孔子去接待賓客，孔子神色立即莊重起來，腳步也快起來。他向和他站在一起的人作揖，手向左或向右作揖，衣服前後擺動，卻整齊不亂。快步走的時候，健步如飛。賓客走後，必定向君主回報說：「客人已經走遠，不再回頭張望了。」

10.4

入公門，鞠躬如①也，如不容。立不中門，行不履閾②。過位，色勃如也，足躩如也，其言似不足者。攝齊③升堂，鞠躬如也，屏氣似不息者。出，降一等④，逞⑤顏色，怡怡如也。沒階⑥、趨進，翼如也。復其位，踧踖如也。

【註釋】
①鞠躬如：謹慎而恭敬的樣子。
②履閾：閾，音 yù，門檻，腳踩門檻。
③攝齊：齊，音 zī，衣服的下擺。攝，提起。提起衣服的下擺。
④降一等：從臺階上走下一級。
⑤逞：舒展開，鬆口氣。
⑥沒階：走完了臺階。

【譯讀】
孔子走進朝廷的大門，謹慎而恭敬的樣子，好像沒有他的容身之地。站，他不站在門的中間；走，也不踩門檻。經過國君的座位時，他臉色立刻莊重起來，腳步也加快起來，說話也好像中氣不足一樣。提起衣服下擺向堂上走的時候，恭敬謹慎的樣子，憋住氣好像不呼吸一樣。退出來，走下臺階，臉色便舒展開了，怡然自得的樣子。走完臺

階，快快地向前走幾步，姿態像鳥兒展翅一樣。回到自己的位置，是恭敬而不安的樣子。

10.5

執圭①，鞠躬如也，如不勝。上如揖，下如授。勃如戰色②，足蹜蹜③，如有循④。享禮⑤，有容色。私覿⑥，愉愉如也。

【註釋】

①圭：一種上圓下方的玉器，舉行典禮時，不同身分的人拿著不同的圭。出使鄰國，大夫拿著圭作為代表君主的憑信。

②戰色：戰戰兢兢的樣子。

③蹜蹜：小步走路的樣子。

④如有循：循，沿著。好像沿著一條直線往前走一樣。

⑤享禮：享，獻上。指向對方貢獻禮物的儀式。使者受到接見後，接著舉行獻禮儀式。

⑥覿：音 dí，會見。

【譯讀】

（孔子出使別的諸侯國，）拿著圭，恭敬謹慎，像是舉不起來的樣子。向上舉時好像在作揖，放在下面時好像是給人遞東西。臉色莊重得像戰戰兢兢的樣子，步子很小，好像沿著一條直線往前走。在舉行贈送禮物的儀式時，顯得和顏悅色。和國君舉行私下會見的時候，便輕鬆愉快了。

【熙解】

以上這五章，集中記載了孔子在朝、在鄉的言談舉止、音容笑貌，給人留下十分深刻的印象。孔子在不同的場合，對待不同的人，往往容貌、神態、言行都不同。他在家鄉時，給人的印象是謙遜、和善的老實人；他在朝廷上，則態度恭敬而有威儀，不卑不亢，敢於講話；他在國君面前，溫和恭順，局促不安，莊重嚴肅又誠惶誠恐。所有這些，為人們深入研究周朝禮儀，研究孔子，提供了具體的資料。

10.6

君子不以紺緅飾①，紅紫不以為褻服②。當暑，袗絺綌③，必表而出之④。緇衣⑤羔裘⑥，素衣麑⑦裘，黃衣狐裘。褻裘長，短右袂⑧。必有寢衣⑨，長一身有半。狐貉之厚以居⑩。去喪，無所不佩。非帷裳⑪，必殺之⑫。羔裘玄冠⑬，不以弔⑭。吉月⑮，必朝服而朝。

【註釋】

①不以紺緅飾：紺，音gàn，深青透紅，齋戒時服裝的顏色。緅，音zōu，黑中透紅，喪服的顏色。這裡是說，不以深青透紅或黑中透紅的顏色的布給平常穿的衣服鑲上邊作飾物。

②紅紫不以為褻服：褻服，平時在家裡穿的衣服。古人認為，紅紫不是正色，便服不宜用紅紫色。

③袗絺綌：袗，音zhěn，單衣。絺，音chī，細葛布。綌，音xì，粗葛布。這裡是說，穿粗的或細的葛布單衣。

④必表而出之：把麻布單衣穿在外面，哪裡還要視有內衣。

⑤緇衣：黑色的衣服。

⑥羔裘：羔皮衣。古代的羔裘都是黑羊皮，毛皮向外。

⑦麑：音ní，小鹿，白色。

⑧短右袂：袂，音mèi，袖子。右袖短一點，是為了便於做事。

⑨寢衣：睡衣。

⑩狐貉之厚以居：狐貉之厚是指厚毛的狐貉皮。居，坐。

⑪帷裳：上朝和祭祀時穿的禮服，用整幅布製作，不加以裁剪，折疊縫上。

⑫必殺之：一定要裁去多餘的布。殺，裁。

⑬玄冠：黑色的帽子。

⑭不以吊：不用於喪事。

⑮吉月：每月初一。一說正月初一。

【譯讀】

君子不用深青透紅或黑中透紅的布鑲邊，不用紅色或紫色的布做平常在家穿的衣服。夏天穿粗的或細的葛布單衣，但一定要套在內衣外面。黑色的羔羊皮袍，配黑色的罩衣。白色的鹿皮袍，配白色的罩衣。黃色的狐皮袍，配黃色的罩衣。平常在家穿的皮袍做得長一些，右邊的袖子短一些。睡覺一定要有睡衣，要有一身半長。用狐貉的厚毛皮做坐墊。喪服期滿，脫下喪服後，便佩帶上各種各樣的裝飾品。如果不是禮服，一定要加以剪裁。不穿著黑色的羔羊皮袍和戴著黑色的帽子去吊喪。每月初一，一定要穿著禮服去朝拜君主。

10.7

齊①，必有明衣②，布。齊必變食③，居必遷坐④。

【註釋】

①齊：同「齋」。

②明衣：齋前沐浴後穿的浴衣。
③變食：改變平常的飲食。指不飲酒，不吃蔥、蒜等有刺激味的東西。
④居必遷坐：指從內室遷到外室居住，不和妻妾同房。

【譯讀】

　　齋戒沐浴的時候，一定要有浴衣，用布做的。齋戒的時候，一定要改變平常的飲食，居住也一定搬移地方。

10.8

　　食不厭精，膾^①不厭細。食饐^②而餲^③，魚餒^④而肉敗^⑤，不食；色惡，不食；臭惡，不食；失飪^⑥，不食；不時^⑦，不食，割不正^⑧，不食；不得其醬，不食。肉雖多，不使勝食氣^⑨。惟酒無量，不及亂^⑩。沽酒市脯^⑪不食。不撤姜食，不多食。

【註釋】

①膾：音 kuài，切細的魚、肉。
②饐：音 yì，食物腐敗發臭。
③餲：音 ài，變味了。
④餒：音 něi，魚腐爛，這裡指魚不新鮮。
⑤敗：肉腐爛，這裡指肉不新鮮。
⑥飪：烹調製作飯菜。
⑦不時：應時，時鮮。
⑧割不正：肉切得不方正。
⑨氣：同「餼」，即糧食。
⑩不及亂：亂，指酒醉。不到酒醉時。
⑪脯：音 fǔ，熟肉干。

【譯讀】

　　糧食不嫌舂得精，魚和肉不嫌切得細。糧食變味了，魚和肉腐爛了，都不吃。食物的顏色變了，不吃。氣味變了，不吃。烹調不當，不吃。不當時令的菜，不吃。肉切得不方正，不吃。佐料放得不適當，不吃。席上的肉雖多，但吃的量不超過米麵的量。只有酒沒有限制，但不喝醉。從市上買來的肉干和酒，不吃。每餐必須有姜，但也不多吃。

10.9

祭於公，不宿肉①。祭肉②不出三日。出三日，不食之矣。食不語，寢不言。雖疏食菜羹③，瓜祭④，必齊⑤如也。

【註釋】

①不宿肉：不使肉過夜。古代大夫參加國君祭祀以後，可以得到國君賜的祭肉。但祭祀活動一般要持續二三天，所以這些肉就已經不新鮮，不能再過夜了。超過三天，就不能再過夜了。
②祭肉：這是祭祀用的肉。
③菜羹：用菜做成的湯。
④瓜祭：古人在吃飯前，把席上各種食品分出少許，放在食具之間祭祖。
⑤齊：同「齋」。

【譯讀】

孔子參加國君祭祀典禮時分到的肉，不能留到第二天。祭祀用過的肉不超過三天。超過三天，就不吃了。吃飯的時候不說話，睡覺的時候也不說話。即使是粗米飯蔬菜湯，吃飯前也要把它們取出一些來祭祖，而且表情要像齋戒時那樣嚴肅恭敬。

【熙解】

以上四章，記述了孔子的衣著和飲食習慣。孔子對「禮」的遵循，不僅表現在與國君和大夫們見面時的言談舉止和儀式方面，而且表現在衣著方面。他對祭祀時、服喪時和平時所穿的衣服都有不同的要求，如罩衣、罩衣、麻衣、皮袍、睡衣、浴衣、禮服、便服等，都有不同的規定。在飲食方面，「食不厭精，膾不厭細」，而且對於食物，有八種他不吃。吃了，就有害於健康。

10.10

席①不正，不坐。鄉人飲酒②，杖者③出，斯出矣。鄉人儺④，朝服而立於阼階⑤。

【註釋】

①席：古代沒有椅子和桌子，都坐在鋪於地面的席子上。
②鄉人飲酒：指當時的鄉飲酒禮。
③杖者：拿拐杖的人，指老年人。

④儺：音 nuó，古代迎神驅鬼的宗教儀式。
⑤阼階：阼，音 zuò，東面的臺階。指主人立在大堂東面的臺階，迎接客人。

【譯讀】

席位安排得不正確，不坐。行鄉飲酒的禮儀結束後，（孔子）一定要等老年人先出去，然後自己才出去。鄉裡人舉行迎神驅鬼的宗教儀式時，孔子總是穿著朝服站在東邊的臺階上。

10.11

問①人於他邦，再拜而送之②。康子饋藥，拜而受之。曰：「丘未達，不敢嘗。」

【註釋】

①問：問候。古代人在問候時往往要致送禮物。
②再拜而送之：在送別客人時，兩次拜別。

【譯讀】

（孔子）托人向在其他諸侯國的朋友問候送禮，送行時向受託者拜了兩次。季康子給孔子贈送藥品，孔子拜謝之後接受了，說：「我對藥性不瞭解，不敢嘗。」

【熙解】

以上兩章，記載了孔子言談舉止的某些規矩或者習慣。他時時處處以正人君子的標準要求自己，使自己的言行盡量符合禮的規定。他認為，「禮」是至高無上的，是神聖不可侵犯的，那麼，一舉手、一投足都必須依照禮的原則。這一方面是孔子個人修養的具體反應，另一方面也體現出他在身體力行地向學生們傳授知識和仁德。

10.12

廄焚。子退朝，曰：「傷人乎？」不問馬。

【譯讀】

馬棚失火燒掉了。孔子退朝回來，說：「傷人了嗎？」不問馬的情況怎麼樣。

【熙解】

孔子家裡的馬棚失火被燒掉了。當他聽到這個消息後，首先問人有沒有受傷。有人說，儒家學說是「人學」，這一條可以作佐證材料。他只問人，不問馬，表明他重人不

重財，十分關心下面的人。這是中國人道主義思想的發端。

10.13、10.14

君賜食，必正席先嘗之；君賜腥①，必熟而薦②之；君賜生，必畜之。侍食於君，君祭，先飯。疾，君視之，東首③，加朝服，拖紳④。君命召，不俟駕行矣。

入太廟，每事問⑤。

【註釋】

①腥：生肉。
②薦：供奉。
③東首：頭朝東。
④紳：束在腰間的大帶子。
⑤此章重出，作為禮儀列舉。

【譯讀】

國君賜給熟食，孔子一定擺正座席先嘗一嘗。國君賜給生肉，一定煮熟了，先給祖宗上供。國君賜給活物，一定要飼養起來。同國君一道吃飯，在國君舉行飯前祭禮的時候，一定要先嘗一嘗。孔子病了，國君來探視，他便頭朝東躺著，身上蓋上朝服，拖著大帶子。國君召見（孔子），他不等車馬駕好就先步行走去了。孔子到了太廟，每件事都要問。

【熙解】

古時候君主吃飯前，要有人先嘗一嘗，君主才吃。孔子對國君十分尊重。他在與國君吃飯時，都主動嘗一下，表明他對禮的遵從。

孔子患了病，躺在床上，國君來探視他，他無法起身穿朝服，這似乎對國君不尊重，有違於禮，於是他就把朝服蓋在身上。這反應出孔子即使在病榻上，也不會失禮於國君。

10.15

朋友①死，無所歸。曰：「於我殯②。」朋友之饋，雖車馬，非祭肉，不拜。

【註釋】

①朋友：指與孔子志同道合的人。
②殯：停放靈柩和埋葬都可以叫殯，這裡是泛指喪葬事務。

【譯讀】

（孔子的）朋友死了，沒有親屬負責斂埋，孔子說：「喪事由我來辦吧。」朋友饋贈物品，即使是車馬，只要不是祭肉，（孔子在接受時）也是不拜的。

【熙解】

孔子把祭肉看得比車馬還重要，這是為什麼呢？因為祭肉關係到「禮」和「孝」的問題。用肉祭祀祖先之後，這塊肉就不僅僅是一塊可以食用的東西了，而是對祖先盡孝的一個載體。

10.16

寢不屍，居不客。見齊衰①者，雖狎②，必變。見冕者與瞽者③，雖褻④，必以貌。凶服⑤者式⑥之，式負版者⑦。有盛饌⑧，必變色而作⑨。迅雷風烈，必變。

【註釋】

①齊衰：zī cuī，指喪服。
②狎：音 xiá，親近的意思。
③瞽者：盲人，指樂師。
④褻：音 xiè，常見、熟悉。
⑤凶服：喪服。
⑥式：同「軾」，古代車輛前部的橫木。這裡作動詞用。遇見地位高的人或其他人時，馭手身子向前微俯，伏在橫木上，以示尊敬或者同情。這在當時是一種禮節。
⑦負版者：背負國家圖籍的人。當時無紙，用木版來書寫，故稱「版」。
⑧饌：音 zhuàn，飲食。盛饌，盛大的宴席。
⑨作：站起來。

【譯讀】

（孔子）睡覺不像死屍一樣挺著（臥似弓），平日家居也不像做客或接待客人時那樣莊重嚴肅。（孔子）看見穿喪服的人，即使是關係很親密的，也一定要把態度變得嚴肅起來。看見當官的和盲人，即使是常在一起的，也一定要有禮貌。在乘車時遇見穿喪服的人，便俯伏在車前橫木上（以示同情）。遇見背負國家圖籍的人，也這樣做（以示敬意）。（做客時，）如果有豐盛的筵席，就神色一變，並站起來致謝。遇見迅雷大風，一定要改變神色（以示對上天的敬畏）。

191

10.17

升車,必正立執綏①。車中不內顧②,不疾言③,不親指④。

【註釋】
①綏:上車時扶手用的索帶。
②內顧:回頭看。
③疾言:大聲說話。
④不親指:不用自己的手指劃。

【譯讀】
上車時,一定先直立站好,然後拉著扶手帶上車。在車上不回頭張望,不高聲說話,不用自己的手指指點點。

【熙解】
以上這幾章,講的都是孔子是如何遵從周禮的。在許多舉動上,他都能按禮行事。對不同的人、不同的事、不同的環境,應該有什麼表情、什麼動作、什麼語言,他都一絲不苟,準確而妥帖。所以,孔子的學生們在談起這些時,津津樂道,極其佩服。

10.18

色斯舉矣①,翔而後集②。曰:「山梁雌雉③,時哉!時哉④!」子路共⑤之,三嗅而作⑥。

【註釋】
①色斯舉矣:色,臉色,各種表情、神色。斯同「澌」,盡。舉,鳥飛起來,比喻精彩紛呈、輪番上演。
②翔而後集:飛翔一陣,然後落到樹上集合。
③山梁雌雉:聚集在山梁上的母野雞,該飛的時候飛,該舞的時候舞,該歌的時候歌。
④時哉!時哉:恰如其時!恰如其時呀!
⑤共:同「拱」。
⑥三嗅而作:有人說「嗅」應為「狊」字之誤。狊,音昊 jú,鳥張開兩翅。有人說作「戛」字,鳥的長叫聲。本書認為磕頭長揖到地如嗅。均未有定論,故本書維持原字「嗅」,讀音 xiù。

【譯讀】

一群野雞在那兒爭先恐後地飛，撲騰嘈雜，神色百態。然而飛了一會兒之後，最終都落地集合，歸於平靜。孔子說：「這些山梁上的母野雞，得其時呀！得其時呀！」子路深深地作拱，長揖，頭磕地拜了三下。

【熙解】

這一天，孔子和眾弟子興致勃勃地行走在郊外，只聽弟子們不斷發出「嘖嘖」的稱贊聲。原來他們都在饒有興趣地聽孔子講各種禮儀，精彩得像聽故事一樣！

子路就要到衛國出仕赴任了，大家既為他感到高興，又有點傷感，離別之情溢於言表！今天大家都隨孔子一同來送子路赴任，一路高談闊論，不亦樂乎！此時的孔夫子就像個愛嘮叨的老母雞，對子路左叮嚀、右囑咐，如穿衣、吃飯有什麼講究啊，睡覺、養生有什麼秘訣啊，上朝、退朝有什麼規矩啊，遇到紅白喜事怎麼應對啊，迎來送往有什麼禮節啊，待人接物要怎麼樣啊……眾弟子聽得眉飛色舞。子路不停地點頭稱是，還時不時暗自感動得抹眼淚……

不知不覺離魯國都城很遠了。前面有座橋，過了橋翻過山谷就快出魯國邊境了。但是孔子一行人仍渾然不覺。

忽然，山谷裡驚起了一群野雞。它們被這群激情的人嚇到了，「嘩」的一下全飛了起來，邊飛邊發出「咯咯咯」的叫聲，翅膀也發出「撲撲撲……」的鼓動聲。有幾只雌野雞慌亂中竟然互相碰到了頭……野雞們神色各異，百態盡顯，孔夫子一行人也看得好生有味。但是不到一會，野雞群飛出一條條拋物線後，隨即滑翔落地，又集中到了一起，山谷立即又安靜了下來。此時的孔夫子和眾弟子們望著野雞群，都不說話了，若有所思，又猛然意識到什麼似的！

弟子們聽孔子說過一個傳說。200多年前，秦國陳倉出一寶，稱作陳寶，遇秦文王，化而為雌雄野雞，一飛東南，一落陳倉。或曰：「得雄者王，得雌者霸」。文王急令捕之，得雌，建祀雞臺。

孔子輕咳了一聲，對子路說：「就像這山梁上的雌野雞，恰如其時！恰如其時啊！」子路凜然。

天下沒有不散的筵席，送君終有一別，是時候說再見了！子路整理了一下衣冠，俯身向著孔夫子拱手，長長揖，然後跪地伏身，頭磕地（像嗅到地面一樣）拜了三拜，隨後起身，又與同學們一一作揖行禮，然後毅然轉身，拍馬啟程，頭也不回地朝衛國飛奔而去。

孔夫子抹了抹眼角，久久地望著子路的背影，不說話。此去一別，不想，成了永訣！

....

各位看官，《論語（上篇）》洋洋近萬言，所述人間百態，是非功過，不圖永垂不朽，但記曾經擁有（色斯舉矣，翔而後集）。所述之事，成王敗寇，乃此一時、彼一時

也（時哉時哉），望諸君勿要照搬學步，須守中持恒，明道達權，中而庸之矣！

就此擱筆，予三叩拜謝！

［又數十年後，《論語（下篇）》乃出］

【典故】寶雞鳴瑞，得雄者王，得雌者霸
　　——寶雞市的名稱由來

　　寶雞原稱「陳倉」。相傳春秋時，秦文公（公元前765—前716年在位）在雞峰山（今寶雞市市區東南15千米處）狩獵，獲雌雞，後飛至山上化為石雞，立祠祀為「陳寶」。有傳說「得雄者王，得雌者霸」，到秦穆公時秦國果得霸業，至秦始皇時果然由秦國統一天下。唐至德二年（公元757年），山上復聞神雞啼鳴，聲傳10餘里。唐玄宗以「昔有陳倉寶雞鳴之瑞」，神雞為國之寶，雞鳴乃是吉祥之兆，遂改陳倉為寶雞，沿用至今。

　　《史記·封禪書》云：「文公獲若石雲，於陳倉北阪城祠之。其神或歲不至，或歲數來，來也常以夜，光輝若流星。從東南來集於祠城，則若雄雞，其聲殷雲，野雞夜雊。以一牢祠，命曰陳寶。」

　　又據《史記·索隱》引《晉泰康地志》記載：秦文公時，陳倉有個獵人，捕獲一只怪獸，不知是何物？就去獻給秦文公。路遇兩兒童，競相嚷著說：「這獸是猬精，常在地下吃死人腦漿」。獵人聽後，想打死這怪獸，就用枝條抽打獸頭。此時，怪獸突然高喊著說：「這兩個兒童，才不是人呢，都是野雞精，名叫陳寶。得雄的，可成為天下之王；得雌的，能稱霸於天下」。

　　兩孩童的本來面目被揭穿以後，就變成野雞飛走了。雌的飛到陳倉山北坡，被捕捉後變成石雞；雄的飛往東南方向。獵人將這段奇事，稟報給秦文公。秦文公就在古陳倉縣城鬥雞臺，即今寶雞市市東（陝棉十二廠）火車隧洞上，修建祭雞臺，即陳寶祠，也叫陳寶夫人祠，把陳倉這種神奇的野雞，當寶貝雞敬奉起來。從此，每年祭祀陳寶，就成為秦國一項規模宏大的盛典。後來人們把陳倉山逐漸叫為寶雞山。

　　在寶雞這片神奇的土地上，誕生了影響中華民族3,000多年的《周禮》《周易》，還演繹了「封邦建國」「周公吐哺」「姜太公釣魚」「暗度陳倉」等聞名古今中外的歷史典故。寶雞市管轄的區有3個，即金臺區、渭濱區和陳倉區。其中，金臺區得名與區內著名的道觀金臺觀有關，此觀系太極拳鼻祖張三豐的修道之處。

先進第十一

11.1

子曰：「先進於禮樂①，野人②也；後進於禮樂③，君子④也。如用之，則吾從先進。」

【註釋】
①禮樂：泛指規則。古代「法家」尚未出現之前，禮就是法，就是規則。在特定場合奏不同的樂，也屬於禮的一部分。先進於禮樂：無成規可依時，或舊規無法解決新問題時，把事情先做了再說，積極從實踐中總結出理論、制定新規則。
②野人：原意樸素粗魯的人或指鄉野平民，這裡指行動力強，「野蠻生長」的人及其做事風格，與君子之風並不衝突。「野蠻其體魄、文明其精神」可以同時在一個人身上養成。
③後進於禮樂：是以理論指導實踐，先有理論、規則（禮），再依禮而行。
④君子：依禮而行，非禮勿動，也是君子行為。

【譯讀】
孔子說：「動手先做，做了再總結經驗，制定新規則，這樣的人做事像野人一樣；也有的人，做事墨守成規，有規定就做，無規定則不做，號稱君子。如果用人做事，我還是用先進。

【熙解】
在關鍵時刻（無成規可依，或舊規無法解決新問題時），要勇於探索新方法，不受既定規則鉗制（「不器」）；能打破常規，動手先做，做了再說。做好了自有道理，做不好重新來過，總歸會好。積極從實踐中總結出理論、制定新規則，是為「權變」之道。摸著石頭過河，路是趟出來的，不然社會怎麼能進步？——這就是「先進」的本意。「先進個人」「先進集體」一定是具有開創精神的做事風格。所以，關鍵時刻「如用之」，孔子也寧願用先進。由此可見，孔子也是講辯證法的，在「知天命」以後也是很有創新精神的。

簡單地說，先進於禮樂，是積極從實踐中總結出理論、制定新規則；後進於禮樂，是以理論指導實踐。前者不等、不靠，不必靠踩著別人的腳印前進，而是勇於踩出一條

自己的路（「踐跡」）。對於後者，若沒有「使用手冊」教他該做得什麼、不該做什麼、以及怎麼做，就決不會邁出第一步；有了「使用手冊」，他也許能做得很好。

依禮而行，確是君子所為。但若一味墨守成規，關鍵時刻不思變通，就成了「呆子」。為人情商不高是「呆」，學習上生搬硬套是「呆」，工作中刻舟求劍更是「呆」。獨善其身的呆子暫且罷了，若呆子被抬居高位，對社會的負面影響就大了。

君子的定位不是一成不變的。「文質彬彬，然後君子」，其中「質」為人之本性，不易變；但「文」是隨社會發展而變的。社會經常在變，文禮亦相應改變。所以君子之行為標準也應與時俱進。關鍵時刻不思變通、刻舟求劍，就會阻礙社會進步。

古往今來，太多的人，因為缺少這種辯證法，由最初的社會的進步力量、人民的功臣，不知不覺變成了社會的絆腳石、人民的公敵。這是非常遺憾的事！它導致一種現象，即一談起孔門經典，很多人的第一印象就是迂腐、守舊、道德綁架。歷代「大儒」解讀出來的《論語》，只見「道統」，不見辯證法。為什麼歷代儒生，那麼偏重孔子思想的「道統教化」，而忽略了孔子的辯證法和開創精神呢？這不得不讓人深思！尤其今天我們重新學習《論語》，對這個問題一定要重視。

11.2

子曰：「從我於陳蔡①者，皆不及門②也。」

【註釋】

①陳、蔡：均為諸侯國名。公元前489年，孔子和他的學生經過陳國到蔡地去。途中，他們被陳國的人包圍，絕糧7天，許多學生餓得不能行走。當時跟隨他的學生有子路、子貢、顏淵等人。

②及：8.17章我們提到，「及」表示後面的人趕上來用手抓住前面的人，引申為抓住實質。門，門派，開門立說。及門則指完全學習到並掌握了師門的精髓，甚至青出於藍而勝於藍。

【譯讀】

孔子說：「曾跟隨我從陳國到蔡地去的這批學生，都還沒有掌握孔門的精髓，沒有超越師門、開門立說的能力。」

【熙解】

師傅帶徒弟，徒弟能「出師」了，才代表結業，真正學到了師傅的精髓。青出於藍而勝於藍，才是對老師最大的尊敬和回報。作為學生，學一門學問，能進得去，還能出得來，才叫真本事，才算真正的「及門」了。學問能進得去是「登堂」，是「成器」；能化器出得來是「入室」，化器明道，才能舉一反三，活學活用，才有可能創新。成器難，化器更難。古往今來，太多的人，學一樣東西，學著學著就陷進去了，不是滿口

「之乎者也」，就是一身「佛油子」氣，更嚴重者把自己搞得終日神經兮兮。「未可與權」，出不來啊！

孔子在上一章說過，用人就得用靈活權變、行動力強的人。「從我於陳蔡者」，都沒有「可與權」的資質和機緣，更談不上「先進於禮樂」，開門立說了。只有真正「及門」了的弟子，才有實力接孔子的班，執掌孔門，將儒門發揚光大。後來子貢帶領曾子、子夏他們做到了。

現代社會的人們大談創業、創新，試問，數千年來有哪個組織能像孔門這樣，屹立華夏大地數千年，不以朝代的更迭、不以物質的進步、不以時間的漫長演變而消亡？孔子及其領導的孔門，才是天下第一成功創業、創新的楷模。近現代任何所謂的「基業長青」「家業長青」，都難望孔門長青之項背。任何成功學的書都比不過《論語》這部書裡的成功學。要創業，先讀《論語》。

11.3

德行①：顏淵，閔子騫，冉伯牛，仲弓。言語②：宰我，子貢。政事③：冉有，季路。文學④：子遊，子夏。

【註釋】
①德行：指能實行孝悌、忠恕等道德。
②言語：指善於辭令、外交。
③政事：指擅長從事政治事務。
④文學：指通曉詩、書、禮、樂等相關文獻知識。

【譯讀】
德行好的有：顏淵、閔子騫、冉伯牛、仲弓。善於辭令的有：宰我、子貢。擅長政事的有：冉有、季路。通曉文獻知識的有：子遊、子夏。

【熙解】
這一章據考證是作為《論語》正文的附註編排的，類似於文章的大綱草稿，並不是孔子列的排名，所以，無須太在意這個「十哲」排名。

11.4

子曰：「回也非助我者也，於吾言無所不說①。」

【註釋】
①說：同「悅」，心悅誠服。

【譯讀】

孔子說:「顏回不是對我有幫助的人,只是對我說的話沒有不心悅誠服的。」

【熙解】

前面11.1章和11.2章提到,跟隨孔子從陳國到蔡地去周遊的那批學生,沒有一個能超越師門的。接下來孔子逐個評論這些弟子。

顏回經常被認為是好學生。他在孔子面前表現得始終是服服帖帖、畢恭畢敬的,對於孔子的學說無所不從。但這裡,孔子說顏回「非助我者」,說明孔子對顏回的學識並無太高評價,學而無用,只剩下「好學」精神值得表揚,僅此而已。可見孔子並不提倡做「老好人」,除了不討人嫌,還有什麼值得稱道的成績呢?

能獨善其身的「不討人嫌」尚能得過且過。但是,若這種「品質」被抬居高位,就無法獨善其身了,就變成了錯位。錯位者若德不配位,需小心惹災殃啊!

11.5

子曰:「孝哉閔子騫①!人不間②於其父母昆弟③之言。」

【註釋】

①閔損:字子騫,名損。孔子對弟子都是直呼其名,如「損」。這裡稱呼「閔子騫」,可見「孝哉閔子騫」這句話不是孔子說的,而是孔子轉述閔子騫父母、昆弟的話,並表示肯定。

②間:非議、異議、挑撥。

③昆:從日,從比。「比」意為「等列」,日下眾生,雖同一片天,然有先後。昆弟,引申為同母異父或同父異母所生兄弟,區別於「兄弟」。

【譯讀】

孔子說:「閔子騫真是孝順呀!人們對於他的父母和(同父異母)弟弟稱讚他的這句話,沒有什麼異議。」

【典故】蘆衣順母

閔損,字子騫,早喪母。父娶後母,生二子,衣以棉絮;妒損,衣以蘆花。父令損御車,體寒,失鎖。父查知故,欲出後母。損曰:「母在一子寒,母去三子單。」母聞,悔改。

閔損他生母早死,父親娶了後妻,又生了兩個兒子。繼母虐待他,冬天,兩個弟弟穿著用棉花做的冬衣,卻給他穿用蘆花做的「棉衣」。一天,父親安排閔損駕車勞作,時因寒冷打戰,閔損將繩子掉落地上,遭到父親的斥責和鞭打,蘆花隨著打破的衣縫飛

了出來。父親又摸了摸其他兩個兒子的衣服，方知閔損受到虐待。父親返回家，要休逐後妻。閔損跪求父親饒恕繼母，說：「留下母親只是我一個人受冷，若休了母親，三個孩子都要挨凍。」父親十分感動，就依了他。繼母聽說，悔恨知錯，從此對待他如親子，一家人過著幸福的生活。

閔子騫這麼孝順繼母，關愛同父異母的弟弟，還有什麼可挑剔的呢？大家都公認閔子騫至孝，誰也挑撥離間不了。

11.6

南容三復白圭①，孔子以其兄之子妻之。

【註釋】

①白圭：《詩經‧大雅‧抑之》中有「白圭之玷，尚可磨也；斯言之玷，不可為也」，意思是白玉上的污點還可以磨掉，我們言論中有毛病，就無法挽回了。這是告誡人們要慎言。

【譯讀】

南容反覆誦讀「白圭之玷，尚可磨也；斯言之玷，不可為也」的詩句。孔子把姪女嫁給了他。

【熙解】

孔子提倡「慎言」，不該說的話絕對不說。因為，白玉被玷污了，還可以把它磨去，而說錯了的話，則無法挽回。言責自負。希望人們言語要謹慎，因為慎言的背後，是少惹禍。孔子在5.2章曾評論南容說：「國家有道時，他有官做；國家無道時，他也可以免遭刑戮。」孔子把自己的姪女嫁給了南容，表明他很欣賞南容的謹言慎行。這在當時春秋時代的亂世中，不失為一個明哲保身的辦法。即使是現在，也不能口無遮攔，說話不經腦子。

11.7

季康子問：「弟子孰為好學？」孔子對曰：「有顏回者好學，不幸短命死矣！今也則亡。」

【譯讀】

季康子問孔子：「你的學生中誰是好學的？」孔子回答說：「有一個叫顏回的學生很好學，不幸短命死了！現在再也沒有像他那樣的了。」

【熙解】

　　說來說去，顏回很「好學」。這個「好學」卻對孔子「非助」的人，不幸早死了。據考證，顏回是41歲死的，生前沒什麼成就。這樣一個普通人，幾千年來，不斷被無限拔高，樹為道德楷模，只是因為孔子早年說過其「安貧樂道」和他對孔子「不違如愚」「無所不說」。這是很值得商榷和反思的。

　　孔子只是說顏回好學「罷了」，並沒推崇他那種笨笨的好學。數千年來，有人為了造就愚忠順民，故意曲解了孔子思想，把顏回樹立成道德榜樣。我們今天重讀《論語》，一定要正本清源，恢復孔子原本積極、樂觀、進取的生活態度。先進個人或先進集體一定是具有創新思維，能夠積極發揮主觀能動性，創造性地開展學習和工作的人或單位。

11.8

　　顏淵死，顏路①請子之車以為之椁②。子曰：「才不才，亦各言其子也。鯉③也死，有棺而無椁。吾不徒行以為之椁。以吾從大夫之後④，不可徒行也。」

【註釋】

　　①顏路：顏無繇（yóu），字路，顏淵的父親，生於公元前545年。
　　②椁：音 guǒ，古人所用棺材，內為棺，外為椁。
　　③鯉：孔子的兒子，字伯魚，因其出生時魯昭公賜孔子一尾鯉魚祝賀而得名。孔鯉死時50歲，孔子70歲。
　　④從大夫之後：跟隨在大夫們的後面，意即當過大夫。孔子在魯國曾任司寇，是大夫一級的官員。

【譯讀】

　　顏淵死了，（他的父親）顏路請求孔子賣掉車子，給顏淵買個外椁。孔子說：「不管顏回有才還是無才，我們（孔子和顏路）都稱顏回是自己的兒子。孔鯉死的時候，也是有棺無椁。我沒有賣掉自己的車子步行而給他買椁。因為我還當過大夫的，是不可以步行的。」

【熙解】

　　顏路的悲痛可以理解，但要孔子賣掉車子給顏淵買個外椁的要求有點過分了。也許顏路是要面子，愛慕虛榮；又也許是他認為孔子該為顏回的死負點責。儘管孔子十分悲痛，但是他卻不願意賣掉車子。對於顏路愛慕虛榮的非分要求，孔子只能以一個更「愛慕虛榮」的理由來搪塞他了。

　　難道真的是因為「大夫必須有自己的車子，不能步行」的原因嗎？孔子都可以將自己自喻為「喪家犬」，他是那麼講究排場的人嗎？不會。也許顏淵的早死背後真的有故事。

這裡的「才不才」，透露出了孔子對顏回的「蓋棺定論」。孔子的言下之意是，即使沒把顏回培養成才，但是孔子仍把顏回視為其子。如果顏回真成才，孔子不會說「才不才」的話。

11.9

顏淵死。子曰：「噫！天喪予！天喪予！」

【譯讀】

顏淵死了，孔子說：「唉！是老天爺要我的命呀！是老天爺要我的命呀！」

【熙解】

被孔子視如親子的顏回不幸早死了，孔子一心想栽培顏回成才的想法也破滅了。這既是對孔子親情的打擊，也是對孔子自信心的打擊。就像現代社會，一心想「培養」孩子，望子成龍心切的父母，對孩子學習要求太高，壓得孩子喘不過氣來。突然有一天，孩子因為壓力過大而抑鬱了，甚至「沒了」，那種心情永遠無法言語。以前以為都是為了孩子好，到頭來卻發現反而誤了孩子。這種心理上的崩潰，與喪子之痛糾纏在一起，是何其悲傷啊！何其悲傷啊……

我們在《雍也》篇提到過，宰予就是在魯哀公十一年（公元前484年）春，田成子弒君齊簡公時被殺的。恰巧顏回也是這年死的，只是誰先死誰後死無從考證。這個事件傳到孔子那裡後，孔子大哭，齋戒三日，沐浴更衣，請求魯哀公舉兵伐齊。不完全是為了幫宰予復仇，而是田齊代姜後，齊國「至於魯」了。新的齊國已經與周朝和魯國沒有關係了。孔子是為了道義之死而哭，但《論語》編者囿於當時田齊的強勢，不大可能在「公開出版物」上直接說田齊的壞話，也不敢公開悼念與田成子為敵而死的宰予。否則《論語》就難以流傳了。以孔子的「春秋筆法」原則來解讀這章，不排除是《論語》編者把孔子哭宰予——「天喪予」的描述，以及對「吾道窮矣」的慟哭，通過對顏淵的死表達出來。這段無從考證，權當猜想吧！

【典故】 西狩獲麟

《春秋·魯哀公十四年》：「麟見於郊，為叔孫氏之車子鉏（jǔ）商所獲，折前左足，載以歸。叔孫以為不祥，棄之郭外。孔子往觀之，曰：『麟也。何為乎來哉?』反袂拭面，涕泣沾襟，曰：『吾道窮矣。』因著《春秋》，書『西狩獲麟』，為之絕筆。」

《公羊傳》對此解釋道：「春，西狩獲麟。何以書？記異也。何異爾？非中國之獸也。然則孰狩之？薪採者也。薪採者則微者也，曷為以狩言之？大之也。曷為大之？為獲麟大之也。曷為獲麟大之？麟者，仁獸也。有王者則至，無王者則不至。有以告者曰：『有麕而角者。』孔子曰：『孰為來哉！孰為來哉！』反袂拭面涕沾袍。顏淵死，子曰：『噫！天喪予。』子路死，子曰：『噫！天祝予。』西狩獲麟，孔子曰：『吾道

窮矣。』」

11.10

　　顏淵死，子哭之慟[1]。從者曰：「子慟矣！」曰：「有慟乎？非夫[2]人之為慟而誰為？」

【註釋】
　　①慟：哀傷過度，過於悲痛。
　　②夫：音 fú，指示代詞，這個。

【譯讀】
　　顏淵死了，孔子哭得非常悲痛。跟隨孔子的人說：「您悲痛過度了！」孔子說：「是太悲傷過度了嗎？我不為這個人悲傷過度，又為誰呢？」

【熙解】
　　孔子不僅是為顏淵之死而哭，也是為自己而哭。一般人都體會不到這種悲慟：最疼愛、最著力栽培的弟子，視如親子，卻早早地死了，一無所成。孔子以為憑自己的學問，培養一個大才出來是理所當然的，可任爾多努力，天命不可違！此時孔子除了認命，就是對自己以前「明知不可為而為之」的一種徹底的失望。

　　奔走於列國之間，說那麼多話，做那麼多事，有什麼用呢？！齊國最終「至於魯」了，魯國也無道了。孔子的理想破滅了。但太陽照樣正常升起，四季照樣循環往復，花開花謝、潮起潮落，天地永遠那麼有序，老天說過一句話嗎？天說過一句話嗎……觸景生情，孔子由顏回之死，想到宰予之死、想到齊簡公之死、想到魯哀公的無能以及西狩獲麟。「吾道窮矣」——真是哀莫大於心死啊！這才是孔子慟哭的最大誘因。

　　這使我聯想到一個類似的情景。公元 1889 年，在孔子 2,000 多年後的西方哲人尼采，有一天看見有人在街上凶狠地抽打一匹老馬。尼采撲了上去，抱住馬頭慟哭起來。其實尼采哭的不是馬，馬只是在那個臨界點觸發了尼采。尼采從此失去了理智，被人稱為「瘋子」。我們在前面說過，器以載道，不能聚而成器的「道」，不是人倫之道。尼采的哲學被稱為「虛無主義」哲學，難怪尼采最後「瘋了」。尼采也許不是真的瘋了，但那已不屬於人倫範疇。

　　孔子和尼采，時空跨越如此之大，而二者晚年遭遇卻如此相似，豈非哲人所遇略同乎？一生的坎坷與孤獨，湧上心頭，沉痛之極，丘遂作歌曰：「唐虞世兮麟鳳遊，今非其時來何求？麟兮麟兮我心憂」。於是，孔子從此絕筆於春秋。與尼采不同的是，孔子談的是人倫之道，聚之成器，化器得道，明心見性，所以孔子能有始善終。

　　我們眼前這位可親、可敬、可愛的老人，就是這樣一位悲劇性的荷道者，以其弘毅的勇氣、偉大的人格、醇厚的魅力，永遠閃耀在華夏民族精神的星空。

【典故】失之交臂；哀莫大於心死
——出自《莊子・田子方》

田子方：姓田，名無擇，字子方，魏國人，魏文侯的友人，《漢書》說田子方為子貢的學生。田子方道德學問聞名於諸侯，魏文侯慕名聘他為師，執禮甚恭。

顏淵問於仲尼曰：「夫子步亦步，夫子趨亦趨，夫子馳亦馳；夫子奔逸絕塵，而回瞠若乎後矣！」夫子曰：「回，何謂邪？」曰：「夫子步，亦步也；夫子言，亦言也；夫子趨，亦趨也；夫子辯，亦辯也；夫子馳，亦馳也；夫子言道，回亦言道也；及奔逸絕塵而回瞠若乎後者，夫子不言而信，不比而周，無器而民滔乎前，而不知所以然而已矣」。仲尼曰：「惡，可不察與！夫哀莫大於心死，而人死亦次之。日出東方而入於西極，萬物莫不比方，有目有趾者，待是而後成功，是出則存，是入則亡。萬物亦然，有待也而死，有待也而生。吾一受其成形，而不化以待盡，郊物而動，日夜無隙，而不知其所終，薰然其成形。知命不能規乎其前，丘以是日徂。吾終身與汝交一臂而失之，可不哀與！女殆著乎吾所以著也。彼已盡矣，而女求之以為有，是求馬於唐肆也。吾服女也甚忘，女服吾也亦甚忘。雖然，女奚患焉！雖忘乎故吾，吾有不忘者存。」

請讀者們自行翻譯理解這段話，很有名的一段話，出了好幾個著名成語。這段話的大意是，孔子認為，顏回沒腦子（可不察與），只會死板學孔子的外形，亦步亦趨，完全沒學到孔子的精髓。這麼多年來，一個整日陪伴身旁的人，竟然內心的隔閡那麼大，最近的交臂距離，卻有著最遠的心距，真是失之交臂啊！（吾終身與汝交一臂而失之，可不哀與！）失之交臂的成語就是這麼來的。此時孔子對顏回完全沒指望了，徹底死心了，哀莫大於心死啊！別說成才，現在的顏回簡直是行屍走肉，孔子直接給他判了「死刑」（彼已盡矣）。可憐的顏回！顏回也很無辜。誰都沒錯，但產生悲劇的原因，到底錯在哪裡呢？錯位。我們繼續往下看。

11.11

顏淵死，門人欲厚葬[1]之。子曰：「不可！」門人厚葬之。子曰：「回也視予猶父也，予不得視猶子也[2]。非我也，夫[3]二三子也。」

【註釋】

①厚葬：隆重地安葬。
②予不得視猶子也：我不能把他當親生兒子一樣看待。
③夫：語氣助詞。

【譯讀】

顏淵死了，孔子的學生們想要隆重地安葬他。孔子說：「不能這樣做。」學生們仍然隆重地安葬了他。孔子說：「顏回把我當父親一樣看待，我卻不能把他當親生兒子一樣

對待。這不是我的過錯，是那些學生們干的呀。」

【熙解】

孔子說：「予不得視猶子也。」這句話的意思是，不能像對待自己親生的兒子孔鯉那樣簡單地安葬顏回。顏回的學生仍隆重地安葬了他。孔子說，這不是自己的過錯，而是學生們做的。

說到「視如親子」，我們不妨從人性的角度回顧一下。

顏回是孔子母親娘家那一支親戚的後代，論輩分相當於孔子的外甥。因孔子的特殊出身，導致其對母親的親要甚於父親，對母親娘家的親戚也就愛屋及烏了。顏回13歲時開始跟隨孔子，正處青春叛逆期，難免會跟孔子「拗著干」。那麼問題來了，如果顏回真的是孔子的親生兒子，那很好辦，兒子實在不聽話時，打他幾板屁股就是了。

中國民間有句俗語「家雞打得團團轉，野雞打得滿天飛」是用來形容親子關係的。意即自己的孩子打得，可以教育批評，打了罵了，孩子也不記恨、不念惡，照樣喊你、叫你，跟你親。別人的就不一樣了，你責怪、呵斥後他會記仇、慪氣。這是人之常情。好比家養的雞，棍棒吆喝散，一會兒又回來了，圍著你打轉。如果是野雞，不用說，一打就飛了。比如我的兒女，被她媽媽斥責或打屁股時，她可以任性地回一句「討厭的媽媽」。事後呢，卻比誰都跟媽媽親。

所以，顏回因「叛逆期」與孔子對著干的時候，孔子不能打也不能罵啊！雖視如親子但畢竟不是真親子！所以只能「與回言終日」了；而顏回呢，也因為不是孔子親生的，不能任性、不敢頂嘴啊！只能「不違如愚」「不貳過」了。這種無聲的反抗很壓抑，很可怕，傷害很大的，很可能影響到人的一輩子。也許，顏回的早死悲劇，不能簡單地用一句「不幸」就說過去了。人孰能無過?！但這裡可以說誰都沒錯，關鍵是事情錯位了，錯位的事情就是真錯了。養子永遠不可能像親子一樣，雙方都做不到。就像現代社會兒媳口裡喊著婆婆稱「媽」，但其實永遠不可能和「親媽」一樣。孔子說「小人難養」，莫非就是指養子難養？

11.12

季路問事鬼神。子曰：「未能事人，焉能事鬼？」曰：「敢問死？」曰：「未知生，焉知死？」

【譯讀】

季路問關於鬼神的事。孔子說：「為人處事都沒弄明白，談什麼鬼神之事呢？」季路說：「請問死是怎麼回事？」（孔子回答）說：「人還沒活明白，又怎能死得明白呢？」

【熙解】

孔子並沒有說信或不信鬼神，而是「敬而遠之」。他沒有把注意力放在所謂的「來

世」或死後的情形上。孔子思想的關注重點在當下，在現時生活之中。既生為人，就當好好做一個人，不枉來這世上走一趟。很多人連怎麼做人都沒學會，卻去妄談鬼神之事，奢談「修行」，實屬緣木求魚，虛無僞道。現實案例警示我們，這樣做的結果要麼早死，要麼瘋一般神神道道。生活即修行，最明白的「活在當下」之法，要到孔子思想裡找，要讀《論語》。《論語》講的是人性，傳的是最明白的人事之學。

　　數千年來，人性都沒有變。很多人都沒活明白，渾渾噩噩過完了一生。若是與世無爭，不傷害別人，平淡過生活其實也不錯。但在現實中，沒活明白的人，不但經常為難自己，還經常為難別人。有的人賺錢時不知道怎麼過日子，嚴重透支身體；有錢後更不知道怎麼過日子，貪、嗔、痴、狂，已經忘記了賺錢是為了什麼，變成了為賺錢而賺錢。這都屬於「未知生，焉知死」的表現。我們還是珍惜有限的生命，多做有意義的事吧！支持公益事業就是很有意義的一件事。

11.13

　　閔子侍側，誾誾[1]如也。子路，行行[2]如也。冉有、子貢，侃侃[3]如也。子樂。「若由也，不得其死然。」

【註釋】
　　①誾誾：音 yín，和顏悅色的樣子。
　　②行行：剛強的樣子。
　　③侃侃：不急不慢，不卑不亢。

【譯讀】
　　閔子騫侍立在孔子身旁，一派和悅而溫順的樣子；子路是一副剛強的樣子；冉有、子貢是從容而不卑不亢的樣子。孔子高興了。但孔子又說：「像仲由這樣，只怕不得好死吧！」

【熙解】
　　以上列的幾個弟子中，閔子騫以孝順聞名，行事謹小慎微，和顏悅色。冉有、子貢有大才風範，尤其是子貢，有勇有謀，從容而堅毅。孔子看了當然高興，為他的這些學生各有所長而高興，但是又擔心子路，唯恐他不會有好的結果。子路他儘管非常剛強，但是剛太過而柔不足，恐怕會反受其害。後來子路果然在衛國內亂中慘遭殺害。其實，子路是明知必死而慷慨赴死。人們不禁要問，為什麼子路要這樣做呢？年過古稀之年的子路，也許有他自己的生命哲學。後人也無須替子路打抱不平，或者悲天憫人了，尊重他的選擇。

【典故】子路結纓而死
——出自《史記·仲尼弟子列傳》
衛靈公死，大臣立太子蒯聵的兒子姬輒即位，這便是衛出公。但問題馬上就出現了——父親還在，本來應當是父親的國君位置卻被兒子佔有了。而衛出公又沒有提出要迎接父親回來，連這種想法都不曾有過。12年後，蒯聵心理嚴重失衡，便悄悄溜回衛國，勾結大夫李悝發動軍事政變，趕跑了衛出公。父親趕跑兒子奪回君位，雖然是國家之事，但是實際上也是人家家庭內部之事，別人管不管都可以。

此時，子路正在孔悝的採邑中當總管，實際上是孔悝的家臣。採邑在郊區，子路當時正在那裡，聽說這件事後，義憤填膺，連忙往城裡跑。城門將要關閉，他的同學子羔告訴子路，形勢已定，出公都已逃跑了，你可以回去了，不要進城白白送死。子路曰：「食其食者不避難。」子羔卒去。有使者入城，城門開，子路隨而入。造蒯聵，蒯聵與孔悝登臺。子路曰：「君焉用孔悝？請得而殺之。」蒯聵弗聽。於是子路欲燔臺。蒯聵懼，乃下石乞、壺黶攻子路，擊斷子路之纓。子路曰：「君子死而冠不免。」遂結纓而死。

11.14

魯人^①為長府^②。閔子騫曰：「仍舊貫^③，如之何？何必改作。」子曰：「夫人^④不言，言必有中。」

【註釋】
①魯人：這裡指魯國的當權者。這就是人和民的區別。
②為長府：為，這裡是改建的意思。藏財貨、兵器等的倉庫叫「府」，長府是魯國的國庫名。
③仍舊貫：貫，事，例。沿襲老樣子。
④夫人：夫，音 fú，這個人。

【譯讀】
魯國翻修國庫。閔子騫道：「照老樣子下去，怎麼樣？何必改建呢？」孔子道：「這個人平日不大開口，一開口就說到要害上。」

【熙解】
由此可看出閔子騫行事謹慎的風格。他就屬於典型的「後進於禮樂」者：堅決依禮而行的人。任何社會都非常需要這樣的人才，兢兢業業，甘當社會的「螺絲釘」。相當長時期內，他們這類人都將是社會的大多數。學到《先進》篇，我們可以感覺到孔子思想的突然轉變，重點由最初的循規蹈矩，轉變為權變之道。如果說《論語》上半部講的是「治天下」，那麼下半部講的就是「打天下」。難怪宋朝開國宰相趙普說「半部《論

語》治天下」。他講的就是《論語》的上半部，而他為什麼不提下半部呢？請大家思考。

從《先進》篇開始的下半部《論語》，基本圍繞三件事闡述：做事、識人、用人。這正是「打天下」或者「創天下」的首要任務，猶如開門的幾件事：柴、米、油、鹽。現代社會是「大眾創業、萬眾創新」的時代，我們尤其要沉下心來，學習孔子的「創業」之道。試問：古往今來，有哪一個門派有孔門的成功與經久不衰？百年長青的基業在孔門的基業面前又算什麼呢？孔子及其弟子才是天下第一創業成功者。

無論成立國家、政黨還是公司，做事、識人、用人都是首先要考慮的問題。《論語》為世人提供了最明白、最有效的做事、用人之道。《論語》才是天下第一創業寶典。

11.15

子曰：「由之瑟[1]，奚為於丘之門[2]？」門人不敬子路。子曰：「由也升堂矣，未入於室[3]也。」

【註釋】

[1]瑟：音sè，一種古樂器，與古琴相似。但這裡不是指樂器。以子路的性格，他是不大會鼓瑟的。這裡的「瑟」，是「嘚瑟」的瑟。「嘚瑟」是山東民間「躂躞」的諧音，一種功能型腰帶，可以掛很多東西，刀、劍、馬鞭、皮囊等都可以掛上去。系上後貌似很威武，顯得很「專業」，比較高調。這裡形容過分炫耀一件小事。

[2]奚為於丘之門：難道是我孔門的樣子嗎？意思是子路嘚瑟的樣子不像孔門君子之風。

[3]升堂、入室：堂是正廳，室是內室，形容學習程度的深淺。詳見8.17章關於登堂入室的解讀。

【譯讀】

孔子說：「仲由總是一副嘚瑟的樣子，你到底是不是我孔門的人呢？」孔子的學生們因此都不尊敬子路。孔子便說：「仲由嘛，他在學習上已經達到登堂的程度了，只是還沒有入室罷了。」

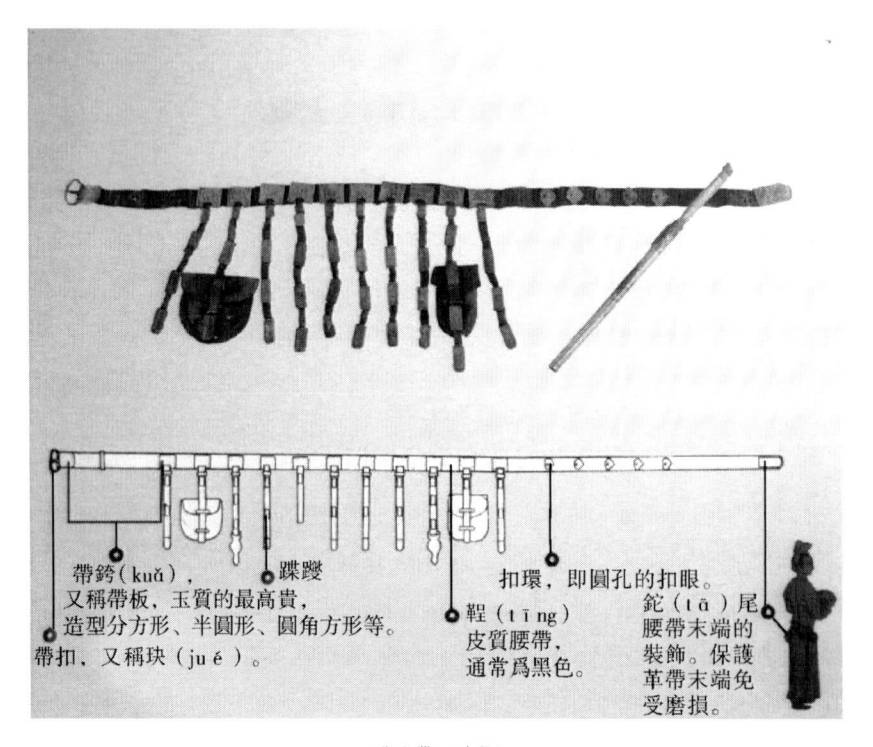

蹀躞帶示意圖

【熙解】

孔子先是用責備的口氣批評子路，但是當其他門人都不尊敬子路時，他發現有點過了，便改口圓場說子路已經登堂而尚未入室，能登堂、成器了也是不錯的。

《詩經·衛風·淇奧》：

「瞻彼淇奧，綠竹猗猗。

有匪君子，如切如磋，如琢如磨，瑟兮僩兮，赫兮咺兮。

有匪君子，終不可諼兮。」

瑟，莊嚴貌；僩，胸襟開闊貌。赫，顯赫貌；咺，光亮貌。諼：忘記。

這幾句詩的大意是：那些看上去很有學問的學子們在一起互相交流探討，就像製作玉器一樣精雕細琢。他們的樣子都很莊嚴，又都大方有禮。他們都是地位顯赫的學子（過去讀書的都是貴族）。他們的衣帽都很光鮮。這些有學問的學子啊，看過之後讓人終生難忘。

其中「瑟」，本意是指身世顯赫的貴族子弟，氣勢莊嚴、大方有禮的君子為學之風。而子路一介武夫，我們仿佛看到一個總是身挎腰帶、騎馬佩劍、莊嚴矜謹、疾惡如仇的子路形象。孔子覺得子路有點過，說他是嘚瑟，看起來像調侃子路，但其實是用輕鬆的

語氣來提醒子路別徒學其表。沒想到孔門弟子聽到這話後就不尊敬子路了。

當門人藐視子路以後，孔子可能意識到了不妥之處，於是又補充說子路其實學問也不錯，登堂了，成器了，只是還未入室，未掌握本質。

讀到這裡，有點明白子路為什麼會在衛國內亂中慷慨赴死了。他以古稀之年，遭孔門晚輩門人藐視。連孔門人都勢利如此，又有幾人能真正做到子路的知行合一呢？我們可以想像，一個喜歡較真，一心向道，連孔子都敢頂撞的「老憤青」，在受到晚輩同門如此羞辱之後，心中是何等悲憫和決絕！誰敢說子路不是以死明志呢？

仗義每從屠狗輩，負心多是讀書人。

11.16

子貢問：「師與商①也孰賢？」子曰：「師也過②，商也不及。」曰：「然則師愈③與？」子曰：「過猶不及。」

【註釋】

①師與商：師，顓孫師，即子張。商，卜商，即子夏。
②過：文過飾非，以致過分。
③愈：勝過，強些。

【譯讀】

子貢問孔子：「子張和子夏二人誰更好一些呢？」孔子回答說：「子張文過飾非，子夏不足。」子貢說：「那麼是子張好一些嗎？」孔子說：「過分和不足是一樣的。」

【熙解】

「過猶不及」即中庸思想的具體說明。《中庸》說，過猶不及為中。「道之不行也，我知之矣。知者過之，愚者不及也。道之不明也，我知之矣。賢者過之，不肖者不及也。」「執其兩端，用其中於民，其斯以為舜乎？」這是說，舜於兩端取其中，既非過，也非不及，以中道教化百姓，所以為大聖。這就是對本章孔子「過猶不及」的具體解釋。既然子張做得過分、子夏做得不足，那麼兩人都不好，所以孔子對此二人的評價就是：「過猶不及」。

子張之「過」也有過於「虛浮造作」的意思，內在修為不足時，只能著重於形式上的表現了。子張和子夏彼時都還年輕，閱歷不足，正處於張揚個性的年齡，過一點也沒什麼。子張有點像現代社會的「爆炸頭」小青年形象，喜歡扮非主流、個性張揚。子張幸運的是遇到了孔子這位明師，將其張揚的能量往正道上引。所以子張後來成了有成就的人。子夏呢，出身草根，有點羞澀，有點不自信，也跟對了明師，後來也有所成就，只是被孔子稱作「格局不夠大」。韓非子評價子張、子夏皆為「賤儒」。

11.17

季氏富於周公①，而求也為之聚斂②而附益③之。子曰：「非吾徒也。小子鳴鼓而攻之，可也。」

【註釋】

①季氏富於周公：季氏比周朝的公侯還要富有。
②聚斂：積聚和收集錢財，即搜刮。
③益：增加。

【譯讀】

季氏比周朝的公侯還要富有，而冉求還幫他搜刮來增加他的錢財。孔子說：「他不是我的學生了，你們可以大張旗鼓地去攻擊他！」

【熙解】

魯國的三家曾於公元前562年將公室，即魯國國君直轄的土地和附屬於土地上的臣民進行瓜分，季氏分得三分之一。公元前537年，三家第二次瓜分公室，季氏分得四分之二。季氏由於推行了新的政治和經濟措施，所以很快富了起來。孔子的學生冉求幫助季氏積斂錢財，所以孔子很生氣，表示不承認冉求是自己的學生，而且讓其他學生打著鼓去聲討冉求。

《先進》篇評論識人、用人到這一章終於出了一個負面案例。在孔子看來，冉求趨炎附勢，幫季氏搜刮民財，可以大張旗鼓地去攻擊他。但奇怪的是，這樣一個被孔子罵過的弟子，《論語》中卻又稱呼他為「冉子」——很尊敬的稱呼了！到底是為什麼呢？

11.18

柴①也愚②，參也魯③，師也辟④，由也喭⑤。

【註釋】

①柴：高柴，字子羔，孔子學生，比孔子小30歲，公元前521年出生。
②愚：指恩而耿直，不是傻的意思。
③魯：按部就班，略顯遲鈍。
④辟：音 pì，眼光高，格局遠，傲然睥睨，但不太合群。
⑤喭：音 yàn，魯莽，粗魯，剛猛。

【譯讀】

高柴愚而耿直；曾參行事按部就班，但略顯遲鈍；顓孫師眼光高、格局遠，但睥睨一切，不太合群；仲由過於剛猛。

【熙解】

孔子評價高柴：「好仁不好學，其蔽也愚」。孔子認為，他的這些學生當前各有所偏，不合中行，對他們的品質和德行必須加以糾正。事後看來，他們都不同程度地完善了自己。其中曾子熟讀《易經》，參與整理《易傳》，後來成了孔門衣缽傳人。子張呢，年輕時太過張揚，隨著年齡的增長，張揚過後潛心修學，行動力也強，有點看不慣同門浮於言表的作風。子張後來成了新一代孔門弟子主力軍。他開門立說，「子張之儒」位列孔門眾弟子學說之首。

11.19

子曰：「回也其庶①乎，屢空②。賜不受命，而貨殖③焉，億④則屢中。」

【註釋】

①庶：屋下眾，普通老百姓。
②空：貧困、匱乏。
③貨殖：做買賣。
④億：同「臆」，猜測、預料。

【譯讀】

孔子說：「顏回的學問接近於普通百姓，沒什麼特別的，常常貧困。端木賜不願意受命執掌孔門，而是去做買賣，預測行情，往往猜中了。」

【熙解】

這一章，孔子對顏回好學卻在生活上常常貧困深感遺憾。顏回和子貢幾乎同齡，但是二人性格截然相反。《論語》中也經常將二人放在一起評說。前面我們說過，孔子似有讓子貢在孔子死後繼承孔子遺志，接掌孔門並將其發揚光大之意。但子貢推辭了。其實子貢一直在幕後默默支持著孔門，只是不願拋頭露面。若沒有子貢的財力和物力支持，《論語》這部書都不一定能成書。

11.20

子張問善人①之道。子曰：「不踐跡②，亦不入於室③。」

【註釋】

①善人：與人為善，人緣好。
②踐跡：跡，腳印。學了還要實踐，一步一個腳印走出來。
③入於室：比喻學問和修養達到了探究本質的地步。

【譯讀】

子張問與人為善、好人緣的方法。孔子說：「學問不是裝點門面的，關鍵要實踐，要知行合一，一步一個腳印走出來，這才是學問的根本。」

【熙解】

如果不知子張的性格，會以為孔子是答非所問，但這恰恰是孔子在因材施教。子張彼時年青，學了點東西就開始飄飄然，個性張揚，導致他的同門師兄弟都不敬他。子張為此感到苦惱，才問孔子怎樣才能人緣好。於是才有了孔子的「對症下藥」。

「道」不僅僅是用來談論的，真以為喝喝茶、彈彈琴就可以「悟道」？「道」是「踐跡」走出來的，不行動就永遠近不了「道」。行動者必踩出腳痕；心動者必留下心痕。無論這一過程是痛或快，是苦或樂，只有你「煉」過了，才會有所悟，離「道」才會越來越近。所謂歷世煉心就是如此。

這一章和 11.15 章「門人不敬子路」相呼應。子張和子路都被評價為「未入室」。子路那麼老資格的學生，門人都不敬他，何況子張這個年青後輩，可見子張的苦惱。子路的慷慨赴死證明了他的「踐跡」，子張只能隨著年齡的增長和閱歷的豐富而慢慢成熟了。

11.21

子曰：「論篤是與①，君子者乎？色莊者乎？」

【註釋】

①論篤是與：論，言論，談論。篤，落實到行動。與，一起、合一。是否知行合一。

【譯讀】

孔子說：「判斷一個人到底是真君子，還是裝腔作勢的人，標準就是看其說的和做的是否一致。」

【熙解】

在第 5 篇第 10 章中曾有「聽其言而觀其行」的說法，表明孔子在觀察別人的時候，

不僅要看他說話時的態度,而且要看他的行動。言行一致才是真君子。

這一章接著子張的「善人之道」往下說,進一步說明了不管他說得多好聽,若不知行合一,甚至表面一套、背後一套,就會遭人厭惡。光聽他說得怎樣是沒用的。

然後,知行合一也要看怎麼行動。子路的行動力就有點過於衝動。他在孔子調侃「喭瑟」,被門人誤認為「色莊者」後,就以死明志了,太剛了!而子張呢?就是行動力不夠。一個過,一個不及,過猶不及。

11.22

子路問:「聞斯行諸①?」子曰:「有父兄在,如之何其聞斯行之?」冉有問:「聞斯行諸?」子曰:「聞斯行之。」公西華曰:「由也問『聞斯行諸』,子曰『有父兄在』;求也問『聞斯行諸』,子曰『聞斯行之』。赤也惑,敢問。」子曰:「求也退,故進之;由也兼人②,故退之。」

【註釋】
①諸:「之乎」二字的合音。
②兼人:好勇過人。

【譯讀】
子路問:「聽到了就行動起來嗎?」孔子說:「有父兄在,怎麼能聽到就行動起來呢?」冉有問:「聽到了就行動起來嗎?」孔子說:「聽到了就行動起來。」公西華說:「仲由問『聽到了就行動起來嗎?』你回答說『有父兄健在』;冉求問『聽到了就行動起來嗎?』你回答『聽到了就行動起來』。我被弄糊塗了,敢再問個明白。」孔子說:「冉求總是退縮,所以我鼓勵他;仲由好勇過人,所以我約束他。」

【熙解】
這是孔子把中庸思想貫穿於教育實踐的一個具體事例。在這裡,他要自己的學生不要退縮,也不要冒進,要進退適中。所以,對於同一個問題,孔子針對子路與冉求的不同情況做了不同回答。這同時也生動地反應了孔子教育方法的一個特點,即因材施教。

這章還是在說行動力。子路確實是行動力太強了。「無宿諾」有點言必行、行必果的味道,這也是孔子不太贊同的。所以孔子不鼓勵他言必行。

冉求性格有點優柔寡斷,所以孔子鼓勵他加強行動力。

11.23

子畏於匡,顏淵後。子曰:「吾以女為死矣。」曰:「子在,回何敢死?」

【譯讀】
　　孔子在匡地受到當地人圍困，顏淵最後才逃出來。孔子說：「我以為你已經死了呢。」顏淵說：「夫子還活著，我怎麼敢死呢？」

【熙解】
　　對於「子在，回何敢死？」這句話，很多人在表揚顏回，說他不敢先孔子而死，意思是要侍奉孔子到死。但我說這是顏回低情商的體現。好多地方農村吵架都是拿這句話罵人的。不信，誰拿這句話向你的長輩說說看，看長輩是高興還是惱怒？你很有可能被搧一耳刮子。
　　你關心某個人的生命危險時，他卻對你說：「你還沒死，我怎麼會死呢？」你會覺得這不是在咒你，而是在奉承你？！不噎死你才怪！

11.24

　　季子然①問：「仲由、冉求可謂大臣與？」子曰：「吾以子為異之問，曾②由與求之問。所謂大臣者，以道事君，不可則止。今由與求也，可謂具臣③矣。」曰：「然則從之④者與？」子曰：「弒父與君，亦不從也。」

【註釋】
　　①季子然：魯國季氏的同族人。
　　②曾：乃。
　　③具臣：只知做事，奉命行事的臣子。
　　④之：代名詞，這裡指季氏。當時冉求和子路都是季氏的家臣。

【譯讀】
　　季子然問：「仲由和冉求可以算是大臣嗎？」孔子說：「我以為你是問別人，原來是問由和求呀。所謂大臣，是能夠按周公之道的要求來侍奉君主的。如果不行，寧肯不幹。現在由和求這兩個人，只能算是奉命行事的臣子罷了。」季子然說：「那麼他們會什麼都跟著季氏幹嗎？」孔子說：「殺父親、殺君主的事，他們不會跟著幹的。」

【熙解】
　　孔子在這裡指出「以道事君，唯道是從」的原則。他告誡冉求和子路應當用周公之道去規勸季氏，不要犯上作亂，如果季氏不聽，就辭職不幹。這裡，他既要求臣，也要求君，雙方都應遵循道和禮。如果季氏幹殺父、殺君的事，冉求和子路就要加以反對。

11.25

　　子路使子羔為費宰。子曰：「賊①夫人之子②！」子路曰：「有民人焉，有社稷③焉。何必讀書，然後為學？」子曰：「是故惡④夫佞者。」

【註釋】

①賊：害。

②夫人之子：指子羔。孔子認為他沒有經過很好的學習就去從政，這會害了他自己的。

③社稷：社，土地神。稷，穀神。這裡「社稷」指祭祀土地神和穀神的地方，即社稷壇。古代國都及各地都設立社稷壇，分別由國君和地方長官主祭，故社稷成為國家政權的象徵。

【譯讀】

　　子路推薦子羔去做費地的長官。孔子說：「這簡直是害人子弟。」子路說：「那個地方有老百姓，有社稷，治理百姓和祭祀神靈都是學習，難道一定要讀書才算學習嗎？」孔子說：「所以我討厭那種狡辯的人。」

【熙解】

　　如果要評選行動力最強的人，非子路莫屬了。從子路的用人風格來看，他就是那種「先進於禮樂」的「野人」。子路相信在實踐中出真知，向勞動人民學習，鍛煉出能力。這句「何必讀書然後為學？」如果連起來講，可以將子路的意思理解為不一定只有專門學過後才能去做事，而是可以邊做邊學，或者累積實踐經驗後再學習理論也不遲。子路強調的是讀書不分先後。孔子可能聽成「何必讀書，然後為學」了，以為子路說不必讀書學習，所以孔子調侃子路「狡辯」。只有彼此信任，「鐵杆」朋友之間才會這樣直白和互相調侃。

11.26

　　子路、曾皙①、冉有、公西華侍坐。子曰：「以吾一日長乎爾，毋吾以也②。居③則曰：『不吾知也！』如或知爾，則何以哉④？」

　　子路率爾⑤而對曰：「千乘之國，攝⑥乎大國之間，加之以師旅，因之以饑饉，由也為之，比及⑦三年，可使有勇，且知方也⑧。」夫子哂⑨之。

　　「求，爾何如？」對曰：「方六七十⑩，如⑪五六十，求也為之，比及三年，可使足民。如其禮樂，以俟君子。」

　　「赤，爾何如？」對曰：「非曰能之，願學焉。宗廟之事⑫，如會同⑬，端章

甫⑭，願為小相⑮焉。」

「點，爾何如？」鼓瑟希⑯，鏗爾，舍瑟而作⑰，對曰：「異乎三子者之撰。」子曰：「何傷乎？亦各言其志也。」曰：「莫⑱春者，春服既成，冠者⑲五六人，童子六七人，浴乎沂⑳，風乎舞雩㉑，詠而歸。」夫子喟然嘆曰：「吾與點也！」

三子者出，曾皙後。曾皙曰：「夫三子者之言何如？」子曰：「亦各言其志也已矣。」曰：「夫子何哂由也？」曰：「為國以禮，其言不讓，是故哂之。」「唯㉒求則非邦也與？」「安見方六七十，如五六十而非邦也者？」「唯赤則非邦也與？」「宗廟會同，非諸侯而何？赤也為之小，孰能為之大？」

【註釋】

① 曾皙：名點，字子皙，曾參的父親，也是孔子的學生。
② 以吾一日長乎爾，毋吾以也：雖然我比你們的年齡稍長一些，而不敢說話。
③ 居：平日。
④ 則何以哉：何以，即何以為用。
⑤ 率爾：輕率、急切。
⑥ 攝：迫於、夾於。
⑦ 比及：比，音 bì。等到。
⑧ 方：方向。
⑨ 哂：音 shěn，譏諷地微笑。
⑩ 方六七十：縱橫各六七十里。
⑪ 如：或者。
⑫ 宗廟之事：指祭祀之事。
⑬ 會同：諸侯會見。
⑭ 端章甫：端，古代禮服的名稱。章甫，古代禮帽的名稱。
⑮ 相：贊禮人，司儀。
⑯ 希：同「稀」，指彈瑟的速度放慢，節奏逐漸稀疏。
⑰ 作：站起來。
⑱ 莫：同「暮」。
⑲ 冠者：成年人。古代子弟到20歲時行冠禮，表示已經成年。
⑳ 浴乎沂：沂，水名，發源於山東南部，流經江蘇北部入海。在水邊洗頭面手足。
㉑ 舞雩：雩，音 yú。地名，原是祭天求雨的地方，在今山東曲阜。
㉒ 唯：語首詞，沒有什麼意義。

【譯讀】

　　子路、曾皙、冉有、公西華四個人陪孔子坐著。孔子說：「我年齡比你們大一些，不要因為我年長而不敢說。你們平時總說：『沒有人瞭解我呀！』假如有人瞭解你們，那你們要怎樣去做呢？」

子路趕忙回答：「一個擁有上千輛兵車的國家，夾在大國中間，常常受到別國的侵犯，加上國內又鬧饑荒。如果我去治理，只要三年，就可以使人們勇敢善戰，而且懂得禮儀。」孔子聽了，微微一笑。

　　孔子又問：「冉求，你怎麼樣呢？」冉求答道：「國土有六七十里或五六十里見方的國家，如果我去治理，三年以後，就可以使百姓飽暖。至於這個國家的禮樂教化，就要等君子來施行了。」

　　孔子又問：「公西赤，你怎麼樣？」公西赤答道：「我不敢說能做到，而是願意學習。在宗廟祭祀的活動中，或者在同別國的盟會中，我願意穿著禮服，戴著禮帽，做一個小小的贊禮人。」

　　孔子又問：「曾點，你怎麼樣呢？」這時曾點彈瑟的聲音逐漸放慢，接著「鏗」的一聲，離開瑟站起來，回答說：「我想的和他們三位說的不一樣。」孔子說：「那有什麼關係呢？也就是各人講自己的志向而已。」曾晳說：「暮春三月，已經穿上了春天的衣服，我和五六位成年人，六七個少年，去沂河裡洗洗澡，在舞雩臺上吹吹風，一路唱著歌走回來。」孔子長嘆一聲說：「我是贊成曾晳的想法的。」

　　子路、冉有、公西華三個人都出去了，曾晳後走。他問孔子：「他們三人的話怎麼樣？」孔子說：「也就是各自談談自己的志向罷了。」曾晳說：「夫子為什麼要笑仲由呢？」孔子說：「治理國家要講禮讓，可是他說話一點也不謙讓，所以我笑他。」曾晳又問：「那麼是不是冉求講的不是治理國家呢？」孔子說：「哪裡見得六七十里或五六十里見方的地方就不是國家呢？」曾晳又問：「公西赤講的不是治理國家嗎？」孔子說：「宗廟祭祀和諸侯會盟，這不是諸侯的事又是什麼？像赤這樣的人如果只能做一個小相，那誰又能做大相呢？」

【熙解】

　　縱觀《先進》篇全文，都是在點評孔門眾弟子的為人與做事風格，仿佛孔子在考察眾弟子：「誰能接我的班呢？」是啊，孔子已經發出了「天喪予！」的感慨，情知自己時日無多，是該物色可以繼承孔門的接班人了。可具有開創精神，能獨當一面、開門立說的人從哪裡找呢？曾子門徒們終於在《先進》篇最後一章拋出了彩蛋。

　　《先進》篇最後一章，是最富有詩意、最有境界的一幕，落到了曾子的父親——曾晳身上。與領袖人物相關的戲經常是壓軸出場的。這不能不說是曾子和子貢的門徒們，在孔子逝世多年後，編輯《論語》後十篇時的匠心之作。

　　曾晳說：「陽春三月，人們都換上了春天的衣服，我和五六位成年人，六七個小朋友，一起去沂河裡洗浴嬉戲，在舞雩臺上隨風吹拂，然後一路唱著歌兒回家！」多美的畫面啊！這是縱情山水之間，返璞歸真的境界！難怪連孔子都感嘆一聲：「曾點，我和你同去吧！」

　　古往今來，太多的人，學一樣東西，學著學著就陷進去了，不是滿口「之乎者也」，就是一身「佛油子」氣，更甚者把自己搞得終日神經兮兮。出不來啊！曾晳的境界，顯然是跳出來了。

217

真正「及門」了的弟子，才有實力接孔子的班，執掌孔門，將儒門發揚光大。顯而易見，「從我於陳蔡者」這批學生，都沒有這個資質和機緣。顏回只會說「是、是、是」，沒什麼用；子路的學問「升堂」了，卻還沒「入室」；閔子騫一句「仍舊貫」，就注定了他是個守成的人。冉求有才，卻失道，險被孔子逐出師門（「非吾徒也。小子鳴鼓而攻之，可也」）。南宮适擅長明哲保身，高柴有點「愚」，曾參有點「魯」，師也「辟」，由也「喭」。子游、子夏、子張年紀尚幼，歷練不足，都難堪大任。唯有一個子貢，孔子看上了他，希望他來承接孔門衣鉢。誰知子貢志不在此，「不受命」，瀟灑地做自己的生意去了。所以說機緣不夠。估計孔子也沒想到，若干年後，最終是看起來有點「魯」的曾子接過了孔門的大旗，成為新一代弟子的領頭人。

顏淵第十二

12.1

　　顏淵問仁。子曰：「克己復禮[1]為仁。一日克己復禮，天下歸仁焉[2]。為仁由己，而由人乎哉？」顏淵曰：「請問其目[3]。」子曰：「非禮勿視，非禮勿聽，非禮勿言，非禮勿動。」顏淵曰：「回雖不敏，請事[4]斯語矣。」

【註釋】

①克己復禮：克己，克制自己。復禮，使自己的言行符合禮的要求。
②歸仁：歸，歸順。仁，即仁道。
③目：具體的條目。目和綱相對。
④事：從事，照著去做。

【譯讀】

　　顏淵問怎樣做才是仁。孔子說：「克制自己，一切都照著禮的要求去做，這就是仁。一旦這樣做了，天下的一切就都歸於仁了。實行仁德，完全在於自己，難道還在於別人嗎？」顏淵說：「請問實行仁的條目。」孔子說：「不合於禮的不要看，不合於禮的不要聽，不合於禮的不要說，不合於禮的不要做。」顏淵說：「我雖然愚笨，也要照您的這些話去做。」

【熙解】

　　一個優秀的員工，對於領導交給他的工作任務，只要被告知目標，他就會想盡一切辦法去完成，不畏困難、不找理由訴苦，也不用領導告訴他怎麼做。他會積極發揮主觀能動性，創造性地開展工作，完成任務。這樣的員工到哪都會受到重用。但這樣的人才永遠不多。很多人都像算盤的算珠子一樣，撥一下才動一下，消極應對。顏淵就是這樣。

　　顏淵侍於夫子。夫子曰：「回，君子為禮，以依於仁。」意思是，一個懂禮的君子，行禮之舉要發乎內心的仁德，而不是徒學其表。顏淵回答說：「我愚鈍，幾乎不能做到」。夫子說：「坐下，我來告訴你。言之而不義，就不要說了。視之而不義，眼睛就不要看了。聽之而不義，耳朵也不要聽了。動之而不義的事，就不要去做」顏淵聽了，轉身就把自己關在屋裡，數日不出門。有人問他：「你為什麼這麼消極呢？」顏淵說：

「是啊。我親聞夫子教誨，想按他說的做，但確實做不到，又不能離開他。我只能消極應對了！」

從這段典故可以看出本章「克己復禮」的來源。

顏淵從小跟在孔子身邊。孔子像寶貝一樣呵護著他，鼓勵教育、快樂教育的方法都用到了。但沒想到正是因為寵愛太過，導致顏淵少經世事歷練，自理能力弱（「屢空」），情商低。這樣的人小時候可以說「可愛」，但是長大了還這樣就有點「可惡」了。孔子也沒辦法，顏淵終究是自己的養子，還得耐著性子教育他，只能手把手地指導了。於是就有了「非禮勿視，非禮勿聽，非禮勿言，非禮勿動」的具體指示。這種指示對領導者來說，實在是不得已而為之，是對最沒辦法的「後進」分子的安排了。對於這樣的人，在一個講效率的公司裡，領導都恨不得將其開除，無奈人家是關係戶，又不能開除他，只能將就著用他了。

可以看出，孔子在教育顏回時，凡事以「義」為標準，仁義在內，禮節在外，強調的是要重視內修，內在修為到了，無須靠克制就可行仁義。相由心生、行由心使，舉手投足皆仁。

內修歸仁是順勢而為的疏導之法，而克己復禮是靠蠻力給心口添堵。就像《西遊記》裡孫悟空的金箍，其實不是觀音菩薩給他戴的，緊箍咒也不是唐僧念的。真正框住孫悟空的，是他自己的心。心器太重。後來孫悟空歷經磨難成佛了，開悟了，化器了，心中無塵，內心歸仁，自然就沒有什麼金箍了，何須找人摘取！

千百年來，這種「克己復禮」的「金箍」竟被人們無限拔高，儼然成了《論語》的精髓，成了孔子思想的全部，使人對《論語》就像聽到「緊箍咒」一樣避之不及。試想，一家公司裡若都是這樣不用心的「算珠子」「籠中人」，這公司能不倒閉嗎？一個國家若充斥著這種「籠中人」，這個國家能不腐朽嗎？宋朝就是這樣亡的，明朝也是這樣被滅亡的！

12.2

仲弓問仁。子曰：「出門如見大賓，使民如承大祭①。己所不欲，勿施於人。在邦無怨，在家無怨②。」仲弓曰：「雍雖不敏，請事③斯語矣。」

【註釋】

①出門如見大賓，使民如承大祭：出門辦事和對待百姓，都要像迎接貴賓和進行大祭時那樣恭敬嚴肅。

②在邦無怨，在家無怨：邦，諸侯統治的國家。家，卿大夫統治的封地。

③事：從事，照著去做。

【譯讀】

仲弓問怎樣做才是仁。孔子說：「出門辦事如同去接待貴賓，使喚百姓如同去進行

重大的祭祀（都要認真嚴肅）。自己不願意做、不願意承受的，不要強加於別人。做事於國於家都無怨無悔。」仲弓說：「我雖然笨，也要照您的話去做。」

【熙解】

　　同樣是問仁，孔子對顏淵和仲弓的回答就完全不一樣了。對顏淵的提問，孔子還停留在勸顏淵勤修己身上，提醒顏淵不要看不該看的，不要聽不該聽的，不要做不該做的。至於顏淵聽了什麼、看了什麼，沒直接說，肯定有點難為情，大家往後讀《論語》，自己悟吧。

　　孔子對顏淵的擔憂是「一屋不掃，何以掃天下」，而對仲弓就沒這種擔憂了。還記得「雍也可使南面」嗎？說的就是仲弓。他的德行和才能可以使他南面為官，為百姓謀幸福了。

　　「出門如見大賓，使民如承大祭」頗有點《道德經》裡「治大國，若烹小鮮」的意思，都是強調要小心謹慎治國，不折騰老百姓。發布一個政令之前，先做廣泛的調查，綜合權衡後，自己不願意承受的，千萬別強加到老百姓頭上。自己不願做的事，也別要求他人去做。這樣做事才問心無愧，於國、於家都無怨無悔了。

12.3

　　司馬牛①問仁。子曰：「仁者其言也訒②。」曰：「其言也訒，斯③謂之仁已乎？」子曰：「為之難，言之得無訒乎？」

【註釋】

　　①司馬牛：姓司馬，名耕，字子牛，孔子的學生。
　　②訒：音 rèn，言旁刀口，說話如刀口舐血。比喻真話難以說出口，易招殺身之禍。《荀子・正名》中有「非是者謂之訒」，即忠言逆耳。
　　③斯：就。

【譯讀】

　　司馬牛問怎樣做才是仁。孔子說：仁人說真話有時候很招人反感。」司馬牛說：「忠言逆耳，這就叫仁了嗎？」孔子說：「做起來很困難的事，說出來能不難嗎？」

【熙解】

　　忠言逆耳利於行。大仁與小仁難取捨，小不忍則亂大謀。

　　說真話、直話經常被當作「壞人」，好人易當，「壞人」難當啊！

　　做老好人誰不會呢？皆大歡喜，哪管日後大浪滔天。這樣的人是真正的大奸大惡，「德之賊也」。一個朝堂，若都只留下會說好話、善於奉承的人，都是唯唯諾諾、毫無擔當的「後進」分子，那麼它離滅亡也不遠了。這種思想與本篇第1章中所說的「克己復

禮」基本上是一致的。

12.4

司馬牛問君子。子曰：「君子不憂不懼。」曰：「不憂不懼，斯謂之君子已乎？」子曰：「內省不疚，夫何憂何懼？」

【譯讀】

司馬牛問怎樣做一個君子。孔子說：「君子不憂愁，不恐懼。」司馬牛說：「不憂愁，不恐懼，這樣就是君子了嗎？」孔子說：「自己問心無愧，那還有什麼憂愁和恐懼呢？」

【熙解】

據說司馬牛是宋國大夫桓魋的弟弟。桓魋在宋國「犯上作亂」，遭到宋國當權者的打擊，全家被迫出逃。司馬牛逃到魯國，拜孔子為師，並聲稱桓魋不是他的哥哥。

7.22 章提到，公元前 492 年，孔子從衛國去陳國時經過宋國。桓魋聽說以後，帶兵要去害孔子。當時孔子正與弟子們在大樹下演習周禮的儀式。桓魋砍倒大樹，而且要殺孔子。孔子連忙在學生的保護下，離開了宋國。在逃跑途中，他說：「天生德於予，桓魋其如予何？」

所以在這一章裡，孔子回答司馬牛怎樣做才是君子的問題，是有針對性的。《易·繫辭》：「樂天知命，故不憂。」《中庸》：「故君子內省不疚，無惡於志。」孔子讓司馬牛安心，不會因他哥哥的事而讓他受牽連，只要問心無愧，即可不憂不懼。此話還可以反過來理解，即你若太過於擔憂，反而顯得心存芥蒂了。

12.5

司馬牛憂曰：「人皆有兄弟，我獨亡。」子夏曰：「商聞之矣：『死生有命，富貴在天。』君子敬而無失，與人恭而有禮，四海之內，皆兄弟也。君子何患乎無兄弟也？」

【譯讀】

司馬牛憂愁地說：「別人都有兄弟，唯獨我沒有了。」子夏說：「我聽說過：『死生有命，富貴在天。』君子只要嚴肅、認真地做事，不出差錯，對人恭敬而合於禮，那麼，天下人就都是自己的兄弟。君子何愁沒有兄弟呢？」

【熙解】

如 12.4 章所說，司馬牛宣布他不承認桓魋是他的哥哥，這與儒家一貫倡導的「悌」的觀念是相違背的。但由於他的哥哥「犯上作亂」，因而孔子沒有責備他，反而勸他不

要憂愁，不要恐懼，只要內心無愧就是做到了「仁」。這一章，子夏同樣勸慰司馬牛，人是靠行動做出來的，做好自己，敬以待人，修己利人，自然就會贏得他人的稱讚，就不必發愁自己沒有兄弟了。德不孤必有鄰，四海之內皆兄弟也。

12.6

　　子張問明。子曰：「浸潤之譖[1]，膚受之愬[2]，不行焉，可謂明也已矣。浸潤之譖，膚受之愬，不行焉，可謂遠[3]也已矣。」

【註釋】

　　[1]浸潤之譖：譖，音zèn，讒言。這是說像水那樣一點一滴地滲進來的讒言，不易覺察。老好人，只說好話，與12.3章中的「其言也訒」相反。

　　[2]膚受之愬：以讓人舒服的方式戕害別人，如同溫水煮青蛙，殺人不見血。經熙華國學研究院考據，這裡的「愬」字用法類似於「槊」。「槊」表示用武器對身體進行物理上的傷害，「愬」則意味著心理上的傷害甚至戕害。故此處「愬」的讀音應為shuò。

　　[3]遠：明之至，遠見，明智的最高境界。

【譯讀】

　　子張問怎樣做才算是明智的。孔子說：「像浸潤般舒服的讒言，讓身體很享受的戕害，在你那裡都行不通，不為所惑，那你可以算是明智的了。不對人說好聽的讒言，不誤人誤己於溫水煮青蛙似的溫柔陷阱，那你可以算是有遠見的了。」

【熙解】

　　12.3章我們提到過，真正關心別人，不一定都是說好話，而是能在關鍵時刻直言相勸。真話經常都讓人刺耳、反感。「事君數，斯辱矣；朋友數，斯疏矣」，意思是真話說多了別人還以為你故意煩他、罵他，反受其辱。現實生活中就有很多這樣的人，太敏感，太自我，別人直言相勸時（話不好聽），立即變得像刺蝟一樣，不但不聽，還刺傷真正關心自己的人。若是在古代君臣之間，君王一言不合就殺人，那忠言之人真是刀口舔血啊！所以昏君一般都被佞臣包圍，沒好下場，都被身邊的「浸潤之譖」害了。但是也有明君，如唐太宗李世明，他和大臣魏徵之間，就不受「浸潤之譖」的影響。

　　現代社會有非常多的「膚受之愬」的例子，例如，很多家長過於溺愛獨生子女，以愛的名義，行戕害之實，什麼事都不讓孩子做，總是順著孩子，在孩子與人交往時無原則地護犢子，導致孩子形成錯誤的價值觀和人生觀，到頭來不但戕害了孩子，還給社會增加了一個禍害。

　　知道了浸潤之譖、膚受之愬的害處，我們就要擦亮眼睛，居安思危，不被其迷惑了。而且要謹記己所不欲勿施於人，不能反過來用這種方法去迷惑別人，誤人誤己。無論是為人謀事，還是教育子女，都要避免老好人行為或嬌寵太過。這才是真正的明智，

有遠見啊!

【典故】溫水煮青蛙

　　「溫水煮青蛙」來源於19世紀末美國康奈爾大學科學家做過的一個水煮青蛙實驗。科學家將青蛙投入已經煮沸的開水中時，青蛙因受不了突如其來的高溫刺激，立即奮力從開水中跳出來從而得以成功逃生。當科研人員把青蛙先放入裝著冷水的容器中，然後再慢慢加熱時，結果就不一樣了。青蛙反倒因為開始時水溫的舒適而在水中悠然自得。當青蛙發現無法忍受高溫時，已經心有餘而力不足了，最後不知不覺被煮死在熱水中。

　　「溫水煮青蛙」道出了事物從量變到質變的原理，說明的是人們對漸變的環境的適應性和習慣性，失去戒備而招災的道理。突如其來的大敵當前往往會產生讓人意想不到的防禦效果，然而面對安逸、滿意的環境，人們往往會有所鬆懈，也正是這最致命的鬆懈，使人到死都還不知何故。在一個安逸的環境中，人容易被周圍的環境所迷惑，最終變得消沉、放縱和墮落。這個過程是一點一點地變化，會讓人在不知不覺中完成整個蛻變，待醒悟過來時已為時已晚。相反，如果將人突然從「天堂」扔到「地獄」，由於落差極大，人的反應會非常強烈，從而迅速做出選擇，不至於最終都不知道自己是怎麼死的。

12.7

　　子貢問政。子曰：「足食，足兵，民信之矣。」子貢曰：「必不得已而去，於斯三者何先?」曰：「去兵。」子貢曰：「必不得已而去，於斯二者何先?」曰：「去食。自古皆有死，民無信不立。」

【譯讀】

　　子貢問怎樣治理國家。孔子說：「糧食充足，軍備充足，老百姓信任領導者。」子貢說：「如果不得不去掉一項，那麼在三項中先去掉哪一項呢?」孔子說：「去掉軍備。」子貢說：「如果不得不再去掉一項，那麼這兩項中去掉哪一項呢?」孔子說：「去掉糧食。自古以來人總是要死的，如果對老百姓失去信義，那麼國家就不能存在了。」

【熙解】

　　中人以上，可以語上。孔子回答子貢的問題，都是大問題，說明此時子貢已身居高位，格局宏大了。子貢的問法是做減法，可見子貢已明白大道至簡的規律，相比較於顏回越問越細的做加法、求形器，二人的格局真是天差地別。

　　孔子認為，治理一個國家，起碼應當具備三個條件：足食、足兵、民信。這句話直接證明了孔子的治國思想，並不是有些後人所說的孔子只講德治，不講武備。孔子的中庸思想向來是叩其兩端而執其中，一味重兵就會導致窮兵黷武，而無原則、無懲罰的德治就會變成「德之賊」「膚受之愬」，都不可取。只有武備和德治互相牽制，相輔相成，

才能保證國家和社會正常運轉。

子貢的後兩個問題，解析了三者的不同層次，信義排最高。這屬於內部排名，是一個假設前提，並不是真的不要兵和食了。這給為政者的指導意義是，要明白這三件事的不同意義，如同「解剖麻雀」，知其然且知其所以然。

12.8

棘子成[1]曰：「君子質而已矣，何以文為？」子貢曰：「惜乎！夫子之說君子也，駟不及舌[2]。文猶質也，質猶文也。虎豹之鞟[3]，猶犬羊之鞟。」

【註釋】
①棘子成：衛國大夫。古代大夫都可以被尊稱為夫子，所以子貢這樣稱呼他。
②駟不及舌：指話一說出口，就收不回來了。駟，拉一輛車的四匹馬。
③鞟：音 kuò，去掉毛的皮，即革。

【譯讀】
棘子成說：「君子只要具有好的品質就行了，何必要用文來區分呢？」子貢說：「真遺憾，夫子您這樣談論君子。如同滿口跑火車——說得輕巧。如果文就是質、質就是文，就好比去掉了毛的虎、豹皮，與去掉毛的犬、羊皮一樣，看不出差別了。」

【熙解】
回看 6.18 章關於文和質的存在模式，用黑 T 恤和白 T 恤類比。文和質的中庸之道的實現形式，不是摻和在一起，更不是搗糨糊，成為「一鍋粥」，變成「灰」——變質了；而是文和質交替在同一個人身上出現，不同條件、不同環境下採用不同的方法。「彬彬」即雙才並立，以偏其反而之態，螺旋前進，該嚴厲時嚴厲，該緩和時緩和，心有猛虎，細嗅薔薇。若死板地摻和，那麼無原則的文和質就沒有靈活性，就失去了生命力，就像去掉毛的虎豹皮和犬羊皮，又有什麼區別呢？所以要活學活用。

這裡再一次體現出子貢的格局最高，是最懂權變之道的孔門弟子。子貢雖然拒絕了孔子繼承孔門衣缽的任務，但是他後來實際上仍然為發揚孔門儒家思想做出了巨大貢獻。若沒有他的幫助，沒有他主持大局，《論語》的編撰工作也不一定能完成。

12.9

哀公問於有若曰：「年饑，用不足，如之何？」有若對曰：「盍徹乎[1]？」曰：「二[2]，吾猶不足，如之何其徹也？」對曰：「百姓足，君孰與不足？百姓不足，君孰與足？」

【註釋】

①盍徹乎：盍，何不。徹，西周的一種田稅制度。「什一而稅謂之徹」，即抽稅十分之一。

②二：抽取十分之二的稅。

【譯讀】

魯哀公問有若：「遭了饑荒，國家用度困難，怎麼辦？」有若回答：「為什麼不實行徹法，只抽十分之一的田稅呢？」哀公說：「現在抽十分之二，我覺得都還不夠，怎麼能實行徹法呢？」有若說：「如果百姓的用度夠，您怎麼會不夠呢？如果百姓的用度不夠，您又怎麼會夠呢？」

【熙解】

這一章反應了儒家學派的經濟思想，其核心就是「富民」思想。魯國所徵的田稅十分之二的稅率，即使如此，國家的財政仍然是十分緊張。這裡，有若的觀點是，削減田稅的稅率，改行「徹稅」即什一稅率，減輕百姓經濟負擔。只要百姓富足了，國家就不可能貧窮。反之，如果對百姓徵收過多的稅，這種短期行為必將導致民不聊生，國家經濟也就隨之衰退了。不要涸澤而漁。

12.10

子張問崇德①辨惑②。子曰：「主忠信，徙義③，崇德也。愛之欲其生，惡之欲其死。既欲其生，又欲其死，是惑也！『誠不以富，亦祇以異。』④」

【註釋】

①崇德：遵從於道德。

②惑：迷惑，不分是非。

③徙義：徙，行走，也是「踐跡」之意，行之以義。

④誠不以富，亦祇（zhī）以異：這是《詩經·小雅·我行其野》的最後兩句。此詩表現了一個女子對其丈夫的喜新厭舊感到悶悶不樂的情緒，想跟丈夫離婚，但丈夫又沒休她，導致心中猶疑不決。

【譯讀】

子張問怎樣才算遵從於道德和明辨是非。孔子說：「以忠信為主，使自己的行為合乎道義，就是遵從於道德，合道而行。愛一個人，就希望他活下去，厭惡起來又恨不得他立刻死去，既要他活，又要他死，這就是迷惑。（正如《詩經》所說的）『不是我嫌貧愛富，實在是改變不可避免了。』」

【熙解】

　　有些事說得容易但做起來難，如崇德到底要怎麼做？孔子就提醒子張不但要博學於文、約之以禮，更重要的是要行之以義。他希望人們按照「忠信」「仁義」的原則去辦事，合道而行。否則，感情用事的話就會陷於迷惑之中。

　　一旦陷入感情的事，就有點說不清、道不明，沒辦法講原則了。「誠不以富，亦祇以異」，孔子引用《詩經》裡的這句話，形容感情用事的人，往往一團亂麻，被迷惑得不行，剪不斷、理還亂啊。

　　子張這個問題問得相當有水準，不愧是新一代孔門弟子裡的人才。孔子正是借用子張的提問，以及《詩經》裡的這個典故，抒發自己對周朝和周禮難捨難分的感情。愛之欲其生、惡之欲其死，只有用情至深的人才會有這種感覺啊！不過子張沒有那麼多歷史和思想包袱，他不必為周朝殉道，可以毫不猶豫地拋棄腐朽的周朝。不是我嫌貧愛富，實在是改變不可避免了。

　　其實，不光孔子，還有其他人也一樣疑惑得不行，不知到底該怎麼辦，迷茫啊！12.11 章會有論述。

　　《詩經・小雅・我行其野》：
　　我行其野，蔽芾其樗。昏姻之故，言就爾居。爾不我畜，復我邦家。
　　我行其野，言採其蓫。昏姻之故，言就爾宿。爾不我畜，言歸斯復。
　　我行其野，言採其葍。不思舊姻，求爾新特。誠不以富，亦祇以異。

　　這首詩的意思是這樣的，它描寫了一個跟夫君發生了一些矛盾的女子，她很不高興，就跑到野地裡去散心。因為心裡不高興，她看到野外的景色也覺得提不起興致，亂糟糟的，到處是雜草和臭椿。如果心情好的話，這些景色看起來可能也不錯，但現在心煩，所以入眼的都是讓人煩心的東西。就這麼一個滿腹心事，孤獨地走在原野上的女子，嘴裡卻在自言自語，說我之所以跑來跟你過，兩人同住一個屋簷下，不過是因為兩家結了親。「昏姻之故，言就爾宿」的意思就是，當初俺嫁給你，可不是我看上了你，實在是父母之命、媒妁之言，我沒有辦法。「爾不我畜，復我邦家」的意思是，既然你不喜歡我，乾脆送我回家吧。

　　最有意思的是詩的最後幾句，這個女子一點也不自暴自棄，而是假想著自己在與夫君對話，告訴夫君：我要放棄咱們的這段婚姻了。女子設想自己在跟夫君攤牌的時候，非常和氣，一本正經地對夫君解釋：不是我嫌你窮啊，實在是咱們的感情出了問題，我得尊重你的選擇。這首詩講的就是這麼一個故事。從女子的嘮叨中可以看出，這個女子曾經非常愛她的丈夫，並不想真的離開他。「亦祇以異」中的「異」，指兩個人感情發生了變化，但是還不到恨的程度。這四個字的意思就是：我們都變了，我們要尊重現實。

12.11

齊景公^①問政於孔子。孔子對曰：「君君，臣臣，父父，子子。」公曰：「善哉！信如君不君，臣不臣，父不父，子不子，雖有粟，吾得而食諸？」

【註釋】

①齊景公：名杵臼（chǔ jiù），齊國國君，公元前547年—公元前490年在位。

【譯讀】

齊景公問孔子如何治理國家。孔子說：「做君主的要像君的樣子，做臣子的要像臣的樣子，做父親的要像父親的樣子，做兒子的要像兒子的樣子。」齊景公說：「講得好呀！如果君不像君，臣不像臣，父不像父，子不像子，縱使有糧粟，我到底吃不吃呢？」

【熙解】

齊景公後期的齊國已經完全亂套了，周朝的禮制在齊國已經被拋棄，齊景公也意識到姜齊有被篡位的危險，彼時的田氏家族已經富可敵國，權傾齊國了。晏子早就做出了田齊取代姜齊的預言，數十年後果然不幸言中（「君不像君，臣不像臣」，或許此時齊景公就已經是個傀儡君主了）。齊景公引用伯夷、叔齊不食周粟的典故（5.22章），言下之意是問孔子，一旦改朝換代，到底要不要學伯夷、叔齊。齊景公還有一個疑惑是，他也不知道到底值不值得為業已腐朽的周朝守節。

讀到這裡，我們恍然大悟，12.10章孔子提到的那個「誠不以富，亦祇以異」故事裡的變心人，更像是用來形容齊景公的。對於周朝，齊景公和孔子一樣，都是哀其不幸，但是怎麼爭也改變不了結局。齊景公早期還是一位勵精圖治的君主，縱橫捭闔於諸侯，希望恢復周室權威。但他顧得了外戚諸侯，顧不了內政蕭牆。田氏家族乘機收買了齊國人心，控制了齊國政權。齊景公後來也放棄了，沉迷於聲色犬馬之中。真是愛之欲其生，恨之欲其死，唉……到底該怎麼辦呢？怎麼辦呢！

繼續往後讀《論語》吧，有答案。

【史料】關於齊景公

齊景公（約公元前550—前490年），姜姓，呂氏，名杵臼，男，齊靈公之子，齊莊公之弟，春秋時期齊國君主。他的大臣中，早期的相國有崔杼、慶封，後有相國晏嬰、司馬穰苴以及梁丘據等人。

齊景公年幼登基，在位58年，是齊國歷史上統治時間最長的國君之一。親政之初，他能夠虛心納諫，認真聽取、採納晏嬰、弦張等人的建議，並放手賢臣治理國家，從而使齊國在短短的幾年間由亂入治，人民生活得到了較大的改善，國家綜合國力得到了提高。他的文治武功使齊國得以強盛一時，而這些都成為後來田齊強大的基石。

後來，齊景公沉迷於享樂，不顧百姓死活，厚賦重刑。他不僅生活奢侈、貪杯好色，而且大造宮室，甚至將百姓收入的三分之二供自己享用，致使民不聊生、人民怨聲載道，並且在內憂外患的形勢下不體恤民情，堅持與晉國爭奪霸主之虛名。而此時的田乞乘機施恩於民，獲得了齊國大量臣民的擁護。最終田齊取代了姜齊。（見 6.24 章成語典故：竊鈎者誅，竊國者侯）

12.12

子曰：「片言①可以折獄②者，其由也與③？」子路無宿諾④。

【註釋】
①片言：簡潔的言辭。
②折獄：獄，案件。即斷案。
③其由也與：大概只有仲由吧。
④宿諾：宿，久。拖了很久而沒有兌現的諾言。

【譯讀】
孔子說：「只聽了簡單的供詞就可以判決案件的，大概只有仲由吧。」子路說話沒有不算數的時候。

【熙解】
相對於齊景公和孔子的猶疑不決，像憂鬱的棄婦一樣不知所措，子路則是乾脆利落，從不含糊。子路善於快刀斬亂麻，率性而行，求仁得仁，死則死矣。所以《論語》讀到這裡，我們自然而然想起了果敢的子路。這也是為什麼那麼多人喜歡子路的原因。

仲由可以「片言」而「折獄」，這是為什麼？一是子路為人忠信，疾惡如仇，人們都十分敬服他，所以有了糾紛在他面前一般不講假話，也不大敢說假話；二是子路善於明辨是非，懂的道理多，也不容易受別人一面之詞的迷惑。聰明的人善於從對方說話的語氣、表情、思路中看出此人的為人，而不糾結於對方說了什麼。無論哪種解釋，都可以證明子路在明辨是非方面是卓有才干的。他善於化繁為簡。

【典故】季路一言，勝於一國之盟

《左傳·哀公十四年》：「小邾射以句繹來奔，曰：『使季路要我，吾無盟矣。』使子路，子路辭。季康子使冉有謂之曰：『千乘之國，不信其盟，而信子之言，子何辱焉？』對曰：『魯有事於小邾，不敢問故，死其城下可也。』」

12.13

子曰：「聽訟①，吾猶人也。必也使無訟②乎！」

【註釋】
①聽訟：訟，音 sòng，訴訟。審理訴訟案件。
②使無訟：使人們之間沒有訴訟案件之事。

【譯讀】
孔子說：「審理訴訟案件，我同別人也是一樣的。不是為了訴訟而訴訟，重要的是促進和諧，使天下無訟！」

【熙解】
這一句對現代法治社會有非常重要的指導意義：最高的訟，是使天下無訟。

作為法律工作者，是否不要凡事都以「刑罰」為首要解決辦法？對某些並不是人命關天的大事，能否更多地站在人文道德的角度上對當事人進行「宣化」？大事化小，小事化了。

現實生活中經常碰到有朋友因一些小事去諮詢律師朋友的意見，得到的意見大部分都是「某某嚴重違法或違規，你一告一個準」！並且律師會煞有介事地引用諸多條款例證，以顯示他的法律專業「素質」。我聽到這些一般都會說「完了」，諮詢律師，這事就鬧大了。所以在我的印象中，有些律師經常是「唯恐天下不亂」的。

孔子實際上主張以德治為主，法治為輔。這符合孔子「信要近於義」，而「刑要從於德」，兩端互相依存、牽制的思想，也是其「反者道之動」的體現。越是法律人士，越不能執著於用刑罰解決糾紛，而是首先勸導人們要注重「和諧」「包容」。這並不是違背或「背叛」法律工作者的立場。相反，這是為了促進法律事業的進步。

法治的終極目標是促進公平與和諧，不是為了法治而法治。而促進和諧不能僅靠「懲治」，還要靠「度化」。法律工作者可能會說，度化工作不是我的事，我的職責是「懲治」。這其實又是割裂地看待法律，是狹隘的法律。

《左傳》還說：「夫禮，天之經也，地之義也，民之行也。」在法家還未出現之前，禮就是「法」。而無論多麼完備的「禮」，首先必須是符合「天經地義」的，簡言之，是符合天道的。禮崩樂壞之後，「法」替代了禮，但仍是不違天道的。現代的法律，亦不能偏離此道。

所以，法律工作者多講「情理」，講「道德」，正是促進法律進步的表現。正是因為有了法律人士對「理」的宣揚，社會整體「道德」水準的提升也會更加有效。大家齊心協力提升社會道德水準，則「天下無訟」可期矣！

12.14、12.15

子張問政。子曰:「居之無倦,行之以忠。」
子曰:「博學於文,約之以禮,亦可以弗畔矣夫。」①

【註釋】
①本章重出,見《雍也》篇第27章。

【譯讀】
子張問如何為政。孔子說:「居其位毫不懈怠,忠於道義,修己利人,不忘初心。」
孔子說:「君子廣泛地學習文化,又以禮來約束自己,也就可以不背叛自己的良心了。」

【熙解】
學問不是用來當擺設的,重要的是要實踐,踏實篤行,不要投機取巧。不忘初心,方得始終。不論別人怎麼評說,不背叛自己的良心就好了。博學於文、約之以禮之後,再行之以忠、義,就合乎「仁」了。安靜做自己,工作即修行。

12.16

子曰:「君子成人之美,不成人之惡。小人反是。」

【譯讀】
孔子說:「君子成全別人的好事,而不助長別人的惡處。小人則與此相反。」

【熙解】
這句反應了「己欲立而立人,己欲達而達人」「己所不欲,勿施於人」的精神。
與人交往涉及利益的幾個原則:
損人利己的事不能做。
損人不利己的事傻子才做。
利人又利己的事一定要做。
損己利人的事可以不做,也可自願做。

12.17、12.18、12.19

季康子問政於孔子。孔子對曰:「政者,正也。子帥以正,孰敢不正?」

季康子患盜，問於孔子。孔子對曰：「苟子之不欲，雖賞之不竊。」

季康子問政於孔子曰：「如殺無道①，以就有道②，何如？」孔子對曰：「子為政，焉用殺？子欲善，而民善矣！君子之德風，小人之德草，草上之風③，必偃④。」

【註釋】

①無道：指無道的人。
②有道：指有道的人。
③草上之風：指風加之於草。
④偃：僕，倒。

【譯讀】

季康子問孔子如何治理國家。孔子回答說：「政就是正的意思。您本人帶頭走正路，那麼還有誰敢不走正道呢？」

季康子擔憂盜竊，問孔子怎麼辦。孔子回答說：「假如你自己不貪圖財利，即使獎勵偷竊，也沒有人偷盜。」

季康子問孔子如何治理政事，說：「如果殺掉無道的人來成全有道的人，怎麼樣？」孔子說：「您治理政事，哪裡用得著殺戮的手段呢？只要您行善，老百姓也會跟著行善。在位者的品德好比風，在下的人的品德好比草，風吹到草上，草就必定跟著倒。」

【熙解】

無論為人還是為官，首在一個「正」字。正人先正己，君子自重則威。只要身居官職的人能夠正己，那麼手下的大臣和平民百姓，就都會歸於正道。否則上梁不正下梁歪。

需要提醒一點，堅持「正」，也要符合中庸之道。「正」不等同於「直」，不是靜止一點的標準，而是中而庸之的動態區間，曲中有直。具體到實際中，要有「小過」赦免機制，容許人改過自新。

有些事，不一定需要靠殺人來解決的。戰國時候，有些地方對偷了一只羊的人也會處以死刑，現在看來，有點「過正」了。

當政者要善理政事，以自己的德行感染百姓，引領社會和諧風氣，多用德治去教化百姓，以使人免於犯罪。有張有弛，百姓就不會犯上作亂。那些暴虐的統治者，濫行無道，必然會引起百姓的反對。

這裡再次體現了孔子追求和諧社會、「天下無訟」的願望。

12.20

子張問：「士何如斯可謂之達①矣？」子曰：「何哉，爾所謂達者？」子張對曰：「在邦必聞②，在家必聞。」子曰：「是聞也，非達也。夫達也者，質直而好

義，察言而觀色，慮以下人③。在邦必達，在家必達。夫聞也者，色取仁而行違，居之不疑。在邦必聞，在家必聞。」

【註釋】

　①達：通達，顯達。
　②聞：有名望。
　③下人：下，動詞。對人謙恭有禮。

【譯讀】

　子張問：「士要怎樣才算通達？」孔子說：「你說的通達是什麼意思？」子張答道：「聞名於全國，聞名於家族。」孔子說：「這只是『著名』而已，不是通達。所謂達，那是要品質正直，遵從禮義，能察言觀色，經常想著謙恭待人。這樣的人，才是真正通達於家國。至於徒有虛名的人，只是外表裝出仁的樣子，而行動上卻違背了仁，自己還以仁人自居百不慚愧。他們仍能聞名於邦國，聞名於市井之家。」

【熙解】

　孔子提出了兩個詞，即「聞」與「達」。「聞」是指「著名」而已，並不一定是顯達，有可能是「色莊者」，因為臭名昭著也是一種「著名」；而「達」則要求名人必須名副其實，從內心深處具備仁、義、禮的德行，注重自身的道德修養，而不僅是追求虛名。

　子張此時尚年輕，喜歡拋頭露面，愛慕虛榮，問的問題都與自身利益有關。孔子提醒他有名氣之人不一定真有仁，也是對他的鞭策。

12.21

　樊遲從遊於舞雩之下，曰：「敢問崇德、修慝①、辨惑？」子曰：「善哉問！先事後得②，非崇德與？攻其惡，無攻人之惡，非修慝與？一朝之忿③，忘其身，以及其親，非惑與？」

【註釋】

　①修慝：慝，音tè，匿心，藏著掖著。修，改正。這裡是指坦蕩做人，不藏著掖著。
　②先事後得：先致力於事，把利祿放在後面。
　③忿：憤怒，氣憤。

【譯讀】

　樊遲陪著孔子在舞雩臺下散步，說：「請問怎樣據德而行？怎樣坦蕩做人？怎樣辨

別迷惑?」孔子說:「問得好!先努力致力於事,然後再談收穫,不就是據德而行了嗎?批評別人做事,能對事不對人,不是很坦蕩嗎?由於一時的氣憤,就忘記了自身的安危,以至於牽連自己的親人,這不就是迷惑嗎?」

【熙解】

在這一章裡,孔子仍談個人的修養問題。他認為,要提高道德修養水準,首先在於踏踏實實地做事,不要過多地考慮物質利益,然後嚴格要求自己,坦蕩做人,不藏著掖著。此外,還要注意克服感情衝動的毛病,不要以自身的安危作為代價,甚至累及親人,這樣就可以辨別迷惑了。看來樊遲性格有點衝動,犯了不小的錯誤,孔子特意約他出來散步,借此批評教育他。

12.22

樊遲問仁。子曰:「愛人。」問知。子曰:「知人。」樊遲未達。子曰:「舉直錯諸枉①,能使枉者直。」樊遲退,見子夏。曰:「鄉②也吾見於夫子而問知,子曰:『舉直錯諸枉,能使枉者直。』何謂也?」子夏曰:「富哉言乎!舜有天下,選於眾,舉皋陶③,不仁者遠④矣;湯⑤有天下,選於眾,舉伊尹⑥,不仁者遠矣。」

【註釋】

①舉直錯諸枉:錯,同「措」,放置。諸,這是「之於」二字的合音。枉,不正直,邪惡。意為選拔直者,罷黜枉者。
②鄉:音 xiàng,同「向」,過去。
③皋陶:傳說中舜時掌握刑法的大臣。
④遠:動詞,遠離,遠去。
⑤湯:商朝的第一個君主,名履。
⑥伊尹:湯的宰相,曾輔助湯滅夏興商。

【譯讀】

樊遲問什麼是仁。孔子說:「愛人。」樊遲問什麼是智。孔子說:「瞭解人。」樊遲還不明白。孔子說:「選拔正直的人,罷黜邪惡的人,這樣就能使邪者歸正。」樊遲退出來,見到子夏說:「剛才我見到老師,問他什麼是智,他說『選拔正直的人,罷黜邪惡的人,這樣就能使邪者歸正,這是什麼意思?」子夏說:「這話說得多麼深刻呀!舜有天下,在眾人中挑選人才,把皋陶選拔出來,不仁的人就被疏遠了。湯有了天下,在眾人中挑選人才,把伊尹選拔出來,不仁的人就被疏遠了。」

【熙解】

　　仁者愛人，智者識人。這無論對國家、政黨還是公司、組織，都有很大的指導意義。政黨要代表大多人的利益，公司要有價值觀。偉大的價值觀必然產生偉大的商業機會。

　　創業之前，首先問自己能否為社會帶來價值，有沒有愛心。靠騰挪搬運而產生的公司，很容易被替代；而識人、用人則是創業組織首先要解決的實際問題。

　　關於智，孔子認為是要瞭解人，選拔賢才，罷黜邪才。但是在歷史上，許多賢能之才不但沒有被選拔，反而受到壓迫，而一些奸佞之人卻平步青雲。這說明真正做到智並不容易。

12.23

　　子貢問友。子曰：「忠告而善道之，不可則止，毋自辱焉。」

【譯讀】

　　子貢問怎樣對待朋友。孔子說：「忠誠地勸告他，恰當地引導他，如果不聽也就罷了，不要自取其辱。」

【熙解】

　　在人倫關係中，「朋友」一倫是最鬆弛的一種。朋友之間講求一個「信」字，這是維繫雙方關係的紐帶。對待朋友的錯誤，要開誠布公地勸導他，推心置腹地講明其中的利害關係，但若他堅持不聽，也就作罷。這是交友的一個基本準則。碰到像刺蝟一樣敏感的朋友，不可勉強，只有他自己才能救自己，否則會自取其辱，好心被當作驢肝肺。

　　子貢這麼高情商的人，為什麼還會問這種問題呢？他一定是遇到了不可理喻卻又繞不開的人，所以才會問孔子該怎麼處理。大家不妨思考這個人會是誰呢？

12.24

　　曾子曰：「君子以文會友，以友輔仁。」

【譯讀】

　　曾子說：「君子以文章和學問來結交朋友，依靠朋友幫助自己培養仁德。」

【熙解】

　　曾子繼承了孔子的思想，主張以文章和學問作為結交朋友的原則，以互相幫助培養仁德作為結交朋友的目的。這是君子之所為。

　　這一篇的最後，曾子這個名義上的孔門繼承人出來總結，提醒大家要團結互助，以文相聚於孔門，互相提升，互相進步。

子路第十三

13.1

子路問政。子曰：「先之，勞之①。」請益②。曰：「無倦③。」

【註釋】

①先之勞之：先，引導，先導，即教化。之，指老百姓。做在老百姓之前，使老百姓勤勞。

②益：請求增加一些。

③無倦：不厭倦，不鬆懈。

【譯讀】

子路問怎樣管理政事。孔子說：「做在老百姓之前，使老百姓勤勞。」子路請求多講一點。孔子說：「不要懈怠。」

【熙解】

如果說《顏淵》篇側重於講怎樣識人、用人，《子路》篇則偏重於講做事之道，講行動力。若論行動力，最強的非子路莫屬。孔子回覆子路為政之道，沒啥說的，言簡意賅：「去做就是了」。

第一，帶頭行動，爭先進；第二，讓大家跟你一起爭先進。

對人好不是讓人養尊處優，而是要讓他過得充實，過得有意義，讓他感覺別人也需要他。千萬別把對人好，當成了「養懶漢」，一定要大家都參與進來。例如，做公益若一味地施與，不但得不到別人的感恩，還可能會造成「農夫與蛇」的結果。

人不光需要成就感，還需要參與感。結果重要，過程更重要，否則大家都成了旁觀者。都參與進來，大家才有機會站在你的角度考慮問題，與你一條心，有了成果也才有成就感。

這是當領導者的首要原則。懂得了這條大原則後，後面的事就好辦了。後面還有什麼原則呢？請往下看……

13. 2

仲弓為季氏宰，問政。子曰：「先有司[1]，赦小過，舉賢才。」曰：「焉知賢才而舉之?」曰：「舉爾所知，爾所不知，人其舍諸[2]?」

【註釋】
①有司：古代負責具體事務的官吏。
②諸：「之乎」二字的合音。

【譯讀】
仲弓做了季氏的家臣，問怎樣管理政事。孔子說：「先責成手下負責具體事務的官吏，讓他們各負其責，赦免他們的小過錯，選拔賢才來任職。」仲弓又問：「怎樣知道是賢才而把他們選拔出來呢?」孔子說：「選拔你所知道的，至於你不知道的賢才，別人難道還會不推舉他們嗎?」

【熙解】
冉雍，字仲弓，當了季氏家宰，相當於大公司總經理，管理一個大公司不容易的。孔子告訴他，第一，要充分調動團隊的力量，各司其職，千萬別自個兒一把抓。

第二，不能太苛求下屬，要允許下屬犯小錯誤，有過即改就是了，不然誰都不敢做事了。先進分子做事，也免不了犯錯誤。現代社會所謂的「研發」工作，就是不斷地主動試錯的過程，也許試錯千遍萬遍，才能試出一個新東西來。這其中的浪費（損耗）是驚人的，研發經費就是這樣耗掉的。但不做，永遠出不來新東西，社會就很難進步。我認為，不但產品企業需要設置研發部，人文管理也應該引入「研發」概念和機制，鼓勵試錯前進。

第三，對有魄力、勇擔當的先進分子，要及時提拔重用。

冉雍又問怎樣才能發現先進分子。孔子說這就看你自己的了，所謂「宰相肚裡能撐船」，你有多大的格局，就能容下多大的才、成就多大的事。總之，是金子總會發光，你不用別人自然會用。

我們讀《論語》時要注意，以曾子為主筆的編撰團隊，既是《論語》的編修者，也是《易傳》的編修者。後來，悟道後的子貢坐鎮定調，使得《論語》下半部內容裡融入了大量《易經》的思想。我們若結合《易經》讀《論語》，結合《論語》讀《易經》，二者必相得益彰。

這一章提到了《易經》64卦中的第62卦：小過卦。「過」，指從這兒到那兒，從此時到彼時。《象》曰：「山上有雷，小過」（見下圖）。客方像一陣陣響雷，主方像山一樣屹立不動。山擋住了一些雷聲，但雷還是從山頂傳出去了。形容「小過」不可避免，但行動有度，君子以行過乎恭，喪過乎哀，用過乎儉。

「山上有雷，小過」圖

如下面的中庸示意圖所示：㊣點難以保持常態，稍縱即逝。矯枉的過程就是圍繞㊣點上下位移的過程。矯枉「過正」不可避免，此「過正」而不逾越「中」之虛線範圍的過程即小過。事物永遠在圍繞㊣點上下波動，一上一下互為「反向」。《道德經》曰：「反者道之動。」正是因為有了偏其反而的循環矯正，才產生了「道」。道永遠在運動，靜止則意味著滅亡。後世儒生不懂權變之道，不達時宜，盲目追求標籤化的「仁德」，導致國家衰亡，華夏淪難，可悲可嘆矣。

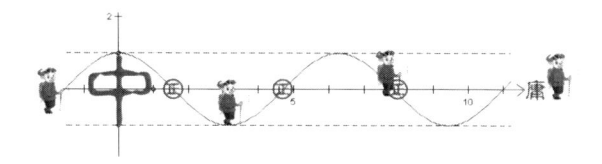

中庸示意圖

13.3

子路曰：「衛君①待子而為政，子將奚②先？」子曰：「必也正名③乎。」子路曰：「有是哉，子之迂④也！奚其正？」子曰：「野哉由也！君子於其所不知，蓋闕⑤如也。名不正，則言不順；言不順，則事不成；事不成，則禮樂不興；禮樂不興，則刑罰不中⑥；刑罰不中，則民無所措手足。故君子名之必可言也，言之必可行也。君子於其言，無所苟⑦而已矣。」

【註釋】

①衛君：衛出公，名輒，衛靈公之孫。其父蒯聵被衛靈公驅逐出國，衛靈公死後，蒯輒繼位。蒯聵要回國爭奪君位，遭到蒯輒拒絕。這裡，孔子對此事提出了自己的看法。

②奚：音 xī，什麼。

③正名：正名分。

④迂：迂腐。
⑤闕：同「缺」，存疑的意思。
⑥中：音 zhòng，以……為依據，行得通。
⑦苟：苟且，馬馬虎虎。

【譯讀】

子路（對孔子）說：「衛國國君要您去治理國家，您打算先從哪些事情做起呢？」孔子說：「首先必須正名分。」子路說：「有這樣做的嗎？您也太迂腐了。有什麼好正的呢？」孔子說：「仲由，真粗野啊！君子對於他所不知道的事情，總是採取存疑的態度。名分不正，說起來就不順當合理；說話不順當合理，事情就辦不成；事情辦不成，禮樂也就不能實行；禮樂不能實行，刑罰的執行就無所適從；刑罰不得當，百姓就不知怎麼辦（亂套了）。所以，君子一定要定個名分，必須能夠說得明白，說出來又一定要能夠行得通。君子對於自己的言行，是不應隨便對待的。」

【熙解】

一連串的邏輯推理，可以看出孔子系統治國的思想。以禮法治國需要一套完備的體系，而體系內的榮譽、規則、刑罰等各個方面的指導原則必須統一，不能自相矛盾，有矛盾就有漏洞，體系就不完備。所以，這裡更看重孔子的整體思維。就像中國，先有主義，有理論指導，然後才有宗旨，有行事原則，總體統一。可以說中國在禮治（法治）方面一度是非常成功的。

這一段中尤其「禮樂不興，則刑罰不中」一句再次驗證了，孔子時代的「禮樂」其實是充當了「法律」的作用，相當於現代「民法」。它是刑罰的依據，有了它刑罰才行得通。這也再次說明，與其說孔子主張恢復周禮是「復古」，不如說是為了恢復「秩序」。

在這一段一連串的邏輯推理中，從「正名」到「民無所措手足」，刑罰充當了不可或缺的一環，直接規範了百姓的行為。孔子主張德治但從沒說不要刑罰，之所以較少談及刑罰，是因為孔子把刑罰當作了毋庸置疑、理所當然的節制手段，是無須討論的公理。但是後世有些儒生竟然認識不到這一點，完全忘了孔子「不知和而和，須以禮節之」的原則。尤其是「性善論」大行其道以後，有些人簡直到了「愛心泛濫」的程度。這種「濫情」若是放在小人物身上也就罷了，但若居高位者也這樣不懂輕重、不達時宜，給老百姓帶來的災難就大了。這種自以為有愛心的行為，實質上卻戕害了更多的人。

西漢的滅亡就是如此，更後面的宋、明之亡亦如此。大唐盛世，治國以道家理論為主，所以較少受這類腐儒思想的影響。下面的典故，說明了違背孔子本源思想的儒生，才是真正的腐儒。漢元帝受腐儒影響，不但害了漢室王朝，更從負面影響到整個漢文化。

亂漢者，腐儒也！

【典故】漢宣帝劉病已：亂我漢家者，必太子也！

歷史上有一位帝王，出生便受牢獄之災，後又流落至民間，本以為會平凡終老。但歷史的軌跡總是出人意料。17 歲那年，他被迎接回宮，登基為帝。他勵精圖治，完成了國度中興，在他統治的 25 年裡，是漢代良吏最多、政治最清明、經濟最富足、疆域最遼闊、軍事最強盛的巔峰時期，史稱「孝宣之治」。他就是西漢的中興之主——漢宣帝劉詢，本名劉病已，是西漢 14 帝中具有正式廟號的 4 位皇帝之一。

漢宣帝有 6 個兒子，而其中只有太子劉奭（shì）和淮陽憲王劉欽被視為皇位的繼承人選。太子劉奭是漢宣帝劉詢與嫡妻許平君所生之子，而劉欽則是張婕妤所生，高大強壯，聰明有才氣。劉詢曾說：「這真是我的兒子啊！」

而劉奭「柔仁好儒」。什麼意思？就是溫順仁慈，愛好儒術。據史料記載，劉奭還是太子的時候，眼看著父皇重用法家人物，動不動就用刑罰懲治下屬，很不以為然。一天，劉奭陪父皇用餐時，坦率地說：「陛下運用刑罰有點過火了，應該多多重用儒生。」漢宣帝劉詢頓時臉色大變，厲聲道：「漢家自有漢家的制度，原本就是『霸道』『王道』兼而用之，怎能單純地運用所謂的『德政』呢？更何況那班俗儒不能洞察世事變化，不達時宜，只會厚古薄今，連『名』與『實』之間的區別都分不清，怎能把管理國度的重擔交給他們！」說完了這番話，漢宣帝又長嘆一聲道：「亂我家者，必太子也！」。

後來，劉奭繼承帝位，是為漢元帝。宣帝沒有廢掉劉奭的太子之位，或許是顧念劉奭生母許平君的結髮之情，也或許是顧及廢掉太子可能會帶來的政治危機。

自漢武帝以後，漢朝雖然表面上都是以儒家治國，所謂「罷黜百家，獨尊儒術」，實際行的卻是「外儒內法」。孔子主張德治也從沒說不要刑罰，而是把刑罰當作毋庸置疑的節制手段。而漢元帝劉奭為人柔而無斷，易被小人蠱惑。宦官弘恭、石顯等勾結外戚害死了帝師蕭望之。漢元帝為之哀泣不食，但也不過是把兩個元兇叫來斥責一番，免冠謝罪就算過了。過去講西漢衰落的過程，統稱為「元成哀平」。四代日漸衰落，徹底斷送了昭宣中興的大好局面。而其肇端始於漢元帝，這與漢元帝暗弱無能、耽於儒術、惑於奸邪、不能賞罰分明有很大關係。

歷史最終也如漢宣帝預言，西漢在劉奭和他兒子劉驁手上被玩壞了。朝政紊亂不堪，西漢由此走向衰落。劉奭死後，劉驁即位，荒於酒色，外戚擅政，朝政幾乎全部為太後一族王氏所控制，為王莽代漢埋下了禍根。公元 8 年 12 月，王莽代漢建「新」，西漢淪亡。此時離劉奭登基不過 60 年耳。

13.4

樊遲請學稼，子曰：「吾不如老農。」請學為圃[1]，曰：「吾不如老圃。」樊遲出。子曰：「小人哉，樊須也！上好禮，則民莫敢不敬；上好義，則民莫敢不服；上好信，則民莫敢不用情[2]。夫如是，則四方之民，襁[3]負其子而至矣。焉用稼？」

【註釋】
①圃：音 pǔ，《周禮・太宰》：「二曰圃圃毓草木。」註：「樹果蓏曰圃。」
②用情：情，情實。以真心實情來對待。
③襁：音 qiǎng，背嬰孩的背簍。

【譯讀】
樊遲向孔子請教如何種莊稼。孔子說：「我不如老農。」樊遲又請教如何種樹果蔬菜。孔子說：「我不如老園丁。」樊遲退出以後，孔子說：「樊遲真是小人。在上位者只要重視禮，老百姓就不敢不敬畏；在上位者只要重視義，老百姓就不敢不服從；在上位的人只要重視信，老百姓就不敢不用真心實情來對待你。要是做到這樣，四面八方的老百姓都會背著自己的小孩來投奔，哪裡用得著自己去種莊稼呢？」

【熙解】
樊遲是粗人，從樊遲的提問來看，這句應該是在他認識孔子早期時的對話。樊遲剛認識孔子時，不知孔子擅長的是禮樂，才會問農事。而孔子那時較年輕，也受了世俗立場的影響，對農耕之事比較輕視。這應該是孔子周遊列國之前的事，歷練不夠，滿腦子都是「禮」，才有了當時「是可忍，孰不可忍」的慷慨言辭。

後來孔子周遊列國，體會到了底層老百姓的辛苦，而且與農民打過交道之後，更能設身處地地站在老百姓的角度考慮問題了，這時孔子的思想才慢慢成熟起來。孔子晚年提到「足食、足兵、民信」的原則，就體現了他民以食為天、以民為本的立場。

遺憾的是，後世有些過慣了養尊處優的生活的儒生，拿孔子這句話當「令箭」，看不起農民，自以為高高在上。更有甚者養成了往上看而不往下看的習慣，視老百姓如草芥，成了人民公敵。他們打著「孔家店」的招牌，販賣著自己的私貨，謀私利。孔子思想就是被這類人敗壞的。五四運動以來，人們呼籲打倒「孔家店」，其實要打倒的是掛羊頭、賣狗肉的「店」，而不是孔子。懂孔子的人都知道，孔子的思想真金不怕火煉，涅槃過後，必能重生。

13.5

子曰：「誦詩三百，授之以政，不達①；使於四方，不能專對②。雖多，亦奚以③為？」

【註釋】
①達：通達。這裡是會運用的意思。
②專對：獨立對答。
③以：用。

【譯讀】

孔子說:「把《詩》三百篇背得很熟,讓他處理事務,卻不會辦事;讓他當外交使節,不能獨當一面;背得很多,又有什麼用呢?」

【熙解】

前面說過,《詩經》不但有民風習俗,還有許多政事描述。其內容涵蓋政治、禮節、生活方方面面。讀詩也是孔子教授學生的主要內容之一。他教學生誦詩,不單純是為了誦詩。熟讀《詩經》者應能從中受到啓發,再運用到生活中去,否則,白讀了,讀得再多也沒用。

孔子不主張死背硬記,當書呆子,而是要學以致用,傳、習結合,應用到社會實踐中去。

13.6、13.13

子曰:「其身正,不令而行;其身不正,雖令不從。」
子曰[①]:「苟正其身矣,於從政乎何有?不能正其身,如正人何?」

【註釋】

①此兩章意思連貫,故將13.13章前移至13.6章之後,保留原序號以示區別。

【譯讀】

孔子說:「自身正了,即使不發布命令,人們也會自發去執行;自身不正,即使發布命令,人們也不會服從。」

孔子說:「如果端正了自身的行為,管理政事還有什麼困難呢?如果不能端正自身的行為,又怎能使別人端正呢?」

【熙解】

俗話說:「正人先正己。」最基本的教化,是行「不言之教」,以身作則。如果為政者自身言行不一,是無法服眾的。這一點被孔子反覆強調,耳朵都聽出老繭了。可見說起來容易做起來難啊!

13.7

子曰:「魯衛之政,兄弟也。」

【譯讀】

孔子說：「魯和衛兩國的政事，就像兄弟（的政事）一樣。」

【熙解】

魯國是周公旦的封地，衛國是康叔的封地，當時兩個諸侯國的政治情況有些相似。所以孔子說，魯國的國事和衛國的國事，就像兄弟一樣。齊國就不一樣，齊國是周朝開國大臣姜子牙的封地，和魯國、衛國同朝不同姓。參閱6.24章「齊一變至於魯，魯一變至於道」。

13.8

子謂衛公子荊[1]：「善居室[2]，始有，曰：『苟[3]合[4]矣。』少有，曰：『苟完矣。』富有，曰：『苟美矣。』」

【註釋】

①衛公子荊：衛國大夫，字南楚，衛獻公的兒子。
②善居室：善於管理經濟，居家過日子。
③苟：差不多。
④合：足夠。

【譯讀】

孔子談到衛國的公子荊時說：「他善於管理經濟，居家理財。剛開始有一點，他說：『差不多也就夠了。』稍微多一點時，他說：『差不多就算完備了。』更多一點時，他說：『差不多算是完美了』。」

【熙解】

這一段談的是公子荊對待財富的態度。我們用《易經》裡的思想對此進行闡述。富有，在《易經》裡又叫「大有」，大有卦是《易經》64卦的第14卦。大有卦，上離下乾，離為火為文明，乾為天為君子。天上有火為大有，君子既有剛健有為的堅強意志，又有文明洞燭的理性精神，順應天道而行，必能獲得精神和物質兩項文明雙豐收。

《象》曰：火在天上，大有。君子觀此卦象，取法於火，洞察善惡，抑惡揚善，從而順應天命，祈獲好運。順天依時，得道多助，失道寡助。天之所助者順也，人之所助者信也。順者順天道，尊重科學發展規律。中國人講陰陽和順是為道，人符合道就有如天助。而誠信是大家願不願意幫你的旗杆。

衛公子荊之「善居室」，即為上善若水之「善」也，故他能順天依時，得道多助，逐步從「苟合」之有，成長為大富之有。

離卦
（客卦）

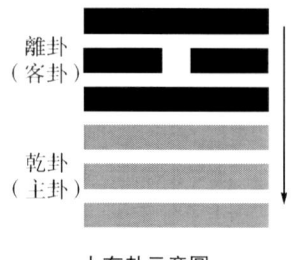

乾卦
（主卦）

大有卦示意圖

13.9

　　子適衛，冉有僕①。子曰：「庶矣哉！」冉有曰：「既庶②矣，又何加焉？」曰：「富之。」曰：「既富矣，又何加焉？」曰：「教之。」

【註釋】
　　①僕：駕車。
　　②庶：眾多，這裡指人口眾多。

【譯讀】
　　孔子到衛國去，冉有為他駕車。孔子說：「人口真多呀！」冉有說：「人口已經夠多了，還要再做什麼呢？」孔子說：「使他們富起來。」冉有說：「富了以後又還要做些什麼？」孔子說：「對他們進行教化。」

【熙解】
　　人口眾多，在沒超出承載力之前是好事，人多力量大。尤其是農耕社會，做什麼都需要用人頂，不像現代社會，機械化程度比較高。有了人，就解決了「有無」的基本問題。在此基礎上再解決「多少」的問題，即想辦法讓他們富起來。藏富於民，大家沒有了後顧之憂，底氣就足了，大氣才能顯現出來，倉廩實而知禮節。於是，禮樂道德教化就成了重中之重。
　　孔子通過和冉有短短的幾句對話，就把社會發展的規律清晰地道出來了。

13.10

　　子曰：「苟有用我者，期月而已可也，三年有成。」

【譯讀】
　　孔子說：「如果有人用我治理國家，一年便可以搞出個樣子，三年就一定會有

成效。」

【熙解】

以孔子當時的實力，完全可以實現三年有成的目標。當時的孔門，有先進理論指導，弟子中人才濟濟，能文能武，莫說管理一個城市，就是治理一個中型國家都綽綽有餘。無奈當時的執政者大都心懷戒心，生怕孔門搶了他們的地盤。孔子真是「君子無罪，懷璧其罪」啊！

13.11

子曰：「『善人為邦百年，亦可以勝殘去殺矣。』誠哉是言也！」

【譯讀】

孔子說：「善人治理國家，經過100年，也就可以消除殘暴，廢除刑罰殺戮了。這話真對呀！」

【熙解】

孔子說，善人需要100年的時間，可以「勝殘去殺」，達到他認為理想的境界。這在一個獨立、封閉的邦國體系內，在沒有外部勢力侵略時，也許可以做到。但現實中永不可能有這種完全「封閉」的獨立王國。

世界永遠是一個叢林世界，小至個體，大至國家，都無法獨善其身。你永遠處在一個個生態系統之中，國外有國、天外有天，小系統上有大系統，大系統上有宇宙星系，即使宇宙文明也得遵循叢林法則……

所以孔子講的這個假設，只能是個假設，是為了說明體系內治理的道理。若有人當真用它去指導叢林社會，難免會壞事。100年後，孟子提出「性善論」並以此為基礎勸說國君「勝殘去殺」，其理論前提就不合天道。

其後的歷史證明，「善人」是永遠沒有機會勝殘去殺的。他連使自己居上位的本領都沒有，還談什麼治理國家呢？即使因為人為因素，「善人」坐了上位（如繼承王位），首先被殺的也許就是「善人」自己身邊的人（如13.3章漢元帝劉奭帝師被殺）。「善人」劉奭之後不到60年，強大的西漢王朝就衰落了，哪裡輪得到他的100年？他自己不被殺已經不錯了，談何保護別人！

13.12

子曰：「如有王者，必世而後仁。」

【譯讀】

孔子說:「如果有王者行王道,也至少要一代人以後(約30年)才能實現仁政。」

【熙解】

王道,王者治天下之道,包含以下三個方面內容:保合諸夏,諧和萬邦,驅除韃虜。保合諸夏,驅除韃虜,就免不了戰爭和殺戮。王者自稱順於天道,信奉「以殺止殺」,認為殺戮是撥亂反正的手段之一,由亂到治,然後施仁政。這樣雖然可以快速地實現仁政,但是必然會付出代價。「善人」之道與「王道」,到底哪種的代價更高呢?有沒有第三條道呢?請大家思考。

13.13

已移至13.6章後面合併解讀。

13.14

冉子退朝。子曰:「何晏①也?」對曰:「有政。」子曰:「其事也?如有政,雖不吾以,吾其與聞之!」

【註釋】

①晏:遲,晚。

【譯讀】

冉求退朝回來。孔子說:「為什麼回來得這麼晚呀?」冉求說:「有政事。」孔子說:「只是一般的事務吧?如果有政事,雖然國君不用我了,我也會知道的。」

【熙解】

對於這一句,有人說是孔子在責備冉求,言下之意他替季氏謀私事去了。但奇怪的是,這裡卻稱冉求為「冉子」,很尊敬的稱呼。那麼應該不是責備之意了。這是該稱呼在《論語》裡第二次(第一次是為公西華請粟時稱「冉子」)出現。聯想到冉求在「孟之反不伐」一仗中的英勇表現,也許他此時正在和樊須、子羽等一眾同學謀劃什麼事,而這件事不能跟孔子說。

13.15

定公問:「一言而可以興邦,有諸?」孔子對曰:「言不可以若是其幾也。人

之言曰：『為君難，為臣不易。』如知為君之難也，不幾乎一言而興邦乎？」曰：「一言而喪邦，有諸？」孔子對曰：「言不可以若是其幾也。人之言曰：『予無樂乎為君，唯其言而莫予違也。』如其善而莫之違也，不亦善乎？如不善而莫之違也，不幾乎一言而喪邦乎？」

【譯讀】

　　魯定公問：「一句話就可以使國家興盛，有這樣的話嗎？」孔子答道：「不可能有這樣的話，但有近乎這樣的話。有人說：『為君難，為臣不易。』如果知道了做君主的難，這不近乎一句話就可以使國家興盛嗎？」魯定公又問：「一句話可以亡國，有這樣的話嗎？」孔子回答說：「不可能有這樣的話，但有近乎這樣的話。有人說過：『我做君主並沒有什麼可高興的，我所高興的只在於我所說的話沒有人敢於違抗。』如果說得對而沒有人違抗，不也好嗎？如果說得不對而沒有人違抗，那不就近乎一句話就可以亡國嗎？」

【熙解】

　　如果把君主之位當作一種責任（6.1章曾提到），而不是一種權利，就會有戰戰兢兢、如履薄冰的責任感，自然就會明白當國君的難處了。懂得了難處，承擔了責任，上下合力，國家肯定會興盛。

　　相反，如果當國君只是為了享受權利的快感，那就離亡國不遠了。孔子借此提醒魯定公，應當順天應民，合道而行，據德施政，不應為無人敢於違抗國君所說的話而感到高興，陷入權利的陷阱。

13.16

　　葉公問政。子曰：「近者悅，遠者來。」

【譯讀】

　　葉公問孔子怎樣管理政事。孔子說：「使近處的人快樂，使遠處的人來歸附。」

【熙解】

　　這章呼應了《論語》開篇語：學而時習之，不亦說乎？有朋自遠方來，不亦樂乎？

　　學習後經過實踐，有了成就，也會被人仰慕，不遠千里來拜訪你。自己快樂，還能將快樂感染他人，這是多麼好的一件事啊！

13.17

　　子夏為莒父[1]宰，問政。子曰：「無欲速，無見小利。欲速則不達，見小利則大事不成。」

【註釋】
　①莒父：莒，音 jǔ。魯國的一個城邑，在今山東省莒縣境內。

【譯讀】
　子夏在莒父做了，問孔子怎樣管理政事。孔子說：「不要求快，不要貪求小利。求快反而達不到目的，貪求小利就做不成大事。」

【熙解】
　孔子要求子夏從政不要急功近利，否則就無法達到目的；不要貪求小利，否則就做不成大事。要從廣度、深度看問題，不只是關注眼前的事。這是孔子針對子夏「小人儒」傾向提出的建議。
　「欲速則不達」，貫穿著辯證法思想，即對立著的事物可以互相轉化。這是縱向看事物的辯證法。說到辯證法，下面談到的橫向比照的辯證法更加精彩！

13.18

　葉公語孔子曰：「吾黨①有直躬者②，其父攘羊③，而子證④之。」孔子曰：「吾黨之直者異於是。父為子隱，子為父隱，直在其中矣。」

【註釋】
　①黨：鄉黨，古代以五百戶為一黨。
　②直躬者：正直的人。
　③攘羊：偷羊。
　④證：告發。

【譯讀】
　葉公告訴孔子說：「我的家鄉有個正直的人，他的父親偷了人家的羊，他告發了父親。」孔子說：「我家鄉的正直的人和你講的正直人不一樣。父親為兒子隱瞞，兒子為父親隱瞞，正直就在其中了。」

【史料】《法經》《秦律》
　戰國時期《法經》的《盜法》是有關維護私有財產和懲處盜竊犯罪的法律規定。當時，賊盜律的罪名有以下幾個：殺人、大盜、窺宮、拾遺、盜符、盜璽、議國法令、越城、竊制、群相居等。其中「拾遺」是指拾得遺失物據為己有的行為，與現在的侵占遺失物罪極為相似。當時在魏國，這種行為適用的刑罰是死刑，即「拾遺者誅」。宋國的莊子也提到「竊鉤者誅」。《法經》規定的是「拾遺者刖」。無論對拾遺者適用「誅」刑

還是「刖」刑，有一點是明確的，即對拾遺行為的刑罰處罰是非常嚴厲的。

秦朝《秦律》對於盜竊者的處罰很重。《秦律》中規定：偷別人的桑葉，所得的贓款如果不超過1錢（10錢為1兩），就罰其做勞役30天；贓款在1錢到220錢之間的，得背井離鄉；贓款在220錢到660錢之間的，犯人的臉上要被刺上字，再塗上墨（墨刑），還得服勞役；所得贓款若超過了660錢，那就要割掉鼻子、在臉上刺字，同時服勞役。《鹽鐵論》說：「秦之法，盜馬者死，盜牛者加。」

古代刑法對刑事責任年齡的劃分不盡一致，也有赦免制度。《禮記·禮運》：「八十、九十曰耄，七歲曰悼，悼與耄，雖有罪不加刑焉。」「三宥三赦」是西周「敬天保民」「明德慎罰」思想在刑法中的體現。《周禮》三宥三赦規定：對有罪行的人，一宥不識，二宥過失，三宥遺忘。屬於這三種情況的均應寬大處理。三赦為：一赦幼弱，二赦老耄，三赦愚蠢。將這三種人與正常人區別對待，可赦免其應受的刑罰。

《楚國法律制度研究》一書提到，西漢劉向《孟子註》記載：「楚文王墨小盜而國不拾遺，不宵行」。這說明在楚國，凡盜竊者要處以墨刑。楚國還有一條法律：「盜所隱器，與盜同罪。」什麼意思呢？比如父親偷了羊回來，家人沒舉報反而一起把羊燉著吃了，那麼一旦被抓，則喝了羊湯的都有罪。史料顯示，這種刑罰效果很好，幾乎「國不拾遺」。

墨刑又稱黥刑、黥面，是中國古代的一種刑罰，在犯人的臉上或額頭上刺字或圖案，再染上墨，作為受刑人的標誌。墨刑實際上對犯人的身體狀況影響不大（不影響勞作），但臉上的刺青會令犯人失去尊嚴。墨刑是古代五刑中最輕的一種刑罰。《周禮·司刑》中有關於「墨罪五百」的記載，意思是適用墨刑的罪行有500多種。

【熙解】

看過以上史料以後我們再來討論偷羊的問題。當時中原地區對偷盜罪處罰很重，不是砍頭就是刖足，總之這個賊肯定是廢了。葉公是楚國人，而楚國當時地處南蠻，地廣物博，離魯國很遠。同樣是盜竊罪，楚國與其他邦國的刑罰的輕重卻不一樣。楚國對盜竊罪執行的是墨刑。墨刑在身體傷害方面算是很輕的刑罰了。據《晏子春秋》記載，在齊國不敢盜竊的人，到了楚國卻敢行盜竊。由此還衍生出了「橘生淮南則為橘，生於淮北則為枳」的典故，比喻環境變了，事物的性質也變了。這就是刑罰導向的作用。

此章原句用「孔子曰」，說明孔子和葉公只是在輕鬆地聊天而已，聊各自的風土人情。這是人之常情。直到現在，我們到異地旅遊，都會對比當地的風俗習慣。

直的標準不是固定不變的。直，一根筋。在中原地區「攘羊」是死罪，在父子親情面前，當然要權衡了，誰都不想親人在眼前死去，而且死了父親說不定一家人都無法生存了。所以「親親相隱」，在這裡是更大的「直」。何況還有老、幼、愚的赦免條款，不用擔心連坐。而楚國對盜竊罪的處罰沒那麼嚴格，舉報就舉報了，使之進入「徵信檔案」黑名單，能讓親人改邪歸正，何樂而不為呢？所以我們對「直」的標準不能一刀切。「直」並非褒義詞或貶義詞，而是中性詞。此處無關道德價值判斷，而是闡明辯證法。

有人解讀這章時，總是在道德標準上繞來繞去，但總也不能自圓其說。其實，我們後人讀《論語》，不能單純從「道德」上考慮，而是要根據當時、當地的社會背景進行分析。這也是孔子辯證法的體現。例如，現代社會有人發現歐洲有些國家的人民很守規矩，闖紅燈的很少，而中國國內有很多人闖紅燈，由此得出中國人道德水準低，外國人道德水準高的結論。但後來人們發現，國外闖紅燈的少，是因為他們對闖紅燈的懲罰很嚴厲，違規的代價很大，所以人們才那麼守規矩。而且人們還發現，「守規矩」的外國人到了中國，也變得不守規矩了——因為違規代價很低。這是現代版的「橘生淮南則為橘，生於淮北則為枳」。

　　從這一章我們再次認識到，離開刑罰的道德，是沒有保障的。「禮樂不興則刑罰不中」，禮樂是刑罰的前提和必要依據；而刑罰是禮樂能興的充分保障。二者既相輔相成，又互為牽制。這是孔子思想中辯證法思想的體現。

　　這裡還有一個啟示，如果一味坐在書齋裡讀死書，就永遠也體會不到大千世界裡不一樣的精彩，體會不到同一件事在不同地方的合理存在，也體會不到不同階層人民生活的疾苦。孔子正是通過周遊列國，讀萬卷書、行萬里路，見多識廣、感同身受，才能總結出深刻而包容天下的中庸之道、人倫之道。千百年來，講為人處世的書很多，但唯有《論語》才能系統、完整、「道一以貫之」地講透人倫。順天應人，知行合一，聚之成器，化之見道，唯有《論語》。

【典故】 橘生淮南則為橘，生於淮北則為枳
　　　　——出自《晏子春秋·雜下之十》

　　晏子將至楚，楚聞之，謂左右曰：「晏嬰，齊之習辭者也，今方來，吾欲辱之，何以也？」左右對曰：「為其來也，臣請縛一人，過王而行，王曰：『何為者也？』對曰：『齊人也。』王曰：『何坐？』曰：『坐盜。』」晏子至，楚王賜晏子酒，酒酣，吏二縛一人詣王，王曰：「縛者曷為者也？」對曰：「齊人也，坐盜。」王視晏子曰：「齊人固善盜乎？」晏子避席對曰：「嬰聞之，橘生淮南則為橘，生於淮北則為枳，葉徒相似，其實味不同。所以然者何？水土異也。今民生長於齊不盜，入楚則盜，得無楚之水土使民善盜耶？」王笑曰：「聖人非所與熙也，寡人反取病焉。」

13.19

　　樊遲問仁。子曰：「居處恭，執事敬，與人忠。雖之夷狄，不可棄也。」

【譯讀】

　　樊遲問怎樣才是仁。孔子說：「平時能恭謹律己，辦事嚴肅認真，待人忠心誠意。即使到了夷狄之地，也不會有人嫌棄你。」

【熙解】

「居處恭」是修己之心，「執事敬」是對事情的正確態度，「與人忠」是與人相處的正確態度。尤其是在現代公司或組織裡，若於己、於事、於人都能正確處理，識大體、知輕重、懂進退，則不會有不招人喜歡的員工。

樊遲的水準在中人以下，所以孔子點到即止了，怕他吃不消。而對於子貢，同樣的話題，孔子談到的格局要高得多，信息量也很大，請看下章。

13.20

子貢問曰：「何如斯可謂之士[1]矣？」子曰：「行己有恥，使於四方，不辱君命，可謂士矣。」曰：「敢問其次。」曰：「宗族稱孝焉，鄉黨稱弟焉。」

曰：「敢問其次。」曰：「言必信，行必果[2]，硜硜[3]然小人哉！抑亦可以為次矣。」曰：「今之從政者何如？」子曰：「噫！斗筲之人[4]，何足算也？」

【註釋】

①士：士在周代貴族中位於最低層。此後，士成為古代社會知識分子的通稱。
②果：果斷、堅決。
③硜硜：音kēng，形聲詞，敲擊石頭的聲音。這裡引申為像石塊那樣堅硬。
④斗筲之人：筲，音shāo，竹器。比喻器量狹小的人。

【譯讀】

子貢問道：「怎樣才可以叫作士？」孔子說：「自己在做事時有知恥之心，出使外國各方，能夠完成君主交付的使命，可以叫作士。」子貢說：「請問次一等的呢？」孔子說：「宗族中的人稱讚他孝順父母，鄉黨們稱他尊敬兄長。」子貢又問：「請問再次一等的呢？」孔子說：「說到一定做到，做事一定堅持到底，固執己見，那是小人啊。但也可以說是再次一等的士了。」子貢說：「現在的執政者，您看怎麼樣？」孔子說：「唉！這些器量狹小的人，哪裡能算得上呢？」

【熙解】

「行己有恥，使於四方，不辱君命，可謂士矣。」其實還是談律己、執事、忠君的話題。不過上一章偏重「仁人」，這一章上升到了「志士」。「仁人志士」雖是同一類人，但格局不一樣。

孔子觀念中的「士」，首先是有知恥之心、不辱君命的人，能夠擔負一定的國家使命。其次是孝敬父母、友愛兄弟的人。再次才是「言必信，行必果」的人。至於現在的當政者，他認為是器量狹小的人，根本算不得士。

子貢是毫無爭議的最高格局的「志士」。子貢心憂天下；子貢走到哪，君王都尊重

他；子貢對老師尊敬有加、對同門師兄弟關懷備至；子貢從不故步自封，能靈活地處理事情。

13.21

子曰：「不得中行①而與之，必也狂狷②乎！狂者進取，狷者有所不為也。」

【註釋】
　①中行：行為合乎中庸。
　②狷：音 juàn，拘謹，有所不為。

【譯讀】
　孔子說：「我找不到奉行中庸之道的人和他交往，只能與狂者、狷者相交往了。狂者敢作敢為，而狷者對有些事是不肯干的。」

【熙解】
　「狂」與「狷」是兩種對立的品質。一個是比較冒進，敢作敢為；另一個是習慣性退縮，不敢作為。孔子認為，中行就是不偏於狂，也不偏於狷。人的氣質、作風、德行都不應偏於任何一個極端，對立的雙方應互相牽制、互相補充，這樣才符合中庸思想。
　當然，這並不表示狂、狷就有錯。狂和狷是兩種偏離中道而趨於極端的狀態，在特定條件下，過了某個限度就是大錯，沒突破底線就是「小過」。「中行」對應於《易經》64卦中第61卦「中孚卦」和第62卦「小過卦」，在保持中道的前提下，允許「小過」。
　中庸是一種相對靜止、永遠動態的前行狀態，下面一章孔子將進行深入闡述。

13.22

子曰：「南人有言曰：『人而無恒，不可以作巫醫①。』善夫！『不恒其德，或承之羞。』」②子曰：「不占③而已矣！」

【註釋】
　①巫醫：用卜筮為人治病的人。
　巫，從「工」從「人」，「工」的上下兩橫分別代表天和地，中間的「丨」表示能上通天意，下達地旨；加上「人」，就是通達天地，中合人意的意思。其中的「人」，不是孤立的人，是復數的「人」，是眾人。它蘊含著祖先期望人們能夠與天地上下溝通的夢想。古代巫的地位很高，懂天地權變之道。古人認為，巫能夠與鬼神相溝通，能調動鬼神之力為人消災致富，如降神、預言、祈雨、醫病等，久而久之巫便成為古代社會生活中一種不可缺少的職業。

②不恒其德，或承之羞：此二句引自《易經·恒卦·爻辭》。原文：「不恒其德，或承之羞，貞吝。」意思是不能保持其德行，必然蒙受恥辱，卜問得艱難之兆。
③占：占卜。

【譯讀】

孔子說：「南方人有句話說：『人如果做事沒有恒心，就不能當巫醫。』這句話說得真好啊！『人如果不能長久地保持自己的德行，免不了要遭受恥辱。』」孔子說：「不占卜就算了，信不信由你！」

【熙解】

本章要結合《易經》64卦的第32卦「恒卦」來進行闡述。

《彖辭》說：恒，就是恆久的意思。恒卦的上卦為震，震為雷，性為剛；下卦為巽，巽為風，性為柔。雷風相交，剛柔並濟。這是恒卦的卦象。永遠保持中道為剛，圍繞中道螺旋前進（偏其反而）為柔。剛中帶柔，柔以潤剛。謙遜而且敢為，是恒卦的品格。

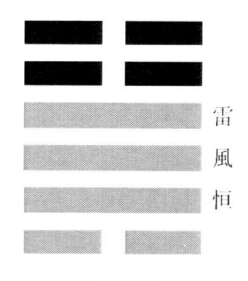

恒卦圖

恒卦的卦辭說：「通達，沒有過失，吉利、貞正」，正是由於君子堅守中道，達權明理，才會無往不利。卦辭還說：「君子出行獲利」，終則又始，至而又返，正是體現了天地之道在中庸變換中保持恒變不已的義理。只有變化才是永恆不變的，連北極星都會變，還有什麼不能變的呢？

這裡的「恒」是指動態的恒，不是靜止的恒。日月運行遵循永恆之道，所以光輝不息；四時運行遵循永恆之道，所以季節變化永不停息。聖人福國利民，堅持不懈，則可以教化天下，移風易俗。人們只要能洞察宇宙間一切事物的恒變規律，就可以瞭解天地萬物瞬息萬變的情況。

君子從中領悟到，立身處世要堅持原則，而堅持原則又並非排斥靈活性、變化性。恒是變化的恒，如四季變化、晝夜變化。所以這章孔子講了兩層意思：一是人必須有恒心，堅持中道大原則並堅定信念，這樣才能成就事業；二是具體方法上還要達權明理，靈活應變，否則就可能遭受恥辱。

人們如果不以變化的觀點、辯證的思維看問題，則會感到無所適從甚至招致禍害。典型的如前面對「其父攘羊、親親相隱」的看法，以及漢元帝對儒家思想運用不當的教訓。後世有人把恒德與「恒產」混為一談，更是畫地為牢，「器」得厲害！

有些人卻不這麼想，而是固守己見。腐儒最擅長的就是將動態的東西固定化，總想著一勞永逸、永久佔有，還有就是將事物標籤化，然後將標籤供奉起來，將修為過程省略成貼標籤的結果。如果有人往一個偷羊賊腦門上貼一個大大的「仁」字，腐儒也肯定會說：「這真是大仁人啊！」

孔子只能說「唉！信不信由你」了。

13.23

子曰：「君子和①而不同②，小人同而不和。」

【註釋】
①和：不同的東西和諧地配合叫作和。各方面之間彼此不同。
②同：相同的東西相加或與人相混同，叫作同。各方面之間相同。

【譯讀】
孔子說：「君子在保留不同意見的前提下還能與人和諧相處，小人強求一致而不顧是否和諧。」

【熙解】
同人卦是《易經》64卦中的第13卦。同人卦，闡釋和與同的原則。此卦的主要精神是人們應當破除一家、一族的私見，重視大同，不計較小異，本著大公無私的精神，以道義為基礎，於異中求同，積極地與人和同，這樣才能實現大同世界的理想。正義必然會使邪惡屈服，但是面對障礙也必須要果敢地將其清除。

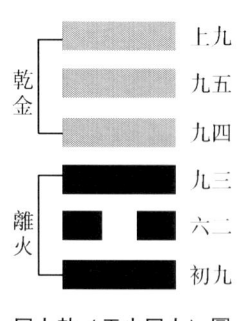

同人卦（天火同人）圖

《序卦傳》說：「物不可以終否，故受之以同人。與人同者，物必歸焉，故受之以大有。」「同」是會同、和同；突破閉塞的世界，需要人和人之間的和諧。意思是事物不可能老是阻隔不通，阻塞到一定程度，定會突破阻隔，走向和同，所以在否卦之後接著是同人卦。與人能同心同德，萬物就會來歸附，所以在同人卦之後接著的是大有卦（見13.8章）。

《象辭》說：同人之卦，上卦為乾為天為君王，下卦為離為火為臣民，上乾下離象徵君王上情下達，臣民下情上達，君臣意志和同。這是同人的卦象。君子觀此卦象，取法於火，火向上燃燒，光明照亮幽隱，與天的性質相同，形成「同人」的形象。

君子應當效法這一精神，以同類聚集成族的大同精神，去辨別萬物的差異，亦即在事物的處理上，重視大同，不必計較小異。

這裡需要特別提醒的是，「和」不代表要充當老好人。對於那種無原則的和、「為和而和」，孔子是很反感的。13.24章特別提到了老好人的例子。

13.24

子貢問曰：「鄉人皆好之，何如？」子曰：「未可也。」「鄉人皆惡之，何如？」子曰：「未可也。不如鄉人之善者好之，其不善者惡之。」

【譯讀】

子貢問孔子說：「全鄉人都喜歡他、贊揚他，這個人怎麼樣？」孔子說：「這還不能肯定。」子貢又問孔子說：「全鄉人都厭惡他、憎恨他，這個人怎麼樣？」孔子說：「這也是不能肯定的。最好的人是全鄉的好人都喜歡他，全鄉的壞人都厭惡他。」

【熙解】

對於一個人的正確評價，其實並不容易。但在這裡孔子把握住了一個原則，即不以眾人的好惡為依據，而應以善惡為標準。聽取眾人的意見是應當的，也是判斷一個人優劣的依據之一，但絕不是唯一的依據。如果壞人都說你好，那就有問題了，不是假裝友好就是無原則的「愛心泛濫」，是「德之賊」也。

「鄉願，德之賊也！」這從表面上看是有「德」，但其實是討好賣乖，躲避責任。這種當面都說好的人，轉過身就原形畢露了。現代社會最典型的如選舉人買選票，說人好已經與德行無關了，完全成了利益交換。

13.25

子曰：「君子易事[1]而難說[2]也。說之不以道，不說也；及其使人也，器之[3]。小人難事而易說也。說之雖不以道，說也；及其使人也，求備焉。」

【註釋】

①易事：做事比說還容易。

②難說：不好說。道不可說，一說便錯。有人說這裡的「說」通「悅」，但根據前後文的銜接以及本章的意思來看，將「說」解釋為「悅」有點勉強。這裡用「說」的本意來闡述「說」與「行」的道理更有說服力，且更符合《子路》篇「徙義」的宗旨。

255

③器之：直接告知，量才使用。

【譯讀】

孔子說：「君子寧願多做事少說話。道不可說，一說便錯。如果說的話不能準確地表達道理，還不如不說。當他用人的時候，會根據對方的理解力和能力，直接安排他做事。小人則經常是說的比做的輕巧，光說不練假把式。恰恰是這種人還最喜歡不懂裝懂，亂說一通。無知者無畏。等到他讓別人做事的時候，卻求全責備，百般挑剔。」

【熙解】

道有時候很難講清的。有一類人你跟他講太多道理他反而嫌煩，他可能會說：「打住，你直接告訴我該怎麼辦就可以了。」——是為「器之」：直接告訴他他的作用，教他具體怎麼做就是了。

現實社會中，「說之以道」的溝通成本是很高的，何況別人也沒有義務教你知其所以然啊！你如果想知道，就應該以請教的態度請對方跟你講，而不是百般挑剔。

小人經常動口不動手，說的話前後矛盾，根本沒有可操作性，不能成器。這種口頭的巨人、行動的矮子，恰恰最會苛求人，總說這也不行，那也不好，永遠站在「道德」制高點指責別人，自命為公共利益代言人，煽動社會負面情緒。殊不知他的「道」是虛偽之道。歷代很多所謂的「儒生」「士大夫」都陷入了這種虛無主義。「愛心泛濫」的「偽聖母」說的這是這類人。

知行合一、合道而行，是為真君子。真君子早就埋頭做事去了，從小事做起，從身邊的事做起。要像子貢那樣，有情有義，有膽有識，學以致用，說得好，做得更好。也要像王陽明、曾國藩那樣，能文能武，有勇有謀，立德、立功、立言。

孔子當然看到了這點，因為他有切身體會。孔子早年被晏子評價為「無用書生」而在齊國被棄之不用。這當然是晏子對孔子的誤解。但當時社會上存在大量的浮誇、無用的書生，是不爭的事實。所以，孔子也寧願要那些出身質樸，但誠心向道學禮，有行動力又有文化的人。《論語·子路》篇寫到這裡，為我們識人、用人、做事提供了強有力的思想武器，現代企業和組織如果能從中引以為戒、去偽存真，真是善莫大焉！

13.26

子曰：「君子泰①而不驕，小人驕而不泰。」

【註釋】

①泰，通達。《彖辭》說：泰卦；由小而大，由微而盛，吉利，亨通。

【譯讀】

孔子說：「君子通達而不驕傲，小人傲驕而不通達。」

【熙解】

泰卦是《易經》64卦中的第11卦。《象》曰：泰，小往大來，吉亨。則是天地交，而萬物通也；上下交，而其志同也。內陽而外陰，內健而外順，內君子而外小人，君子道長，小人道消也。

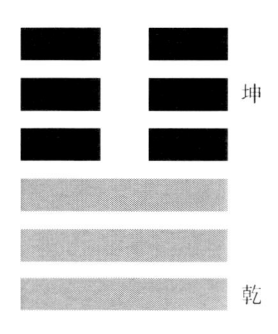

坤
乾
泰卦圖

泰卦上坤下乾，表示天地交感，萬物各暢其生。君臣交感，志趣和同。內卦為陽，外卦為陰，預示陽氣充實而陰氣消散。乾卦有剛健之德，坤卦有柔順之性，所以說內秉剛健之德而外抱柔順之姿。乾卦喻君子，坤卦喻小人，內乾外坤。這種卦象又顯示君子在朝，小人在野。君子得勢其道盛長，小人失勢其道消退。

說說「天地交」的含義。

《象》曰：天地交，泰。後以財成天地之道，輔相天地之宜，以左右民。

天是最大的陽，地是最大的陰，「天地交」是說陰陽二氣交通往來，雙向互動，由此而促使萬物生長發育，調適暢達，永葆蓬勃的生機。這是宇宙自然所遵循的普遍規律，稱之為「天地之道」。社會人事的經營管理也應該遵循這種普遍規律，以「天地交泰」作為最高的理想目標，從事「天工人其代之」的努力，即我們前面說過的「替天行道」。「後以財成天地之道，輔相天地之宜」中的「後」指君主；「財」即裁；「財成」，指通過裁斷決定而使之成就；「輔相」，輔助參贊。

全句的意思是，君主是國家管理的最高決策者，從泰卦的卦象中領悟到「天地之道」與「人倫之宜」的普遍規律與聯繫後，將「天道」延伸到「人倫」，制定了一系列政策措施，並進行「財成」「輔相」的工作。正是由於主觀的人事努力遵循了客觀的自然規律，所以君主才能做出正確的決策，發揮領導的功能，左右民生，治理天下。

13.27、13.28

子曰：「剛、毅、木、訥，近仁。」

子路問曰：「何如斯可謂之士矣？」子曰：「切切、偲偲[1]、怡怡[2]如也，可謂士矣。朋友切切、偲偲，兄弟怡怡。」

【註釋】

①偲偲：音 sī，勉勵、督促、誠懇的樣子。
②怡怡：音 yí，和氣、親切、順從的樣子。

【譯讀】

孔子說：「剛強、果敢、質樸、守拙，這四種品德接近於仁。」

子路問孔子：「怎樣才可以稱為士呢？」孔子說：「互助督促勉勵，相處和和氣氣，可以算是士了。朋友之間互相督促勉勵，兄弟之間相處和和氣氣。」

【熙解】

剛柔並濟，是恒卦的卦象。永遠保持中道為剛，圍繞中道偏其反而、螺旋前進為柔。本章提到的「剛、毅」屬於恒卦「剛」的一面，「柔」不足；「木、訥」屬於「君子易事而難說」的君子境界。綜合以上兩點，所以說剛、毅、木、訥只是近仁，還不完全是「仁」的君子品質。

那麼誰是「近仁」之士呢？原來是指子路。

同樣是「問士」，孔子說中人以上可以語上，對子貢說的是格局寬廣的高士，而跟子路談的就是身邊的日常之事。還記得「門人不敬子路」嗎？孔子安慰子路時說，別人不敬你，但你還能和別人互相勉勵、和師兄弟之間和和氣氣地相處，你就是良「士」啊！

13.29、13.30

子曰：「善人教民七年，亦可以即戎矣。」
子曰：「以不教民戰，是謂棄之。」

【譯讀】

孔子說：「善人訓練百姓七年過後，也就可以叫他們去當兵打仗了。」

孔子說：「如果不先對老百姓進行軍訓，就直接拉到戰場，這等於拋棄了他們。」

【熙解】

戰場紀律、調遣之法、殺敵本領，均須反覆錘煉。練兵千日，用在一時；用而不練，是謂送死。

還記得「孟之反不伐」之戰中冉求身邊的三百親兵嗎？他們是子羽帶來的武城人，非常忠誠，所以做了「孔門弟子軍」親兵。看來「善人教民七年，亦可以即戎矣」這句是孔子針對子遊和子羽治理武城成果的有感而發。

這裡也證明了，孔子並不盲目反對戰事。對於保家衛國的正義之戰，孔子是立場堅定、毫不含糊的。

憲問第十四

14.1

憲①問恥。子曰：「邦有道，穀②；邦無道，穀，恥也。」「克伐③怨欲不行焉，可以為仁矣？」子曰：「可以為難矣。仁，則吾不知也。」

【註釋】
①憲：姓原名憲，孔子的學生。
②穀：這裡指做官者的俸祿。
③伐：自誇。

【譯讀】
原憲問孔子什麼是可恥。孔子說：「國家有道，做官拿俸祿；國家無道，還做官拿俸祿，這就是可恥。」原憲又問：「好勝、自誇、怨恨、貪欲都沒有的人，可以算做到仁了吧？」孔子說：「這可以說是很難得的，但至於是不是做到了仁，那我就不知道了。」

【熙解】
本章呼應4.5章「富與貴，是人之所欲也，不以其道得之，不處也」。有道之俸祿可以獲取；失於道，助紂為虐的所得堅決不能拿，否則就是無恥。

4.5章還提到君子無終食之間違仁，孔子在這裡認為棄除了「好勝、自誇、怨恨、貪欲」的人難能可貴，但究竟合不合「仁」，就不得而知了。因為還有一種態度叫「消極」，這種人看起來也是無欲無求、無怨無恨，但其實內心離仁還很遠。消極的人，更無可救藥。

現代社會商業企業或組織裡有一種人，被稱為「小白兔」。老板最頭疼的是這種「小白兔」，看似兢兢業業、勤勤懇懇、老老實實，但就是不出業績，工作沒有效率。這種人對組織的危害更大。為什麼？第一，他不出成績但總是有理，論理你肯定說不過他，你還不好挑他毛病，但容忍他就等於容忍吃大鍋飯；第二，他是「小白兔」，那他招來的人的素質可想而知；第三，他是短板，你要花很多的時間和精力補他這塊短板。更糟糕的是公司大部分員工設有立場，牆頭草、見風使舵。這種人一看「明星員工」升職很快，他就變「明星員工」；一看「小白兔」很多，他就變「小白兔」了。所以開除「小白兔」是一個企業最應該做的事情。

據有人多年觀察，凡是心腸有點軟的領導，沒有開除掉「小白兔」，那他身邊就全都是「小白兔」，這個公司也無法成長。凡是老闆內心夠強大，開除「小白兔」不心軟的，那這個公司就會發展得很好。這其實也是「浸潤之譖、膚受之愬」（12.6章）的典型案例。

14.2

子曰：「士而懷居①，不足以為士矣！」

【註釋】

①懷居：懷，留戀，佔有。居，身體不動，從屍，從古。意思是往懷裡摟錢財，據為己有。

【譯讀】

孔子說：「士如果貪圖撈錢，妄想一勞永逸，就不配做士了。」

【熙解】

士志於道，不能躺在功勞簿上吃老本。妄想讓子孫世代無憂的事不能做，也實現不了。這樣反而禍害了子孫。仁人志士天下為公，「路漫漫其修遠兮，吾將上下而求索」；更不可懷私心，以公謀私，私藏求固。天下沒有永恆的東西，人的財富都是暫時的，唯有大愛天地可鑒、流芳百世。如果士人連這點都認識不到的話，那他就算不上志士了。

14.3

子曰：「邦有道，危①言危行；邦無道，危行言孫②。」

【註釋】

①危：直，正直。
②孫：同「遜」。

【譯讀】

孔子說：「國家有道，要直言正行；國家無道，照樣行得正，但說話要小心謹慎。」

【熙解】

孔子要求自己的學生，無論何時，都要走正道。這是大原則。當國家有道時，可以直述其言；當國家無道時，就要注意說話的方式、方法。只有這樣，才可以避免禍端。這是一種曲中求直、直中有曲的權宜之計，也符合中庸之道。還記得我們在6.18章提到

過的螺絲釘的案例嗎？還有「春秋筆法」，說的就是這個意思。

14.4

子曰：「有德者必有言，有言者不必有德。仁者必有勇，勇者不必有仁。」

【譯讀】

孔子說：「有道德的人，必定言之有物；能說會道的人不一定真有德。仁人一定勇敢，但勇敢的人不一定都有仁德。」

【熙解】

前面說過，有德君子易事而難說也（13.25章），但不是完全沒有話說。實踐出真知，而真知一般都言之有物。實踐必定能總結出理論學說。反而那些誇誇其談的人，就不一定有德了，只會責備求全。

仁者悟道，登堂入室，知其然而且知其所以然，於是藝高人膽大，是真勇。俗話說「會者不難、難者不會」。於是不會者只能用「很難」作為借口了，如「仰之彌高、鑽之彌堅」之類的話就是其借口。

有的「勇」則只是匹夫之勇。仗著有點小本事，就顯擺，忘乎所以，其實是頭腦簡單、四肢發達之輩。這樣的人多嗎？很多的，下面就舉例子了。

14.5

南宮适①問於孔子曰：「羿②善射，奡蕩③舟④，俱不得其死然。禹、稷⑤躬稼而有天下。」夫子不答。南宮适出，子曰：「君子哉若人！尚德哉若人！」

【註釋】

①南宮适：适，同「括」，即南容。

②羿：音yì，傳說中夏代有窮國的國君，善於射箭，曾奪夏太康的王位，後被其臣寒浞所殺。據史料記載，夷人後羿射死夏朝數位君主，篡位夏朝，只有夏後少康一人幸免於難，最後唯一幸存的「金烏」少康成功光復大夏，史稱「少康中興」。

③奡：音ào，傳說夏代寒浞之子，相傳是個大力士，曾奉父用師滅掉夏的同姓斟灌、斟尋二國，封於過，後為禹七世孫少康所誅。

④蕩舟：用手推船。傳說中奡力氣大，善於水戰。

⑤禹、稷：禹，夏朝的開國之君，善於治水，注重發展農業。稷，傳說是周朝的祖先，又為穀神，教農民種植莊稼。

261

【譯讀】

南宮適問孔子:「羿善於射箭,奡善於水戰,最後都不得好死。禹和稷都親自耕種莊稼,卻得到了天下。」孔子沒有回答。南宮適出去後,孔子說:「這個人真是個君子呀!這個人品德真高尚啊!」

【熙解】

有句俗話,淹死的都是會水的。南宮適認為羿、奡以力而不得善終,都是因為恃才傲物,覬覦不該覬覦的權位。禹、稷卻能以德善而有天下。這裡表面上是南宮適在問孔子,聽起來卻有委婉勸誡之意,竟然問得孔子默然無語。也許孔子不僅啞口無言,後背也早已大汗淋淋了!因為前面提到過,冉求、樊須、子羽和武城子弟兵他們組成的「孔門弟子軍」的雛形已經出來了,孟武伯卻無所適從了。如果再發展下去,孔門就危險了!還記得桓魋之圍的原因(7.22章)嗎?南宮適真不愧是洞若觀火的有德君子啊!孔子這個姪女婿真是選對了!

為什麼說孔門有危險的呢?讓我們把目光放到約2,400年後的清朝末年,曾子第七十世孫曾國藩,率領十萬湘軍,掃滅太平軍,威震華夏,朝廷上下實力無出其右者。這時候曾國藩的不少重要部下都暗示曾國藩「問鼎華夏」。曾國藩直驚得一身冷汗。哪有那麼容易呢?現在跟你說得好好的人,鼓動你「問鼎」的人,說不定就是事成之後用同樣手段對付你的人。夏代寒浞不就是這樣嗎?他的野心比弈還大,最終都不得善終。

總之,孔子最終肯定是認清了形勢的。他以德善下,真的成了華夏「素王」。而他2,400多年後的孔門傳人,修身、齊家、治國、平天下的先進門人代表曾國藩,也認清了形勢,急流勇退,成了「立德、立功、立言」的一代「完人」。

【史料】曾國藩:立德、立功、立言

晚清名臣曾國藩(1811—1872年),漢族,湖南湘鄉人。初名子城,字伯涵,號滌生,宗聖曾子七十世孫。中國近代政治家、戰略家、理學家、文學家,湘軍的創立者和統帥。「晚清中興四大名臣」之首。官至兩江總督、直隸總督、武英殿大學士,封一等毅勇侯,諡號「文正」,後世稱「曾文正」。

曾國藩出生地主家庭,自幼勤奮好學,6歲入塾讀書,8歲能讀四書、誦五經,14歲能讀《周禮》《史記》文選。道光十八年(1838年)中進士,入翰林院,為軍機大臣穆彰阿門生。累遷內閣學士,禮部侍郎,署兵、工、刑、吏部侍郎。與大學士倭仁、徽寧道何桂珍等為密友,以「實學」相砥礪。

太平天國運動時期,曾國藩組建湘軍,力挽狂瀾,經過多年鏖戰後攻滅太平天國。曾國藩一生奉行為政以耐煩為第一要義,主張凡事要勤儉廉勞,不可為官自傲。他修身律己,以德求官,禮治為先,以忠謀政,在官場上獲得了巨大的成功。曾國藩的崛起,對清王朝的政治、軍事、文化、經濟等方面都產生了深遠的影響。在曾國藩的倡議下,中國建造了第一艘輪船,建立了第一所兵工學堂,印刷翻譯了第一批西方書籍,安排了

第一批赴美留學生。可以說曾國藩是中國近代化建設的開拓者。

　　曾國藩的軍事思想影響了好幾代人。其後的黃興、蔡鍔等資產階級軍事家對曾國藩的治軍方略也推崇備至。張之洞、袁世凱等在甲午中日戰爭後採用西法編練新軍時，還採納了曾國藩治軍的許多做法。蔣介石則明確表示要師承曾國藩，要求國民黨軍隊中的將領必須「認清歷史，效法曾胡」。

　　曾國藩家族人才輩出，其家書、家訓和治家經驗也值得後人學習。

14.6、14.7

　　子曰：「君子而不仁者有矣夫，未有小人而仁者也。」
　　子曰：「愛之，能勿勞乎？忠焉，能勿誨乎？」

【譯讀】

　　孔子說：「君子中不仁的人是有的，而小人中有仁德的人是沒有的。」
　　孔子說：「愛一個人，意味著代勞一切嗎？忠於人，能不對他直言相勸嗎？」

【熙解】

　　不同格局下的仁的表現是不一樣的，至仁不仁。《道德經》曰：「天地不仁，以萬物為芻狗；聖人不仁，以百姓為芻狗。」最高的仁德，就是尊重天道之德。關於這一點我們留待以後再講。

　　仁不是無原則的嬌寵，大仁者從不嬌慣別人。有時候放任所愛的人吃點苦、長點教訓，才是真正仁愛的表現。但不明白這點的人反而以為不仁，好心當了驢肝肺。愛，不能寵愛，飯來張口、衣來伸手最終會將人養成懶漢。只有將人培養成具有獨立生活的能力、動手解決問題的能力，具有獨立的人格，才是真愛。真愛其言也訒，良藥苦口，不對所忠之人行浸潤之譖、膚受之愬。

14.8

　　子曰：「為命①，裨諶②草創之，世叔③討論之，行人④子羽⑤修飾之，東里⑥子產潤色之。」

【註釋】

　　①命：指國家的政令。
　　②裨諶：音 bì chén，人名，鄭國的大夫。
　　③世叔：即子太叔，名遊吉，鄭國的大夫。子產死後，繼子產為鄭國宰相。
　　④行人：官名，掌管朝觀聘問，即外交事務。
　　⑤子羽：鄭國大夫公孫揮的字。

⑥東里：地名，鄭國大夫子產居住的地方。

【譯讀】

孔子說：「鄭國發表的公文，都是由裨諶起草的，然後世叔提出意見，外交官子羽加以修飾，最後由子產進行修改潤色。」

【熙解】

這一章指出了團隊分工合作的重要性。13.1章、13.2章都強調過團隊的重要性。這裡將團隊裡的具體分工都描述了一遍，其實也道出了團隊完成一件事的更深層的好處：考慮更周全，降低系統風險。

比如本章這個4人團隊裡，當少了子產時，同樣的事情，執行上就會出問題。5.15章裡《左傳》「論政寬猛」的史料也提到，子產重病將逝前對世叔說：你不能僅用仁德之寬政來治理百姓，而要輔以刑罰猛政，寬猛結合。因為太寬鬆的環境容易使人輕慢懈怠、以身試法，最終導致治安更差、死的人更多。但世叔不以為然，把「膚受之愬」當成了「仁慈」，在子產死後沒有按子產說的辦，結果百姓聚盜成匪，釀成大變，世叔不得不派兵圍剿，死傷眾多。世叔這時才猛然醒悟，後悔沒有聽子產的勸告。

14.9

或問子產。子曰：「惠人也。」問子西①。曰：「彼哉！彼哉！」問管仲。曰：「人也②。奪伯氏③駢邑④三百，飯疏食，沒齒⑤無怨言。」

【註釋】

①子西：孔子時代有三個字子西的，與孔子有關的有兩個。
一個子西是公孫夏：姬姓，名夏，字子西，鄭國的卿，子產的同宗兄弟。
另一個子西是公子申：羋姓，熊氏，名申，字子西，楚國令尹，楚平王的庶弟。
②人也：此人是個人物啊！
③伯氏：齊國的大夫。
④駢邑：地名，伯氏的採邑。
⑤沒齒：死。

【譯讀】

有人問子產是個怎樣的人。孔子說：「是個有恩惠於人的人。」又問子西。孔子說：「他呀！他呀！」又問管仲。孔子說：「此人是個人物啊！他把伯氏駢邑的三百家奪走，使伯氏終生吃粗茶淡飯，但伯氏直到老死也沒有怨言。」

【熙解】

子產的人格和才能，我們在前面早已見識。孔子對他是贊不絕口。有人順勢問子產的同宗兄弟子西。但是，因為同時期楚國還有個令尹子西，而且他和孔子還有「過節」，孔子為了避嫌，就含糊帶過去了，沒有回答別人的問題。那麼孔子和令尹子西的「過節」是什麼呢？請看下面這段由《史記·孔子世家》記載的故事。

【典故】孔子適楚

孔子到蔡國的第三年，吳國攻伐陳國。楚國救援陳國，軍隊駐扎在城父。楚國人聽說孔子居住在陳國和蔡國的邊境之間，就派人邀請孔子到楚國去，孔子答應了楚國人的邀請。

陳國和蔡國的大夫怕孔子到楚國後對陳國和蔡國不利，就派人圍困孔子。孔子派弟子子貢到楚國求救。楚昭王派兵為孔子解圍，將孔子接到楚國。孔子到達楚國後，楚昭王為了表示自己對孔子的敬重，想把有居民的方圓七百里的土地封給孔子。

楚國令尹子西對楚昭王說：「大王出使諸侯的使者有像子貢這樣的人嗎？」楚昭王說：「沒有。」

子西說：「大王的相國有像顏回這樣的人嗎？」楚昭王說：「沒有。」

子西說：「大王的將帥有像子路這樣的人嗎？」楚昭王說：「沒有。」

子西說：「大王的各部長官有像宰予這樣的人嗎？」楚昭王說：「沒有。」

令尹子西說：「況且楚國的祖先在周朝受封，封號為子男爵位，封地僅有方圓五十里。現在孔子修治三皇五帝統治天下的道術，彰明周公、召公的德業，大王如果任用他，那麼楚國還想世世代代保住泱泱數千里的土地嗎？周文王在豐地，周武王在鎬地，以百里領地的小國君主最後稱王天下。現在孔丘佔有七百里土地，又有賢能的弟子輔佐他，這不是楚國的福分啊。」

楚昭王聽了子西的話，認為很有道理，於是放棄了給孔子封地的想法。

到頭來，孔子還是「君子無罪，懷璧其罪」。

14.10

子曰：「貧而無怨難，富而無驕易。」

【譯讀】

孔子說：「貧窮而能夠沒有怨言是很難做到的，富裕而不驕傲是容易做到的。」

【熙解】

孔子說貧而無怨難，而孔子也說過他的話基本上都是有依據的，那麼這應該是他身邊出現「貧而有怨」的案例了。會是誰呢？孔子幾乎從不直接揭人短處，後人如果好

奇，只能從他的幾個貧窮的弟子裡去分析尋找了。

「富而無驕易」則說明孔子身邊幾個富有的弟子肯定都沒有驕奢之心，這讓孔子很欣慰。如公西華、子貢、孟武伯，肯定都是富而無驕的人。

有人解讀這句話時，喜歡亂假設，說子貢如果是貧窮的，肯定不會像顏回那樣貧而樂；而顏回如果富有，肯定也會富而不驕。所以得出這裡是褒顏回、貶子貢的結論。這實在是太過主觀臆斷了！子貢明明是靠聰明勤勞致富的，為何一定要假設他貧窮呢？顏回明明窮得揭不開鍋，你卻替他臆想發達！可憐之人必有可恨之處，真有本事先自己努力致富了再說！

放著當下的真實不提，不想著腳踏實地去努力改變，而總是習慣虛幻出一個「理想國」，然後在虛幻中臆想、膜拜，進而鞭笞現實，求全責備。這是後世相當多不知所以者所擅長的事。這是典型的「作」，不著天、不著地、更不著邊際。「小人難事而易說也。說之雖不以道，說也；及其使人也，求備焉（13.25 章）」指的就是這類人。讀到這本書的一定要引以為戒！

現實生活中，最需要警惕的，恰恰是那些一無所有的「老實人」。好勇疾貧、勇而無禮的，也是這些人。現實慘痛的教訓告訴我們，現代企業創業找合夥人、招員工，一定要擦亮眼睛，防止企業混入這一類人。

14.11

子曰：「孟公綽①為趙魏老②則優③，不可以為滕薛④大夫。」

【註釋】

①孟公綽：魯國大夫，屬於孟孫氏家族。
②老：這裡指古代大夫的家臣。
③優：有餘。
④滕薛：滕，諸侯小國，在今山東滕州市。薛，諸侯小國，在今山東滕州市東南一帶。

【譯讀】

孔子說：「孟公綽做晉國趙氏、魏氏的家臣，是才力有餘的，但不能做滕、薛這樣的小國的大夫。」

【熙解】

不論是國家還是公司，用人都要量才而用。這是另一種順勢而為。大才不可小用，小才難擔大任。太文雅的人做不了創業帶頭人，私欲越少的人越能坐居高位。人不怕犯錯，最怕錯位。強扭的瓜不但不甜，還會惹災禍。

14. 12

　　子路問成人①。子曰：「若臧武仲②之知，公綽之不欲，卞莊子③之勇，冉求之藝，文之以禮樂，亦可以為成人矣。」曰：「今之成人者，何必然？見利思義，見危授命，久要④不忘平生之言，亦可以為成人矣。」

【註釋】

　　①成人：人格完備的人。
　　②臧武仲：魯國大夫臧孫紇。
　　③卞莊子：魯國卞邑大夫。
　　④久要：本意長相廝守，長久的約定。要：會意字。從西，夕陽西下，兩只鳥兒歸巢依臥；從女，婦女。以「夕陽西下，鳥兒歸巢依臥」做比喻，表示日暮就寢時丈夫摟著妻子的腰，以表示之需要。後來加「約」表示雙方互相需要。「要約」意味著雙方的義務和責任。

【譯讀】

　　子路問怎樣做才是一個完美的人。孔子說：「如果具有臧武仲的智慧，孟公綽的無欲，卞莊子的勇敢，冉求的多才多藝，再加上禮樂修養，也就可以算一個完人了。」孔子又說：「對現在的人何必苛求這樣呢？見到財利能想到道義，遇到危機能勇於擔當，長相廝守還能不忘初心，這樣也可以算是完人了。」

【熙解】

　　完美的人誰都仰慕，只是做這樣的人太難。如果難以達到完美，我們就退而求其次吧，總比怨天尤人好。

　　能見利思義的人，其實就接近於臧武仲、孟公綽的無欲之智了。能見危授命、挺身而出的人，其實和卞莊子、冉求差不多了。而夫妻之間若能長相廝守，愛心恆久遠、不忘初慕心，也著實讓人羨慕了。

　　在孔子看來，判斷一個人是否是「成人」，不光要看他在外面的事業成就和態度，還要看其家庭是否和睦。

14. 13

　　子問公叔文子①於公明賈②曰：「信乎，夫子③不言、不笑、不取乎？」公明賈對曰：「以④告者過也。夫子時然後言，人不厭其言；樂然後笑，人不厭其笑；義然後取，人不厭其取。」子曰：「其然？豈其然乎！」

【註釋】
　①公叔文子：衛國大夫公孫拔，衛獻公之子。謚號「文」。
　②公明賈：姓公明，名賈，衛國人。
　③夫子：文中指公叔文子。
　④以：此處是「這個」的意思。

【譯讀】
　孔子向公明賈問公叔文子，說：「先生他不說話、不笑、不取錢財，是真的嗎?」公明賈回答道：「告訴你這話的那個人說得有點過了。先生他到該說話時才說，因此別人從不厭煩他說話；快樂時才笑（不假笑），因此別人從不反感他笑；取有義之財，因此別人也不嫉妒他取得多。」孔子說：「原來這樣啊，（孔子恍然大悟）難道不應該這樣嗎?!」

【熙解】
　內心強大，具有完美人格的人，做什麼事都靠譜。不曲意奉承、不居高臨下，活出自己的個性，活出精彩，修己以安人，非公叔文子莫屬了。

14.14

子曰：「臧武仲以防求為後於魯，雖曰不要君，吾不信也!」

【譯讀】
　孔子說：「臧武仲憑藉防邑請求魯君在魯國替臧氏立後，雖然有人說他不是要挾君主，我才不信呢!」

【熙解】
　臧武仲因得罪孟孫氏逃離魯國，後來回到防邑，向魯君要求，以立臧氏之後為卿大夫作為條件，自己離開防邑。孔子認為他以自己的封地為據點，想要挾君主，犯上作亂，犯下了不忠的大罪。所以他說了上面這段話。此事在《春秋》中有記載。
　現代企業裡有些能幹的人，挾功自傲，以為都是自己的功勞，忘了平臺給他提供的強大的支撐作用。殊不知，在一個部門完備、制度規範、流程明晰的公司或組織裡，個人的作用已經非常小。組織離開了誰都能正常運轉。而有些所謂的能人，其實離開了平臺什麼都不是。每一個在公司或其他組織裡取得成就、地位的人，一定要心懷感恩之心，不驕不躁，修己以敬，安靜做自己，把做好工作當作自己的責任、義務。

14.15

子曰：「晉文公①譎②而不正，齊桓公③正而不譎。」

【註釋】

①晉文公：姓姬，名重耳，春秋時期有作為的政治家，著名的「春秋五霸」之一。公元前636—公元前628年在位。

②譎：音jué，詐欺，玩弄手段。

③齊桓公：姓姜，名小白，春秋時期有作為的政治家，著名的「春秋五霸」之一。公元前685—公元前643年在位。

【譯讀】

孔子說：「晉文公詭詐而不正派，齊桓公正派而不詭詐。」

【熙解】

任何時候，走正道都是必需的。對於君王來說，若將中庸之道運用到治理國家中，那麼在正道之餘，適當運用權術手段是難免的。這種權術可以說是「譎」，於國家層面也可以說是中庸之道裡的「偏其反而」「小過」。

「正而不譎」其實是有點過於正直、死腦筋。太正的性格是難以掌管一個大國的。有意思的是，歷史上幾個年號帶「正」字的君主都未能善終，如金哀宗（「正大」）、元順帝（「至正」）都是亡國皇帝，而明英宗（「正統」）被瓦剌俘虜後又被其弟景泰帝軟禁了7年。明武宗（「正德」）、清世宗（「雍正」）則死於非命，不得善終。明朝末代皇帝崇禎的「禎」通「正」，亡國後上吊死了。齊桓公就是太正，思維簡單、直白，幸虧他有管仲輔佐。管仲的靈活權變、治人用人的手段可以彌補齊桓公的不足。君臣互補之下有正有譎、平衡治理，從而使齊桓公成就了霸業。管仲一死，正而不懂變通的齊桓公無法駕馭權臣，立馬死得很慘（見3.22章「尊王攘夷」典故），齊國迅速衰落。

晉文公則很狡猾，上位前在諸侯國之間左右逢源、投機鑽營，借助外部勢力上位；上位以後又軟硬兼施，挾周天子以令諸侯，為晉國霸業打下基礎。他有幾個正直的臣子幫他，但他不珍惜，連介子推這樣的賢臣都留不住，最後被晉文公燒死了。所以晉文公也只是一時之盛。所謂的晉國霸業其實沒有傳說中的厲害。後來的晉國只是在北方謀得了與齊國和秦國爭雄的機會。但是它們的實力都還比不上南方的楚國。

晉文公和齊桓公這兩個人，正是中庸為政之道的兩種偏頗案例。此處孔子以中庸之道為標準對其進行客觀評價，並無褒貶之意。《論語》中反覆提到管仲，那麼，管仲之「譎」到底體現在哪呢？請看14.16章。

14.16

子路曰：「桓公殺公子糾①，召忽②死之，管仲不死。」曰：「未仁乎？」子曰：「桓公九合諸侯③，不以兵車④，管仲之力也。如其仁⑤，如其仁！」

【註釋】

①公子糾：齊桓公的哥哥。齊桓公與他爭位，殺掉了他。
②召忽：管仲和召忽都是公子糾的家臣。公子糾被殺後，召忽自殺，而管仲歸服於齊桓公，並當上了齊國的宰相。
③九合諸侯：指齊桓公多次召集諸侯國盟會。
④不以兵車：指不用武力。
⑤如其仁：這就是他的仁德。

【譯讀】

子路說：「齊桓公殺了公子糾，召忽自殺以殉，但管仲卻沒有自殺。管仲不能算是仁人吧？」孔子說：「桓公多次召集各諸侯國的盟會，不用武力，這都是管仲的功勞啊。這就是他的仁德，這就是他的仁德！」

【熙解】

公子糾被殺了，召忽自殺以殉其主，而管仲卻沒有死。不僅如此，他還歸服了其主的政敵，擔任了宰相。這樣的行為在當時看來應當屬於對其主的不忠。但孔子卻認為管仲幫助齊桓公召集諸侯國會盟，不依靠武力，而是依靠仁德的力量，值得稱贊。可見孔子不主張愚忠，而是惟道是從。

本章正好論證了管仲之「譎而正」的特點。管仲懂權變之道，也可以說是大義不拘小節。管仲譎多於正的地方在於，他沒有在士大夫以上的階層推行「法治」。管仲變法改革，「法治」只推行到士大夫層面以下，齊國事實上仍處於變數很大的「人治」之中。管仲之法，於其已近仁了，但於國而言，則遠未達仁。仁者有遠見，不行「膚受之愬」。

孔子說，如有王者，必世而後仁，確實有點過於樂觀了。管仲因他的小仁，讓天下戰亂持續了 400 多年，可謂舍大仁而逐小仁也。直到 400 多年後的商鞅變法，才舍小仁，成大義。然後再過了近百年，秦國行霸王道，完成了「天下」一統，終於沒有諸侯之間頻繁的戰爭了。此去一瞬 500 多年。

現代人常說，近 100 年來，革命先烈拋頭顱、灑熱血，尋求救國存亡之道，才爭得了現代的和平與中華人民共和國的成立。可這些與幾千年前那一大批仁人志士比起來又有什麼不同呢？諸子百家的學說，有哪個不是為了尋求救國存亡與和平之道呢？！從齊國管仲的變法，到魏國李悝變法，再到楚國吳起變法，最後到秦國商鞅變法，有哪次不是為了強國圖存，早日結束戰爭殺伐呢？據史料對比，從管仲到商鞅的這幾次大變法，

每一次都吸取了上一次失敗的教訓，每一次變法都由於其不足而付出了沉重的代價。統一與和平之路，是一輩輩先人用熱血與時間探索出來的。他們的拋頭顱、灑熱血遠比現代革命悲壯。他們每一個人都應該銘刻在中華文明的歷史豐碑上。我們現代人在享受著和平、統一、文化認同的好處時，卻還有不少人大罵商鞅、大罵秦始皇。誰其仁？誰其仁啊！

14.17

子貢曰：「管仲非仁者與？桓公殺公子糾，不能死，又相之。」子曰：「管仲相桓公，霸諸侯，一匡天下，民到於今受其賜。微^①管仲，吾其被髮左衽^②矣。豈若匹夫匹婦之為諒^③也，自經^④於溝瀆^⑤而莫之知也。」

【註釋】
①微：無，沒有。
②被髮左衽：被，同「披」。衽，衣襟。「被髮左衽」是當時的夷狄之俗。
③諒：遵守信用。這裡指小節小信。
④自經：上吊自殺。
⑤瀆：小溝渠。

【譯讀】
子貢問：「管仲不能算是仁人了吧？桓公殺了公子糾，他不為公子糾殉死，反而做了齊桓公的宰相。」孔子說：「管仲輔佐桓公，稱霸諸侯，匡正了天下，老百姓到了今天還在受益。如果沒有管仲，恐怕我們也要披散著頭髮，衣襟向左開了。哪能像普通百姓那樣恪守小節，自殺在小山溝裡而誰也不知道呀。」

【熙解】
本章和14.16章都在評價管仲。子貢和子路問的是同一個問題。孔子也曾在別的章節中說到管仲的不是之處，但總的來說，他肯定了管仲有仁德。根本原因就在於管仲「尊王攘夷」，不以武力團結了諸侯，而且阻止了齊魯之地被「夷化」的可能。孔子認為，像管仲這樣有仁德的人，不必像婦人那樣，斤斤計較於小節操。孔子也說過「君子而不仁者有矣夫」，指的就是這種小仁與大仁的辯證看待。「小不忍則亂大謀」中的「小不忍」即指小恩小惠、小仁小義。

管仲在轉為輔佐齊桓公這一點上，沒有受到小仁小義的拘禮，並使齊國強盛了數十年，稱霸諸侯，不動干戈，和平相處。他的功績其實不小了，是大仁大義。但這個天下還有更大的仁，更大的義。天下一天沒有統一，戰亂就一天不能停止。靠「善人」之法能實現一統天下嗎？管仲的事實案例說明了這行不通。世界永遠遵循的是叢林法則，適者生存，強者通吃。而強者只能用最原始的方法證明其強。這個法則直到管仲之後400

多年的商鞅變法和 500 多年後的秦始皇統一中國才得以驗證。

14.18、14.19

公叔文子之臣大夫僎①，與文子同升諸公②。子聞之曰：「可以為『文』矣。」
子言衛靈公之無道也，康子曰：「夫如是，奚而不喪？」孔子曰：「仲叔圉③治賓客，祝鮀治宗廟，王孫賈治軍旅，夫如是，奚其喪？」

【註釋】
①僎：人名。公叔文子的家臣。
②升諸公：公，公室。這是說僎由家臣升為大夫，與公叔文子同位。
③仲叔圉：圉，音 yǔ，即孔文子。他與後面提到的祝鮀、王孫賈都是衛國的大夫。

【譯讀】
公叔文子的家臣僎和他一同做了衛國的大夫。孔子知道了這件事以後說：「（他死後）可以給他『文』的諡號了。」
孔子講到衛靈公的無道，季康子說：「既然如此，為什麼他沒有敗亡呢？」孔子說：「因為他有仲叔圉替他管理賓客之事，有祝鮀替他管理宗廟祭祀之事，又有王孫賈替他統率軍隊，像這樣，怎麼會敗亡呢？」

【熙解】
此案例說明了衛國的賢人很多，衛國的政治比較清明。衛靈公在位數十年，衛國文武之臣人才濟濟，國民人口眾多，也說明了衛靈公並非真的無道，反而是一個難得的明君，下面就提到此事。
孔子說衛靈公無道的直接原因是衛靈公寵信後宮南子，貪圖女色。但這是人之本性，繁衍生息之本能，也不難理解。
在古代，不結婚生子會被認為是「違道」的，也是不孝的。人若超過法定年齡不結婚，則會被官府強制婚配，以保證國家人口繁庶。按照《禮記》所規定的男女成年標準來看，古代嫁娶年齡的一般標準是男 20 歲、女 15 歲。《周禮·地官·媒氏》記載：「令男三十而娶，女二十而嫁」是法定強制婚配年齡，違者重罰。年齡到了，官府會強制性地舉辦「相親大會」：「中春之月，令會男女，於是時也，奔者不禁，若無故而不用令者，罰之。」
《晉書·武帝紀》記載，司馬炎在泰始九年冬十月要求，「制女年十七父母不嫁者，使長吏配之」。意思是，女孩子到 17 歲了，如果父母還不將她嫁出去，那麼地方領導就要給她找配偶，逼其強行嫁人。到了南北朝，女孩適齡不出嫁是犯法的，家人都要跟著坐牢，即《宋書·周朗傳》中的「女子十五不嫁，家人坐之」。

14.20、14.21、14.22

　　子曰：「其言之不怍①，則為之也難。」
　　陳成子②弒簡公。孔子沐浴而朝，告於哀公曰：「陳恒弒其君，請討之。」公曰：「告夫三子③。」孔子曰：「以吾從大夫之後④，不敢不告也。君曰『告夫三子』者。」之⑤三子告，不可。孔子曰：「以吾從大夫之後，不敢不告也。」
　　子路問事君。子曰：「勿欺也，而犯之。」

【註釋】
　　①怍：名不正，心中有愧的意思。
　　②陳成子：陳恒，齊國大夫，又叫田成子。他因大門借出、小門收進的方法受到百姓擁護。公元前481年，他殺死齊簡公，奪取了政權。
　　③三子：指季孫、孟孫、叔孫三家，也稱「三桓」。
　　④從大夫之後：孔子曾任職大夫，但此時已經去官家居，所以說從大夫之後。
　　⑤之：動詞，往。

【譯讀】
　　孔子說：「一件事若說起來不覺慚愧（聽著很平常），那麼要想處理它就很困難了。」
　　陳成子殺了齊簡公。孔子齋戒沐浴以後，隨即上朝去見魯哀公並告訴他：「陳恒把他的君主殺了，請你出兵討伐他。」哀公說：「你去告訴那三位大夫吧。」孔子退下後說：「因為我曾經做過大夫，所以不敢不來報告，君主卻說『你去告訴那三位大夫吧』！」孔子去向那三位大夫報告，但三位大夫都不願派兵討伐。孔子又說：「因為我曾經做過大夫，所以不敢不來報告呀！」
　　子路問事君之道。孔子說：「不能欺騙他，但可以犯顏直諫。」

【熙解】
　　「其言之不怍，則為之也難。」這句話的重點在「為之也難」，前提是「言之不怍」。可以將其看作「名不正，則言不順；言不順，則事不成」的反面案例。即這件事情已經名不正、言不順了，但人們卻習以為常、見怪不怪了，不以「名不正」為然，即「不怍」。事情到了這種地步，再想以此為由去懲罰或處理當事人，就難了。
　　孔子為什麼這麼說呢？因為接下來的一件事就是這種情況，言之不怍、為之則難的事來了。
　　田成子（陳成子）殺死國君齊簡公，這在以前看來是「大逆不道」的事情。但春秋後期直至戰國時期，臣子弒君的現象層出不窮，人們真的是見怪不怪了。田成子家族在4年前剛借刀殺人把齊簡公的父親齊悼公殺掉了。齊悼公之前的齊莊公也是被大夫崔杼殺掉的。

既然人們已經習以為常了，那孔子想以此為理由請動魯哀公和「三桓」去討伐田齊就難了。對於齊國之前的幾項弒君行為，孔子都沒有這麼隆重地齋戒沐浴而朝，請求討伐齊國。為什麼唯獨這次這麼嚴肅呢？我們前面已經提到過，當年宰予隨齊簡公自魯入齊，公元前481年發生的這件事中，宰予為保護齊簡公也被田成子殺害了。然後姜齊被田齊取代，齊國「至於魯」了。這件事是一次歷史的轉折點。孔子無論於公為了周朝的社稷，還是於私為了給宰予討說法，請求魯君出兵討伐田齊都在情理之中。

但是魯哀公和「三桓」不一定這麼想。魯哀公本無實權，自身難保。「三桓」也許還在想，本來就夠亂的了，如果再興起來一個「孔門弟子軍」，「三桓」也會自身難保了。還記得「孟之反不伐」之戰中冉求、樊遲、子羽卓越的作戰才能和孔門弟子團結奮戰的情景嗎？還記得當時季孫氏決絕地接連三次阻止了冉求追擊齊軍的請求嗎？

儘管孔子此時已經罷官家居了，但是他還是鄭重其事地面諫魯哀公，有點犯顏直諫的味道了。這其實違背了「不在其位，不謀其政」的原則。孔子的解釋是：「因為我曾經做過大夫，所以不敢不來報告呀！」這應該是為了避嫌，但難免有點欲蓋彌彰的感覺。

14.23

子曰：「君子上達，小人下達。」

【譯讀】

孔子說：「君子向上達權明道，小人向下故步自封。」

【熙解】

君子看到的是道，看到的是本質，知其本而不囿於形；小人眼中只見有形之器，不思所喻之義。

君子上達於道，懂權變，能從更高層面看待和處理問題；小人下達於器，容易囿於表面，執著於形，故步自封。上達者長進向上，日進乎高明；下達者沉淪向下，易鑽入牛角尖，有陷入漩渦深淵之險。

得道君子站在宇宙視角看地球，人類不過是一個「細菌」或細胞，而小人經常螺螄殼裡論短長。

14.24

子曰：「古之學者為己，今之學者為人。」

【譯讀】

孔子說：「古代人學習是為提高自身修養水準，而現在的人學習是為別人而學的。」

【熙解】

　　為己之學即上達，修為悟道，知命達權。人是社會的最基本單位、社會的「細胞」。若每個人都做好自己，容之以德，行之以義，緝熙敬止，則無論多大的人群，多複雜的國家、社會，都是和諧的。沒有癌細胞就不會有壞死的器官。

　　今之學者「為人」，則是因為社會上已出現了「癌細胞」，甚至出現了「癌變器官」，需要別人來治療，即「為人」之學。這其實是社會的倒退。「為人」必有反作用力，如良藥治病，必有副作用，有可能幫人不成反受其害。上工治未病。和諧社會是人們通過不斷提高自身修為而實現的。

　　所以，我們提倡管好自己，好好工作、快樂生活都不是為了別人，無須以他人意志為轉移，而應將其當作自己的修為過程。不論有沒有人監督你，有沒有人認可你，任何時候，安靜做好自己，工作即修行；安靜做自己，生活即修行。

　　下面，孔子就提到了一位「安靜做自己」的典型君子！

14.25、14.26

　　蘧伯玉[1]使人於孔子。孔子與之坐而問焉，曰：「夫子何為？」對曰：「夫子欲寡其過而未能也。」使者出，子曰：「使乎！使乎！」

　　子曰：「不在其位，不謀其政。」曾子曰：「君子思不出其位。」

【註釋】

　　①蘧伯玉：蘧，音 qú。人名，衛國的大夫，名瑗。孔子到衛國時曾住在他的家裡。

【譯讀】

　　蘧伯玉派使者去拜訪孔子。孔子讓使者坐下，然後問道：「先生最近在做什麼？」使者回答說：「先生想要減少自己的錯誤，但未能做到。」使者走了以後，孔子說：「好一位使者啊，好一位使者啊！」

　　孔子說：「不在那個職位，就不要考慮那個職位上的事情。」曾子說：「君子考慮問題，從來不超出自己的職位範圍。」

【熙解】

　　蘧伯玉被孔子評價為真君子，沒想到他的使者也有君子之風。真是近朱者赤啊！

　　孔子後來評價蘧伯玉「邦有道則仕，邦無道則卷而懷之」。卷而懷之，即「不在其位，不謀其政」的體現。但蘧伯玉又不同於消極避世，而是時刻準備著被重新啟用，為國分憂。

　　蘧伯玉既不越位，也不怨天尤人，拿得起，放得下，頗像得道之人。他安靜做自己，無處不修行，難怪被孔子稱為君子。

14.27、14.28

子曰:「君子恥其言而過其行。」
子曰:「君子道者三,我無能焉:仁者不憂,知者不惑,勇者不懼。」子貢曰:「夫子自道也。」

【譯讀】

孔子說:「君子認為說得多而做得少是可恥的。」
孔子說:「君子之道有三個方面,我都未能做到:仁德的人不憂愁,聰明的人不迷惑,勇敢的人不畏懼。」子貢說:「這正是老師的自我表述啊!」

【熙解】

孔子說,光說不做是可恥的,然後自謙地說自己還做得不夠。但從孔子對君子之道的三點要求來看,孔子其實全都做到了。子貢也認為君子之道的三點要求,說的就是孔子自己。

《禮記·中庸》說:「知、仁、勇三者,天下之達德也。」現代人,尤其所謂中產階層普遍焦慮,之所以焦慮,皆因不智、失仁、無勇。

人最難的是認清自己。很多40歲以上的人活得很迷茫、困惑。錯誤的價值觀導致不少人變得頑固不化、面目可憎。人小時候不懂事可稱為可愛,年輕時還算可塑,中年還困惑就可憎了。有的人不光別人看不順眼,連自己看自己都覺得不順眼。

怎麼辦呢?《易經》告訴我們,這是到了「蹇卦」當口。此時要遇險則止,知難而退,是為「止學」。如果還不知止,則會陷入「仰之彌高、鑽之彌堅」的困境:強行「仰之彌高」會造成騎虎難下的局面,上又上不去、下又下不來、一不小心就摔死了;固執於「鑽之彌堅」則陷入了牛角尖,自己為難自己,最終還走投無路。

外求富潤屋,內求德潤身。若說人40歲以前靠「外求」,那麼40歲以後一定要靠「內求」了。「蹇卦」還告訴我們,不惑之年,不要再執著於追求身外之物,而要反身修德,將有限的人生精力花在有意義的事情上。這才是真正的「不惑」。

不智,是因為只把功利性知識當「素質」,而為學的孝悌之本、仁德之本,這些最堅固的素質部分嚴重空虛——因為從小不學經典。失仁,是依舊保留質野心態,患得患失,忘了為什麼賺錢、何為生活、何為「成功」,失去了辨別是非、獲得真幸福的能力。故焦慮日甚,惶惶終日。內心不夠強大,何來勇氣?

14.29、14.30

子貢方人[1]。子曰:「賜也賢乎哉[2]?夫我則不暇。」
子曰:「不患人之不己知,患其不能也。」

【註釋】
　①方人：評論別人。
　②賜也賢乎哉：疑問語氣，批評子貢不賢。

【譯讀】
　子貢評論別人的短處。孔子說：「賜啊，你真的就那麼賢良嗎？我可沒有閒工夫去管別人。」
　孔子說：「不擔心別人不知道自己，只擔心自己沒有本事。」

【熙解】
　前面孔子剛說完要修為己之學，這裡子貢就撞到了槍口上。年輕的子貢可能有點急躁，碰到看不順眼的就忍不住要說幾句，於是遭到了別人的反駁。難怪子貢會說「我不欲人之加諸我也，吾亦欲無加諸人」（5.12 章）。
　要想做到慎言，就不要輕易評價、批評別人，少管別人的事，安靜做好自己。你批評別人，也許自己還不一定做得到呢。言多必失。孔子就提醒子貢了：「賜也，非爾所及也」。
　能做好自己的人，內心必定足夠強大，慢慢地人的氣質和氣場就出來了，根本不用擔心別人不知道自己。德不孤，必有鄰矣！

14.31、14.32

　子曰：「不逆詐①，不億②不信，抑亦先覺者，是賢乎！」
　微生畝③謂孔子曰：「丘，何為是④栖栖⑤者與？無乃為佞乎？」孔子曰：「非敢為佞也，疾固⑥也。」

【註釋】
　①逆：迎，預先猜測。
　②億：同「臆」，猜測的意思。
　③微生畝：魯國人，修道之隱士。
　④是：如此。
　⑤栖栖：音 xī，忙碌不安、不安定的樣子。
　⑥疾固：疾，恨。固，固執。

【譯讀】
　孔子說：「不先入為主地懷疑別人詐欺，也不妄猜別人不誠實，然而能事先覺察出別人的詐欺和不誠實，這就是賢人了。」

微生畝對孔子說:「孔丘,你為什麼這樣忙碌奔波,不消停呢?你不是在鑽營取巧吧?」孔子說:「我哪敢造次啊,這是我的老毛病了,改不了啊。」

【熙解】

不妄測別人。賢人往往能覺察到別人的「詐」,心知肚明卻不說破。有時候,看破而不說破,才是大智慧。這是孔子對「子貢方人」的進一步指點。真是好老師啊!

但是有人偏偏不識趣,反倒懷疑到孔子頭上了,劈頭教訓孔子。只是此人看起來比孔子還年長,又是逍遙隱士,直呼孔子大名,所以孔子耐煩地跟他解釋了。

唉,修道之人,就是這麼直接!

14.33、14.34

子曰:「驥①不稱其力,稱其德也!」

或曰:「以德報怨,何如?」子曰:「何以報德?以直報怨,以德報德。」

【註釋】

①驥:千里馬。古代稱善跑的馬為驥。

【譯讀】

孔子說:「千里馬值得稱贊的不是它的氣力,而是它的品德。」

有人說:「用德來報答怨恨怎麼樣?」孔子說:「那用什麼來報答恩德呢?應該是用正直來報答怨恨,用恩德來報答恩德。」

【熙解】

對於老老實實做事的千里馬,人們都喜歡。善跑之力為器,安其本分、誠以助人,為德。能看到這一點的人必懷感恩之心。但有人卻以怨報德,讓人心裡很不平衡。於是有人就提出了這個讓人糾結的問題——是不是仍然要以德報怨呢?

孔子對此做了堅決的否定。過分的仁慈就成了縱容,就成了「德之賊」。孔子的意思,我們借用現代的一句話來表示:對待敵人要像秋風掃落葉般無情,而對待同志則如春天般溫暖。

14.35

子曰:「莫我知也夫!」子貢曰:「何為其莫知子也?」子曰:「不怨天,不尤①人。下學而上達②,知我者其天乎!」

【註釋】
①尤：責怪、怨恨。
②下學上達：下學盡人事，上達知天命。

【譯讀】
孔子說：「沒有人瞭解我啊！」子貢說：「為什麼沒有人瞭解您呢？」孔子說：「我不埋怨天，也不責怪人，下學盡人事、上達知天命，瞭解我的只有天吧！」

【熙解】
人外有人、天外有天。其實「莫我知」也是相對的，上達無止境。走得越遠，知己越少；官位越高，就越孤單。難怪天子自稱「寡人」呢？「寡人」還有人知道，那麼「北極星」呢？雖說眾星拱之，但有誰知道北極星究竟長什麼樣？直到現代，人們在高倍天文望遠鏡下才知道，北極星原來是一組三體纏繞星。北極星會抱怨人們數千年來都不懂它嗎？

所以孔子不怨天、不尤人是對的。現代人，遇到不順心的事，想想孔子，抬頭望望北極星吧！這樣就釋然了！

14.36

公伯寮①愬②子路於季孫，子服景伯③以告，曰：「夫子固有惑志於公伯寮，吾力猶能肆諸市朝④。」子曰：「道之將行也與，命也；道之將廢也與，命也。公伯寮其如命何！」

【註釋】
①公伯寮：姓公伯名寮，字子周，孔子的學生，曾任季氏的家臣。
②愬：告發，誹謗。
③子服景伯：魯國大夫，姓子服，名伯，景是他的諡號。
④肆諸市朝：古時處死罪人後陳屍示眾。

【譯讀】
公伯寮向季孫告發子路。子服景伯把這件事告訴了孔子，並且說：「季孫氏已經被公伯寮迷惑了，而我的力量能夠把公伯寮殺了，並將其陳屍於市。」孔子說：「道能夠得到推行，是天命決定的；道不能得到推行，也是天命決定的。公伯寮能把天命怎麼樣呢？」

【熙解】

　　在本章，孔子又一次談到自己的天命思想。「道」能否得到推行，在天命而不在人為，即所謂「謀事在人，成事在天」。這與孔子最初的「是可忍孰不可忍」的心境已是天壤之別！孔子連事關殺人與被殺這等大事都能淡然處之了。呵，悟道之人，就是這麼淡然！

　　從另一方面看，孔子已經看到周朝的滅亡不可避免，不再愚守周禮，反而有點期待新的秩序的建立了。難怪毛澤東評價孔子說：「孔子也是革命的」。

14.37、14.38

　　子曰：「賢者闢①世，其次闢地，其次闢色，其次闢言。」子曰：「作者七人②矣。」

　　子路宿於石門③，晨門④曰：「奚自？」子路曰：「自孔氏。」曰：「是知其不可而為之者與？」

【註釋】

　　①闢：有人說這裡同「避」，說法不嚴謹。「避」有足旁，表示用腳走開的避；而「闢」沒有走開，而是迎難而上，開天闢地。「避」是被動地躲，「闢」是把握主動權的「化險為夷」。對於使用「非被動走開」方式避免正面衝突的行為，應該用「闢」。如闢色、闢言都與「走開」無關，而是反其道而行之，是主動「闢於其中」。就像大水迎面撲來，予兀自巋然不動，大水自動向兩邊順過去，這就是「闢」的氣概。同「開天闢地」中「闢」的用法一致，所以這裡應該讀「pì」。後面篇章中所有類似用法都應讀「pì」。

　　②七人：大約有七個人。
　　③石門：地名。魯國都城的外門。
　　④晨門：早上看守城門的人。

【譯讀】

　　孔子說：「賢人離開混亂的社會而獨闢一個和諧小世界；次一等的人開闢一塊新土地；再次一點的人遁闢於聲色犬馬之中；再次一點的人裝瘋賣傻說胡話，什麼都能說卻說什麼都不算話。」孔子又說：「這樣做的大約有七個人了。」

　　子路夜裡住在石門，看門的人問：「從哪裡來？」子路說：「從孔子那裡來。」看門的人說：「是那個明知做不到卻還要去做的人嗎？」

【熙解】

　　人們都說隱居之人是「消極避世」，但又有幾人能比隱居之人的內心更強大呢？不

280

信你獨自去深山老林體驗一下，別說長住下來，就是在哪裡走一趟你可能都覺得難受！你認為別人在消極避世，那是因為你眼睛裡的「世」只是在這滾滾紅塵中。而他的「世」在天地宇宙之中。找一個清靜之地，不是「避世」，而是於天地之間開闢一個全新的小世界。而這，只有歷世煉心之後，內心強大的人才能做到。一葉一世界，一人一江湖，莫笑伊人不及世，君與乾坤話家常！

這裡的「內心強大」不是指「堅強」，而是心中無塵、心外無物，甚至與天地同心後的無有而無處不在（見 6.23 章「智者樂水，仁者樂山」）。

這才是「闢世」的真義。誰能比他更積極？

依此類推，闢地、闢色、闢言其實都是大智慧。當代中國幾十年來的韜光養晦政策，或許就是受此啟發。

人不能總是處於一帆風順的環境裡。身處逆境時，你怎樣做？有的人闢世、闢地，有的人闢色、闢言。此時的孔子有點厭倦這個江湖了，羨慕起闢世的人來，但又下不了決心。真正能做到這樣的才六七個人，說明這是很難的。

這裡有個概念比較有趣，就是闢色。傳統的解讀方法說是躲避女色，但這無法解釋躲避女色與隱居有何關係。與官府不合作何必與禁絕生活扯上關係呢？經仔細研究發現，「闢色」不是躲避女色，恰恰是反其道而行之，以主動沉迷於女色的方式，向對方示弱，表明自己胸無大志，不會給對方造成威脅。例如，當初齊景公送了一批女樂給魯國，魯國季氏接受了，然後故意三日不上朝。唯道德的人都批評季氏無道，沉迷於女色，誤國誤民。但是，齊國一邊送女色的同時，一邊將大軍駐扎在魯國邊境上。戰火與女色，由魯國選，而且只能選其一。齊國為什麼要這麼做呢？因為當時孔子在魯國搞改革，魯國國力日漸強盛，照此下去，魯國指不定就會強大到超過齊國，齊國自危矣。所以齊國要盡早強行中斷這種趨勢。如果魯國繼續革新圖強，齊國馬上大軍壓境，攻打魯國。對於這種局面，季氏當然清楚，於是季氏選擇了接受女樂，不再上朝，以表心跡，不再做發奮圖強的事了。孔子看到後，立刻走人了。

「闢言」的情況也差不多。如果把闢言當作「沉默」，則你越沉默，人家越懷疑你，就越對你沒底，保不定一刀了結了你省心。所以闢言其實是把說話發揮到極致，什麼都能說卻說什麼都不算話，讓人以為你是神經病就更好了。古往今來，出身皇家的很多皇子，從商朝的箕子到清朝的皇子弘晝，都是用裝瘋賣傻、荒誕不經的行為表明心跡，避嫌自保。

孔子雖然想到了闢世，但實際很難效仿的。天下人都知道孔子「知其不可而為之」的品格，連一個守門人都知道。人要有一點鍥而不捨的追求精神，許多事情都是經過艱苦努力和奮鬥而得來的。但是「積極有為」也是有限度的，「執著」變成「固執」就不好了。這個度怎麼把握呢？下面一章繼續說。

14.39

子擊磬①於衛，有荷蕢②而過孔氏之門者，曰：「有心哉，擊磬乎！」既而曰：

「鄙哉！硜硜③乎！莫己知也，斯已而已矣。『深則厲④，淺則揭⑤。』」子曰：「果哉！末⑥之難⑦矣！」

【註釋】

①磬：音 qìng，一種打擊樂器的名稱。

②荷蕢：荷，肩扛。蕢，音 kuì，草筐，肩背著草筐。

③硜硜：音 kēng，擊磬的聲音。生硬而沉澀，比喻頑固不化，不知權變。

④深則厲：厲涉（連衣涉水），穿著衣服過河。《詩•大雅》：「涉渭為亂，取厲取鍛。」陸德明《經典釋文》：「厲，本又作礪」。綜合理解，「深則厲」可認為如果遇深一點的水則可以墊上石頭跨過去，衣襟都不用提。

⑤淺則揭：提起衣襟涉水過河。「深則厲，淺則揭」是《詩經•衛風•匏有苦葉》的詩句。

⑥末：泛指物的末端、末尾。用在年齡上則指末期，晚年。如《禮記•中庸》：「武王末受命。」後引申為古代滑稽戲裡扮演老生的優伶。

⑦難：責問。

【譯讀】

孔子在衛國，一次正在擊磬自娛，有一位背扛草筐的人從門前走過，說：「這個人還真有心啊，在擊磬嗎！」聽了一會兒又說：「聲音硜硜的，真可鄙呀，自以為沒有人瞭解自己，殊不知問題全在於自己啊。（就像過河一樣）水深就墊上石頭跨過去，水淺就撩起衣服蹚水過去嘛。」孔子說：「一言中的！老生的難處，就在這裡啊！」

【熙解】

這一章很有意境，故事字雖少但情節引人入勝。孔子於失意之中擊磬自娛，被一位背著草筐路過的人聽到了。別以為這個人只是山野村夫，他聽得懂青銅之樂，誦得出《詩經》雅句，還能一語道破孔子的心思。可見他其實是曾經滄海、閱人無數過後，逍遙歸隱的高士。他引用《詩經•邶風•匏有苦葉》裡的兩句，直白地道出了孔子猶疑不決的心情。我們先看看詩經原句：

詩經•邶風•匏有苦葉

匏有苦葉，濟有深涉。深則厲，淺則揭。
有瀰濟盈，有鷕雉鳴。濟盈不濡軌，雉鳴求其牡。
雝雝鳴雁，旭日始旦。士如歸妻，迨冰未泮。
招招舟子，人涉卬否。人涉卬否，卬須我友。

這首詩講述了在匏瓜成熟的季節，有位美麗的姑娘也長成了。濟水河漲水了，但漲的也並不多，最高不過淹沒車軸。即使最深的地方墊幾塊石頭也可踩著跨過去，淺的地

方呢，扎起褲腳或撩起裙子蹚水就能過去。這位含情脈脈的姑娘，此時正坐在河邊石頭上，翹首顧盼。人們以為她在等船過河，但她其實在等那心愛的情郎。河對岸有一群大雁一大早就開始鳴叫，仿佛在向河這邊的姑娘表達情意，擾得她心緒凌亂。姑娘中意的情郎遲遲沒有到來，姑娘嬌嗔地自言自語道：「郎君啊，你如果想娶妻把家還，一定要在河水結冰前（向我求婚）啊，否則，我就要（嫁）到河那邊去啦！」沒想到這句話被一個路過的舟子恰好聽到了，於是舟子頻頻向她招手，問她：「要不要坐船過河啊？」姑娘哪裡想過河，她還是想等自己的情郎啊！於是她只得回答說：「我不過河，我在等朋友！」……

多美的一首詩啊！我們仿佛看到一位純情姑娘，羞澀地盼望著情郎來娶她，當遲遲等不到時，她還嬌嗔地發脾氣說，你還不來，我就要嫁到河對岸去啦！現在因為水還沒結冰，過不去，要是結冰了，哼，我可就過去啦！呵呵，其實真想過河太容易了，水都不深，挽起褲腿就可趟過去，再不行墊幾塊石頭也過去了，何必等河水結冰啊！可見，姑娘哪有真要過河的意思，人家要小姐脾氣呢！可這時偏偏有個舟夫聽到了，想故意逗逗她，一個勁問她「過河吧，過河吧！免費送你過河啊！」

又美又有意思的一首詩，來自《詩經》。看懂了這首詩，就明白那位背草筐的隱士引用這首詩，來數落孔子的用意了。孔子在維護周禮的深淵裡自怨自艾，就像姑娘認定了情郎一樣，明明是他自己不想走出來嘛！要走出來輕而易舉，只需拋棄業已腐朽的周朝，擁抱變化。孔子在這哪裡臨著我們前面在 6.30 章提到過的一個重要問題：如何把握「犯上作亂」與「權變之道」之間的度。一生以維護周禮秩序為己任的孔子，哪能輕易轉過彎來啊！所以孔子自己也承認說：「太對了。這正是老生的為難之處啊！」此時，連孔子自己都以滑稽戲裡的「老末」自嘲了。

我們再回顧一下，在 12.10 章同樣是引用《詩經》「誠不以富，亦祇以異」裡那個要離不離，為情剪不斷理還亂的被棄女子，其實和孔子現在的心境差不多。孔子還在糾結之中。

嗨！原來這樣！估計那位隱士高人只差大罵一句：「賤人就是矯情！」

14.40

子張曰：「《書》雲：『高宗①諒陰②，三年不言。』何謂也？」子曰：「何必高宗？古之人皆然。君薨③，百官總己以聽於冢宰④三年。」

【註釋】

①高宗：商王武宗。
②諒陰：古時天子守喪之稱。
③薨：音 hōng，周代時諸侯死稱此。
④冢宰：官名，相當於後世的宰相。

【譯讀】

　　子張說:「《尚書》上說,『高宗守喪,三年不談政事』。這是什麼意思?」孔子說:「不僅是高宗,古人都是這樣。國君死了,朝廷百官都各管自己的職事,聽命於冢宰三年。」

【熙解】

　　對一個家庭來說,父母死了,子女守孝三年,三年無改於父之道,是對父母的敬重和孝順。對一個國家來說,如果君王去世了,臣子們繼續執行君王的國策,三年不變,既是一種尊重,又是為了平緩的過渡,有順勢而為之意。因為不可能永遠固守舊制,遲早是要變的,可是等多長時間呢? 從客觀規律來說,一般三年就差不多了。社會發展,一年一小變,三年一中變,五年一大變,七年則物是人非了。若三年後還不相應調整政策來適應變化,五年以後就難了,再調整的代價就大了。

　　此處由子張提出這個問題,再聯繫到 12.10 章那段「誠不以富,亦祇以異」,愛之欲其生惡之欲其死的問題,也是由子張的提問引出來的,可見子張是一位果斷向前看,銳意進取的「新生代」。他完全不受周朝的歷史包袱所束縛。子張也很聰明,他用兩次提問,暗示了自己的觀點,也許還有勸孔子的意思:對業已衰亡的周朝,按理說維護他三年也就盡忠了,何況您已經維護了那麼多年。適應變化向前看吧,您對周朝已仁至義盡了。

　　沒想到,如何把握「犯上作亂」與「權變之道」之間的度這個問題的解決方案,是由年紀輕輕的子張提出來的。後生可畏啊!

14.41、14.42

　　子曰:「上好禮,則民易使也。」
　　子路問君子。子曰:「修己以敬。」曰:「如斯而已乎?」曰:「修己以安人①。」曰:「如斯而已乎?」曰:「修己以安百姓②。修己以安百姓,堯、舜其猶病諸?」

【註釋】

　　①安人:使上層人物安樂。
　　②安百姓:使老百姓安樂。

【譯讀】

　　孔子說:「在上位的人喜好禮,那麼百姓就容易被領導了。」
　　子路問什麼叫君子。孔子說:「修養自己,保持嚴肅恭敬的態度。」子路說:「這樣就夠了嗎?」孔子說:「修養自己,使周圍的人們安樂。」子路說:「這樣就夠了嗎?」孔子說:「修養自己,使所有百姓都安樂。修養自己使所有百姓都安樂,堯、舜還怕難於

做到呢?」

【熙解】

「古之學者為己，今之學者為人」（14.24章）。孔子更提倡為己之學。修養自己，修己以敬，有敬畏之心則知止。《大學》曰：「知止而後有定，定而後能靜，靜而後能安，安而後能慮，慮而後能得。」為己之學的成果之「得」，大到無法想像。

這裡孔子重申了兩件事：第一，修養自己是最好的「德」；第二，君主帶頭修養自己，引導全民踐行「修己（為己）」之學，是最好的「德治」，是最佳促進社會和諧的辦法。最高明的領導是不用去領導，最好的指使是不用靠指使，就能讓社會自行和諧運行。正所謂「無為而無所不為」矣！

這樣的境界能實現嗎？說不難也難，恐怕連堯、舜都不容易做到；說難，又不難，安與不安，其實都在於自己。下面，孔子就舉出例子了。

14.43、14.44

原壤①夷俟②，子曰：「幼而不孫弟③，長而無述焉，老而不死，是為賊。」以杖叩其脛。

闕黨④童子將命⑤。或問之曰：「益者與？」子曰：「吾見其居於位⑥也，見其與先生並行也。非求益者也，欲速成者也。」

【註釋】

①原壤：魯國人，與孔子從小玩到大的朋友。他母親死了，他還大聲歌唱。
②夷俟：夷，雙腿分開而坐。俟，音sì，等待。
③孫弟：同「遜悌」。
④闕黨：即闕裡，孔子家住的地方。
⑤將命：在賓主之間傳言。
⑥居於位：童子與長者同坐。

【譯讀】

原壤叉開雙腿坐著等待孔子。孔子開玩笑似地罵他說：「小時候你不講孝悌，長大了也沒有什麼可說的成就，你這老不死的家伙，算是苟且偷生，白活了。」說著，用手杖敲了敲他叉開的腿。

闕裡的一個童子，來向孔子傳話。有人問孔子：「這是個求上進的孩子嗎？」孔子說：「我看見他坐在成年人的位子上，又見他和長輩並肩而行。他不是要求上進的人，只是個急於求成的人。」

【熙解】

　　孔子對原壤的笑罵，千萬別當真。在那個「不有祝鮀之佞，而有宋朝之美，難乎免於今之世矣」，說話一不小心就會招致殺身之禍的亂世，孔子還能這麼自由地開玩笑，說明他只有在從小玩到大的朋友面前，才能如此放鬆，如此口無遮攔的天真！因為原壤真的讓孔子很安心！修己以安人，真的很難嗎？原壤不就是「無為」的榜樣嗎？誰敢說原壤這一輩子活得不如別人？又有幾人能像原壤那樣「快活」終老？勘透生命，化去貪、嗔、痴，得道者，莫如原壤也！

　　反觀年紀輕輕，就老氣橫秋的闕黨童子，急功近利之甚，急於求成之深，指望他們施行「修己之學」，難於上青天矣！

衛靈公第十五

15.1

衛靈公問陳^①於孔子。孔子對曰：「俎豆^②之事，則嘗聞之矣；軍旅之事，未之學也。」明日遂行。

【註釋】

①陳：陳國的國事民情。有人認為這裡通「陳」通「陣」，衛靈公在問孔子排兵布陣的事。這不合情理。衛靈公在位數十年，非常善於用人，他手下文臣武將、外交家可謂高手雲集，打仗根本不用他親自帶兵。以衛靈公的成就來看，在當時其實算是位睿智開明的國君了。衛靈公身為國君，對外只操心國與國之間的徵伐決策，如果說他也來問排兵布陣，而且是向世人都知道以文禮見長的孔子問排兵布陣，未免太低看了衛靈公的智商。實際上經考證，歷史上只有孔文子向孔子問過攻伐之事。

《左傳·哀公十一年》記載：孔文子之將攻大叔也，訪於仲尼。仲尼曰：「胡簋之事，則嘗學之矣。甲兵之事，未之聞也。」退，命駕而行。

②俎豆：俎，音 zǔ。俎豆是古代盛食物的器皿，被用作祭祀時的禮器。

【譯讀】

衛靈公向孔子問陳國的政事民情。孔子回答說：「祭祀禮儀方面的事情，我還聽說過；軍旅攻伐的事，從來沒有學過。」第二天，孔子便離開了衛國。

【熙解】

孔子的志向在於恢復周朝禮制秩序，在他眼裡，各諸侯國之間永遠是周朝的一家人。所以他奔走於各國之間，走的是「中立」路線，談的都是「和氣」，推行的都是「禮制」。

孔子經常去陳國，所以衛靈公向他打聽陳國的政事民情，但孔子擔心衛靈公是在向他刺探情報，恐有事於陳國。所以孔子回覆只聽說過禮儀之類的事，且以「軍旅之事，未之學也」搪塞過去了，表明了自己保持「中立」的立場。而且，為了避嫌，孔子趕緊離開了衛國。萬一衛靈公真的徵伐陳國，恰好在孔子到了衛國以後開戰，那孔子有口也說不清了。

15.2

在陳絕糧，從者病，莫能興。子路慍①見曰：「君子亦有窮乎？」子曰：「君子固窮②，小人窮斯濫矣。」

【註釋】

①慍：音 yùn，生氣，怨恨。
②固窮：雖然窮，但固守原則。

【譯讀】

（孔子一行）在陳國斷了糧食，隨從的人都餓病了，一籌莫展。子路很不高興地來見孔子，說道：「君子也有窮得毫無辦法的時候嗎？」孔子說：「君子雖然窮困，但仍然堅持原則；小人一遇窮困就亂來了。」

【熙解】

孔子說在面對窮困潦倒的局面時，君子與小人就有了顯而易見的不同。君子在任何時候都堅持原則，而未經文明教化的人則奉行「叢林法則」，窮斯濫矣。

15.3、15.4、15.5

子曰：「賜也，女以予為多學而識之者與？」對曰：「然，非與？」曰：「非也。予一以貫之。」

子曰：「由！知德者鮮矣。」

子曰：「無為而治①者，其舜也與？夫②何為哉？恭己正南面③而已矣。」

【註釋】

①無為而治：不妄為，凡事順天道而行，得大治。
②夫：代詞，他。
③正南面：像北極星那樣，為政以德，傲視南面。參見 6.1「雍也可使南面」闡述。

【譯讀】

孔子說：「賜啊！你以為我是知識學得多、記得多的人嗎？」子貢答道：「是啊，難道不是這樣嗎？」孔子說：「不是的。我只是以一個根本道理為原則，貫徹始終。」

孔子說：「由啊！懂得德的人太少了。」

孔子說：「能夠無為而治天下的人，大概只有舜吧？他做了些什麼呢？只是莊嚴公正地坐在天子之位上罷了。」

【熙解】

　　這裡，孔子講到「一以貫之」，這是他學問淵博的根本所在。那麼，這個「一」指什麼？文中沒有講明，但我們學《論語》學到這裡，已經知道了，這個「一以貫之」之道，就是中庸之道。

　　《大學》曰：「物有本末，事有終始，知所先後，則近道矣」。孔子用中庸之道貫穿事物的終始，活學活用，幾乎無所不能。別人還以為孔子學的知識有多豐富，學問有多高深。至德近道之人，其實哪有那麼複雜，大道至簡，無為而無不為。

　　孔子轉頭又對子路發出感慨：「仲由啊，真正懂得『德』的人太少了啊！」

　　說到「無為而治」，是道家所稱贊的至高方略。我們在前面早已論證過孔子儒家思想和老子道家思想是一脈相承的（6.1章、7.1章）。這裡，孔子自己踐行並贊賞無為而治，並以舜為例加以說明，只要能一以貫之，哪用做那麼多事，說那麼多話，瞎折騰呢？

　　關於無為而治，無為而無不為的「德」，究竟是什麼？該怎麼學？留到我們以後學《道德經》時再說吧。

15.6

　　子張問行①。子曰「言忠信，行篤敬，雖蠻貊②之邦，行矣。言不忠信，行不篤敬，雖州里③，行乎哉？立則見其參④於前也，在輿則見其倚於衡⑤也。夫然後行。」子張書諸紳⑥。

【註釋】

①行：通達。
②蠻貊：古人對少數民族的貶稱，蠻在南，貊，音 mò，在北方。
③州里：五家為鄰，五鄰為里。五黨為州，二千五百家。州里指近處。
④參：列，顯現。
⑤衡：車轅前面的橫木。
⑥紳：貴族系在腰間的大帶。

【譯讀】

　　子張問如何才能使自己到處都能行得通。孔子說：「說話要忠信，行事要篤敬，即使到了蠻貊地區，也可以行得通。說話不忠信，行事不篤敬，就是在本鄉本土，能行得通嗎？站著，就仿佛看到忠信篤敬這幾個字顯現在面前；坐車，就好像看到這幾個字刻在車轅前的橫木上，這樣才能使自己到處行得通。」子張把這些話寫在腰間的大帶上。

【熙解】

「言忠信，行篤敬」，是從中庸之道演化出的核心人倫思想，孔子要求子張將它作為座右銘。子張很聽話，把這六個字寫在了自己的腰帶上，便於讓自己可以時時看到，時時警醒自己。

「言忠信，行篤敬」其實就是易經第61卦，「中孚卦」的中心思想。

孚，誠信。講法律的「節卦」後面緊跟中孚卦，節而信之，說明誠信也要靠「法制」維護，或者說法律也要倡導誠信，這兩者相輔相成。不誠信的成本，對企業對國家而言都太大，太浪費。

《象》曰：澤上有風，中孚。君子以議獄緩死。《象辭》說：本卦上卦為巽，巽為風；下卦為兌，兌為澤，澤上有風，風起波湧。這是中孚的卦象。君子觀此卦象，有感於風化邦國，唯德教為先，因而審議訟獄，不輕置重典。

但誠信問題同樣需要道德和法治法規同時著力，方可解決。如果所有不誠信的，全都發達了，不受法律懲罰，以德報怨，何以報德呢？

15.7

子曰：「直哉史魚[①]！邦有道如矢[②]；邦無道如矢。君子哉蘧伯玉！邦有道則仕，邦無道則可卷而懷之。」

【註釋】

[①]史魚：衛國大夫，名鰌，字子魚，他多次向衛靈公推薦蘧伯玉。
[②]如矢：矢，箭，形容其直。

【譯讀】

孔子說：「史魚真是正直啊！國家有道，他的言行像箭一樣直；國家無道，他的言行也像箭一樣直。蘧伯玉也真是一位君子啊！國家有道就出來做官，國家無道就坦然賦閒，等待再次為國效力。」

【熙解】

從文中所述內容看，史魚與蘧伯玉是有所不同的。蘧伯玉「卷而懷之」，即「不在其位，不謀其政」。但蘧伯玉又不同於消極避世，而是時刻準備被重新啟用，為國分憂。

史魚在國家有道或無道時，都同樣耿直，而蘧伯玉則只在國家有道時出來做官。所以，孔子說史魚是「直」，蘧伯玉是「君子」。不過從另一面看來，孔子說過，「邦有道，危言危行；邦無道，危行言孫」（14.3章）。史魚這樣直諫還能得善終，說明衛靈公並非真的無道。史魚病死之後，衛靈公還親自去悼念他了。

【典故】史魚屍諫

　　春秋時期，衛國的蘧伯玉德才兼備，但衛靈公卻不重用他；史魚稱彌子瑕「不肖」，衛靈公反而重用，史魚屢次勸諫，衛靈公始終不採納。

　　後來，史魚得了重病，彌留之際，命令他的兒子說：「我還在衛國朝堂的時候，不能勸諫君主重用蘧伯玉並且讓彌子瑕離開朝堂，我作為臣子沒有能糾正君主的過錯！活著的時候沒能糾正君主的過錯，就是死了也無以成禮。我死後，你將我的屍體放在窗下，這樣對我就算完成喪禮了。」史魚的兒子照著父親的囑咐做了。

　　衛靈公前來吊喪，責怪並且要追責史魚的兒子。他把他父親臨終前說的話告訴了衛靈公。衛靈公聽後驚訝到臉色都變了，說：「都是寡人的過失啊！」於是讓史魚的兒子好好安葬史魚，之後重用蘧伯玉，讓彌子瑕離開朝堂並疏遠他。

　　孔子聽到此事後，說：「古代各個勸諫君主的人，死了便也結束了，不曾有過像史魚這樣就是死了，還要用自己的屍體來勸諫君主的，以自己一片至誠的忠心使君王受到感化，難道稱不上是秉直的人嗎？」

　　為什麼史魚會稱彌子瑕「不肖」呢？因為彌子瑕原是晉國士大夫，曾為晉之司馬、鄔大夫，而仕衛為將軍，靈公尚「愛而任之」（以公子朝叛亂而歸，靈公即派其領兵救宋來看，靈公當有此種胸懷），以耿直見稱的史魚不能不擔心，因其時衛國已遠晉而附齊，靈公卻讓彌子瑕掌兵權，倘其裡應外合，衛國不難稱為虞、虢之第二，但此事又不好明說，只得推說彌子瑕「不肖」。衛靈公進蘧伯玉而退彌子瑕乃是為了穩定內部，與賢跟不肖無關。

　　由此看來，衛靈公用人之法，不是一般人能理解的，恰恰說明了他知人善任的獨到之處。

15.8

　　子曰：「可與言而不與之言，失人；不可與言而與之言，失言。知者不失人，亦不失言。」

【譯讀】

　　孔子說：「應該跟對方說出口的話，卻不說出口，容易失去此人的信任；不該同對方說的話，卻說出來，這就是失言了。有智慧的人既不失人，又不失言。」

【熙解】

　　現代社會，情商低的人很多，在各種不良思潮衝擊下，有的人把悶葫蘆，不懂溝通當「沉默是金」，有的人把口無遮攔當直率，他們還都自以為這是「個性」。殊不知早已既失人又失言。年輕時候還尚可原諒，而立之後若還這般不懂人事，只有遭人嫌的份了。別說亨通發達，他能不四處碰壁就要謝天謝地了！

　　溝通，是人與人之間第一要務，情商高的溝通會讓事情事半功倍。人與人怎樣打交

道是「為政」的重要內容。《論語》為我們全面、系統地提供了人倫溝通原則，以及具體的指導方法。這些方法遍布《論語》全篇，讓我們沉下心來，好好學習吧！

15.9、15.10

　　子曰：「志士仁人，無求生以害仁，有殺身以成仁。」
　　子貢問為仁①。子曰：「工欲善其事，必先利其器。居是邦也，事其大夫之賢者，友其士之仁者。」

【註釋】
　　①為仁：為，行動，實踐仁德，可見子貢不愧為知行合一的行動派。

【譯讀】
　　孔子說：「志士仁人，沒有貪生怕死而損害仁的，只有犧牲自己的性命來成全仁的。」
　　子貢問怎樣實行仁德。孔子說：「做工的人想把活兒做好，必須首先使他的工具鋒利。住在這個國家，就要事奉大夫中的那些賢者，與士人中的仁者交朋友。」

【熙解】
　　生命對每個人來講都是十分寶貴的，但還有比生命更可寶貴的，那就是「仁」。「殺身成仁」，就是要人們在生死關頭寧可捨棄自己的生命也要保全「仁」。自古以來，它激勵著多少仁人志士為國家和民族的生死存亡而拋頭顱灑熱血，譜寫了一首首可歌可泣的壯麗詩篇。
　　孔子說仁人志士「有殺身以成仁」，那必定是有現成的案例了。還記得宰予問孔子「井有仁焉」之後的悲壯一幕嗎？孔子還沉浸在宰予「向死而生，殺身成仁」的悲痛中！
　　「工欲善其事，必先利其器」，這裡其實是承接上一句的。宰予起事準備不夠充分，計劃被告密者洩漏，是他功敗垂成的原因之一。孔子的意思，君子殺身成仁，不能光靠意志力，光靠個人喊口號，做無謂的犧牲。某些文人最大的毛病就是思想單一、弘揚道德就把道德當成了全部，愛心泛濫、拒絕武力、反對刑罰。這樣的文人是不能任事的，他們是口頭的巨人，行動的矮子，若勉強讓他任事必定壞事。有擔當的任事者，一定是從全局考慮問題，帶領團隊，永遠作好兩手準備。我們提倡仁義，但仁人也不能被當作任人宰割的羔羊，要勇於反抗，甚至化被動為主動。既然到了「殺身成仁」的這一步，免不了刀光血影，要為行動做好充分準備。毛主席說「槍杆子裡出政權」，其實就是「利其器」。當然，最重要的是，要明白個人英雄主義不是「利器」，只有團隊作戰才能成為最堅強「利器」。
　　這裡孔子對子貢說這些話，值得深思！難道子貢與宰予一起參與了反抗田成子的計劃？告密者難道是他們曾經的朋友？也許因交友不慎，滿盤皆輸啊！《論語》裡慷慨激

昂的幾句話，殊不知背後是血淋淋的歷史教訓！關於這些故事，我們暫且不表，以後再講。

15.11、15.12、15.13

顏淵問為邦。子曰：「行夏之時①，乘殷之輅②，服周之冕③，樂則韶舞④。放⑤鄭聲⑥，遠⑦佞人。鄭聲淫，佞人殆⑧。」

子曰：「人無遠慮，必有近憂。」

子曰：「已矣乎！吾未見好德如好色者也。」

【註釋】

①夏之時：夏代的歷法，便於農業生產。
②殷之輅：輅，天子所乘的車。殷代的車是木制成，比較樸實。
③周之冕：周代的帽子。
④韶舞：是舜時的舞樂，孔子認為是盡善盡美的。
⑤放：禁絕、排斥、拋棄的意思。
⑥鄭聲：鄭國的樂曲，頹廢浮靡，孔子認為是淫聲。
⑦遠：遠離。
⑧殆：危險。

【譯讀】

顏淵問怎樣治理國家。孔子說：「用夏代的歷法，乘殷代的車子，戴周代的禮帽，奏《韶》樂，禁絕鄭國的樂曲，疏遠巧言令色的人，鄭國的樂曲浮靡不正派，佞人太危險。」

孔子說：「人沒有長遠的考慮，一定會有眼前的憂患。」

孔子說：「算了吧！我從來沒有見過像好色那樣好德的人。」

【熙解】

這裡仍講為人處世的道理。夏代的歷法有利於農業生產，殷代的車子樸實適用，周代的禮帽華美，《韶》樂優美動聽，這是孔子理想的生活方式。

「行夏之時，乘殷之輅，服周之冕，樂則韶舞」說白了就是告訴人要走正道，正本清源走大道，別走偏了。若偏愛鄭國的靡靡之音，與巧言令色的人為伍，那就是大大的走偏了！人生就很危險了。

現實中，經常是有的人在外面事業做得很好，風生水起，但家裡事務一地雞毛，頭疼得很。孔子繞著彎跟顏淵講「放鄭聲，遠佞人」這些道理，莫非顏淵真的是孔子的「近憂」？孔子真是為顏淵操碎了心！從小到大，又是呵護，又是規勸，哀其不幸，嘆其不能。最後，孔子不得不嘆了口氣，「唉，算了吧……」

293

《論語》全篇中，出現過兩次孔子嘆氣「已矣乎」，上一次在5.26章，也是出現在跟顏淵的交談之後。不知是巧合還是有意為之。

最終，顏淵還是和孔子「失之交臂」（11.10章）了，無論是思想，還是生命！

15.14

子曰：「臧文仲其竊位①者與？知柳下惠②之賢而不與立也。」

【註釋】

①竊位：身居官位而不稱職。

②柳下惠：春秋中期魯國大夫，姓展名獲，又名禽，他受封的地名是柳下，惠是他的私諡，所以，人稱其為柳下惠。

【譯讀】

孔子說：「臧文仲是一個竊居官位的人吧！他明知道柳下惠是個賢人，卻不舉薦他一起做官。」

【熙解】

史料記載，公元前648年，魯僖公十二年，禽（柳下惠）七十三歲。僖公欲大用之，臧文仲阻止，終不就。估計孔子就是用這件事非議臧文仲。在此之前，柳下惠已經在魯國四次任職，四次黜職。可能是臧文仲覺得當時柳下惠七十三歲年事已高，不想勞累賢人吧，從尊老美德和人道主義上是說得過去的。

但孔子不服老，不願自己被人以年事已高為由讓自己賦閒。所以這裡與其說孔子在非議臧文仲，不如說是孔子借此明志。此時孔子仍希望有機會實施自己的抱負。

現實中很多老人都是這樣，總希望珍惜有限的時光，為社會、為子女多奉獻一點，更不希望成為別人眼中的「廢人」。所以我們為人子女的，當年老的父母自己希望多動一動時，也別太過分阻攔，而是尊重之，照顧好。但尊重並不代表就要勸老人或要求老人去勞動，作為子女，仍應以關心的語氣勸父母老人多休息，不要太勞累。這些都是人之常情，各盡各的義，各做各的人。

15.15

子曰：「躬自厚而薄責於人，則遠怨矣！」

【譯讀】

孔子說：「修為自己，自重自察而少責備別人，那就可以少惹怨恨了。」

【熙解】

　　人與人相處難免會有各種矛盾與糾紛。那麼，為人處事應該多替別人考慮，從別人的角度看待問題。所以，一旦發生了矛盾，人們應該多做自我批評，而不能一味指責別人的不是。在矛盾還沒爆發時，己方及時主動澄清，主動示和，一笑釋然，是一種很重要的化解怨恨的溝通方式。責己嚴，從於和，待人寬，這是保持和諧的人際關係所不可缺少的原則。

15.16、15.17、15.18

　　子曰：「不曰『如之何[1]、如之何』者，吾末[2]如之何也已矣。」
　　子曰：「群居終日，言不及義，好行小慧，難矣哉！」
　　子曰：「君子義以為質，禮以行之，孫以出之，信以成之。君子哉！」

【註釋】

　　①如之何：怎麼辦的意思。
　　②末：這裡指沒有辦法。

【譯讀】

　　孔子說：「遇事從來不說『怎麼辦，怎麼辦』的人，我對他也不知怎麼辦才好。」
　　孔子說：「整天聚在一塊，說過的都不能行之以義，專好賣弄小聰明，這種人真難教導。」
　　孔子說：「君子以義作為根本，用禮加以推行，用謙遜的語言來表達，用忠誠的態度來完成。這就是君子了。」

【熙解】

　　學問最終都是用來解決問題的。知識源自於生活，運用於生活。碰到生活中的實際問題，如果不會靈活運用學到的知識來指導「怎麼辦」，豈不是白學了？比如我們學習《論語》裡的道理，若能經常聯繫到生活場景，這就對了。

　　現代社會各種會議多如牛毛，各種論壇、聚會什麼的大都好大喜功，面子上的事做足，裡子言之無物，散會後什麼都沒留下。比如在論壇上大談文化復興的人，沒幾個人能沉下心來為文化復興踏實做事，賺吃喝的多。孔子講博學於文、約之以禮，更重要的是要行之以義，落實到行動，若群聚頻繁，言不及義，談何文化復興！

　　讓我們唯道義是從，不憤青、不破壞，踏實篤行，以謙遜之心，理性、建設性地完成君子使命！

15.19、15.20

　　子曰：「君子病無能焉，不病人之不己知也。」
　　子曰：「君子疾沒世①而名不稱焉。」

【註釋】
　　①沒世：過完一世，動態表達從生到死的過程。

【譯讀】
　　孔子說：「君子只怕自己沒有才能，不怕別人不知道自己。」
　　孔子說：「君子擔心過完這一世後，其身後名聲太過而名不副實。」

【熙解】
　　有大德者必大聞達，但修德不是為了聞達，更不是為了虛名。虛名太過就成了「作」。現代靠炒作成就的名聲，就是一種虛假的名氣。真君子心懷敬畏之心，不敢妄為，唯恐有負盛名。負盛名而德不配位者，必惹災殃也！大道之行，無論身前身後，皆不得有違。

15.21、15.22

　　子曰：「君子求諸己，小人求諸人。」
　　子曰：「君子矜①而不爭，群而不黨。」

【註釋】
　　①矜：音 jīn，莊重的意思。

【譯讀】
　　孔子說：「君子求之於自己，小人求之於別人。」
　　孔子說：「君子莊重而不與別人爭執，合群而不結黨營私。」

【熙解】
　　君子行「為己」之學，安靜做自己，修己以利人。小人喜歡依賴他人，更可惡的是，小人處心積慮利用他人。更有甚者，為了利用他人，不惜攪亂大局，結黨營私，製造矛盾，從而達到渾水摸魚的目的。
　　君子周而不比，小人比而不周。君子著重自修，不無端指責別人，不拉幫結派。而小人從來都是「先告狀」。我們在生活中一定要擦亮眼睛，無論是公司或任何一個組織

內，那些叫得最歡的，在組織內動不動拉小群的，很可能就是禍亂之源。

15.23、15.24

子曰：「君子不以言舉人，不以人廢言。」

子貢問曰：「有一言而可以終身行之者乎？」子曰：「其恕乎！己所不欲，勿施於人。」

【譯讀】

孔子說：「君子不憑一個人說的話來舉薦他，也不因為一個人不好而不採納他的好話。」子貢問孔子：「有沒有一個字可以終身奉行的呢？」孔子回答說：「那就是恕吧！自己不願意的，不要強加給別人。」

【熙解】

從16章到24章，基本上全都是講君子的所作所為，以及與小人的不同。什麼是君子呢？孔子認為，他應當注重義、禮、遜、信的道德準則；他嚴格要求自己，盡可能做到立言立德立功的「三不朽」，傳名於後世；他行為莊重，與人和諧，但不結黨營私，不以言論重用人，也不以人廢其言，等等。當然，這只是君子的一部分特徵。

現代社會上有一種小人，他善於開微博、發微信，說得冠冕堂皇，儼然成意見領袖，但背地裡幹著不可告人的勾當。而廣大網民經常「以言舉人」，成了這種小人的名譽保護傘。所以孔子說，聽其言，更要察其行。

「忠恕」可以說是中庸之道運用於人倫關係的精髓。「忠」是行「中道」，大原則必須堅持，而「恕」就是對中庸圖中超出「正中」的那部分行為的處理方法，即寬容對待，不過於計較。「恕」道其實就是中國人經常說的「和」。

說到這裡我們再來回顧一下中庸圖。綜上所述，我們可以得出中庸之道「中」的概念，它包括交匯點「正中」的主心骨、中軸，以及往復偏轉於中軸的螺旋路線，這些區域的偏轉路線對應於生活中的一些小錯能改，雖苟且但不觸碰底線、為「中」所節制之舉，可以稱之為「和」，不去計較這些小節是為「恕」，合起來就是「中和」──中正平和。《中庸》曰：「喜怒哀樂之未發，謂之中（正中）。發而皆中節，謂之和。」「致中和，天地位焉，萬物育焉。」致中和，即忠恕之道也！

15.25

子曰：「吾之於人也，誰毀誰譽？如有所譽者，其有所試[1]矣。斯民也，三代之所以直道而行也。」

【註釋】

①試：考證。

【譯讀】

孔子說：「我對於別人，詆毀過誰？贊美過誰？如有所贊美的，必須是曾經考驗過他的。夏商周三代的人都是這樣做的，所以三代能直道而行。」

【熙解】

在這一句裡，孔子鄭重地聲明：我所贊揚的人，都是經過事實考證的。意味著由此得到的理論都是源自於生活實踐，總結出來的，不是主觀臆斷瞎說的，不作。同樣，若有所批評者，也是有事實依據的。孔子所不提倡的東西，都是從教訓中總結出來的。

由此可以看出，《論語》裡孔子的一些話，看似雲淡風輕，其實背後都有故事。都是經歷過切身體會，甚至錐心刺骨的痛以後，才有感而發的。透過語言看到背後，有助於我們理解孔子的思想，感同身受。

15.26

子曰：「吾猶及史之闕文①也，『有馬者借人乘之②』，今亡矣夫！」

【註釋】

①闕文：史官記史，遇到有疑問的地方便缺而不記，留待高人或有新的史料填補完善，這叫作闕文。

②有馬者借人乘之：有馬的人不獨占為己有，而是樂於借給別人騎。

【譯讀】

孔子說：「我就像史料中補闕的人，期待有良駒的人願意成人之美，借我一騎。遺憾的是現在已沒有這種人了。」

【熙解】

古代嚴謹的史官，遇到不確定的史料時，寧願空著，也不輕易落筆。孔子這裡以「闕文」類比，表明自己是能補闕之人。無奈現在的人已經有沒成人之美的品德，更沒有唯道是從的精神了。

我們前面在 6.1 章說過，有德之人是將權位視為責任和擔當的，當力不能及時，主動讓賢是應該的，是負責任的表現。小人才把權位當權力。孔子時代，占據權力位置視為私權的人，就像將良駒據為己有的人一樣，寧願良馬閒著，也不願借給他人騎；都是據城自治，擁兵自重，占據權位寧願自己做爛，人民遭殃，也不願將權位讓賢。可見周

朝公器已經支離破碎，被大小勢力分割占據。所以孔子發出感嘆，現在已經沒有「有馬者借人乘之」的人了。

15.27

子曰：「巧言亂德，小不忍則亂大謀。」

【譯讀】

孔子說：「花言巧語會敗壞人的德行；小事情不忍耐，就會敗壞大局。」

【熙解】

「小不忍則亂大謀」，這句話已經成了民間的口頭禪。這句話包含有智慧的因素，尤其對於那些有志於修養大丈夫人格的人來說，此句話是至關重要的。有志向、有理想的人，應區分事情的大小輕重，不會斤斤計較個人得失，更不應在小事上糾纏不清，而應有開闊的胸襟，遠大的抱負，只有如此，才能成就大事，從而達到自己的目標。

這裡必須提醒一下，有一種「小不忍」尤其有害，那就是「小善、小惠」誤人。比如有些家長，「不忍心」孩子勞累，「不忍心」孩子自尊心受半點傷害，什麼事都替孩子包辦了。殊不知以「愛」的名義行戕害之實，切忌切忌！看長遠點，不施浸潤之譖、膚受之愬。

15.28

子曰：「眾惡之，必察焉；眾好之，必察焉。」

【譯讀】

孔子說：「若大家都厭惡他，必須明察分辨（不人雲亦雲）；大家都喜歡他，也要明察分辨。」

【熙解】

這一段講了兩個方面的意思。一是孔子決不人雲亦雲，不隨波逐流，不以眾人之是非標準決定自己的是非判斷；而要經過自己考察和理性的判斷，然後再得出結論。聽其言，還要觀其行，以免被欺世盜名之輩蒙蔽。

二是一個人的好與壞不是絕對的，在不同的地點，不同的人們心目中，往往有很大的差別，辯證對待。就像「其父攘羊」裡對偷羊賊不同的判罰標準。當然，我們還要反對沒有原則的「鄉願」之老好人，德之賊也。

15.29

子曰:「人能弘道,非道弘人。」

【譯讀】

孔子說:「人能夠使道發揚光大,而道無所謂『弘人』,因為道不以人的意志為轉移。」

【熙解】

《道德經》曰:「天地不仁,以萬物為芻狗。」「道」是客觀規律,施於自然萬物,當然也施於人,但對人並沒有什麼特別偏愛,從不以人的意志為轉移。天道法則,無所謂「仁不仁」,更談不上「弘人」。萬物都如同道所養的「寵物」狗,順之則昌,逆之則亡。「仁」是適用於人的概念。貫通天地,道法自然,不妄作,是人類最高的「仁」。所以人必須首先修為自身,志於道、據於德、依於仁、遊於藝,遵道而行,是為弘道。

易經曰:「形而上者謂之道,形而下者謂之器」。道是無形的,需要以有形的器為載體,才能弘揚於世。人亦屬於器,器以載道,即人能弘道。

當我們坐在寬敞明亮的教室裡,聆聽老師對我們的諄諄教誨時,就是在「弘道」。請注意,老師也只是道的「傳述」者,而不是「作者」,更不是道的「施與者」。道一直在那裡,無論你在不在乎、關不關注。你通過修為學習以明道,是為了讓自己更好地合道而行,讓自己身心健康,促進繁榮和諧。

師者也是弘道之「器」,但是我們每一個人都要明白,「師者」不僅代表直面於你、向你傳道解惑的某一個人,而是承載這一切的「平臺」之器。請一定要明白,在你無比自然地在教室裡接受老師「傳道」時,這對你來說似乎是你的全部,但於弘道之「器」則遠不是全部。中間已有無數人、無數部門,調用無數的資源,花無數的時間,操無數的心,才能促成你與老師的見面。當你舒心地以接受高質量教學為常態時,殊不知此過程中得有多少人在用心維護,教材、教學、教案、教務、師資、場地、人員、經費……背後都需要有人、有機制,持續不斷地管理、督促、完善每一個環節,擦亮每一個「螺絲釘」。是的,這個平臺的每一個參與者都只是一個「螺絲釘」,然後很多的螺絲釘和零配件組成了一個「器」,一個承載國學傳承之道的「大器」。讓我們共同為這個「大器」喝彩!希望每一位參與者都能成長為一顆弘道的「螺絲釘」,加油!

15.30

子曰:「過而不改,是謂過矣。」

【譯讀】

孔子說：「有了過錯而不改正，這才真叫錯了。」

【熙解】

「人非聖賢，孰能無過？」但關鍵不在於是否有過，而在於能否改過。改過了，就可重回中道，和氣可恕。若一意孤行，死不悔改，就會超出「異端」，脫軌了，那就是真錯了。孔子以「過而不改，是謂過矣」的簡練語言，向人們道出了「和氣」與「過錯」之間的轉變關係，或者說對「度」的把握，要有底線。

15. 31

子曰：「吾嘗終日不食，終夜不寢，以思，無益，不如學也。」

【譯讀】

孔子說：「我曾經整天不吃飯，徹夜不睡覺，去左思右想，結果沒有什麼好處，還不如去學習為好。」

【熙解】

這一章講的是學與思的關係問題。在前面的一些章節中，孔子已經提到「學而不思則罔，思而不學則殆」（2.15章）的認識，這裡又進一步加以發揮和深入闡述。思是理性活動，作用有兩方面，一是發覺言行不符合或者違背了道德，就要改正過來；好的言行，就要堅持下去。學和思不可以偏廢，只學不思不行，只思不學也是十分危險的。二者結合輪動，互相促進。

15. 32

子曰：「君子謀道不謀食。耕也，餒①在其中矣；學也，祿②在其中矣。君子憂道不憂貧。」

【註釋】

①餒：音něi，饑餓。
②祿：做官的俸祿。

【譯讀】

孔子說：「君子只管謀道、行道，不首先謀求衣食。耕種，也常會餓肚子；學習好，自然可以得到俸祿。君子只擔心道不能行，不用擔心貧窮。」

【熙解】
　　萬事萬物不離道，道與食並不對立，合道而行必有利「和食」，是為「順之者昌」，這也是孔子「罕言利，與命與仁」之原因。就像現代社會創事業，只要堅持做有意義的事，雖然短期內找不到「出路」或者所謂「商業模式」，但是沒關係，唯道是從，堅持做下去自然會有偉大的商業價值顯現出來。
　　反之，若一開始就以「利」為導向，就容易失道，忘卻初心。那即使做起來又有什麼意義呢？所以，我們提醒現代社會中「創事業」的人們，請經常停頓一下，反省一下，有沒有忘卻初心，有沒有偏離中道！
　　參考4.8、4.9，偉大的價值觀必然產生偉大的商業機會。

15.33

　　子曰：「知①及之，仁不能守之，雖得之，必失之。知及之，仁能守之，不莊以涖②之，則民不敬。知及之，仁能守之，莊以涖之，動之不以禮，未善也。」

【註釋】
　　①知：知，同「智」。學問、智慧。
　　②涖：臨，到。

【譯讀】
　　孔子說：「掌握了學問，但不能依存於仁義，那麼雖說得到了，也最終會失去。掌握了學問，也依存於仁義，但若不莊重地表現出來，那麼百姓也不會尊敬你。掌握了學問，也依存於仁義，且莊重地表現出來，但若不以禮待人，也還會差了那麼一點點。」

【熙解】
　　這一段可以看作是對志於道、據於德、依於仁，遊於藝的補充。反面闡述，如果學問不依從於仁德，那麼只能算是高學歷的野蠻人，知識越多越反動。「莊以涖之」則是依於仁的具體形式，以禮待人則是依於仁行事的行為規範，或者說實施條例。

15.34

　　子曰：「君子不可小知①，而可大受②也。小人不可大受，而可小知也。」

【註釋】
　　①小知：小聰明。
　　②大受：受，責任，使命的意思，承擔大任。

【譯讀】

孔子說:「君子不可滿足於小聰明,承擔小責任,而應勇於承擔更大的使命。小人不能讓他們承擔重大的使命,但可以安排他們發揮小聰明做些輔助性小事。」

【熙解】

前面我們說過,「君子喻於義,小人喻於利」(4.16章),作為管理者,在用人方面要知人善用,人盡其才,君子、小人都能用。既然都要用,就需要有方法,合理地協調分配。這裡就提出了人盡其才的具體方法,即大受不拘小節。君子承擔主心骨,小人可安排輔助性工作,用規則約束他。

15.35、15.36

子曰:「民之於仁也,甚於水火①。水火,吾見蹈而死者矣,未見蹈仁而死者也。」

子曰:「當仁不讓於師。」

【註釋】

①水火:水、火都是人們每天起床後生活第一需要的必需品。要喝水、要生火做飯,生活一天也離不開。這裡可引申為衣食、財富。

【譯讀】

孔子說:「百姓們對於仁(的需要),比對於水火(的需要)更迫切。我只見過人為了衣食財富而赴死的,卻沒有見過為實行仁而死的。」

孔子說:「面對著仁德,就是老師,也不必謙讓。」

【熙解】

開門第一件事,取水生火做早餐,日日不離,少了它就會活不下去。人為財死,鳥為食亡,很多人為此而死。孔子提倡仁也要像水火一樣,成為人生活中不可或缺的東西。而且要甚於水火,須臾不離,也就是達到身仁合一的境界。這其實還是提倡人人行「為己」之學的思想。孔子自己也說,仁已經超越了等級關係,所以在仁德面前,即使是老師,也不謙讓。

15.37

子曰:「君子貞①而不諒②。」

【註釋】
　①貞：正道、守大義。
　②諒：信，守信用。

【譯讀】
　孔子說：「君子守正道、行大義，大義不拘小節。」

【熙解】
　大義不拘小節，須通權達變之人才能懂，須內心強大之人才能做。因為做了，必然會遭到小節的非議。世人都知做好人難，但殊不知關鍵時刻勇於做「壞人」才是最難的。有句話叫「我不入地獄，誰入地獄？」講的就是這種境界。

15.38

　子曰：「事君，敬其事而後其食①。」

【註釋】
　①食：食祿，俸祿。

【譯讀】
　孔子說：「侍奉君主，要認真辦事而把領取俸祿的事放在後面。」

【熙解】
　先做事，再談工資獎金的事。現代職場有一種現象：「我才拿多少工資啊，為什麼要做那麼多？」這種人永遠拿不到高薪，甚至最後連底薪都會丟掉。對任何一個正常的公司、組織來說，最先得到重用並得到高回報的，肯定是奉行把工作放在第一位的人。

15.39

　子曰：「有教無類。」

【譯讀】
　孔子說：「人人都可以接受教育，不分族類。」

【熙解】
　孔子的教育對象、教學內容和培養目標都有自己的獨特性。他辦教育，反應了當時文化下移的現實，學在官府的局面得到改變，除了出身貴族的子弟可以受教育外，其他

各階級、階層都有了受教育的可能性和機會。他廣招門徒，只要誠心好學，不分種族、氏族，都可以到他的門下受教育。所以我們說，孔子是中國古代偉大的教育家，開創了中國古代私學的先例，奠定了中國傳統教育的基本思想。

15.40

子曰：「道不同，不相為謀。」

【譯讀】

孔子說：「價值觀不同，不能共謀主事。」

【熙解】

毫無疑問地說，孔子提到的「道」，肯定是天道，以及由此延伸的人倫之道。對於有違此道的人，與他多說無益，更不必與之共事。遺憾的是，後世有人將它當作了黨同伐異的借口。

現代社會「道不同，不相為謀」的指導意義在於，找合夥人，找搭檔，找男女朋友，一定要找具有共同價值觀的人，當然，一定要合道。否則以後肯定會出問題。當然了，對於不用「共謀」的對象，則不必強求了。

15.41

子曰：「辭達而已矣。」

【譯讀】

孔子說：「言辭只要能表達意思就行了。」

【熙解】

該說的一定要說，不該說的堅決不說。完整表達，言簡意賅。

15.42

師冕[1]見，及階，子曰：「階也。」及席，子曰：「席也。」皆坐，子告之曰：「某在斯，某在斯。」師冕出，子張問曰：「與師言之道與？」子曰：「然。固相[2]師之道也。」

【註釋】

①師冕：樂師，這位樂師的名字是冕。盲人。

②相：相處，輔助

【譯讀】

樂師冕來見孔子，走到臺階沿，孔子說：「這兒是臺階。」走到坐席旁，孔子說：「這是坐席。」等大家都坐下來，孔子告訴他：「某某在這裡，某某在這邊。」師冕走了以後，子張就問孔子：「這就是與樂師談話的道嗎?」孔子說：「這就是與盲人樂師相處的道。」

【熙解】

道，沒有固定的要求，沒有一成不變的規定。人們心中只要有道，有尊敬之心，用什麼方式、什麼語言表達出來都是對的。這裡子張問的是表現出來的形式，孔子回答的才是道。

季氏第十六

16.1

　　季氏將伐顓臾①。冉有、季路見於孔子曰：「季氏將有事②於顓臾。」

　　孔子曰：「求！無乃爾是過與？夫顓臾，昔者先王以為東蒙主③，且在邦域之中矣，是社稷之臣也。何以伐為？」冉有曰：「夫子欲之，吾二臣者皆不欲也。」

　　孔子曰：「求！周任④有言曰：『陳力就列⑤，不能者止。』危而不持，顛而不扶，則將焉用彼相⑥矣？且爾言過矣。虎兕⑦出於柙⑧，龜玉毀於櫝⑨中，是誰之過與？」冉有曰：「今夫顓臾，固而近於費⑩。今不取，後世必為子孫憂。」

　　孔子曰：「求！君子疾夫舍曰欲之，而必為之辭。丘也聞：有國有家者，不患寡而患不均，不患貧而患不安⑪。蓋均無貧，和無寡，安無傾。夫如是，故遠人不服，則修文德以來之。既來之，則安之。今由與求也，相夫子，遠人不服而不能來也，邦分崩離析而不能守也，而謀動干戈於邦內。吾恐季孫之憂，不在顓臾，而在蕭牆⑫之內也！」

【註釋】
①顓臾：音 zhuān yú，魯國的附屬國，在今山東省費縣西。
②有事：指有軍事行動，用兵作戰。
③東蒙主：東蒙，蒙山。主，主持祭祀的人。
④周任：人名，周代史官。
⑤陳力就列：陳力，發揮能力，按才力擔任適當的職務。
⑥相：攙扶盲人的人叫相，這裡是輔助的意思。
⑦兕：音 sì。雌性犀牛。
⑧柙：音 xiá，用以關押野獸的木籠。
⑨櫝：音 dú，匣子。
⑩費：季氏的采邑。
⑪貧、寡：傳述過程中可能有口誤，應為寡、貧。
⑫蕭牆：照壁屏風。指宮廷之內。

【譯讀】

　　季氏將要討伐顓臾。冉有、子路去見孔子說：「季氏快要攻打顓臾了。」

　　孔子說：「冉求，這不就是你的過錯嗎？顓臾從前是周天子讓它主持東蒙的祭祀的，而且已經在魯國的疆域之內，是國家的臣屬啊，為什麼要討伐它呢？」冉有說：「季孫大夫想去攻打，我們兩個人都不願意。」

　　孔子說：「冉求，周任有句話說：『盡自己的力量去負擔你的職務，實在做不好就辭職。』有了危險不去扶助，跌倒了不去攙扶，那還用輔助的人幹什麼呢？而且你說的話錯了。老虎、犀牛從籠子裡跑出來，龜甲、玉器在匣子裡毀壞了，這是誰的過錯呢？」冉有說：「現在顓臾城牆堅固，而且離費邑很近。現在不把它奪取過來，將來一定會成為子孫的憂患。」

　　孔子說：「冉求，君子痛恨那種不說自己想去做而又一定要找出理由來為之辯解的做法。我聽說，對於諸侯和大夫，不怕貧窮，而怕財富不均；不怕人口少，而怕不安定。由於財富均了，也就沒有所謂的貧窮了；大家和睦，就不會感到人少；安定了，也就沒有傾覆的危險了。因為這樣，所以如果遠方的人還不歸服，就用仁、義、禮、樂使他們歸服；已經來了，就讓他們安心住下去。現在，仲由和冉求你們兩個人輔助季氏，遠方的人不歸服，而不能使他們來；國內民心離散，你們不能保全，反而策劃在國內使用武力。我只怕季孫的憂患不在顓臾，而是在自己的內部呢！」

【熙解】

　　上一篇標題為《衛靈公》，這一篇標題為《季氏》，下一篇為《陽貨》，體現出國勢衰微，一代不如一代的過程。衛靈公是諸侯國君主，在禮樂徵伐出自諸侯的時代，是輪不到士大夫出位的。但現在季氏上位了，或者說「僭位」更中肯，說明諸侯時代已經過去。到了連陽貨都能登臺表演的時候，意味著舊秩序徹底被打破。

　　《衛靈公》篇一開始就講了個故事，顯示出諸侯君主之間，也是諸侯國之間的徵伐兼併意圖。這一篇《季氏》篇開篇也是講了個故事，顯示了諸侯國內部各個城邦間，也在一門心思想著互相攻伐搶占。意味著「大同社會」理想中，求同存異的「同」的範圍越來越小，家國上下各種勢力存「異」的私心越來越重。這其實不僅是貪婪的表現，更是對人人自危的處境的反應。失去秩序和信任後的社會，如同深陷黑暗森林，誰都擔心被吃掉，越擔心越想先下手為強。這裡冉求終於說出了實話：我不攻它，日後恐反被攻擊。

　　文明秩序被削弱後，叢林法則成為最後的「真理」。這種處境其實是非常讓人絕望的，身處其中的人，尤其是曾經受過文明教化的人，比如冉求和子路，其實也備受煎熬。處於被支配地位的人，想恢復文明秩序但又無能為力，個人的力量實在太渺小。誰出頭誰死。涉及徵伐，孔子在衛靈公面前可以一走了之，如果冉求和子路也按孔子所說的「不能則止」處理，撂挑子走人，就可以解決問題了嗎？顓臾就不會被伐了嗎？就不會死人了嗎？不可能。也許死的人更多。若由冉求和子路去做，或許還能多保全一些百

姓。所謂「我不入地獄誰入地獄」？有時候慷慨赴死比迎難而上、向死而生更輕鬆。又有幾個人真的「喜歡」打仗呢？到底怎樣做才是為了老百姓好呢？留給同學們思考！

所以從這個角度來說，孔子在這裡訓斥冉求和子路，不免有點避重就輕。冉求和子路是來向老師找解決方案的，你卻對他們講一番大道理。講道理誰不會呢？孔子講的那些道理都對，若對處於絕對權威的人，對最高決策人講，或許還有點用。若要冉求和子路也能做到，除非孔子首先鼓勵、幫助他們成為大領導，或者孔子自己成為大領導——那不就變成「鬧革命」了嗎？孔子能做嗎？往後看，更精彩！

16.2、16.3

孔子曰：「天下有道，則禮樂徵伐自天子出；天下無道，則禮樂徵伐自諸侯出。自諸侯出，蓋十世希不失矣；自大夫出，五世希不失矣；陪臣執國命，三世希不失矣。天下有道，則政不在大夫。天下有道，則庶人不議。」

孔子曰：「禄之去公室五世[1]矣，政逮[2]於大夫四世[3]矣，故夫三桓[4]之子孫微矣。」

【註釋】

①五世：指魯國宣公、成公、襄公、昭公、定公五世。
②逮：及。
③四世：指季孫氏文子、武子、平子、桓子四世。
④三桓：魯國仲孫、叔孫、季孫都出於魯桓公，所以叫三桓。

【譯讀】

孔子說：「天下有道的時候，制定禮樂和出兵打仗都由天子做主決定；天下無道的時候，制定禮樂和出兵打仗，由諸侯做主決定。由諸侯做主決定，大概經過十代很少有不垮臺的；由大夫決定，經過五代很少有不垮臺的。天下有道，國家政權就不會落在大夫手中。天下有道，老百姓也就不會議論國家政治了。」

孔子說：「魯國君主失去國家政權已經有五代了，政權落在大夫之手已經四代了，所以三桓的子孫即將衰微了。」

【熙解】

道法於天，順於民，各行其軌、各司其位，天下大同；禮樂徵伐出自天子，則諸侯之間的矛盾可協調，有章可循，否則諸侯之間徵伐混亂。若到諸侯內部也無法協調矛盾，則過不了五代，即分崩離析，人人自危。上一章說到局面的就是這種情形。

這裡呼應上一章，禮樂徵伐出自大夫已經四代了，他們是季孫氏文子、武子、平子、桓子四世。根據規律，還有一代就差不多結束了。果然，歷經季桓子之子、季康子之後，魯國三桓權勢就黯然落幕。魯國進入陪臣家宰無底線互咬的時代。這種情況，因

309

為太沒規矩，完全靠人治，所以過不了三代。

這對後世一些家族治理很有借鑑意義，俗話說「富不過三代」，皆因人治太過。所以現代家族企業要想「家業長青」，得靠完善的家規，做到長幼有序，進退有止，繼承有規可循。

16.4

孔子曰：「益者三友，損者三友。友直、友諒①、友多聞，益矣。友便辟②、友善柔③，友便佞④，損矣。」

【註釋】

①諒：誠信。
②便辟：慣於見風使舵。「辟」有開創的意思，便辟就是開創太細碎頻繁，太過了，變成了見風使舵，不顧大是大非，鑽營投機小利。現代人所謂「精致的利己主義者」就是指這類人。
③善柔：善於奉承、悅色騙人。
④便佞：慣於花言巧語。

【譯讀】

孔子說：「有益的交友有三種，有害的交友有三種。同正直的人、誠信的人、見多識廣的人交友，這是有益的。同慣於見風使舵、精致的利己主義者、善於阿諛奉承的人、慣於花言巧語的人交友，這是有害的。」

【熙解】

這幾個交友原則，其實和「里仁為美」（4.1章）一個道理，那裡講近朱者赤、近墨者黑的大原則，這裡說得更具體，更具指導意義。孔子在教人為人處世上真是苦口婆心、無微不至啊！

「三益三損」的道理聽起來很明白，但做起來就看個人修為了。為什麼這麼說呢？因為修為不夠的人，聽到別人直言相勸的話，會不高興甚至動怒，有的可能還會分不清好歹，把諍友當作損友。還有的人聽慣了好話，漸漸地就真的以為便佞、奉承的人是益友了，分不清「浸潤之譖」，陷入「膚受之愬」（12.6章）。

16.5

孔子曰：「益者三樂，損者三樂。樂節禮樂①、樂道人之善、樂多賢友，益矣；樂驕樂②、樂佚③遊、樂晏樂④，損矣。」

【註釋】

①節禮樂：孔子主張用禮樂來節制人。
②驕樂：驕縱不知節制的樂。
③佚：同「逸」。
④晏樂：沉溺於宴飲取樂。

【譯讀】

孔子說：「有益的喜好有三種，有害的喜好有三種。以禮樂有節為習慣，樂於分享、稱道別人的好處，以廣交賢德之友為樂，這是有益的。玩樂導致喪志、喜歡遊手好閒，喜歡大吃大喝，這就是有害的。」

【熙解】

上一章說了交友原則，這一章說培養興趣愛好的原則，也是三益三損，字面意思很好理解。這些不但是對自己修身的要求，我們也可以從這些側面去判斷一個人，判斷對方的人品、性格以及發展潛力、前途。具有優秀品質和優質人脈的人，理所當然是優先交往的對象。

16.6

孔子曰：「侍於君子有三愆[1]：言未及之而言，謂之躁；言及之而不言，謂之隱；未見顏色而言，謂之瞽[2]。」

【註釋】

①愆：音 qiān，過失。相當於人生格言。
②瞽：音 gǔ，盲人。

【譯讀】

孔子說：「與君子一起，說話要注意避免犯三種過失：還沒有問到你的時候就說話，這是急躁；已經問到你的時候你卻不說，這叫隱瞞；不看君子的臉色而貿然說話，就有點『不長眼睛』了。」

【熙解】

孔子雖說這是和有德君子一起說話的原則，但其實這個原則適用於所有場合。會說話、說話得當、說話看時候、說話察言觀色是高情商的表現。急於表現的說話，會顯得你急躁；該你說了你卻保持沉默，人家還以為你有什麼別的想法，不合群；最嚴重的錯誤是，不看現場氣氛而說不合時宜的話，小心會被罵「不長眼睛」！

16.7

孔子曰：「君子有三戒：少之時，血氣未定，戒之在色；及其壯也，血氣方剛，戒之在鬥；及其老也，血氣既衰，戒之在得。」

【譯讀】

孔子說：「君子有三種事情應引以為戒：年少的時候，血氣還不成熟，要戒除對女色的迷戀；等到身體成熟了，血氣方剛，要戒除與人爭鬥；等到老年，血氣已經衰弱了，要戒除貪得無厭。」

【熙解】

這是一個年長的過來人，用自己人生經驗得失或看到的教訓給出的友善勸誡。非常難得！孔子對人從少年到老年這一生中需要注意的問題提出忠告，今天的人們一定要注意。

首要之戒，年少時，人血氣方剛，陽氣上升，是為一輩子的身體健康打基礎的時候，若沉迷於低俗的愛好，就不單是虧一時的事，而是會嚴重影響到中年到老年以後的健康。

到壯年時，要戒好鬥。好鬥者張揚，陽氣散得快，而且最關鍵的是容易惹禍，一著不慎容易誤人誤己。

而到了老年了，就要學會放下，懂得「舍得」。人生沒有什麼是能永久佔有的，一切都是身外之物。不惑之後要返身修德，不為財富所奴役，過更有意義的生活。

16.8

孔子曰：「君子有三畏：畏天命，畏大人，畏聖人之言。小人不知天命而不畏也，狎大人，侮聖人之言。」

【譯讀】

孔子說：「君子有三件敬畏的事情：敬畏天命，敬畏地位高貴的人，敬畏聖人的話，小人不懂得天命，因而也不敬畏，不尊重地位高貴的人，輕侮聖人之言。」

【熙解】

社會的諸多亂象和膽大妄為之舉，皆是因為沒有敬畏心。「無知者無畏」就是說的這些小人。有的人不信天命。不信也可以，但不信不代表可以不敬。對不能理解或暫時無法解釋的東西表示尊重，不失為一種明智。

這裡「大人」指德高望重、有地位之人，近似於聖人，一般都順天命而行，替天行

道，有責任有擔當。所以對可信任的「大人」之言表示敬畏、遵從，是最簡便的學習順勢而為的方法。需要注意的是，如果是被人為樹立的「聖人」之言，則要謹慎對待，不可盲從。

16.9

孔子曰：「生而知之者，上也；學而知之者，次也；困而學之，又其次也；困而不學，民斯為下矣。」

【譯讀】

孔子說：「生來就知道的人，是上等人；經過學習以後才知道的，是次一等的人；遇到困難再去學習的，是又次一等的人；遇到困難還不學習的人，這種人就是下等的人了。」

【熙解】

自古以來出現過不少「生而知之者」，孔子是相信的。比如公冶長天生能懂鳥語，比如近代社會在印度出現過一位數學天才，生來就懂很多複雜的數學公式和規律。

孔子雖說是「生而知之者」，但他不承認自己是這種人。他說自己是經過學習之後才知道的。他希望人們勤奮好學，不要等遇到困難再去學習。俗話說：書到用時方恨少，就是講的這個道理。不過論學習效率，還是在「困而知之」的時候學得最快。有壓力就有動力嘛！

至於遇到困難還不去學習，就不足為訓了。這樣的人沒救了，不提也罷！

16.10

孔子曰：「君子有九思：視思明，聽思聰，色思溫，貌思恭，言思忠，事思敬，疑思問，忿思難，見得思義。」

【譯讀】

孔子說：「君子有九種要思考的事：看的時候，要思考是否看清；聽的時候，要思考是否聽清楚；自己的臉色，要思考是否溫和；自己的容貌，要思考是否謙慕；言談的時候，要思考是否忠誠；辦事的時候，要思考是否謹慎嚴肅；遇到疑問，要思考是否應該向別人詢問；忿怒時，要思考是否有後患，獲取財利時，要思考是否合乎義的準則。」

【熙解】

本章通過孔子所談的「君子有九思」，把人的言行舉止的各個方面都考慮到了，可以說是對之前提到的各種仁義原則的具體闡述和行事指導，匯總落到實處了，言簡意

賤，更具可操作性。真是太好了！我們一定好好學習！

16.11

子曰：「『見善如不及，見不善如探湯。』吾見其人矣，吾聞其語矣！『隱居以求其志，行義以達其道。』吾聞其語矣，未見其人也。齊景公有馬千駟，死之日，民無德而稱焉。伯夷、叔齊餓死於首陽之下，民到於今稱之。其斯之謂與？」

【譯讀】

孔子說：「看到善良的行為，就對照一下看自己能否做到，看到不善良的行動，就好像把手伸到開水中一樣趕快避開。我見到過這樣的人，也聽到過這樣的話。以隱居避世來保全自己的志向，以行義舉來堅持自己的志向。我聽到過這種話，卻沒有見到過這樣的人。齊景公有馬四千匹，死的時候，百姓們卻覺得他沒有什麼德行可以稱頌。伯夷、叔齊餓死在首陽山下，百姓們到現在還在稱頌他們。也許說的就是這個意思吧。」

【熙解】

見善如不及，見不善如探湯，這種品質還是有不少人能做到的。孔子也見到過這樣的人。但隱居以求其志，行義以達其道的人，孔子說只聽說過，但沒真正見過。孔子想到了齊景公，生前很風光，但死後沒有值得讓人稱道的東西供人懷念。伯夷、叔齊不食周粟餓死在首陽山下，人們卻至今還在稱頌他們，也許只有伯夷、叔齊才稱得上隱居以求其志，行義以達其道的人。還記得齊景公當初問孔子「雖有粟，吾得而食諸？」（12.11章）這句嗎？齊景公終究沒有成為伯夷、叔齊一類的人。齊景公晚年放棄了競爭，任由田氏佈局，為田齊代姜創造了有利條件。唯一萬幸的是，田齊代姜發生在齊景公死後，齊景公不用直面伯夷、叔齊直面過的問題了。

但現在孔子卻不得不思考這個問題了。孔子和齊景公有點像難兄難弟啊！孔子在這裡提出「隱居以求其志，行義以達其道」這個命題，其實是在抉擇，到底是學伯夷、叔齊隱居退出江湖，還是積極行動恢復國家秩序？而且到底是繼續維護周朝秩序，還是如16.1章提到的那樣，「鬧革命」創建新秩序？

難啊！此時孔子又有些迷茫了。又想到了《詩經》裡那個幽怨的女子（12.10章）和那個痴情的女子（14.39章）。

【資料】

臨淄東周齊景公殉馬坑

　　上圖是山東臨淄齊國故城大城東北部河崖頭村的東周墓殉馬坑。這座殉馬坑據考證是春秋晚期齊景公墓穴的一部分。專家根據已清理出的 228 匹殉馬，推算坑內共有殉馬 600 餘匹，數量之多，規模之大，前所未有。

　　已探明 30 餘座大中型墓葬和 3 個殉馬坑。1976 年發掘的五號墓，是一座甲字形土坑積石木槨墓，墓室和墓道系在人工挖掘的大坑中版築而成。墓室的東、西、北處有三面相連的殉馬坑，坑長約 215 米，寬 4.8 米左右。

　　據專家考證，殉馬多數是 6~7 歲的壯年馬，是人為處死後，按照一定的方式排列而成。記者在展廳內看到，殉馬坑內馬按順時針方向分兩列埋葬，側臥，頭朝外，昂首做行進狀，呈臨戰姿態，前後略有疊壓，排列整齊，井然有序，氣勢雄偉壯觀。

　　從填土出土遺物分析，該墓年代約在春秋晚期。經考證，墓主是齊景公。齊景公名杵臼，是姜齊的第 25 代國君，在晏嬰的輔佐下，在位 58 年，是齊國執政時間最長的一位國君。他在位後期「好治宮室，聚狗馬，奢侈，厚賦重刑」，《論語・季氏》也有「齊景公有馬千駟」的記載。從龐大的殉馬方式，可以看出齊景公的奢華，也反應了齊國當時國力的強盛。殉馬坑的發現，為研究春秋戰國時期的齊國歷史，特別是對齊國的經濟、軍事和殉葬制度等方面，提供了極為珍貴的資料。

　　1983 年，有關部門將已清理出的三十多米殉馬坑，就地建起古樸大方的「東周墓殉馬坑」展廳，並對馬骨做了防腐保護處理，以供人們永久觀瞻。

16.12、16.13

　　陳亢[1]問於伯魚曰：「子亦有異聞[2]乎？」對曰：「未也。嘗獨立，鯉趨而過庭。曰：『學《詩》[3]乎？』對曰：『未也』。『不學《詩》，無以言。』鯉退而學《詩》。他日又獨立，鯉趨而過庭。曰：『學《禮》乎？』對曰：『未也』。『不學《禮》，無以立。』鯉退而學《禮》。聞斯二者。」陳亢退而喜曰：「問一得三，聞

《詩》，聞《禮》，又聞君子之遠④其子也。」

邦君之妻，君稱之曰「夫人」，夫人自稱曰「小童」；邦人稱之曰「君夫人」，稱諸異邦曰「寡小君」；異邦人稱之亦曰「君夫人」。

【註釋】

①陳亢：即陳子禽。
②異聞：這裡指不同於對其他學生所講的內容。
③《詩》是《詩經》，《禮》是《儀禮》或《禮記》。
④遠：不偏愛，或者有隔閡。

【譯讀】

陳亢問伯魚：「你在老師那裡聽到過什麼特別的教誨嗎？」伯魚回答說：「沒有呀。有一次（他）獨自站在堂上，我快步從庭裡走過，（他）說：『學《詩》了嗎？』我回答說：『沒有。』（他）說：『不學《詩》，就不懂得怎麼說話。』我回去就學《詩》。又有一天，（他）又獨自站在堂上，我快步從庭裡走過，（他）說：『學《禮》了嗎？』我回答說：『沒有。』（他）說：『不學《禮》就不懂得怎樣立身。』我回去就學《禮》。我就聽到過這兩件事。」陳亢回去高興地說：「我提一個問題，得到三方面的收穫，聽了關於《詩》的道理，聽了關於《禮》的道理，又知道了君子竟然那麼的孤獨，連兒子都跟他有隔閡。」

國君的妻子，國君稱她為夫人，夫人自稱為小童，國人稱她為君夫人；對他國人則稱她為寡小君，他國人也稱她為君夫人。

【熙解】

有人說陳亢是孔子的學生，但是我看不像，他更像子貢的學生，或者是子貢的隨從或幫手，跟著子貢順便學些文化知識。他問的問題也大都與「學問」不著邊際，有點像現代的「八卦」、花邊新聞。以陳亢的「學問」和地位竟然能在《論語》裡多次露臉，八成是沾了子貢的光。有可能是在《論語》編輯成書時，陳亢代子貢跑腿做了不少實事。

不過恰恰是陳亢的八卦問題，為我們透露了不少臺面下的事情。

伯魚從庭堂走過，見到父親不是主動打招呼，而是想快步通過。難怪孔子要問他學《詩》沒有。如果學了《詩》怎麼會不知道跟父親說幾句話呢！當父親的其實也希望子女主動與他多親近的，哪怕只是打聲招呼，尤其是年老以後。但是在這一章《論語》裡，竟然連伯魚怎麼稱呼父親的都沒記載。也許不是沒記載，而是伯魚根本就沒主動跟父親打招呼。

《論語》是講道理的書，我們在之前的章節已領略過《論語》對人性體察的細緻入微，以及嚴謹的行文邏輯和文風。論語在這裡應該不會犯忽略「應主動跟長輩打招呼」的錯誤。所以這裡我們有理由判斷，伯魚應該是沒有主動跟父親打招呼，沒有叫一聲

「父親」。太不懂禮貌了！《論語》提出這一段，其實是在無聲地批評伯魚。符合《論語》「罵人不帶髒字」的文風。難怪陳亢會說「又聞君子之遠其子也」，這個「遠」字，與其說是「不偏愛」，不如說是「不親近」，有隔閡。

　　所以孔子又提醒伯魚要學《禮》，不學禮無以立。而《論語》在這一章後面立刻跟上一段《禮》的內容，以「君夫人」為例說明怎麼稱呼尊長、平輩、怎麼跟人打招呼。《論語》真是苦口婆心，孔子也是人，也需要溫暖啊！同學們，記得每次放學回家，或者外出歸來，進門第一件事一定要主動和家裡人尤其是長輩打招呼，主動喊一聲爸媽，或爺爺奶奶外公外婆等愛你的親人。不要嫌煩，這是基本禮貌，教養的第一步。

陽貨第十七

17.1

陽貨①欲見孔子，孔子不見，歸孔子豚②。孔子時其亡③也，而往拜之，遇諸涂④。謂孔子曰：「來！予與爾言。」
曰：「懷其寶而迷其邦⑤，可謂仁乎？」
曰：「不可。好從事而亟⑥失時，可謂知乎？」
曰：「不可。日月逝矣，歲不我與⑦！」
孔子曰：「諾，吾將仕矣！」

【註釋】
①陽貨：又叫陽虎，季氏的家臣。
②歸孔子豚：歸，音 kuì，通「饋」，贈送。豚，烤乳豬。贈給孔子一只烤乳豬。
③時其亡：等他外出的時候。
④遇諸涂：涂，同「途」，道路。在路上遇到了他。
⑤迷其邦：聽任國家迷亂。
⑥亟：屢次。
⑦與：在一起，等待的意思。

【譯讀】
陽貨想見孔子，孔子不見，他便送了一只烤乳豬到孔子家裡，想要孔子回訪去拜見他。孔子打聽到陽貨不在家時，往陽貨家拜謝，卻在半路上遇見了。陽貨對孔子說：「來，我有話要跟你說。」
陽貨說：「把自己的本領藏起來而聽任國家迷亂，這可以叫作仁嗎？」
說：「不可以。喜歡參與政事而又屢次錯過機會，這可以說是智嗎？」
說：「不可以。時間一天天過去了，年歲是不等人的。」
孔子說：「好吧，我將要去任職了。」

【熙解】
陽貨原是季氏的家宰，曾經看不起孔子。現在居然連他都登上權力的舞臺了，可見周朝秩序基本沒戲了。陽貨想拉攏孔子，替他充門面，孔子當然不會答應。孔子有所為

有所不為，懶得搭理他。他就厚臉皮給孔子送了頭烤乳豬，知道孔子是懂禮節的，肯定會禮貌性回訪。孔子也善於回旋，特地打聽到陽貨不在家的時候才去禮節性回訪，誰知在路上碰到了陽貨。

陽貨大模大樣地和孔子說了一通道理，孔子只是揖禮而立，不說話。陽貨沒辦法，只好自問自答。到最後，陽貨拋出一塊「糖」給孔子，要他出山，說再不出來做事就老了，歲月不饒人啊。孔子這才回了一句永遠不會錯的話：「好。我將要任職了。」但誰說一定就是要去陽貨那任職呢？先應付過去再說。

17.2、17.3

　　子曰：「性相近也，習相遠也。」
　　子曰：「唯上知與下愚不移。」

【譯讀】
　　孔子說：「人的本性是相近的，由於習慣不同才相互有了差別。」
　　孔子說：「只有上等的智者與下等的愚者是改變不了的。」

【熙解】
　　告子曰：「食、色，性也。」這句話是為了說明人性本質，無所謂本善、本惡之分，告子主張「生之謂性」，也就說食、色、善、惡都是人類天生具有的本性。其實不光人類，其他動物界都差不多。任何動物都有母愛之善，也有弱肉強食。人類之所以能成為高級動物，是因為多了後天的教化。經過教化的就成為文明人，未經教化或教化不夠的，就還是野蠻人。這就是「習相遠」。習相遠靠教育，受環境影響，教育可以昇華人的本性，擴大智愚差別，人和人的差距也就出來了。

　　但是有兩類人，教化於之作用不大。第一是上智之人，就是生而知之的人，天生聰明，不需要教化，早已超越教化。另一類人就是太蠢，怎麼教化都不起作用，而且人品爛到根子裡了。孔子這裡應該是對陽貨有感而發。孔子太鄙視陽貨了！陽貨老早就是勢利眼，逮著機會就犯上作亂。現在居然想拉孔子上他的賊船，真是下愚不移也！

17.4

　　子之武城[1]，聞弦歌[2]之聲。夫子莞爾而笑曰：「割雞焉用牛刀？」子游對曰：「昔者偃也聞諸夫子曰：『君子學道則愛人，小人學道則易使也。』」子曰：「二三子！偃之言是也。前言戲之耳。」

【註釋】
　　①武城：魯國的一個小城，當時子游是武城宰，澹臺滅明輔助之。

②弦歌：弦，指琴瑟。以琴瑟伴奏歌唱。

【譯讀】

孔子到武城，聽見彈琴唱歌的聲音。孔子微笑著說：「殺雞何必用宰牛的刀呢？」子遊回答說：「以前我聽先生說過，『君子學習了禮樂之道就能愛人，小人學習了禮樂就容易管理。』」孔子說：「學生們，言偃的話是對的。我剛才說的話，只是開個玩笑而已。」

【熙解】

子遊是個認真的人，他真的在武城這個小地方實行禮樂教化了。別說沒作用，後來還真的起了大作用。還記得「孟之反不伐」這經典的一仗嗎？武城派出的 300 壯士成了冉求忠實的親兵，澹臺滅明也立了大功，武城儼然成了「孔門弟子軍」的大本營。後來季氏問冉求，他的軍事才能從哪學的，冉求傻愣愣地說是跟孔子學的，以為是給老師貼金，其實幫了倒忙。這下糟了，孔子原來不只是一介文弱書生啊！能文能武門下還有大把人才的孔子成了所有在位者的「心腹之患」，夫子無罪，懷璧其罪矣！

不過由於種種原因，「孔門弟子軍」最終沒有變成名副其實的「孔家軍」。不知是遺憾還是萬幸，留待大家思考吧。

17.5

公山弗擾①以費畔，召，子欲往。子路不悅，曰：「末之也已②，何必公山氏之之也③。」子曰：「夫召我者，而豈徒④哉？如有用我者，吾其為東周乎⑤？」

【註釋】

①公山弗擾：人名，又稱公山不狃，字子洩，季氏的家臣。
②末之也已：末，無。之，到、往。已，止，算了。
③之之也：第一個「之」字是助詞，後一個「之」字是動詞，去到的意思。
④徒：徒然，空無所據。
⑤吾其為東周乎：為東周，建造一個東方的周王朝，在東方復興周禮。

【譯讀】

公山弗擾據費邑反叛，來召孔子，孔子準備前去。子路不高興地說：「沒有地方去就算了，為什麼一定要去公山弗擾那裡呢？」孔子說：「他來召我，難道只是一句空話嗎？如果有人用我，我就要在東方復興周禮，建設一個東方的西周。」

【熙解】

孔子雖看不起陽貨，但陽貨那番話還是觸動了他。孔子內心其實是很想出仕做事、承擔責任，用行動改變社會，甚至是改造社會的。但孔子沒有自己出頭的想法，如果別

人出頭，請他協助，他還是有參與的想法。比如公山弗擾，孔子以前和他的交往還算愉快，現在公山弗擾請他，孔子有點動心。

據《史記·孔子世家》記載，孔子激情道白：「周文武起豐鎬而王，今費雖小，儻庶幾乎！」孔子或許憧憬自己能像周文王、周武王推翻商紂腐朽政權那樣取得革命的偉大勝利吧！此時是魯定公九年的事，陽虎作亂失敗剛被趕出魯國不久。公元前500年，此時孔子約51歲，尚未周遊列國，還有激情。難怪當年毛主席說過一句話：「孔夫子是革命黨。」

人一旦有了欲念，就會失去分辨力，判斷力也急遽下降，就像戀愛中的人。哪怕這種欲念的起因是基於美好的願望，但欲念就是欲念。孔子沒有考慮到公山弗擾是據費邑反叛。當局者迷旁觀者清，幸虧子路及時阻止了孔子。想建設一個新東周，天大的偉業，靠公山弗擾之流，拉倒吧！

想起南宮適在14.5章繞著彎對孔子的提醒之語「淹死的都是會水的」，南宮適洞若觀火啊！孔子這個侄女婿真是選對了！

【典故】湯武革命

很多人以為「革命」一詞是現代才出現的，是現代概念。其實它在孔子時代就有了，而且本意就和現代一樣。

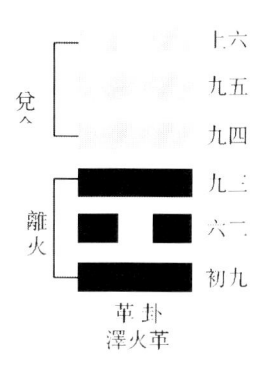

中國古代把改朝換代說成是天命的變革，所以稱為「革命」。《易·革·彖辭》中有「湯武革命，順乎天而應乎人」的名言。這裡所說的「湯」，就是中國歷史上第二個統治王朝的開基者——商湯天乙。他曾經領導商部族和其他諸侯反抗夏王朝最後一個統治者——桀的殘暴統治，運用戰爭的暴力手段，一舉推翻垂死腐朽的夏王朝，建立起新的統治秩序。由於商湯以武力滅夏，打破國王永定的說法，從此中國歷代王朝皆如此更迭，因而史稱「商湯革命」。而「武」則是指周武王，他領導的當時的諸侯國「周」經過牧野之戰，推翻了商紂王的統治，周武王代紂成功，建立了新的王朝——周朝。這兩次王朝更迭合稱為「湯武革命」。

「革卦」是《易經》六十四卦的第四十九卦。還記得6.26章「井有仁焉」提到的「井卦」嗎？井卦是第四十八卦，重點在「修」，其實就是「改」，即「改革」。如果改

革還不能扭轉局面，那下一步就會面臨被「革命」了。澤火革（革卦）順天應人。《象》曰：「澤中有火，革。」君子以治歷明時。卦辭的「革：己日，乃孚，元亨，利貞，悔亡」，是說革舊應該在國勢由盛轉衰，即國家已出現不景氣現象之時就應著手進行，不要等到腐爛不堪不可收拾之時再進行改革，這樣就晚了。「己日」之革，它將有孚於眾望，它乃有極大的亨通，它也利於貞正，一切悔恨將會消亡。

「革卦」之後第五十卦即是「鼎卦」，革舊之後意味著鼎新，建立新秩序。

17.6

　　子張問仁於孔子，孔子曰：「能行五者於天下，為仁矣。」請問之。曰：「恭、寬、信、敏、惠。恭則不侮，寬則得眾，信則人任焉，敏則有功，惠則足以使人。」

【譯讀】

　　子張向孔子問仁。孔子說：「能夠處處實行五種品德，就是仁人了。」子張問哪五種。孔子說：「恭謹、寬厚、誠實、敏銳、恩惠。恭謹就不致遭受侮辱，寬厚就會得到眾人的擁護，誠信能得到別人的任用，敏銳可提高工作效率出成果，有恩惠能夠調動人。」

【熙解】

　　「恭則不侮」，是己人關係原則，對上恭敬，對其他人始終保持恭謹，別人自然同樣以禮相待，不會怠慢你。為人寬厚，不過於計較小事情，以包容之心與人相處，你的人緣一定會好，朋友多。誠信能得到別人的任用，這條原則走到哪裡都沒錯。「敏則有功」，比如澹臺滅明在戰場上的表現，就很敏銳，反應快，行事果斷，當然辦事效率就高，功勞就大了。這樣的人才給誰都求之不得。「惠則足以使人」，第一層惠的意思至少你得給他實惠好處，不給員工發工資，是調動不了人的。第二層意思呢，你即使有錢也得好好說話，和氣才能生財，否則不伺候。至於那種不給錢不說話也能夠做事的境界，這已經超出「惠」的層次了。這樣的人不受任何人驅使，做什麼都是發自本心，把做事當作修為自己。

17.7

　　佛肸①召，子欲往。子路曰：「昔者由也聞諸夫子曰：『親於其身為不善者，君子不入也。』佛肸以中牟②畔，子之往也，如之何？」子曰：「然，有是言也。不曰堅乎？磨而不磷③；不曰白乎？涅④而不緇⑤。吾豈匏瓜⑥也哉？焉能系⑦而不食。」

【註釋】

①佛肸：音 bìxī，原晉國大夫範氏家臣，中牟城地方官。公元前496年至前493年期間，趙簡子攻打範氏和中行氏，後範氏敗逃到齊國，替範氏據守中牟的佛肸不願歸附趙簡子，於是向孔子發出邀請，請他來接管。孔子後來沒去成，佛肸最終還是歸附了趙簡子。所以嚴格來說，佛肸並不是子路所說的「背叛」，因為他的舊主範氏已經大勢已去。

②中牟：地名，據學術界考證在今鶴壁市附近。中牟在當時地理環境很好，有山有湖，地理位置適中，離周朝都城朝歌不遠，背靠牟山，是戰略要點。據史料記載，趙簡子攻打範氏和中行氏時，就追到了朝歌，齊國齊景公派人送大量糧草到朝歌，支援範氏，但沒有成功，範氏敗，糧草也落入趙簡子手中。

③磨而不磷：磷，一種礦石，雲母片岩的一種。片岩層層疊加沉澱，歷經億萬年擠壓形成岩石，因雲母含量高，常呈絹絲光澤，片狀可順著解理面剝離。這裡用來形容寶劍，雖磨得堅不可摧、鋒利無比，但其實是用熟鐵經反覆淬煉，層層折疊鍛打而成的，堅韌而柔，不易折斷。

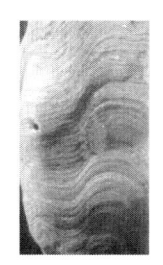

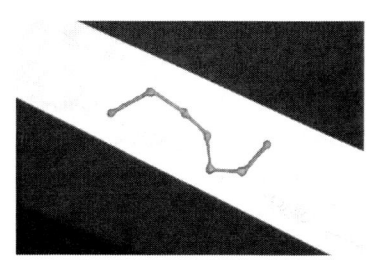

磷狀雲母岩　　寶劍鍛折紋

④涅：涅石，一種輕白的礦物礬石，又名白礬、柳絮礬。礬石雖白，但經碾磨後可用作黑色顏料染衣服。《淮南子·俶真》：「今以涅染緇，則黑於涅。」

涅石

⑤緇：音zī，黑色。

⑥匏瓜：葫蘆中的一種，一般不用來吃，待乾枯後掏空內裡，用作水壺。劈成兩半還可作水瓢。

⑦系：音 jì，結，扣。

【譯讀】

佛肸召孔子去，孔子打算前往。子路說：「從前我聽先生說過：『經手過不善之事的人那裡，君子是不去的。』現在佛肸據中牟反叛，你卻要去，這如何解釋呢？」孔子說：「是的，我有過這樣的話。但即使曾經軟弱易折的東西，經千錘百煉後，就不再軟弱，不是也能磨成堅硬鋒利的寶劍嗎？涅石即使出身墨染，不是也能結晶嬗變成白色的岩石嗎？我難道就像個干枯的葫蘆，只能掛在那裡而不給人飲水用嗎？」

【熙解】

這裡「不曰堅乎？磨而不磷」是倒裝句型，「不曰堅乎」前置加重語氣。若不用倒裝就是「磨而不磷，不曰堅乎？涅而不緇，不曰白乎？」

這一章體現了孔子的強大意志力和辯證思維。原本鬆軟的熟鐵經層層折疊鍛打，可磨礪成堅韌鋒利的寶劍；涅石被用作黑色染料前，竟然是潔白的結晶。可見沒有天生的惡人，也沒有天生的善人。在外力作用下，善惡是可以轉換，黑白是可以互變的。孔子不是一成不變地看問題的人。子路說佛肸乃不善之身，不能往；孔子說，有我在，我可以改變他，使他改過為善。事在人為，要發揮人的主觀能動性。而且，人也應該有所為，孔子一生抱負，滿腹經綸，豈能像匏瓜一樣系而不用？時不我待矣！

曹植《洛神賦》：「嘆匏瓜之無匹兮，詠牽牛之獨處。」原比喻男女成年後無偶，後來經常用於比喻人有才無處使用。說到這裡，不禁回想起了 14.39 章裡那個猶疑不決的痴情女子，還有《詩經.衛風.匏有苦葉》裡「深則厲，淺則揭」的詩句，它其實反應了孔子進退維谷，不願跨出最後一步的難處。而現在，孔子終於邁出了那一步，與周朝告別，堅決過河，不再猶豫了。

【典故】三家分晉

三家分晉是指春秋末年，晉國被韓、趙、魏三家瓜分的事件。從公元前 633 年晉文公作三軍設六卿起，六卿一直把握著晉國的軍政大權。到晉平公時，韓、趙、魏、智、範、中行氏六卿相互傾軋。後來趙簡子把範氏、中行氏滅掉。公元前 453 年趙氏又聯合韓、魏滅掉了智氏，晉國公室名存實亡。公元前 403 年周威烈王命韓虔、趙籍、魏斯為諸侯。到公元前 376 年，魏武侯、韓哀侯、趙敬侯瓜分了晉國公室。

三家分晉後，春秋五霸之一的晉國滅亡了，戰國七雄中的韓、趙、魏三國產生了，與秦、楚、齊、燕一道，由此揭開了戰國七雄兼併的序幕。

趙簡子（？—前 476 年），是中國春秋時期晉國趙氏的領袖，原名趙鞅，又名志父，亦稱趙孟。《趙氏孤兒》中的孤兒趙武之孫。先後敗範氏、中行氏，拓展封地，奠定了後來建立趙國的基業。

公元前 513 年，趙簡子、荀寅占領汝濱，效仿鄭國子產，共鼓石為鐵，以鑄刑鼎，上刻範宣子所用「夷蒐立法」。其核心是倡導「法治」，以法作為社會的行為規範。頒布

成文法，具有歷史的進步性。它使罪與非罪的標準明確並昭示於眾，實際上是對「刑不可知，則威不可測」的恐怖政治的否定，體現了社會進步的要求。後來魏國李悝在總結趙簡子「刑鼎」、子產「刑書」、鄧析「竹刑」的基礎上，寫成了《法經》，使法家文化日臻完善，成為新興地主階級奪取政權，確立封建制度的根本理論依據。

17.8

子曰：「由也，女聞六言六蔽矣乎？」對曰：「未也。」「居①！吾語女。好仁不好學，其蔽也愚②；好知不好學，其蔽也蕩③；好信不好學，其蔽也賊④；好直不好學，其蔽也絞⑤；好勇不好學，其蔽也亂；好剛不好學，其蔽也狂。」

【註釋】
①居：坐。
②愚：受人愚弄。
③蕩：輕浮。好高騖遠而沒有根基。
④賊：害。
⑤絞：說話尖刻。

【譯讀】

孔子說：「由呀，你聽說過六種品德和六種弊病了嗎？」子路回答說：「沒有。」孔子說：「坐下，我告訴你。愛好仁德而不愛好學習，它的弊病是易受人愚弄；愛好智慧而不愛好學習，它的弊病是行為輕浮；愛好誠信而不愛好學習，它的弊病是反受其害；愛好直率卻不愛好學習，它的弊病是說話尖刻低情商，把沒輕沒重當直率；好勇卻不愛好學習，勇而無禮的弊病是犯上作亂；好剛強卻不愛好學習，它的弊病是剛愎自用，狂妄自大。」

【熙解】

這六種弊病已經說得很明白了。舉幾個例子，有些所謂信佛的，只講「慈悲」，愛心泛濫，於是花大把的錢放生，外來物種往國內放，把眼鏡蛇往公園裡放，全然不顧生態平衡和可能給人帶來的危險。還有人傾家蕩產捐款去建廟，這哪是修行？家都持不好，身邊至親的人都照顧不好，生活一塌糊塗，建座廟就是「修行」了？先做好身邊小事，好好過日子才是真修行。還有些信佛信成了「佛油子」，滿口「佛言佛語」，噁心！還強迫別人怎麼怎麼樣。這些都是典型的好仁不好學，其蔽很愚！表面很「慈悲」，其實很自私。

還有些人，很「好學」，但看的都是雜亂「雞湯」文章。雞湯文章有個特點，每一句雞湯都是很好的，很正能量的，好像很「智慧」。但是若將這些雞湯文章湊一起，想整理成一個可以供人實踐，具有指導意義的條目，就不行了。你會發現，大部分雞湯文

章，都是自相矛盾的，沒辦法執行的。這種情況，用《論語》的話說，就是「不成器」。人能弘道，器以載道。不能成器的東西，沒有「道」，就屬於虛假之物。不屬於人倫之道，不能弘。這樣的東西，看看也就罷了，千萬別拿它當人生信條，否則你永遠漂浮著過日子。這就是好知不好學，其蔽很蕩。

迄今為止，其每一條既能拿出來當「雞湯」品味，都富於哲理；又能夠匯總，系統地、完整的闡述人生準則，考慮到生活中方方面面的為人處事細節；不自相矛盾，且「道一以貫之」的人生「寶典」，只有《論語》。比如本篇就出現了很多條目，「三益三損」「六言六蔽」「九思」之類，非常具有操作性，很成器。

現代社會違法傳銷很猖獗。都是很低級的騙術，但偏偏有很多人趨之若鶩。聽到暴利誘惑，明知有詐，可還是信了，其實還是貪念作怪。陷進去後，大多同流合污，也跟著害人了。這就是好信不好學，其蔽很賊的表現。

好勇不好學，其蔽很亂之類，前面有闡述過，大家不妨溫故知新。

17.9、17.10

子曰：「小子何莫學夫《詩》？《詩》，可以興①，可以觀②，可以群③，可以怨④。邇⑤之事父，遠之事君。多識於鳥獸草木之名。」

子謂伯魚曰：「女為《周南》《召南》⑥矣乎？人而不為《周南》《召南》，其猶正牆面而立⑦也與？」

【註釋】

①興：激發感情的意思。一說是詩的比興。
②觀：觀察瞭解天地萬物與人間萬象。
③群：合群，有共同語言。
④怨：諷諫上級，怨而不怒。
⑤邇：音ěr，近。
⑥《周南》《召南》：《詩經·國風》中的第一、二兩部分篇名。周南和召南都是地名。這是當地的民歌。此二篇皆言男女愛情、夫婦和睦、家室和諧之道。
⑦正牆面而立：面向牆壁站立著。

【譯讀】

孔子說：「小子為什麼不學習《詩》呢？學《詩》可以激發志氣，可以觀察天地萬物及人間的盛衰與得失，可以使人群聚而有共同語言，可以使人懂得怎樣去諷諫。近可以學習怎樣侍奉父母，遠可以知道怎樣侍奉君主。甚至還可以多認識一些鳥獸草木的名字。」

孔子對伯魚說：「你學習《周南》《召南》了嗎？一個人如果不學習《周南》《召南》，那和面對牆壁而站著有什麼區別呢？」

【熙解】

　　《詩經》表面看是文學藝術作品，但其實是一本百科全書。它將古代生活中、工作中方方面面的知識和案例，用人們喜聞樂見的詩歌的形式表達出來。學過《詩經》的人能從中得到啓發，悟出為人處事的道理。也能直接學習到政治、經濟、管理等方面的知識。可以說，孔子時代學過《詩經》的人，就具有出仕任職的基本技能了。

　　這裡孔子稱呼「小子」，有可能是當初在庭中教訓兒子伯魚時講的話，還記得 16.12 章陳亢問的八卦問題嗎？那一章闡述的是伯魚不懂禮貌，不曉得主動跟父親打招呼。這一章印證了這一點，孔子說，小子如果學了《詩經》，最近的一點收穫，至少懂得怎樣侍奉父母，哪能像現在這樣連打招呼都不懂！

　　果然，孔子接下來就直接點名批評伯魚了，要他尤其好好讀《周南》《召南》。《詩經》裡這兩篇內容主要講男女愛情、夫婦和睦、家室和諧之道，樂而不淫。孔子連給兒子學習的重點都劃出來了，可見伯魚在這些方面做得很不夠。也許，伯魚不僅不懂得事父母，可能在男女之事、家庭和睦上也處理得不夠好。這也再一次證明了，會生活才是修為之本啊！

　　這兩章還有個對現代人的啓發，在詩詞重新流行的今天，我們學詩詞，不能把焦點僅放在那些風花雪月的文學作品上，而應領悟在詩詞藝術背後所包含的生活內涵。有了這個原則，那麼在詩詞學習的選擇上，就不能胡子眉毛一把抓，求多而不加鑑別，否則又變成了「雞湯」！孔子馬上就提到了這個關鍵……

17.11

子曰：「禮雲禮雲，玉帛雲乎哉？樂雲樂雲，鐘鼓雲乎哉？」

【譯讀】

　　孔子說：「禮呀禮呀，難懂說的只是玉帛之類的禮器嗎？樂呀樂呀，難道說的只是鐘鼓之類的聲樂嗎？」

【熙解】

　　上一章孔子給兒子學習《詩經》劃了重點，這裡給大家學習禮樂指明了方向。就像對《詩經》不能僅從文學藝術的角度去學習一樣，學習禮樂也不只是簡單的禮器鐘鼓藝術鑒賞。禮樂的實質是講法道，表達意識，陶冶情操。（17.9~17.11 章可以當作孔子開的《文藝工作座談會》了。）

　　所以說孔子孜孜以求希望恢復的表面是禮制，其實質是恢復秩序，是恢復和諧。鬱鬱乎文哉，孔子一開始把完備的周禮等同於和諧，後來才意識到周禮已不合時宜，才有了權變之道。

17.12、17.13、17.14

子曰：「色厲而內荏①，譬諸小人，其猶穿窬②之盜也與？」
子曰：「鄉愿，德之賊也！」
子曰：「道聽而涂③說，德之棄也！」

【註釋】

①色厲內荏：厲，威嚴、正義，荏，虛弱。外表威嚴而內心虛弱。
②窬：音 yú，洞。
③涂：通「途」。

【譯讀】

孔子說：「外表大義凜然而內心虛弱，如果要形容這類小人，就像是挖洞穿牆而過的盜賊吧？」
孔子說：「無原則地見人都說好，這是道德之賊（騙取好感）。」
孔子說：「在路上聽到傳言就到處去亂說，人云亦云，這是道德所唾棄的。」

【熙解】

兩類人，一類是外強中干，看似威嚴剛強，其實做賊心虛。這種人從不敢較真，沒有行動力，一較真就顧左右而言他。二是外忠內奸，外憨內佞，不辨是非，偽善欺世的「老好人」。尤其小心未經教化，一無所有的「老實人」，他們好勇疾貧，勇而無禮，是作亂之源。這些人經常欺世盜名，招搖撞騙，卻堂而皇之地自我粉飾炫耀。

還有一類人，棄德而遠之，毫無主見，見風是風，見雨是雨，是無知的表現。在現實生活中，還有些不僅是道聽途說，而且打聽別人的隱私，然後到處去說，造謠生事，以此作為生活的樂趣，實乃卑鄙之小人。

17.15

子曰：「鄙夫可與事君也與哉？其未得之也，患得之；既得之，患失之。苟患失之，無所不至矣。」

【譯讀】

孔子說：「可以和一個鄙夫一起共事嗎？他在沒有得到時，總擔心得不到。已經得到了，又怕失去它。如果他擔心失掉，那他就什麼事都干得出來了。」

【熙解】

　　成語「患得患失」就是這麼來的。沒有時，總想著擁有，在憂慮中過日子；一旦擁有了，又擔心失去，日子過得更焦慮，於是更加拼命地攫取。久而久之，忘卻初心，不擇手段，成為財富、權利的奴隸，直到遭到應有的懲罰時，才痛哭流涕，但悔之晚矣。說到底，還是缺乏正確的人生觀、價值觀，企圖永久佔有，一勞永逸。這是逆天道而行，沒學《論語》的結果。

　　正確的做法是，一開始就看淡得失，唯道是從，用心做事。這樣下去，該來的都會來，不該來的不要惹身。

17.16

　　子曰：「古者民有三疾，今也或是之亡也。古之狂①也肆②，今之狂也蕩③；古之矜也廉④，今之矜也忿戾⑤；古之愚也直，今之愚也詐而已矣。」

【註釋】

①狂：狂妄自大，願望太高。
②肆：肆意，不拘禮節。
③蕩：放蕩，不守禮。
④廉：不可觸犯。
⑤忿戾：忿，矯情，無端指責。戾，火氣太大，蠻橫不講理。

【譯讀】

　　孔子說：「古代人有三種毛病，現在恐怕連這三種毛病也不是原來的樣子了。古代的狂者但求自己逍遙肆意，而現在的狂妄者卻是放蕩做作，擅表演；古代驕傲自矜的人不過是慎獨，難以接近，現在那些扮『聖母』的人卻是矯情，指責別人，製造戾氣；古代愚笨的人不過是直率一些，現在的愚笨者卻是詐欺啊！」

【熙解】

　　孔子所處的時代，已經與上古時代有所區別，上古時期人們的「狂」「矜」「愚」雖然也是毛病，但並非不能讓人接受，他們雖張揚自己，但有修己之心，講慎獨，不討人嫌。而今天人們的這三種毛病都變本加厲。從孔子時代到現代，又過去了兩千五百年了，我們感到這三種毛病不但沒有改變，反而有增無減，愈益加重。這分明就在說現代的事情啊！可見兩千五百年來，社會在變，但真的是人性未變啊！孔子的思想，再過兩千五百年也不會過時。

17.17、17.18

子曰：「巧言令色，鮮矣仁。」①
子曰：「惡紫之奪朱②也，惡鄭聲之亂雅樂也，惡利口之覆邦家者。」

【註釋】

①本章已見於《學而篇》之第三章，此處非簡單重複，而是與下章結合，闡明觀點。

②紫，古代認為紫色不是正色。紫色再偏暗就接近於「紺緅」色。「君子不以紺緅飾，紅紫不以為褻服」，紺緅色一般用於齋戒或喪事場合，代表負能量。朱，大紅色，古代稱為正色，用於喜慶場合，代表正能量。

【譯讀】

孔子說：「花言巧語，讒言媚態取悅他人的人，很少有真正的仁德。」

孔子說：「我厭惡用紫色取代紅色，厭惡用鄭國的聲樂擾亂雅樂，厭惡伶牙俐齒顛覆國家這樣的事情。」

【熙解】

孔子反覆強調「巧言令色，鮮矣仁。」可見這個問題其實蠻嚴重的。孔子是個很積極、陽光、正能量的人，連衣服穿著的顏色之類都要求明亮、賞心悅目。當然，這其實也是符合生態、生理學的，是道法自然的體現。現實中喜歡一身晦暗衣服顏色的人，都會讓人感覺不舒服。

鄭國的聲樂在孔子眼中是靡靡之音，孔子很反感。但他身邊估計有人喜歡聽鄭聲，所以他幾次提到。這些都是負能量，好討厭！

利口之覆邦家，那真是罪大惡極了！但孔子時代，邦家被覆者比比皆是，不能不說與主流思想崩塌有關。主流思想崩塌，會導致社會思潮混亂，思潮混亂就會導致莫衷一是，不知何為仁、何為義，各說各有理，最後只能靠武力來檢驗了。

有人一定會說：「不對，這叫百家爭鳴！」歷史事實證明，找不到出路時才會百家爭鳴，百家爭鳴的年代都是亂世。古往今來，要說志士仁人「拋頭顱、灑熱血」，尋求家國救亡之道，莫過於春秋戰國時代的那批仁人志士了。「路漫漫其修遠兮，吾將上下而求索」，他們摸索的時間最長，探索出來的理論最豐富，最後終於家國統一了，找到解決方案了，但付出的代價也最大。百家爭鳴不是目的，不是為了爭鳴而爭鳴，而是尋求合道的過程，爭鳴是副產品。都是為了找到正確的道路，是責任，是擔當，有啥好爭的。自私的人才去爭。燦爛的文化從來不是坐在暖房裡閉門造車造出來的，而是用血與火淬煉出來的。珍惜吧！

17.19

子曰：「予欲無言！」子貢曰：「子如不言，則小子何述焉？」子曰：「天何言哉？四時行焉，百物生焉，天何言哉？」

【譯讀】

孔子說：「我想不說話了。」子貢說：「您如果不說話，那麼我們這些學生還傳述什麼呢？」孔子說：「天何曾開口說話呢？四季照常運行，百物照樣生長，天說了什麼話呢？」

【熙解】

是啊，人雖能弘道，但道不弘人。說到底不管你弘不弘，道永遠在那裡。不論你怎麼爭，怎麼做，道都會按它的規則運行。說了又怎樣，無非少了點紛爭。但人家不一定會感激你，也許還怨你，爭得越多，也許還能再多出一些「燦爛的文化」。所以孔子也不想說話了。這當然是氣話，發洩一下而已。我也不想說了，歇歇吧！

17.20

孺悲[1]欲見孔子，孔子辭以疾，將命者出戶，取瑟而歌，使之聞之。

【註釋】

①孺悲：魯國人，據說魯哀公曾派他向孔子學禮。

【譯讀】

孺悲想見孔子，孔子以有病為由推辭不見。傳話的人剛出門，（孔子）便取來瑟邊彈邊唱，（有意）讓孺悲聽到。

【熙解】

孺悲，一聽這名字就是個負能量的人，孔子就像惡紫衣奪朱者一樣，討厭他。有什麼好見的，無非來矯情幾句，跟這種人什麼好說的。天何言哉？不見。不但不見，還要刺激他一下，解解恨。取瑟而歌，使之聞之。

其實呢，如果孺悲對此事耿耿於懷，敏感悲情，回去向魯哀公哭爹告娘的呢，那他真是沒救了，遲早得抑鬱症。這種消極負能量還是早點從朋友圈刪除為好。如果他對孔子這個舉動不生氣呢，說明他還有夠樂觀，也不用再見孔子了，回去也彈一曲就對了。

孔子這是不言之教啊！

悟道之人，就是這麼瀟灑！

17.21

宰我問：「三年之喪，期已久矣！君子三年不為禮，禮必壞；三年不為樂，樂必崩。舊谷既沒，新谷既升，鑽燧改火①，期②可已矣。」

子曰：「食夫稻③，衣夫錦，於女安乎？」曰：「安。」「女安則為之！夫君子之居喪，食旨④不甘，聞樂不樂，居處不安，故不為也。今女安，則為之！」

宰我出，子曰：「予之不仁也。子生三年，然後免於父母之懷，夫三年之喪，天下之通喪也。予也有三年之愛於其父母乎？」

【註釋】

①鑽燧改火：古人鑽木取火，四季所用木頭不同，每年輪一遍，叫改火。
②期：一週年。
③食夫稻：古代北方少種稻米，故大米很珍貴。這裡是說吃好的。
④旨：甜美，指吃好的食物。

【譯讀】

宰我問：「服喪三年，週期太長了。君子三年不講究禮儀，禮儀必然敗壞；三年不奏樂，樂就會荒廢。舊谷吃完，新谷登場，鑽燧取火的木頭輪過了一遍，有一年的時間就可以了。」孔子說：「（才一年的時間，）你就吃開了大米飯，穿起了錦緞衣，你心安嗎？」宰我說：「我心安。」孔子說：「你心安，你就那樣去做吧！君子守喪，吃美味不覺得香甜，聽音樂不覺得快樂，住在家裡不覺得安心，所以不那樣做。如今你既覺得心安，你就那樣去做吧！」宰我出去後，孔子說：「宰予真是不仁啊！小孩生下來，到三歲時才能離開父母的懷抱。服喪三年，這是天下通行的喪禮。難道宰予對他的父母沒有三年的愛嗎？」

【熙解】

服喪三年，最早只是適用於權貴一族，而且也不是強制的。從實際來看，孔子時代以前，還沒發現過有真正服滿三年喪的記錄。除開孔子逝世後弟子服喪滿三年、子貢服六年的記錄外，直到漢代都沒有。後來秦國以孝著稱的秦孝文王也只服喪一年。可見三年真的是有點長，大多數人都難以做到，說明這個規定還是有待商榷的。

14.40章提到，子張有意提醒孔子，對於舊主，在他亡後再守三年舊制也就夠了，仁至義盡了。不然組織會出大問題。對權貴來說，守制三年也是一個技術性問題，如果改弦更張太快，政策不連貫，也會出問題。用三年時間緩衝過渡一下更好。然而，守喪三年這個禮制，對老百姓就無法實行了。農忙時，老百姓一天不下田勞動就沒飯吃了，哪能講那麼多規矩。孔子也講過，盡孝不在形式，而在於心。

所以這一章，孔子說宰予不仁已經不重要了，也不是《論語》的重點。宰予後來用實際行動證明了他的大仁大義，而且宰予也是在他輔佐齊簡公登位三年以後才發動的誅

殺田成子的行動。聽其言更要觀其行，這也是宰予用生命給予孔子的啟示。以孔子春秋筆法的風格，這一章的重點在「女安則為之！」明知是井坑之仁，宰予還是義無反顧地向死而生，殺身成仁。足可謂求仁得仁，「女安，則為之！」

17.22

子曰：「飽食終日，無所用心，難矣哉！不有博弈者乎？為之猶賢乎已。」

【譯讀】

孔子說：「整天吃飽了飯，什麼事也不想，有夠難的了！不是還有玩博弈的游戲嗎？玩這個也比閒著好。」

【熙解】

這是因誰而說的呢？話很重，肯定不是空穴來風。但孔子沒點名。孔子之前說過群居終日，言不及義；現在是飽食終日，無所用心。真是有夠消極的了！對這類人，農村有個比喻叫「消食馬桶」，沒啥好說的了。

下面又見子路和子貢跟孔子聊上了，他倆肯定不是飽食終日無所用心的人。

17.23

子路曰：「君子尚勇乎？」子曰：「君子義以為上。君子有勇而無義為亂，小人有勇而無義為盜。」

【譯讀】

子路說：「君子崇尚勇敢嗎？」孔子答道：「君子以義作為最高尚的品德，君子有勇無義就會作亂，小人有勇無義就會偷盜。」

【熙解】

勇是很強的行動力，而義是行動力的指導思想。若沒有指導思想或指導思想不對，知識越多越反動，能力越強越野蠻。就像我們的軍隊，黨必須指揮槍，這才是真正的人民子弟兵。

勇而無義，動亂之源，這個意思孔子說過好幾遍了，看來教訓深刻。突然想起《義勇軍進行曲》，終於明白為什麼要叫「義勇軍」了！我們的「義勇軍」——人民子弟兵，正是社會穩定、國家安定的強大保障。大家唱一曲吧！

義勇軍進行曲

填詞：田漢　譜曲：聶耳

起來！不願做奴隸的人們！

把我們的血肉，築成我們新的長城！
中華民族到了最危險的時候，
每個人被迫著發出最後的吼聲。
起來！起來！起來！
我們萬眾一心，
冒著敵人的炮火，前進！
冒著敵人的炮火，前進！
前進！前進進！

17.24

子貢曰：「君子亦有惡①乎？」子曰：「有惡。惡稱人之惡者，惡居下流②而訕③上者，惡勇而無禮者，惡果敢而窒④者。」曰：「賜也亦有惡乎。惡徼⑤以為知⑥者，惡不孫⑦以為勇者，惡訐⑧以為直者。」

【註釋】
①惡：音 wù，厭惡。
②下流：下等的，在下的。
③訕：shàn，誹謗。
④窒：阻塞，不通事理，頑固不化。行事極端，一條道走到黑。
⑤徼：音 jiǎo，竊取，抄襲。
⑥知：同「智」。
⑦孫：同「遜」。
⑧訐：音 jié，攻擊、揭發別人。

【譯讀】
子貢說：「君子也有厭惡的事嗎？」孔子說：「有厭惡的事。厭惡宣揚別人壞處的人，厭惡身居下位而誹謗在上者的人，厭惡勇而不懂禮節的人，厭惡固執而一條道走到黑的人。」子貢說：「我也有厭惡的。厭惡竊取別人的成果而作為自己學問的人，厭惡把不遜當作勇敢的人，厭惡揭發別人的隱私而自以為直率的人。」

【熙解】
讀到這裡，好像看到孔子和子貢在一起開批鬥會。社會太亂，可惡的事情實在太多，師徒交流一下看法，互相鼓鼓勁，互相慰藉一下也好！

孔子說，到處說人壞話的人很可惡，所以孔子批評人從不點名。之所以仍要批評，是為了就事論事，做得不對的事還是要說的，不涉及人的是非即可。所以我們也不點名，只談事理。「惡居下流而訕上者，惡勇而無禮者」，這肯定是說那些底層「怨婦」、好勇疾貧

的人了，讀過《論語》的人一般跟這種人說不到一塊，遠離為好。最觸目驚心的是「惡果敢而窒者」，孔子的朋友裡竟然還有果敢而窒者，頑固不化，一條道走到黑的人啊！

子貢聽了也很激動，仿佛觸發了他壓抑已久的委屈，於是主動設問，自己表白自己所厭惡的。第一是竊取別人的成果當作自己學問的人，第二是把說話沒大沒小、口無遮攔當炫酷的人，第三是以暗懟的方式顯示自己正直的人。以上子貢說的三條，放到現代社會那是相當普遍啊！子貢說得那麼深刻，應該是早已感同身受了。我們讀了這本《論語》一定要引以為戒！

17.25、17.26

子曰：「唯女子與小人為難養也。近之則不孫，遠之則怨。」
子曰：「年四十而見惡焉，其終也已！」

【譯讀】
孔子說：「唯有女子和小人是難以教養的，親近他們，他們就沒大沒小；疏遠他們，他們就會報怨。」
孔子說：「到了四十歲的時候還被人所厭惡，他這一生也就終結了。」

【熙解】
「唯女子與小人為難養也」，說過這句話的名人有兩個，一個是孔子，一個是蔣介石。蔣介石是將這句話寫在他的日記裡的，但也沒有點名說指誰。我們只知道孔子和蔣介石有一個共同點就是：都有養子。

我們在11.11章探討過養子和「視如親子」的利弊，論證了養子是永遠無法真正「視如親子」的。造成「近之則不孫，遠之則怨」的局面不能怪孩子一方，雙方都有責任。

這很殘酷，但很現實。坦然承認現實其實更有利於養子和養父母之間的和諧，尤其是養子成家以後。承認了就不會強求，不會錯位。錯位才是悲劇的根源。也許，保持「不過於近，也不過於遠」才是養父母與養子以及養子媳婦的相處之道吧。這對現代社會領養孩子的人應有所啟發。

這裡再緊接一句孔子的話：「年四十而見惡焉，其終也已。」誰是年四十而終的呢？孔子所厭惡的，難道是他？

孔子說「其終也已」，沒有比這句話更重的了。同樣的話孔子還說過「彼已盡矣」（11.10章），用現代的話就相當於說「你去死吧！」

「你去死吧」這句話現代人吵架甚至開玩笑會經常講出口，幾乎沒有人拿它當真。但是若碰上一個有點鑽牛角尖的「果敢而窒者」呢？他肯定會當真，那可就不得了了！

一個人，總是遷就別人，而把委屈永埋心底；一個人，聽從所有人給他指的路，最後發現自己走投無路。

哀莫大於心死（11.10章）！

微子第十八

18.1

微子^①去之，箕子^②為之奴，比干^③諫而死。孔子曰：「殷有三仁焉！」

【註釋】

①微子：殷紂王的同母兄長，見紂王無道，勸他不聽，遂離開紂王。
②箕子：箕，音 jī。殷紂王的叔父。他去勸紂王，見王不聽，便披髮裝瘋，被降為奴隸。
③比干：殷紂王的叔父，屢次強諫，激怒紂王而被殺。

【譯讀】

微子離開了紂王，箕子做了他的奴隸，比干被殺死了。孔子說：「這是殷朝的三位仁人啊！」

【熙解】

「風聲雨聲讀書聲，聲聲入耳；家事國事天下事，事事關心」，這副對聯不僅僅是抒發志向理想那麼簡單，它還揭示了天下萬事萬物都有內在聯繫。風起於青萍之末，一葉而知秋，迅雷風烈必變。前面三篇，從《衛靈公》到《季氏》，再到《陽貨》，一級不如一級，「祿之去公室五世矣，政逮於大夫四世矣，故夫三桓之子孫微矣」，揭示了周朝亡之在即的趨勢。《陽貨》篇最後以在一個不幸的家庭裡，一個無辜的人「四十而終」的悲劇收尾，這也就是國家朝代滅亡的宣示。

《論語》之所以能成為經典，皆因它述而不作，述天道而言人倫，放之四海而皆準。表面上看東拉西扯，不懂的人以為「瞻之在前忽焉在後」，明白的人知道背後是一線牽。於道一以貫之，於器則千變萬化。

孔子既然已經向舊制度說了「不見」，那麼接下來該何去何從呢？還沒想好，容孔子慢慢思考，先回顧一下先祖，梳理一下思路吧！

孔子的先祖是商朝貴族，現在周朝實質上亡了，孔子不禁想起了先祖的先祖。微子、箕子、比干當初在家國滅亡時的結局歷歷在目。

他們三個都很仁！對孔子是否有借鑑意義呢？看《論語》往下分析。

18.2

柳下惠為士師①，三黜②。人曰：「子未可以去乎？」曰：「直道而事人，焉往而不三黜？枉道而事人，何必去父母之邦？」

【註釋】

①士師：典獄官，掌管刑獄。
②黜：罷免不用。

【譯讀】

柳下惠當典獄官，三次被罷免。有人說：「你不可以離開魯國嗎？」柳下惠說：「按正直之道事人，到哪裡不會被屢屢罷免呢？如果不按正道事人，何必要離開父母之國呢？」

【熙解】

之前孔子講過「賢者闢世，其次闢地，其次闢色，其次闢言」（14.37章），這一章有人提出了學微子「闢地」的建議。但孔子借用柳下惠的話說明，如果不願枉道事人，走到哪裡都是一樣的。天下哪裡有淨土？如果放棄直道，在本國就有很多機會出仕。柳下惠的風格，非常直，他的這種正直我們在14.15章闡述過，其實不現實，與有沒有「淨土」無關。它不符合中庸之道，歷代教訓很深刻。

這一章給現代人的啟示是，我們在前面就提到過的一些人，永遠站在虛無縹緲的道德制高點，虛擬出一個「理想國」，一味地責備社會，鞭笞現實。言必稱西方，西方是樂土，月亮必是西方的圓。它們自己不一定移居西方（它們其實是故意混淆視聽，以此渾水摸魚），卻蒙蔽一大批人前赴後繼離開父母之邦。去了才知道天下哪裡有淨土？哪裡也比不過自己的父母之邦！

現代一些以「直」為標榜的知識分子，以為學得了柳下惠的「直」，但你學到了柳下惠的「知本」了嗎？柳下惠即使三次被黜，但是第四次，一旦國家有召喚，他仍然毫不猶豫地就任了，八十七歲還在為國服務，九十六歲還在為國分憂。現代人以為學了柳下惠的「清高」，是否學到了他的不離不棄之精神、他的「合作」態度呢？是否學到了他用實際行動來改善父母之邦的不足呢？

直到現在，柳下惠的家鄉人，還一直在紀念著柳下惠。

【典故】 坐懷不亂柳下惠

柳下惠（公元前720—前621年），展氏，名獲，字子禽，諡號惠，後人尊稱其為「柳下惠」或「和聖柳下惠」。出生地周朝諸侯國魯國柳下邑，今屬山東省濟南市孝直鎮展窪村。中國古代思想家、政治家、教育家。

柳下惠是遵守中國傳統道德的典範，他「坐懷不亂」的故事廣為傳頌。孔子評價他是「被遺落的賢人」，孟子尊稱其為「和聖」。柳下惠是百家姓「展」姓和「柳」姓的得姓始祖。

柳下惠「坐懷不亂」的典故最早出現在《荀子・大略》中：「柳下惠與後門者同衣，而不見疑，非一日之聞也。」這個故事自漢代以來已經廣為傳頌，可謂家喻戶曉。相傳在一個寒冷的夜晚，柳下惠夜宿於城門，遇到一無家女子。柳下惠恐她凍死，叫她坐在懷裡，解開外衣把她裹緊，同坐一夜，並沒發生非禮行為。於是柳下惠被譽為「坐懷不亂」的正人君子。

18.3、18.4

齊景公待孔子曰：「若季氏則吾不能，以季、孟之間待之。」曰：「吾老矣，不能用也。」孔子行。

齊人歸①女樂，季桓子②受之，三日不朝。孔子行。

【註釋】

①歸：同「饋」，贈送。

②季桓子：魯國宰相季孫斯。

【譯讀】

齊景公講到對待孔子的禮節時說：「像魯君對待季氏那樣，我做不到，我用介於季氏和孟氏之間的待遇對待他。」又說：「我老了，不能用了。」於是孔子離開了齊國。

齊國人贈送了一些歌女給魯國，季桓子接受了，三天不上朝。孔子又離開了。

【熙解】

這兩件事是發生在孔子周遊列國之前的事。乍一看與本篇主題沒關係啊！其實有關係，上一章不是講「鬥地」嗎？這一章在講「鬥色」。14.37章以齊國和季氏為例闡述了「鬥色」的實質意義，就是以自己選擇沉迷於女色的方式，主動示弱，表明胸無大志，不對任何人構成威脅，以此自保。

這裡有點冷幽默，齊景公「以季、孟之間待之」而「不能用」這番話，其實是想讓孔子「鬥色」的。孔子可以瀟灑躲過，但季氏躲不過。季氏選擇了齊景公提供的「鬥色」選項，誰知道沒多久，齊景公自己就陷入了「鬥色」境地。有人說齊景公晚年荒淫無道，沉迷於聲色犬馬，殊不知他若不這樣做的結果會是什麼呢？想想齊悼公和齊簡公。

怪不得齊景公會向孔子傾訴說君不像君，臣不像臣，「雖有粟，吾得而食諸」？原來，齊景公沒在田齊代姜之前去世，並不是他的幸運。他早已實質上嘗到了伯夷、叔齊的苦楚。「雖有粟，吾得而食諸」？其實是曾經的一代梟雄齊景公不得不打破牙和血往肚

裡吞的苦楚。

孔子怎麼會選擇「闢色」的方式呢？想都不用想。

18.5

楚狂接輿①歌而過孔子曰：「鳳兮鳳兮，何德之衰？往者不可諫，來者猶可追。已而已而，今之從政者殆而！」孔子下，欲與之言，趨而闢之，不得與之言。

【註釋】

①接輿：輿，馬車。接輿，馬車會車，相向而過。

【譯讀】

一位楚國的狂士駕著馬車迎面過來，唱著歌，與孔子的馬車相向而過。他唱道：「鳳凰啊，鳳凰啊，你的德運怎麼這麼衰呢？過去的已經無可挽回，未來的還有機會把握。算了吧，算了吧！今天的執政者危在旦夕！」孔子下車，想同他談談。他卻加速避開，孔子沒能和他交談。

【熙解】

「闢地」不行，「闢色」不成，孔子想到「闢言」了。箕子「闢言」的結果不用再多說了。孔子想起了當年周遊列國時，前往楚國的路上，碰到過一位狂士，那叫一個瀟灑啊！他唱著歌，駕著馬車與孔子的馬車迎面而過，孔子想和他說話，他連正眼都懶得看一下。闢言之人是不會正經說話的。

我們暫且不妨以「接輿」稱呼他吧，接輿其實是有道之人。他老遠看見孔子一行人，氣宇軒昂，行止有節，知道必非等閒之輩。再看他們是前往楚國方向，立刻猜到這群人可能會到楚國出仕任職。如果是這樣那就不得了啊，我接輿剛從楚國這個是非之地逃出來，你們何苦再陷進去呢？

於是這位接輿狂士高唱著黃梅調，以唱代說——黃梅調就這樣，說這群賢人生不逢時，沒逮著牛市。奉勸孔子一行人不要再往熊坑裡跳了，賺不到錢的，小心老本都折了。(楚國是羋姓熊氏，有熊氏後代。孔子此時在楚國與陳、蔡交界不遠，今安徽湖北交界區域)

後來事實也證明，孔子一行到楚國也沒撈到好處，楚王計劃中的分封被令尹子西攪黃了。

接輿說得對，拋棄幻想，向前看。

不過，以孔夫子的性格，真的能學接輿這樣？末之難矣！於是孔子又想起了周遊列國的路上碰到的另外幾個隱士的故事。

18.6

　　長沮、桀溺①耦而耕②，孔子過之，使子路問津③焉。長沮曰：「夫執輿④者為誰？」子路曰：「為孔丘。」曰：「是魯孔丘與？」曰：「是也。」曰：「是知津矣。」

　　問於桀溺。桀溺曰：「子為誰？」曰：「為仲由。」曰：「是孔丘之徒與？」對曰：「然。」曰：「滔滔者天下皆是也，而誰以易之⑤？且而與其從辟人⑥之士也，豈若從辟世之士哉？」耰⑦而不輟。

　　子路行以告。夫子憮然⑧曰：「鳥獸不可與同群，吾非斯人之徒與而誰與？天下有道，丘不與易也。」

【註釋】

①長沮、桀溺：兩位隱士，真實姓名和身世不詳。
②耦而耕：兩個人合力耕作。
③問津：津，渡口。尋問渡口。
④執輿：即執轡。
⑤之：與。
⑥辟人：隱於人，即隱於市。
⑦耰：音 yōu，用土覆蓋種子。
⑧憮然：悵然，失意。

【譯讀】

　　長沮、桀溺在一起耕種，孔子路過，讓子路去尋問渡口在哪裡。長沮問子路：「那個拿著馬車韁繩的是誰？」子路說：「是孔丘。」長沮說：「是魯國的孔丘嗎？」子路說：「是的。」長沮說：「（他不是很牛嗎？）那他應該知道渡口位置的。」

　　子路再去問桀溺。桀溺說：「你是誰？」子路說：「我是仲由。」桀溺說：「你是魯國孔丘的門徒嗎？」子路說：「是的。」桀溺說：「像洪水一般的壞東西到處都是，你們同誰去改變它呢？而且你與其跟著隱於市的人，還不如留下來跟我們這些『辟世』的人一起呢！」說完，仍舊不停地做田裡的農活。

　　子路回來後把情況報告給孔子。孔子很失望地說：「人是不能與飛禽走獸合群共處的，我不同你們這群弟子這樣的人打交道還能與誰打交道呢？如果天下太平，我就不會與你們一道來從事改革了。」

【熙解】

　　長沮的話，反面印證了孔子是沒法做到「辟言」的。我們在以前說過，「辟言」的實質是自己裝瘋賣傻、耍狂亂唱戲，自己的話不算數，別人把你當精神病看待就對了。

你就沒危險了。

孔子習慣了說話有板有眼，說的幾乎都是真理。怎麼可能真的「闖言」呢？即使孔子願意，別人也不會當真。長沮的意思就是說，孔子這麼一個無所不通、言辭鑿鑿的人，還用向別人問路嗎？連問路這件小事都被別人認為不可能，更沒人會認為孔子會說瘋話了。

最後，面對桀溺的遊說，孔子終於表達了改革社會的願望。桀溺提出了一個非常重要的概念——「闢人」。何為「闢人」？大隱隱於市也！「闢世」是小隱隱於野。我們在14.37章提到的「闢世」的概念時，已經闡明「闢世」之人以天地宇宙為大世界，「闢世」即開闢出一個新的小世界。既然這樣，「闢世」就不一定是在山野之中了。紅塵市井也從屬於宇宙大世界啊！唯有於紅塵中保持赤子之心，還勇於開創出一個嶄新世界的人，才是大闢。大隱即大闢，大闢闢人。孔子就是這樣的人。2,400年後的毛主席也是這樣的人。

正因為社會動亂、天下無道，孔子才與自己的弟子們不辭辛勞地四處奔走呼籲，為改革社會而努力。孔子就是這樣一位行者，他感到自己有一種擔當，為天地立心，為生民立命，為往聖繼絕學，為萬世開太平。

18.7

子路從而後，遇丈人以杖荷蓧①，子路問曰：「子見夫子乎？」丈人曰：「四體不勤，五穀不分②，孰為夫子？」植其杖而芸。

子路拱而立，止子路宿，殺雞為黍③而食④之，見其二子焉。明日，子路行以告，子曰：「隱者也。」使子路反見之，至則行矣。

子路曰：「不仕無義。長幼之節，不可廢也；君臣之義，如之何其廢之？欲潔其身，而亂大倫。君子之仕也，行其義也。道之不行，已知之矣！」

【註釋】

①蓧：音diào，古代耘田所用的竹器。
②四體不勤，五穀不分：自己有手有腳卻不從事勞作，五穀是怎麼來的都分不清。
③黍：音shǔ，黏小米。
④食：音sì，拿東西給人吃。

【譯讀】

子路跟隨孔子出行，落在了後面，遇到一個老丈，挂著拐杖還在用蓧耘草。子路問道：「您看到夫子了嗎？」老丈說：「自己有手有腳卻不從事耕種勞作，連五穀是怎麼來的都分不清的人，誰又稱得上夫子呢？」說完，便繼續扶著拐杖去除草。

子路拱著手恭敬地站在一旁。老丈留子路到他家住宿，殺了雞，做了小米飯給他吃，又叫兩個兒子出來與子路見面。第二天，子路趕上孔子，把這件事向他做了報告。

孔子說：「這是個隱士啊。」叫子路一起回去再看看他。到了那裡，老丈已經走了。

子路說：「不出來任職是不對的。（這位隱士）長幼間的責任沒有忘記，君臣的道義怎麼能廢呢？想保自身清白，卻逃避了基本的人倫道義。君子出仕任職，是為了承擔道義責任的。唉！道之不行，總算看透了。」

【熙解】

這裡老丈人非議所謂的「夫子」——士大夫，不從事耕種勞動，四體不勤，五谷不分，卻自稱夫子，有點看不起士人。在他眼裡這些人都是寄生蟲。子路沒有和他爭辯，照樣對他恭敬。這個老丈人其實是知禮的，他殺雞煮飯，留宿招待子路。還喊他倆兒子出來打招呼。

等孔子和子路第二天返回時，他們已經離開了——堅決「闢世」，帶著一屋家小去開創屬於自己的世外桃源去了。

子路這時才悟出道理來：你看不起士大夫也是不對的。你與我們各行各的道，各盡各的責。老丈一家從事生產，繁衍生息，修身齊家，盡的是長幼之節。這對他們來說已經做得足夠了。這樣的人永遠是大多數。子路和孔子出仕謀職，治國平天下，行的是君臣之義，盡的是大道擔當。說明在子路眼裡，出仕也不是做官，而是承擔責任，替天行道。有這種境界的人，實在太少。所以子路最後說「看透了」。

這一章子路借事喻志，各抒其志，無所謂誰對誰錯。也從側面說明，連子路都明白不能「闢世」，孔子也就別再想「闢世」的事了。

18.8

逸[1]民：伯夷、叔齊、虞仲[2]、夷逸、朱張、柳下惠、少連。子曰：「不降其志，不辱其身，伯夷、叔齊與？」謂柳下惠、少連：「降志辱身矣。言中倫，行中慮，其斯而已矣。」謂虞仲、夷逸：「隱居放[3]言，身中清，廢中權。」「我則異於是，無可無不可。」

【註釋】

①逸：同「佚」，散漫、遺棄。

②虞仲、夷逸、朱張、少連：此四人身世無從考證，從文中意思看，當是沒落貴族。

③放：放置，不再談論世事。

【譯讀】

散漫隱逸的人有：伯夷、叔齊、虞仲、夷逸、朱張、柳下惠、少連。孔子說：「不降低自己的志氣，不辱沒自己的身分，伯夷、叔齊算是吧。」說柳下惠、少連是「降低自己的志氣，放下身段，但說話合乎倫理，行為合乎人心，他們還是很不錯的」，說虞

仲、夷逸「過著隱居的生活，不問世事，能潔身自愛，不插手任何事」，「我卻同這些人不同，可以這樣做，也可以那樣做」。

【熙解】

「闢世」「闢地」「闢色」「闢言」，孔子把各種路子都分析了一遍後，發現每一條路都有利有弊，都不太符合中庸之道。於是，他最終回到了自己「闢人」的道路上：不作預設，保持中道，歷世煉心，順勢而為。

18.9、18.10

大師摯①適齊，亞飯②干適楚，三飯繚適蔡，四飯缺適秦，鼓方叔③入於河，播鼗④武入於漢，少師⑤陽、擊磬襄⑥入於海。

周公謂魯公⑦曰：「君子不施⑧其親，不使大臣怨乎不以⑨。故舊無大故，則不棄也。無求備於一人。」

【註釋】

①大師摯：大同「太」。太師是魯國樂官之長，摯是人名。
②亞飯、三飯、四飯：都是樂官名。干、繚、缺是人名。
③鼓方叔：擊鼓的樂師名方叔。
④鼗：音 táo，小鼓。
⑤少師：樂官名，副樂師。
⑥擊磬襄：擊磬的樂師，名襄。
⑦魯公：指周武王姬發之姪，周公旦的兒子伯禽，魯國第一代國君，代父受封於魯。
⑧施：怠慢、疏遠。
⑨以：用。

【譯讀】

太師摯到齊國去了，亞飯干到楚國去了，三飯繚到蔡國去了，四飯缺到秦國去了，打鼓的方叔到了黃河邊，敲小鼓的武到了漢水邊，少師陽和擊磬的襄到海外去了。

周公對魯公說：「君子不疏遠他的親屬，不使大臣們抱怨不用他們。舊友老臣沒有大的過失，就不要拋棄他們，不要對人求全責備。」

【熙解】

當孔子理清了思路，準備回頭繼續「闢人」幹革命工作時，忽然發現魯國這個臺子已經支離破碎，連人都沒了。連象徵魯國禮樂正脈的「國樂團」都解散了。樂團總指揮太師摯都投奔齊國去了，齊國剛被田齊代姜，田齊滿天下挖樂手，正準備好好慶賀一

番。其他樂手呢，也都各奔東西。孔子一個個地數下來，真是越數越悲傷，連少師陽和擊磬襄都「乘桴浮於海」了，他們竟實現了孔子未實現的願望！孔子悲從中來，不禁掉下了眼淚！

遙想當年，魯國剛剛成立，魯公代父受封時，周公對伯禽的諄諄教導：「家裡的親戚、老臣不要輕易踢開啊！能用則用，最不濟也要成立個『中顧委』，讓他們發揮餘熱，支持國家啊！」可是現在，別說「中顧委」，連「國樂團」都沒了。說好的周朝禮制的翻版呢？沒了。

這兩章《論語》連在一起，給人以強烈的衝擊。說真的，如果不是為了避免過於傷感，解讀加了點戲劇效果，我都要被這種衝擊感染得掉眼淚了！我們現代看這件事可以淡然了，但可以想像孔子當時該有多悲傷啊！《論語》編者編這段時一定是泣血的！

18.11

周有八士[①]：伯達、伯適、仲突、仲忽、叔夜、叔夏、季隨、季騧。

【註釋】

①八士：本章中所說八士已不可考。

【譯讀】

周朝有八位義士：伯達、伯適、仲突、仲忽、叔夜、叔夏、季隨、季騧。

【熙解】

《微子》篇最後來個周朝「八義士」，聯想到篇首的殷有「三仁」，這其實是給周朝蓋棺定論了——亡了，不會有第九個了。以三開頭，八結尾，仁至義盡，加上中間的磨磨唧唧，鼻涕淚水，《論語》還真是有意思！

《論語》寫到這一篇，讓我們看到一片滿目瘡痍的景象。孔子家中的兒子死了、養子死了，身邊弟子亡的亡，散的散，國家支離破碎，周朝禮制實質消亡。孔子該有多強大的內心才能承受這一切啊！當我們以為《論語》會就此完結的時候，天邊突然射出一道霞光，然後一輪紅日冉冉升起，橫掃一切陰霾！

革命道路是曲折的，但前途一定是光明的！請看下一集，救世主，誰來了！

子張第十九

19.1

子張曰：「士見危致命，見得思義，祭思敬，喪思哀，其可已矣。」

【譯讀】

子張說：「志士遇見危局時能竭盡全力，哪怕付出生命的代價。看見有利可得時能考慮是否符合道義，祭祀時能時刻謹記嚴肅恭敬，居喪的時候真心致哀，這樣可以說是做到位了。」

【熙解】

我們在《微子》篇末尾講到，在一片蕭索瘡痍之中，當人們以為世界末日即將來臨之時，天邊突然射出一道霞光，然後一輪紅日冉冉升起，霎時間橫掃一切陰霾。

救世主來了？

天下從來就沒有救世主。如果說有，那就是我們自己。靠我們自己，一代一代人前赴後繼，薪火相傳。宰予致命遂志沒有成功（6.26章），但他的精神一直沒有消失。在這裡，我們看到了孔子最年輕一輩的弟子，子張，挺身而出，大喝一聲，於危局中首先喊出了「見危致命」的口號。

《尚書大傳·殷傳》記載「孔子曰：『文王有四友。自吾得回也，門人加親，是非胥附邪？自吾得賜也，遠方之士至，是非奔走邪？自吾得師也，前有輝，後有光，是非先後邪？自吾得由也，惡言不入於耳，是非御侮邪？』」其中「自吾得師也，前有輝，後有光」一句，孔子非常自豪地指出子張就像孔子的「光輝」。

「子張」這個名字放在本篇首章作為篇名是有意義的，從《衛靈公》到《季氏》到《陽貨》，一級級鬆弛下來，一代不如一代，直到《微子》篇尾，仿佛一具腐朽的軀體，沉淪在哀怨的氣氛中，不再動彈一息。真的是太絕望了。

而此時突然峰回路轉，新生代力量為之一張，全盤皆活，光輝照耀，局面立刻明朗起來。原來希望一直還在！

想起了以前看美國電影大片時經常出現的結尾場景：一片廢墟之上，末日之時，總能出現一輪紅日，冉冉升起，霞光之中，英雄昂首自信，開啓新篇章……這分明是抄襲《論語》的場景嘛！

19.2

子張曰:「執德不弘,信道不篤,焉能為有,焉能為亡?」

【譯讀】

子張說:「以德為標杆卻不去弘揚它,信仰道義卻不親自實踐篤行,(這樣的人)怎麼能說有德?既然據於德,怎麼能不落實到行動呢?」

【熙解】

年輕時的子張性格比較張揚,導致有點不太合群。同門師兄弟覺得他咋咋呼呼的,有點飄,不太搭理他。他還曾經為此苦惱,求問孔子善人之道。不過在這種緊要關頭,還真需要子張這樣的人物充當「旗手」,搖旗吶喊,鼓舞士氣。若都像曾子那樣低調木訥,腦筋總是慢半拍的,孔門這個新團隊也就沒活力了。

子張高調,張揚大氣;曾子低調,按部就班,戰戰兢兢;子夏局促小義。湊在一起組建團隊,互補互促,時不時互掐一把,和而不同,其實挺好。離開誰都不好玩了。如果說早期孔門思想(儒家)是孔子、子路、子貢、宰予、冉求、澹臺滅明以及顏淵等人激發出來的合集,那麼晚期就是子張、子夏、子遊、曾子等人的合集。尤其值得一提的是,晚期這一撥人,都受到了悟道以後的子貢的影響,可以說是子貢最後奠定了孔子思想體系,背後執掌並奠定了《論語》成書的基礎。

話說回來。子張雖然張揚,但其實行動力也不錯的。他把孔子的話「言忠信,行篤敬」當作人生格言寫在自己的腰帶上,時時鞭策自己。後來歷史也證明了子張的知行合一。他繼承孔子思想,弘揚的「子張之儒」,位列後世儒門之首。他回到家鄉,開門立說,廣收門徒,用行動詮釋了「人能弘道」「士不可以不弘毅」的信條。

19.3

子夏之門人問交於子張。子張曰:「子夏雲何?」對曰:「子夏曰:『可者與之,其不可者拒之。』」子張曰:「異乎吾所聞。君子尊賢而容眾,嘉善而矜不能。我之大賢與,於人何所不容?我之不賢與,人將拒我,如之何其拒人也?」

【譯讀】

子夏的學生向子張尋問怎樣結交朋友。子張說:「子夏是怎麼說的?」答道:「子夏說:『可以相交的就和他交朋友,不可以相交的就拒絕他。』」子張說:「我所聽到的和這些不一樣,君子既尊重賢人,又能容納眾人;能夠讚美善人,又能同情能力不夠的人。如果我是十分賢良的人,那我對別人有什麼不能容納的呢?我如果不賢良,那人家就會拒絕我,又怎麼談能拒絕人家呢?」

【熙解】

　　從這一章就看出來了，子張雖咋呼，但確實大氣。將心比心，子張曾經被人疏遠過，那種心情很不好過。己所不欲勿施於人，自己不願接受的，當然不能反施於人了。子夏的觀點是不符合孔子「主忠信，無有不如己者」（1.8章）的交友原則的。

　　只想從別人那學習到好的，自己不願為後輩學習創造條件，這不是「弘道」的表現，有點自私。子夏偏重於實事，所以器心較重，以致在擇友方面分別心就濃了點。還好子夏僅僅是就事論事，不涉臧否論人。

19.4

　　子夏曰：「雖小道①，必有可觀者焉，致遠恐泥②，是以君子不為也。」

【註釋】

　　①小道：指各種農工商醫卜之類的技能。
　　②泥：阻滯，不通，妨礙。

【譯讀】

　　子夏說：「（做些具體的實事）雖然都是些小的技藝，也一定有可取的地方。好高騖遠容易變成一團稀泥，君子是不會這樣做的。」

【熙解】

　　子夏說得有道理，任何遠大的目標都是從身邊做起，從小事一步步做起。如果一開始就把目標定得太高太遠，最後容易變成好高騖遠，成了誇海口，被人瞧不起。這裡子夏有反駁子張的意味，同門師兄弟掐掐也好，互相提個醒，傷不了和氣！還有什麼人能比同學之間更好說話呢？

19.5、19.6

　　子夏曰：「日知其所亡，月無忘其所能，可謂好學也已矣。」
　　子夏曰：「博學而篤志①，切問②而近思，仁在其中矣。」

【註釋】

　　①篤：形聲。馬行進時蹄鐵與地面碰撞發出篤篤的聲音。古義假借篤為竺字。竺，象馬腳釘了蹄鐵。篤行：比喻學問要像啼鐵成為馬腿的一部分一樣成為自身的一部分，時時落實到行動。篤志：比喻博學之後，要汲取知識後面的內涵思想，使之成為自己人生觀、價值觀思想，一部分，成為身體的一部分，永不磨滅。

②切問：善於思考，提問題把握關鍵。

【譯讀】

子夏說：「每天學到一些過去所不知道的東西，每月都不能忘記已經學會的東西，這就可以叫作好學了。」

子夏說：「博學而且將學問融入思想，善於思考，提問題能把握關鍵，仁就在其中了。」

【熙解】

溫故知新，苟日新日日新，知其然，知其所以然，才是「日知其所無」的含義。這裡用「亡」不用「無」是有深意的。我們在以前說過，「無」一般表示本來就沒有，而「亡」表示原來有，後來沒有了。「學如不及，猶恐失之」（8.17章）說的就是這種情況。學的知識一開始像是知道了，但是因為沒學到本質，又變成「亡」了。

用心學，不是算盤子一樣照搬地學，不是「不違如愚」地學，連提問題都不會。呆呆的，若提的問題都不著邊際，那就不是問了。

要有自己的思考，學到文字後面的內涵。文字和表面的東西學得再多也無法永恆，總有一天會忘掉；而道與仁的內涵則永遠融入你的思想，成為你身體的一部分，身仁合一，月無忘其所能，終身受用。當人們對你特立獨行的思想與行事方式刮目相看時，就說明你的博學已經「篤於志」了，文字知識拋掉都無所謂了。中國源於天道自然的傳統哲學潛移默化的浸潤作用就在於此。

子夏重新定義了「好學」，對《論語》上篇的「好學」定義作了修正，新一代孔門弟子果然有新氣象。

19.7、19.8

子夏曰：「百工居肆①以成其事，君子學以致其道。」

子夏說：「小人之過也必文。」

【註釋】

①百工居肆：百工，各行各業的工匠。肆，古代社會製作物品的作坊。

【譯讀】

子夏說：「各行各業的工匠住在作坊裡來完成自己的工作，君子通過學習來明道傳道。」

子夏說：「小人明明是小人，還要裝作正人君子，文過飾非。」

【熙解】

子夏說出了實踐與理論的區別，提升到辯證法範疇了。新氣象，新氣象！

子夏的高明之處是看到了實踐和理論的分工，比如我們需要建築工，也需要有人研究建築學。子夏的局限之處是：將實踐與理論割裂開來，未能辯證統一。子夏之儒的風格是「建築工」，子張之儒的風格是「建築學」。儒學自此開始分家，各走偏鋒。

這無意中給後世儒學造成了一個很不好的開端：很多儒生成了缺乏動手能力的書呆子。孔子時代還有人敢詰問他們「四體不勤五穀不分」，子夏還可以怒懟子張「致遠恐泥」，這其實是一種互相鞭策，有助於接地氣，過則勿憚改。但後世儒學被人為抬高到極致後，沒有人敢「懟」儒家，於是物極必反，造就了大批像「仙女」一樣飄著，不著地的呆子儒生。

《論語》是入世之學，是孔子歷經坎坷，參悟畢生閱歷，尤其是周遊列國之後總結出來的思想，久經世事歷練的人反而更能理解其中精髓。真正的書生，是歷盡江湖水火，嘗盡人生百味之後，而靜定讀書，明心見性的人。

19.9、19.10

子夏曰：「君子有三變：望之儼然，即之也溫，聽其言也厲。」

子夏曰：「君子信而後勞其民；未信，則以為厲己也。信而後諫；未信，則以為謗己也。」

【譯讀】

子夏說：「君子有三變：遠看他的樣子高冷莊嚴，接近他又溫和可親，聽他說話則不怒自威。」

子夏說：「君子必須取得信任之後才去差遣百姓，否則百姓就會以為是在虐待他們。要先取得信任，然後才去規勸別人；否則，人家還以為你在誹謗他，咒他。」

【熙解】

君子有三變，孔子就是這樣的人。真正的仁人，內心平靜，行事有板有眼，遠觀聽聞以為是個不近人情的人，其實這樣的人是最有溫度的暖男，因為仁者必有度，必有愛。

但有愛不等於「老好人」，鄉愿之德賊。真愛之人不行浸潤之譖，不施膚受之愬，忠言逆耳，其言也訒。

所以我們平時識人待人，千萬不要以貌取人，把貓扮老虎當威嚴，把仁者的親和當軟弱。自取其辱。

溝通在人情交往中真的很重要。對於君子之三變，若沒有進一步溝通接觸的機會，取得信任，別人還真以為他就是那麼個人。雖然君子也未必在乎別人怎麼看，但若作為

管理者，還是會有不利影響的。缺乏信任，管理者就難以得到成員擁護，甚至產生逆反心理，以為你在玩「套路」，互相缺乏瞭解，人的好心也容易被當成另有企圖。

19.11

子夏曰：「大德①不踰閑②，小德出入可也。」

【註釋】
①大德、小德：指大節、小節。
②閑：木欄，這裡指界限。

【譯讀】
子夏說：「大節上不能超越界限，小節上有些出入是可以原諒的。」

【熙解】
如中庸圖所示，中行虛線範圍內不超出邊線區域即為子夏所謂之「閑」區，奉行中庸之德，勝似閑庭信步。德本無所謂大小，德就是德。子夏為了便於闡述道理，格物致知以弘道，引入大德、小德的概念作為大過、小過之準繩，我們注意要把握其內涵，不受文字概念框囿。行事，大體上不超出底線，做人有底線，做事有原則，即大德不踰閑。小過圍繞中軸螺旋前進、偏其反而，是為小德時出時入也。但「可出入」不代表可以隨意犯錯，有錯必懲。合之是為和。

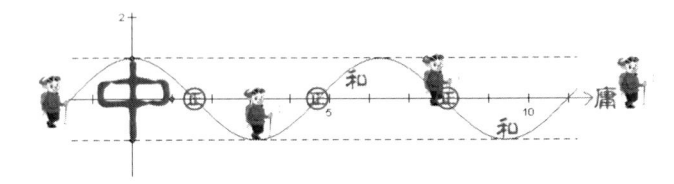

19.12

子游曰：「子夏之門人小子，當灑掃應對進退則可矣。抑①末也，本之則無，如之何？」子夏聞之，曰：「噫，言游過矣！君子之道，孰先傳焉？孰後倦②焉？譬諸草木，區以別矣，君子之道，焉可誣③也？有始有卒者，其惟聖人乎？」

【註釋】
①抑：但是，不過。轉折的意思。
②倦：誨人不倦。

③誣：欺騙。

【譯讀】

子遊說：「子夏的學生，做些打掃和待人接物的事情是可以的，但這些不過是末節小事，根本的東西卻沒有學到，這怎麼行呢？」子夏聽了，說：「噫，子遊說的有點過了。君子之道先傳什麼，後傳什麼，哪有定數？如果將『道』像草木一樣加以區別，那就不是『道』了。君子之道怎麼可以隨意曲解呢？從小事做起，有始有終，恐怕聖人也不過如此了吧！」

【熙解】

子遊和子夏，在如何教授學生的問題上發生了爭執。子遊是個「雅人」，他擅長教老百姓彈彈琴、喝喝工夫茶，為此在武城還被孔子笑談為「殺雞用牛刀」。子夏更接地氣，認為一屋不掃何以掃天下。灑掃進退不光是掃掃地而已，而是一種腳踏實地，從身邊小事做起的精神。相比子夏，子遊確實有點眼高手低，從這裡已經出現後世一些儒生不著地氣的傾向了。孔子說過「從我於陳蔡者，皆不及門」，包括子遊，可見子遊也是遠未學到孔子思想的精髓。

《大學》曰：「物有本末，事有終始，知所先後，則近道矣。」說的就與《論語》的這一章有關。可見子遊在本與末的判斷上出現了偏差，他對道的理解還停留在表面，器心比子夏還重。關於道的本末怎麼判斷，終始怎麼把握，我們留待《大學》篇再講吧！

19.13

子夏曰：「仕①而優②則學，學而優則仕。」

【註釋】

①仕：很多人說「仕」就是做官。這不嚴謹。士者，事也，任事之稱也。上古為掌刑獄之官。商、西周、春秋為貴族階層，多為卿大夫的家臣。春秋末年以後，逐漸成為統治階級中知識分子的統稱。戰國時的「士」，有著書立說的學士，有為知己者死的勇士，有懂陰陽歷算的方士，有為人出謀劃策的策士等。如：荊軻為燕太子丹刺秦王、馮諼客孟嘗君、蘇秦連橫等。「士」加單人旁為「仕」，則意味是管人的，也就是從事某項事物之「士」的這個團隊的管理者。類似於現代社會的「項目經理」或「總監」，統稱中層幹部。我們在前面說過，有擔當的君子把權力當職責，當責任，小人才當作權力，認為是個「官」。所以我們這裡把「仕」翻譯成「任職管事的人」更合適。

②優：有餘力。學無止境，不要坐在功勞簿上吃閒飯。

【譯讀】

子夏說：「做事還有餘力的人，要多學習；學習好的人，要勇於擔責承事。」

【熙解】

　　子夏不愧是接地氣做事的人，踏實篤行，自始至終不離知行合一。「仕而優則學，學而優則仕」既是學習目的和原則，也反應了學問上的權變之道。

　　事情「優」到了盛極之時，就要考慮是否面臨衰落的問題了，是否跟得上形勢，是否遇到了瓶頸？要想不衰落，突破上升，就要反身修德，好學內求，昇華到更高的學問和行事之道。同樣，學而優則仕，與其說是做官，不如說是做事，是承擔責任，落實到行動，即「篤行」。《中庸》曰，「博學之，審問之，慎思之，明辨之，篤行之」，把前面幾章子夏的話都概括了。

19.14、19.15、19.16

　　子遊曰：「喪致①乎哀而止。」
　　子遊曰：「吾友張也，為難能也！然而未仁。」
　　曾子曰：「堂堂乎張也，難與並為仁矣。」

【註釋】

　　①致：極致、竭盡。

【譯讀】

　　子遊說：「喪事做到盡哀也就可以了。」
　　子遊說：「我的朋友子張，可以說是難得的了，然而還沒有做到仁。」
　　曾子說：「子張外表堂堂，難於和他一起做到仁的。」

【熙解】

　　這三章連在一起，有點碎碎念的味道了。曾經子貢喜歡品評別人，後來被孔子數落一通後改正了，安心修己（14.29章）。沒想到孔門這幾個年輕後生，背後嘮叨人比老太太還碎碎念。喪事盡己哀則止，為仁無愧於己心則安。隨別人說去吧！

19.17、19.18

　　曾子曰：「吾聞諸①夫子：『人未有自致者也，必也親喪乎。』」
　　曾子曰：「吾聞諸夫子：『孟莊子②之孝也，其他可能也；其不改父之臣與父之政，是難能也。』」

【註釋】

　　①諸：「之於」的連讀音。

②孟莊子：魯國大夫孟孫速。

【譯讀】

曾子說：「我聽老師說過，人沒有會情不自禁的，除非是在父母去世的時候。」

曾子說：「我聽老師說過，孟莊子的孝，其他人也可以做到；但他不更換父親的舊臣及其施政措施，這是別人難以做到的。」

【熙解】

諸：之於的連讀音。用法類似於現代話「這樣子」快速連讀時成了「醬子」。原來古代也有「港臺腔」啊！

曾子從孔子那裡聽說過，男兒有淚不輕彈，只因未到傷心處。父母重病之時，很多孝子哪怕傾家蕩產也要幫父母尋醫救治，哪怕舍命換取！這是「自致」更深一層的含義。

而「孝」的另一個境界，就是像孟莊子那樣「無改於父之道」。我們暫且不論這種做法是否合適，至少孟莊子這種孝心是難能可貴的。曾子以孝著稱，曾子這麼推崇孟莊子也就不難理解了。

19.19

孟氏使陽膚①為士師，問於曾子。曾子曰：「上失其道，民散久矣！如得其情，則哀矜②而勿喜。」

【註釋】

①陽膚：曾子的學生。
②矜：憐憫。

【譯讀】

孟氏任命陽膚做典獄官，陽膚向曾子請教。曾子說：「在上位的人偏離了正道，百姓早就離心離德了。你如果能弄清他們的情況，就應當憐憫他們，而不要（因成功斷案）自鳴得意。」

【熙解】

斷案的最終目的是為了減少糾紛，為官者不能把它當作任務或功績。曾子宅心仁厚，提醒陽膚盡量酌情處理糾紛，大事化小小事化了，和諧為上。有點像現代的「仲裁」。不要像現代有的律師一樣，動不動鼓動別人打官司，唯恐天下不亂。

19.20、19.21

　　子貢曰：「紂①之不善，不如是之甚也。是以君子惡居下流②，天下之惡皆歸焉。」
　　子貢曰：「君子之過也，如日月之食焉。過也，人皆見之；更③也，人皆仰之。」

【註釋】

①紂：商代最後一個君主，名辛，紂是他的謚號，歷來被描述為一個暴君。
②下流：即地形低窪各處來水匯集的地方。
③更：更，gēng，從丙從攴（pū）。陰氣初起，陽氣將虧。以攴使之萬物成（丙）也。表示更換，替代，更新。《莊子·養生主》：「良庖歲更刀，割也；族庖月更刀，折也。」《管子·侈靡》：「應國之稱號亦更矣。」

【譯讀】

　　子貢說：「紂王的不善，並沒有傳說的那樣惡劣。所以君子最怕處在下流的地方，以致天下什麼臟水都往他身上潑。」
　　子貢說：「君子的過錯好比日月食。他犯過的時候，人們都當他錯；一旦成功越過去了，就不是他的過，而是成功『更新（換代）』。這時人們又都景仰他。」

【熙解】

　　子貢這兩句說出了一個深刻的現實：歷史都是由勝利者書寫的。子貢認為商紂王並沒有傳說中的殘暴，只是因為他被後來的勝利者推翻了，所以從德理上他必須「被殘暴」，什麼臟水都往他身上潑了。實際歷史典籍中記錄，周武王打敗商紂王的「牧野之戰」中，戰場「流血漂櫓」，血流成河。後來有人質疑說，既然周朝仁德，商紂殘暴，那為什麼還會有那麼多人為商朝戰鬥到最後一滴血呢？孟子還曾經被問到這個問題，結果孟子顧左右而言他，迴避了。根據現代考古研究表明，當時商朝另一支軍隊也不願歸順周朝，從此從中原大地消失了。據說他們後來順著當時的北令海峽遷移到北美大陸去了，就是現代北美印第安人的祖先，現代人在那發掘出了商朝的甲骨文。

　　子貢接著說，君子的「改弦更張」，就像日食月食那樣。改的過程中，人們只看見你的「過」，把它當作錯誤，甚至是「犯上作亂」。但是一旦替代成功了，立住了，用事實證明了你的主張，那就不是過錯了，成了「更新換代」，升級成功，然後人們又開始景仰你了。莊子說得更直白，「竊鉤者誅，竊國者侯」就是這個意思。

　　還記得我們在 6.30 章留下的問題嗎：如何把握「犯上作亂」與「權變之道」之間的「度」。當時的問題也是因子貢而提出來的。現在子貢在這裡給出了答案。《論語》上下篇成書隔了數十年，看來子貢在這數十年之間，真的是悟道了。莫非莊子也是受他

影響?

19.22

衛公孫朝①問於子貢曰:「仲尼②焉學?」子貢曰:「文武之道,未墜於地,在人。賢者識其大者,不賢者識其小者,莫不有文武之道焉。夫子焉不學,而亦何常師之有?」

【註釋】
①衛公孫朝:衛國的大夫公孫朝。
②仲尼:孔子的字。

【譯讀】
衛國的公孫朝問子貢說:「仲尼的學問是從哪裡學來的?」子貢說:「周文王、武王的道,並沒有失傳,一直在人間。賢能的人讀懂其大道,不賢的人從其小節,哪裡沒有文武之道的影子呢?我們老師怎會不學?夫子無常師,何處不為學?」

【熙解】
聰明,悟性高的人,處處皆能學到學問。道一直存在,文載之,人弘之。文武之道,上承自炎黃、老彭,下傳於老子、孔子,聖人無常師。俗話說,「師父領進門,修行在個人」,老師帶領學生「上道」以後,學生應自覺發動,以己為師,以自然為師。

19.23、19.24

叔孫武叔①語大夫於朝曰:「子貢賢於仲尼。」子服景伯②以告子貢。子貢曰:「譬之宮牆③,賜之牆也及肩,窺見室家之好;夫子之牆數仞④,不得其門而入,不見宗廟之美、百官⑤之富。得其門者或寡矣!夫子之云,不亦宜乎!」

叔孫武叔毀仲尼。子貢曰:「無以為也!仲尼不可毀也。他人之賢者,丘陵也,猶可逾也;仲尼,日月也,無得而逾焉。人雖欲自絕,其何傷於日月乎?多見其不知量也!」

【註釋】
①叔孫武叔:魯國大夫,名州仇,三桓之一。
②子服景伯:魯國大夫。
③宮牆:宮殿的牆壁。
④仞:音 rèn,古時高度單位。
⑤官:這裡指房舍。

【譯讀】

　　叔孫武叔在朝廷上對大夫們說：「子貢比仲尼更賢。」子服景伯把這一番話告訴了子貢。子貢說：「拿宮牆來做比喻，我家的牆只有齊肩高，一眼看到，全部的好就在這裡了。老師家的圍牆卻有數仞高，如果找不到門進去，你就看不見哪裡宗廟的肅穆華美，和房屋的富麗大氣。能夠找到門進去的人並不多。夫子（子服景伯）您這樣回應叔孫武叔，不是很合適嗎？」

　　叔孫武叔毀謗仲尼。子貢說：「（這樣做）是沒有用的！仲尼是毀謗不了的。別人的賢德好比丘陵，還可超越過去，仲尼的賢德好比太陽和月亮，是無法超越的。雖然有人要自絕於日月，對日月又有什麼損害呢？只是表明他不自量力而已。」

【熙解】

　　叔孫武叔是孔門之外身居高位的人，他評議甚至毀謗孔子，無論是出於什麼目的，子貢都保持了清醒的頭腦。子貢也是悟道之人，聲名利祿早已置之度外。他深知孔子的學說順天應人，繼承於老、彭一脈的天人合一、天道哲學，完善並整理出來的中庸思想，代表了人倫關係的普世價值觀。叔孫武叔第一次說子貢賢於孔子時，子貢用宮牆高數仞比喻孔子；叔孫武叔第二次直接毀謗孔子，子貢毫不客氣地進行反擊，說他不自量力。

　　子貢看透人性，別人越是貶低孔子，子貢越是高度評價孔子。用日月之輝比喻孔子，直接斷了別人繼續利用他毀謗孔子的企圖。子貢曾經是成功的商人，懂得「買漲不買跌」的人性，這和「君子惡居下流」的道理本質一樣。如果子貢不用更高的評價比喻孔子，更多的污水就會不斷潑過來。

19.25

　　陳子禽謂子貢曰：「子為恭也，仲尼豈賢於子乎？」子貢曰：「君子一言以為知，一言以為不知，言不可不慎也！夫子之不可及也，猶天之不可階而升也。夫子之得邦家者，所謂『立之斯立，道之斯行，綏之斯來，動之斯和。其生也榮，其死也哀。』如之何其可及也？」

【譯讀】

　　陳子禽對子貢說：「您是謙恭了，仲尼怎麼能比你更賢良呢？」子貢說：「君子的一句話就可以表現他的明智，一句話也可以表現他的不智，所以說話不可以不慎重。夫子高不可及，正像天是不能夠順著梯子爬上去一樣。夫子的治國安邦齊家之道，就像人們說的那樣，說立就可以立起來，道之以德行之以義；近者悅，遠者來，眾志成城創家園。夫子的存在是讓人們引以為榮的，夫子逝世了也是被人們哀悼懷念的。像這樣的人又有誰能比得上呢？」

【熙解】

　　我們在之前說過，子禽很可能是子貢的學生，同時又是子貢的心腹助手。只有這樣的角色才敢這樣試探子貢的真實態度，好知道子貢是不是願意宣傳自己比得上孔子。畢竟叔孫武叔是外人，萬一真的只是子貢的自謙之詞呢！所以子禽關起門來探詢子貢，如果子貢只是自謙，那麼可以想像子禽就會開足馬力宣傳子貢賢於孔子了。

　　從這裡更加看出了子貢的光明磊落之心，惟道是從之德。他具體闡述了孔子的極高明之處，說明孔子的地位名副其實，子貢不是自謙，而是誠心敬仰孔子，敬仰孔子倡導的天道人倫之德。

　　從《子張》篇我們還得到一個啟示。篇首大張旗鼓推出了孔門新一代弟子代表，以及逐個介紹了新生代門人們，篇尾有人想鼓動孔門弟子踩在孔子的身上宣揚自己。德高望重的子貢堅決拒絕並反擊了這股暗流。子貢看透了人性，深知「惡居下流」的後果。欲滅其國，先毀其史；欲毀其史，先謗其人。這裡的「人」就是創始人及其帶出來的一眾英雄。如果其創始人、英雄榜樣被毀居下流了，覆巢之下豈有完卵？臟水一潑到底，整個國家或組織上下分崩離析不遠矣。古今中外，吃虧在這一點上的不計其數。這對現代中國啟示尤其重要！慎矣！

堯曰第二十

20.1

堯曰①：「咨②！爾舜，天之歷數在爾躬，允③執其中。四海困窮，天祿永終。」舜亦以命禹。曰：「予小子履④，敢用玄牡⑤，敢昭告於皇皇後帝：有罪不敢赦，帝臣不蔽，簡⑥在帝心。朕⑦躬有罪，無以萬方；萬方有罪，罪在朕躬。」

周有大賚⑧，善人是富。「雖有周親⑨，不如仁人。百姓有過，在予一人。」謹權量⑩，審法度⑪，修廢官，四方之政行焉。興滅國，繼絕世，舉逸民，天下之民歸心焉。所重：民、食、喪、祭。寬則得眾，信則民任焉。敏則有功，公則說。

【註釋】

①堯曰：下面引號內的話是堯在禪讓帝位時給舜說的話。
②咨：即「嗟」，感嘆詞，表示贊譽。
③允：真誠，誠信。
④履：這是商湯的名字。
⑤玄牡：玄，黑色謂玄。牡，公牛。
⑥簡：閱，這裡是知道的意思。
⑦朕：我。從秦始皇起，專用作帝王自稱。
⑧賚：音 lài，賞賜。下面幾句是說周武王。
⑨周親：至親。
⑩權量：權，秤錘。指量輕重的標準。量，鬥斛。指量容積的標準。
⑪如法度：指量長度的標準。

【譯讀】

堯說：「你聽我說，舜！上天的大命已經落在你的身上了，誠敬致以中和之道吧！假如天下百姓陷於困苦和窮途末路，上天賜給你的祿位也就會永遠終止。」舜也這樣告誡過禹。(商湯) 說：「我小子履謹用黑色的公牛來祭祀，向偉大的天帝禱告：有罪的人我不敢擅自赦免，天帝的仕臣我也不敢埋沒掩蔽，都以天帝的使命為任用原則。我本人若有罪過，不要牽連天下萬民；天下萬民若有過錯，那一定是因我的過錯，由我一人承擔。」

周朝承蒙天運大大的恩賜，有這麼多仁德善人。(周武王）說：「我雖然有至親，不如有仁德之人。如百姓有過錯，都在我一人身上。」嚴謹制訂權力規則，審慎權衡法規和自由度，修整荒廢的官員制度，全國的治理就會順暢通行了。重振一度被滅亡了的國家機器，接續被中斷的人倫之道，提拔任用被遺落的人才，天下百姓就會真心歸服擁護了。最重要莫過於：使人民足衣食而生老病死無憂，重祭祀而知敬畏有止。寬厚能得到眾人的愛戴，誠信能得到人民的擁護，勤敏就能取得成績，公正就會使百姓高興無怨。

【熙解】

《堯曰》對《論語》全篇的思想做了簡要總結，提綱挈領。首要宗旨是明天命大道。君王的使命是順天之德，替天行道。仕臣不是君王的僕人，而是協助君王一起完成替天行道的使命之臣。所以君王也不能隨意埋沒人才，更不能將臣民視為私產。君臣之間相處原則是「君使臣以禮，臣事君以忠」，君臣相輔相成，互相促進。這一宗旨將《論語》全篇各處闡述的內容都聯繫起來了。從為政以德，以北極星為最高標杆，連結天道，到南面為官，君子為官以擔當責任、使命為重，不以權利為私。以天道惠及人倫，那麼另一條重要任務就是「新民」——教化民眾，使人民煥發新的生機。允執其中，以中庸原則為指導，致世中和。

「謹權量，審法度，修廢官」「興滅國」，重「民」、「食」是實現教化新民的基礎要務，屬於刑罰與物質範疇。「繼絕世，舉逸民」，所重「喪、祭」屬於德教範疇。刑罰與德教齊頭並進，物質文明和精神文明兩手抓，使人民足衣食而生老病死無憂、重祭祀而知敬畏有止，社會自然會恢復和諧順暢。「邦畿千里，惟民所止」說的就是這個意思。如果做不到這些，而導致民生凋敝，窮途末路，那一定是君王的過錯。

總結到這裡，我們發現這段其實是《大學》的核心思想：「大學之道在明明德，在親（新）民，在止於至善。」由此我們可以瞭解到，《大學》是《論語》的總綱，是骨架；《論語》是《大學》的具體闡述，是血肉。而《中庸》呢？由表及裡，它是蘊含在骨架和血肉裡的靈魂，是道心。到《堯曰》篇我們已將《論語》學完，讓我們期待《大學》《中庸》的學習吧！

20.2

子張問於孔子曰：「何如斯可以從政矣？」子曰：「尊五美，屏四惡，斯可以從政矣。」

子張曰：「何謂五美？」子曰：「君子惠而不費，勞而不怨，欲而不貪，泰而不驕，威而不猛。」

子張曰：「何謂惠而不費？」子曰：「因民之所利而利之，斯不亦惠而不費乎？擇可勞而勞之，又誰怨？欲仁而得仁，又焉貪？君子無眾寡，無大小，無敢慢，斯不亦泰而不驕乎？君子正其衣冠，尊其瞻視，儼然人望而畏之，斯不亦威而不猛乎？」

子張曰：「何謂四惡？」子曰：「不教而殺謂之虐，不戒視成謂之暴，慢令致期謂之賊，猶之與人也，出納之吝謂之有司。」

【譯讀】

　　子張問孔子說：「怎樣做才可以治理政事呢？」孔子說：「尊行五種美德，摒棄四種惡政，這樣就可以治理政事了。」

　　子張問：「五種美德是什麼？」孔子說：「君子要使百姓得恩惠而不用自掏腰包，使百姓勞作而沒有怨恨，雖有慾望但不貪婪，莊重而不傲慢，威嚴而不凶猛。」

　　子張說：「怎麼理解惠而不費？」孔子說：「順從國家、集體的利益並保持與人民的利益一致，為國爭利就是為民爭利，這不就是對百姓有利而不自掏腰包嘛！選擇可以讓百姓勞作的時間和事情讓百姓去做，又有誰會怨恨呢？自己要追求仁德而成就了仁心，哪還有貪心呢？君子對人，無論多少，勢力大小，都不怠慢他們，一視同仁，這不就是莊重而不傲慢嗎？君子衣冠整齊，相貌莊嚴，使人見了就讓人產生敬畏之心，這不就是威嚴而不凶猛嗎？」

　　子張問：「什麼叫四種惡政呢？」孔子說：「不經教化便加以殺戮叫作虐，不加告誡便只問成功叫作暴，不加監督而突然限期處理叫作賊，同樣是給人財物，卻出手吝嗇，叫作小氣。」

【熙解】

　　縱觀《論語》全篇，一個顯著特點就是，在提到某一個方面時，必定同時提及相對應的另一方面。善的一般和不善的一起說，批評的一般和贊揚的一起說，比如這一章講的是從政上的微觀執行，上一章講的是宏觀原則。小與大的相輔相成，不偏廢任何一端，中庸思想無處不在。這一章提到的「尊五美，屏四惡」，譯讀已經說得很清楚了，不再贅述。只是有一條需要重點提醒，現代社會的「成功學」培訓，就屬於典型的四惡之一「不戒視成謂之暴」。捨本逐末，以金錢成功為唯一標準，不講道義，以鑽營占到便宜為顯擺，巧取豪奪，實在是社會一大毒瘤。

20.3

　　孔子曰：「不知命，無以為君子也；不知禮，無以立也；不知言，無以知人也。」

【譯讀】

　　孔子說：「不懂得天命，就不能稱之為君子；不懂禮義，就不能立身；不懂說話，就不懂識人用人。」

【熙解】

　　知禮與知言是《論語》的主要內容，我們學完《論語》全篇，差不多已經懂得仁義禮，以及說話、交往等為人處事之道。講得最少的是知命。子貢也說，孔子之言性與天道，不可得而聞焉。要靠悟。我們以後學習老子的《道德經》可更好地理解「知命」。

　　什麼才是知命呢？知命的標準就像「仁」的標準一樣難以固化，但一個人若能夠有像站在宇宙角度看地球一樣的世界觀，像在顯微鏡下看細菌一樣的人生觀，從歷史長河看得失的價值觀，這個人可以說是知命了。

　　這是一張著名的照片。1990年，旅行者1號探測器即將飛出太陽系的時候，在距離地球60億千米的地方，美國國家航空航天局命令它回頭再看一眼，拍攝了60張照片，其中一張上正好包括了地球——圖中那個亮點。1996年，天體物理學家、著名科學作家卡爾‧薩根就此說過一段非常著名的話：「在這個小點上，每個你愛的人、每個你認識的人、每個你曾經聽過的人，以及每個曾經存在的人，都在那裡過完一生。這裡集合了一切的歡喜與苦難，數千個自信的宗教、意識形態以及經濟學說，每個獵人和搜尋者、每個英雄和懦夫、每個文明的創造者與毀滅者、每個國王與農夫、每對相戀中的年輕愛侶、每個充滿希望的孩子、每對父母、發明家和探險家，每個教授道德的老師、每個貪污政客、每個超級巨星、每個至高無上的領袖、每個人類歷史上的聖人與罪人，都住在這裡——一粒懸浮在陽光下的微塵。」

附錄一：《論語》人物簡介

《論語》中人物姓名	人物本名	別名	是否孔子弟子	簡介
哀公	姬將	魯哀公		魯哀公，姬姓，名將，魯定公之子，春秋時期魯國第二十六任君主，公元前494—公元前468年在位。他在魯定公死後即位。在位期間執政為季孫斯、叔孫州仇、仲孫何忌、季孫肥、叔孫舒、仲孫彘。公元前468年，魯哀公去世，其子魯悼公即位。哀公是中國古代諸侯（君主）的諡號之一。賜予早逝的君主
奡（ào）				傳說夏代寒浞（zhuó）之子，相傳是個大力士，曾奉父用師滅掉夏的同姓斟灌（zhēn guàn）、斟尋（zhēn xún）二國，封於過（guō），後為禹七世孫少康所誅
比干（bǐ gàn）	比干	子干		比干是帝辛的叔叔，也稱王叔比干，是殷商王室的重臣，輔佐殷商兩代帝王，忠君愛國，為民請命，敢於直言勸諫，被稱為「亘古忠臣」
伯牛	冉耕	冉伯牛、冉子	是	為孔門四科中「德行」的代表人物之一
伯魚	孔鯉			字伯魚，孔子的兒子
曾晳	曾點	曾晳	是	曾參之父，孔門弟子七十二賢之一
曾子	曾參	曾子、曾子輿、宗聖	是	是中國著名的思想家，孔子的晚期弟子之一，與其父曾點同師孔子，是儒家學派的重要代表人物。曾子參與編製了《論語》，著寫了《大學》《孝經》《曾子十篇》等作品
陳成子	田常	陳成子、田成子、陳恒、田恒		田恒，即田成子，因其家族出自陳國，也稱為陳恒，漢朝為漢文帝劉恒避諱，改稱「田常」，是齊國田氏家族第八任首領。莊子《南華經・胠篋》記載田成子盜齊國之事，指他為諸侯大盜，被稱為「田成子取齊」，也是後世常引用之成語「竊鉤者誅，竊國者侯」的由來

表(續)

《論語》中人物姓名	人物本名	別名	是否孔子弟子	簡介
陳亢	媯亢		是	東周春秋末期陳國人（今河南周口），小孔子40歲。齊大夫陳子車弟。孔子弟子，在《孔子家語》中記載的孔子76位弟子中名列第28位。陳亢為單父宰時，施德政於民，頗受後人好評。其兄死，反對家人殉葬
崔子	崔杼	崔子、崔武子		春秋時齊國大夫，後為齊國執政
澹臺滅明	澹臺滅明	子羽	是	孔子弟子，教育家
定公	魯定公	姬宋		春秋諸侯魯國君主之一，是魯國第二十五任君主。他為魯昭公的弟弟，承襲魯昭公擔任該國君主，在位十五年
樊遲	樊遲	樊須、子遲	是	是孔子七十二賢弟子內的重要人物，繼承孔子興辦私學，在儒家學派廣受推崇的各個朝代享有較高禮遇。唐贈「樊伯」，宋封「益都侯」，明稱「先賢樊子」，其重農重稼思想在歷史上具有進步意義
公伯寮	公伯寮	子周		春秋末年魯國人，與子路同做季氏的家臣
公明賈				衛國人
公山弗擾	公山不狃	子泄		公山不狃和陽虎同時，都是魯國當政者季桓子的家臣
公叔文子	公叔發	公叔文子		春秋時衛（都城在濮陽西南）大夫
公西華	公西赤	子華	是	東周時期魯國學者、孔門弟子。公西赤有非常優秀的外交才能
公冶長	公冶長	子長	是	公冶長，自幼家貧，勤儉節約，聰穎好學，博通書禮，終生治學而不仕。為孔子弟子、七十二賢之一，名列第二十位。因德才兼備，深受孔子賞識，為孔子女婿
管仲	管夷吾	管子、管夷吾、管敬仲		春秋時期法家代表人物，潁上人（今安徽潁上或鄭州登封潁河上游），周穆王的後代，是中國古代著名的經濟學家、哲學家、政治家、軍事家，被譽為「法家先驅」「聖人之師」「華夏文明的保護者」「華夏第一相」
桓公	姜小白	齊桓公、公子小白、齊小白		春秋五霸之首，春秋時齊國第十五位國君
桓魋	桓魋	向魋		任宋國主管軍事行政的官——司馬，掌控宋國兵權。他是宋桓公的後代，深受宋景公寵愛，他的弟弟司馬牛是孔子的弟子

表(續)

《論語》中人物姓名	人物本名	別名	是否孔子弟子	簡介
箕子	箕子	胥餘		殷商末期人，是文丁的兒子，帝乙的弟弟，紂王的叔父，官太師，封於箕，在商周政權交替與歷史大動盪的時代中，因其道之不得行，其志之不得遂，「違衰殷之運，走之朝鮮」，建立朝鮮，其流風遺韻，至今猶存。箕子與微子、比干，在殷商末年齊名，並稱「殷末三仁」
棘子成				衛國大夫
季康子	季孫肥	季康子		春秋時期魯國的正卿
季路	仲由	先賢仲子、子路、季路	是	仲由以政事見稱，為人伉直，好勇力，跟隨孔子周遊列國
季文子	季文子	季孫行父		春秋時期魯國的正卿
簡公	呂壬	姜壬、齊簡公		齊國大臣鮑子弒殺齊悼公，齊國群臣共立公子壬為國君，是為齊簡公
桀溺				春秋時隱者，亦泛指隱士，與孔子同時代
晉文公	姬重耳	晉文公、公子重耳		春秋時期晉國的第二十二任君主。晉文公文治武功卓著，是春秋五霸中第二位霸主，與齊桓公並稱「齊桓晉文」
林放	林放	子丘	是	比干二十七世孫，為孔子得意門生。林放在周敬王時擔任魯國的大夫，拜為太傅
柳下惠	展獲	柳下惠、展禽、柳下季		中國古代思想家、政治家、教育家
孟武伯	仲孫彘			春秋時期魯國大夫
孟懿子	孟懿子			姬姓，魯國孟孫氏第九代宗主，本姓仲孫，也稱孟孫，名何忌，世稱仲孫何忌，諡號懿，是孟僖子的兒子，南宮敬叔的哥哥，孟子的六世祖
閔子騫	閔損	閔子、閔子騫	是	孔子高徒，在孔門中以德行與顏回並稱。閔子為人所稱道，主要是他的孝，作為二十四孝子之一
南子	南子			春秋時期女政治家。南子原是宋國公主，後嫁衛靈公為夫人
南宮适	南宮适	南宮括、南宮韜、子容	是	南宮适言語謹慎，崇尚道德，能做到「邦有道，不廢；邦無道，免於刑戮」（《論語・公冶長》）。孔子稱讚他是「君子」「尚德」之人，並把自己的侄女（孟皮之女）嫁給他
齊景公	呂杵臼	姜杵臼		春秋時期齊國君主。齊景公既有治國的壯態雄心，又貪圖享樂

364

表(續)

《論語》中人物姓名	人物本名	別名	是否孔子弟子	简介
蘧伯玉	蘧瑗	蘧伯玉		春秋時期衛國（現河南衛輝）大夫。孔子周遊列國走投無路之際，數次投奔蘧伯玉。他曾稱贊蘧伯玉是真正的君子：君王有道，則出仕輔政治國；君王無道，則心懷正氣，歸隱山林
冉求	冉求	冉有、子有	是	春秋末年著名學者，以政事見稱，多才多藝，尤擅長理財，曾擔任季氏宰臣
司馬牛	司馬耕	子牛	是	相傳為宋國大夫桓魋的弟弟
宋朝	宋朝	公子朝		宋朝是宋國公子，以美貌聞名
泰伯	姬泰伯	吳太伯		吳國第一代君主，東吳文化的宗祖
王孫賈				春秋時衛國大夫
微生高			是	春秋時魯國人。當時的人認為他為人爽直、坦率
微生畝				春秋時魯國的隱士
微子	子啓	微子、微子啓、宋微子		殷商貴族，殷商帝乙的長子，殷商最後一個帝辛（紂王）的庶兄，周朝初年被周成王封於商丘，建立宋國，傳承商文化，成為周朝宋國的開國始祖，第一代國君，建都亳並復稱殷商，先祖帝嚳所名商丘（今河南省商丘市睢陽區），後世因之稱為宋微子（漢代因避漢景帝劉啓之諱，改啓為開）
衛靈公		姬元		春秋時期衛國第二十八代國君。擅長識人，知人善任，也正是他用他提拔的三個大臣仲叔圉、祝鮀、王孫賈的合作，才使衛國的國家機器運行正常
巫馬期	巫馬施	巫馬旗、巫馬期	是	以勤奮著稱。曾為魯國單父（今山東省菏澤市單縣一帶）宰。任職期間，勤於職守，日夜操勞，事必躬親，單父大治。他忠於儒家學說，實踐儒家的義利觀，不貪富貴
顏淵	顏回	子淵、顏子、顏淵	是	在孔門弟子中，顏回被稱為高足，然實際仍有待考證，是孔子多次贊許的弟子。在《論語》中有六處孔子贊揚顏淵的句子。這在孔門和《論語》中也只有顏回一人了。顏淵死時，孔子悲慟欲絕
晏平仲	晏嬰	晏子、晏平仲、平仲		春秋時期著名政治家、思想家、外交家。以有政治遠見、外交才能和作風樸素聞名諸侯。晏嬰聰穎機智，能言善辯，內輔國政，屢諫齊王，對外他既富有靈活性，又堅持原則性，出使不受辱，捍衛了齊國的國格和國威

表(續)

《論語》中人物姓名	人物本名	別名	是否孔子弟子	簡介
陽膚				曾子的學生
陽貨	陽虎	陽貨		春秋時魯國人，魯國大夫季平子的家臣，季氏曾幾代掌握魯國朝政，而這時陽貨又掌握著季氏的家政。季平子死後，專權管理魯國的政事。後來他與公山弗擾共謀殺害季桓子，失敗後逃往晉國
葉公	沈諸梁	葉公、子高		春秋末期楚國軍事家、政治家
羿	後羿、夷羿			傳說是中國夏王朝東夷族有窮氏的首領，善於射箭
有子	有若	有子	是	孔子的重要弟子
原思	原憲	原思、原思仲、原仲憲	是	原憲出身貧寒，個性狷介，一生安貧樂道，不肯與世俗合流。孔子為魯司寇時，曾做過孔子的家宰，孔子給他九百斛的俸祿，他推辭不要。孔子死後，原憲遂隱居衛國，茅屋瓦牖，粗茶淡飯，生活極為清苦
宰我	宰予	子我	是	孔子著名弟子，被孔子許為其「言語」科的高才生，排名在子貢前面
臧文仲				臧文仲歷事魯莊公、閔公、僖公、文公四君。曾廢除關卡，以利經商，於國於民，盡職盡責。其博學廣知而不拘常禮，思想較為開明進步，對魯國的發展起過積極的作用。文仲的揚名於當世，也是與他的高風亮節分不開的。他從善如流，不恥下問，居要職賞罰分明，而不居功為己有。為世人所景仰
昭公	魯昭公	姬禂、姬稠、姬袑		春秋時期魯國第二十四位國君
仲弓	冉雍	犁牛氏、仲弓	是	他是孔子的弟子，與冉耕（伯牛）、冉求（子有）皆在孔門十哲之列，世稱「一門三賢」
祝鮀		子魚		衛國大夫，有口才，以能言善辯受到衛靈公重用
子產	姬僑	公孫僑、鄭子產		鄭國貴族，是當時最負盛名的政治家
子羔	子羔	子皋，子高	是	以尊老孝親著稱，拜孔子為師後，從未違反過禮節，對他治理的民眾影響深遠
子貢	端木賜	子貢	是	子貢在孔門十哲中以言語聞名，利口巧辯，善於雄辯，且有幹濟才，辦事通達，曾任魯國、衛國之相。他還善於經商之道，曾經經商於曹國、魯國兩國之間，富致千金，為孔子弟子中首富

表(續)

《論語》中人物姓名	人物本名	別名	是否孔子弟子	簡介
子罕	樂喜	子罕		宋國賢臣。春秋時期宋國的卿（司城，即司空，因宋武公名司空，改名為「司城」。主管建築工程，製造車服器械，監督手工業奴隸），又稱司城子罕
子賤	宓(fú)子賤	不齊	是	有才智、仁愛，孔子贊其為君子。他曾有一段在魯國做官的經歷，曾任單父宰
子桑伯子	子桑	子桑伯子		古代的隱士，和子輿是朋友
子文	鬥穀於菟	令尹子文		春秋時期楚國名相，對楚國的強大和北上爭霸做出了傑出的貢獻
子夏	卜商	子夏、卜子、卜子夏	是	在孔門弟子中，子夏並不像顏回、曾參輩那樣恪守孔子之道。他是一位具有獨創性因而頗具有異端傾向的思想家。他關注的問題已不是「克己復禮」（復興周禮），而是與時俱進的當世之政。因此，子夏發展出一套偏離儒家正統政治觀點的政治及歷史理論
子遊	言偃	子遊	是	孔子的著名弟子，曾為武城宰（縣令）
子張	顓孫師	子張	是	為人勇武，清流不媚俗而被孔子評為「性情偏激」，但廣交朋友。主張「士見危致命，見得思義，祭思敬，喪思哀」（《子張》），重視自己的德行修養
左丘明				春秋末期史學家。左丘明知識淵博，品德高尚，深受世人尊敬和愛戴

附錄二：《論語》中的成語、詞語

序號	成語、詞語	所在篇	所在章節
001	不亦樂乎	《學而》	1.1
002	犯上作亂	《學而》	1.2
003	巧言令色	《學而》	1.3
004	三省吾身	《學而》	1.4
005	節用愛人	《學而》	1.5
006	賢賢易色	《學而》	1.7
007	言而有信	《學而》	1.7
008	慎終追遠	《學而》	1.9
009	溫良恭儉讓	《學而》	1.10
010	和為貴	《學而》	1.12
011	居無求安	《學而》	1.14
012	食無求飽	《學而》	1.14
013	安貧樂道	《學而》	1.15
014	眾星拱北	《為政》	2.1
015	一言以蔽之	《為政》	2.2
016	從心所欲	《為政》	2.4
017	三十而立（而立之年）	《為政》	2.4
018	四十不惑（不惑之年）	《為政》	2.4
019	犬馬之養	《為政》	2.7
020	溫故知新	《為政》	2.11
021	周而不比	《為政》	2.14
022	言寡尤，行寡悔	《為政》	2.18
023	舉枉措直	《為政》	2.19
024	舉直措枉	《為政》	2.19
025	人而無信，不知其可	《為政》	2.22
026	見義勇為	《為政》	2.24
027	是可忍，孰不可忍	《八佾》	3.1

表(續)

序號	成語、詞語	所在篇	所在章節
028	戒奢寧儉	《八佾》	3.4
029	繪事後素	《八佾》	3.8
030	了如指掌	《八佾》	3.11
031	愛禮存羊	《八佾》	3.17
032	哀而不傷	《八佾》	3.20
033	樂而不淫	《八佾》	3.20
034	成事不說	《八佾》	3.21
035	既往不咎	《八佾》	3.21
036	盡善盡美	《八佾》	3.25
037	造次顛沛	《里仁》	4.5
038	朝聞夕死	《里仁》	4.8
039	惡衣惡食	《里仁》	4.9
040	無適無莫	《里仁》	4.10
041	一以貫之	《里仁》	4.15
042	見賢思齊	《里仁》	4.17
043	勞而不怨	《里仁》	4.18
044	遊必有方	《里仁》	4.19
045	一則以喜，一則以懼	《里仁》	4.21
046	訥言敏行	《里仁》	4.24
047	瑚璉之器	《公冶長》	5.4
048	聞一知二	《公冶長》	5.9
049	聞一知十	《公冶長》	5.9
050	朽木糞土	《公冶長》	5.10
051	聽其言而觀其行	《公冶長》	5.10
052	朽木不可雕	《公冶長》	5.10
053	不恥下問	《公冶長》	5.14
054	善與人交	《公冶長》	5.16
055	三思而後行	《公冶長》	5.19
056	愚不可及	《公冶長》	5.20
057	斐然成章	《公冶長》	5.21
058	不念舊惡	《公冶長》	5.22
059	周急不繼富	《雍也》	6.4

表(續)

序號	成語、詞語	所在篇	所在章節
060	肥馬輕裘	《雍也》	6.4
061	不改其樂	《雍也》	6.11
062	不堪其憂	《雍也》	6.11
063	簞食瓢飲	《雍也》	6.11
064	行不由徑	《雍也》	6.14
065	文質彬彬	《雍也》	6.18
066	敬而遠之	《雍也》	6.22
067	樂山樂水	《雍也》	6.23
068	博文約禮	《雍也》	6.27
069	己欲立而立人，己欲達而達人	《雍也》	6.30
070	能近取譬	《雍也》	6.30
071	博施濟眾	《雍也》	6.30
072	述而不作	《述而》	7.1
073	信而好古	《述而》	7.1
074	誨人不倦	《述而》	7.2
075	學而不厭	《述而》	7.2
076	舉一反三	《述而》	7.8
077	不悱不發	《述而》	7.8
078	不憤不啟	《述而》	7.8
079	一隅三反	《述而》	7.8
080	暴虎馮河	《述而》	7.10
081	臨事而懼	《述而》	7.10
082	死而無悔	《述而》	7.10
083	三月不知肉味	《述而》	7.13
084	求仁得仁	《述而》	7.14
085	富貴浮雲	《述而》	7.15
086	樂在其中	《述而》	7.15
087	飲水曲肱	《述而》	7.15
088	發憤忘食	《述而》	7.18
089	樂以忘憂	《述而》	7.18
090	生而知之	《述而》	7.19
091	怪力亂神	《述而》	7.20

表(續)

序號	成語、詞語	所在篇	所在章節
092	三人行，必有我師	《述而》	7.21
093	擇善而從	《述而》	7.21
094	而今而後	《泰伯》	8.3
095	如臨深淵	《泰伯》	8.3
096	如履薄冰	《泰伯》	8.3
097	戰戰兢兢	《泰伯》	8.3
098	人之將死，其言也善	《泰伯》	8.4
099	犯而不校	《泰伯》	8.5
100	六尺之孤	《泰伯》	8.6
101	任重道遠	《泰伯》	8.7
102	死而後已	《泰伯》	8.7
103	篤信好學	《泰伯》	8.13
104	空空如也	《子罕》	9.8
105	博我以文，約我以禮	《子罕》	9.11
106	喟然嘆曰	《子罕》	9.11
107	循循善誘	《子罕》	9.11
108	仰之彌高	《子罕》	9.11
109	欲罷不能	《子罕》	9.11
110	待價而沽	《子罕》	9.13
111	玉毀櫝中	《子罕》	9.13
112	逝者如斯夫，不舍晝夜	《子罕》	9.17
113	苗而不秀	《子罕》	9.22
114	秀而不實	《子罕》	9.22
115	後生可畏	《子罕》	9.23
116	歲寒，然後知鬆柏之後凋也	《子罕》	9.28
117	侃侃而談	《鄉黨》	10.2
118	三復白圭	《先進》	11.6
119	過猶不及	《先進》	11.16
120	克己復禮	《顏淵》	12.1
121	己所不欲，勿施於人	《顏淵》	12.2
122	內省不疚	《顏淵》	12.4
123	恭而有禮	《顏淵》	12.5

表(續)

序號	成語、詞語	所在篇	所在章節
124	死生有命，富貴在天	《顏淵》	12.5
125	四海之內皆兄弟	《顏淵》	12.5
126	浸潤之譖	《顏淵》	12.6
127	足食足兵	《顏淵》	12.7
128	愛之欲其生，惡之欲其死	《顏淵》	12.10
129	片言折獄	《顏淵》	12.12
130	成人之美	《顏淵》	12.16
131	風行草偃	《顏淵》	12.19
132	察言觀色	《顏淵》	12.20
133	一朝之忿	《顏淵》	12.21
134	以文會友，以友輔仁	《顏淵》	12.24
135	名不正，則言不順	《子路》	13.3
136	一言喪邦	《子路》	13.15
137	一言興邦	《子路》	13.15
138	欲速則不達	《子路》	13.17
139	父為子隱	《子路》	13.18
140	鬥筲之人	《子路》	13.20
141	言必信，行必果	《子路》	13.20
142	和而不同	《子路》	13.23
143	剛毅木訥	《子路》	13.27
144	切切偲偲	《子路》	13.28
145	見利思義	《憲問》	14.12
146	見危授命	《憲問》	14.12
147	久要不忘	《憲問》	14.12
148	譎而不正	《憲問》	14.15
149	被髮左衽	《憲問》	14.17
150	匹夫匹婦	《憲問》	14.17
151	一匡天下	《憲問》	14.17
152	不在其位，不謀其政	《憲問》	14.26
153	仁者不憂	《憲問》	14.28
154	勇者不懼	《憲問》	14.28
155	知者不惑	《憲問》	14.28

表(續)

序號	成語、詞語	所在篇	所在章節
156	以直報怨，以德報德	《憲問》	14.34
157	怨天尤人	《憲問》	14.35
158	知其不可而為之	《憲問》	14.38
159	殺身成仁	《衛靈公》	15.9
160	志士仁人	《衛靈公》	15.9
161	工欲善其事，必先利其器	《衛靈公》	15.10
162	人無遠慮，必有近憂	《衛靈公》	15.12
163	矜而不爭，群而不黨	《衛靈公》	15.22
164	直道而行	《衛靈公》	15.25
165	巧言亂德	《衛靈公》	15.27
166	小不忍則亂大謀	《衛靈公》	15.27
167	當仁不讓	《衛靈公》	15.36
168	有教無類	《衛靈公》	15.39
169	道不同不相為謀	《衛靈公》	15.40
170	陳力就列	《季氏》	16.1
171	分崩離析	《季氏》	16.1
172	禍起蕭牆	《季氏》	16.1
173	既來之，則安之	《季氏》	16.1
174	益者三友	《季氏》	16.4
175	血氣方剛	《季氏》	16.7
176	困而不學	《季氏》	16.9
177	困而學之	《季氏》	16.9
178	隱居求志	《季氏》	16.11
179	歲不我與	《陽貨》	17.1
180	上智下愚	《陽貨》	17.3
181	割雞焉用牛刀	《陽貨》	17.4
182	面牆而立	《陽貨》	17.10
183	穿窬之盜	《陽貨》	17.12
184	色厲內荏	《陽貨》	17.12
185	道聽途說	《陽貨》	17.14
186	患得患失	《陽貨》	17.15
187	居處不安	《陽貨》	17.21

表(續)

序號	成語、詞語	所在篇	所在章節
188	鑽燧改火	《陽貨》	17.21
189	飽食終日	《陽貨》	17.22
190	無所用心	《陽貨》	17.22
191	惡居下流	《陽貨》	17.24
192	枉道事人	《微子》	18.2
193	父母之邦	《微子》	18.2
194	直道事人	《微子》	18.2
195	來者可追	《微子》	18.5
196	四體不勤，五谷不分	《微子》	18.7
197	無可無不可	《微子》	18.8
198	見危致命	《子張》	19.1
199	博學篤志	《子張》	19.6
200	切問近思	《子張》	19.6
201	學而優則仕	《子張》	19.13
202	文武之道	《子張》	19.22
203	天下歸心	《堯曰》	20.1
204	興滅繼絕	《堯曰》	20.1
205	不教而殺	《堯曰》	20.2
206	惠而不費	《堯曰》	20.2
207	望而生畏	《堯曰》	20.2

附錄三：《論語》相關典故、史料、資料

【典故】分陝而治
【典故】慶父不死，魯難未已
【典故】烽火戲諸侯
【典故】尊王攘夷
【典故】明鏡亦非臺
【典故】能懂鳥語的公冶長
【典故】論政寬猛
【典故】山節藻梲
【典故】秉筆直書——不怕死的太史
【典故】君子為禮
【典故】孟之反不伐
【典故】姜太公釣魚，願者上鉤
【典故】竊鉤者誅，竊國者侯
【史料】春秋筆法
【典故】孔子讀《易》「韋編三絕」
【資料】困卦、井卦
【史料】炎黃子孫
【資料】太極拳
【史料】《尚書》
【典故】葉公好龍
【典故】城門失火，殃及池魚
【典故】匹夫無罪 懷璧其罪
【典故】子產不毀鄉校
【資料】鳳鳥與河圖洛書
【典故】蘆衣順母
【典故】西狩獲麟
【典故】失之交臂，哀莫大於心死
【典故】君子為禮
【典故】子路結纓而死
【典故】溫水煮青蛙
【史料】關於齊景公

【典故】季路一言，勝於一國之盟
【典故】漢宣帝劉病已：亂漢家者，必太子也。
【史料】《法經》《秦律》
【典故】橘生淮南則為橘，生於淮北則為枳
【史料】相關人物：立德、立功、立言——曾國藩
【典故】孔子適楚
【典故】史魚屍諫
【資料】臨淄東周齊景公殉馬坑
【典故】湯武革命
【典故】三家分晉
【典故】坐懷不亂柳下惠

國家圖書館出版品預行編目（CIP）資料

論語熙解 / 文武 編著. -- 第一版.
-- 臺北市：崧博出版：崧燁文化發行, 2019.05
　　面；　公分
POD版

ISBN 978-957-735-812-7(平裝)

1.論語 2.注釋

121.222　　　108005761

書　　名：論語熙解
作　　者：文武 編著
發 行 人：黃振庭
出 版 者：崧博出版事業有限公司
發 行 者：崧燁文化事業有限公司
E - m a i l：sonbookservice@gmail.com
粉 絲 頁：　　　　　網　址：
地　　址：台北市中正區重慶南路一段六十一號八樓815室
8F.-815, No.61, Sec. 1, Chongqing S. Rd., Zhongzheng
Dist., Taipei City 100, Taiwan (R.O.C.)
電　　話：(02)2370-3310 傳　真：(02) 2370-3210
總 經 銷：紅螞蟻圖書有限公司
地　　址：台北市內湖區舊宗路二段 121 巷 19 號
電　　話：02-2795-3656 傳真：02-2795-4100　網址：
印　　刷：京峯彩色印刷有限公司（京峰數位）

　　本書版權為西南財經大學所有授權崧博出版事業股份有限公司獨家發行電子書及繁體書繁體字版。若有其他相關權利及授權需求請與本公司聯繫。

定　　價：600元
發行日期：2019 年 05 月第一版
◎ 本書以 POD 印製發行